Race, Nation, Classe

Les Identités Ambiguës

Etienne Balibar & Immanuel Wallerstein

エティエンヌ・バリバール｜イマニュエル・ウォーラーステイン｜著

若森章孝｜岡田光正｜須田文明｜奥西達也｜訳

# 人種・国民・階級

## 「民族」という曖昧なアイデンティティ

唯学書房

# 人種・国民・階級――「民族」という曖昧なアイデンティティ◆目次

序文　E・バリバール／若森章孝［訳］　007

第I部　普遍的人種主義

第1章　「新人種主義《ネオ・レイシズム》」は存在するか？　E・バリバール／須田文明［訳］　029

第2章　資本主義のイデオロギー的緊張――普遍主義 対 人種主義・性差別主義　I・ウォーラーステイン／岡田光正［訳］　046

第3章　人種主義と国民主義《ナショナリズム》　E・バリバール／須田文明・若森章孝［訳］　059

第Ⅱ部 歴史的国民

第4章 民族性《ピープルフッド》の構築――人種主義、ナショナリズム、エスニシティ 109
I・ウォーラーステイン/岡田光正［訳］

第5章 国民形態――歴史とイデオロギー 135
E・バリバール/若森章孝［訳］

第6章 資本主義世界経済における世帯構造と労働力の形成 166
I・ウォーラーステイン/岡田光正［訳］

第III部 諸階級――両極化と重層的決定

第7章 I・ウォーラーステイン／奥西達也［訳］
資本主義世界経済における階級コンフリクト 177

第8章 I・ウォーラーステイン／奥西達也［訳］
マルクスと歴史――実りのある思想と不毛の思想 191

第9章 I・ウォーラーステイン／奥西達也［訳］
ブルジョワ（ジー）――その観念と現実 206

第10章 E・バリバール／須田文明［訳］
階級闘争から階級なき闘争へ？ 234

第IV部 社会的コンフリクトの軸心移動

第11章 I・ウォーラーステイン／岡田光正［訳］
独立後ブラック・アフリカにおける社会的抗争《コンフリクト》——人種と身分集団の概念の再考 281

第12章 E・バリバール／須田文明［訳］
「階級の人種主義」 307

第13章 E・バリバール／須田文明［訳］
人種主義と危機 326

あとがき　I・ウォーラーステイン／岡田光正〔訳〕　343

解説　若森章孝
資本主義世界経済と国民、人種主義、移民現象
——『人種・国民・階級』唯学書房版に寄せて　351

訳者あとがき／若森章孝　371
大村書店新装版（一九九七年）への訳者あとがき／若森章孝　382
唯学書房版への訳者あとがき／若森章孝　384

索　引

# 序文

エティエンヌ・バリバール
*Etienne Balibar*

われわれがこの本に収録し読者に提供する論文はどれもそれぞれの研究の諸段階を表しており、われわれは自分たちの論文に対して責任を負っている。だが、これらの論文を近年ますます熱を帯びてきた議論のなかに位置づけるような状況が存在する。われわれは今日、読者とそのような議論を共有したいと考えている。つまり本書は、次のような厄介で重大な問題の解明に取り組もうとするものである。現代の人種主義（racisme）の独自性はどこにあるのか？　現代の人種主義の独自性は、資本主義の階級分割や国民国家《ネイション・ステイト》の諸矛盾とどのような形で結びついているのか？　逆に言えば、人種主義的現象はいかなる点で、国民主義《ナショナリズム》と階級闘争との接合関係の再検討へとわれわれを誘うのだろうか？　このような問題を通じて本書はまた、「西欧マルクス主義」の内部で今日に至るまで一〇年以上にもわたって行われてきたもっと広い議論に寄与しようとするものである。「西欧マルクス主義」が議論の結果として見事に刷新され、再び時勢に遅れないようになることを、われわれは期待している。言うまでもなく、このような議論が国際的性格をもっているのはけっして偶然ではない。また、かかる議論が、哲学的考察と歴史的総括とを、あるいは、概念の作り替えの試みと（とりわけフランスにおいて）今日緊急性を増している政治的諸問題の分析とを結びつけるものであることも、明らかである。

ここでいくつかの個人的背景を説明させていただきたい。私はイマニュエル・ウォーラーステインと一九八一年にはじめて出会ったが、そのときにはすでに彼の主著『近代世界システム』(一九七四年刊行)の第一巻を読んでいた。しかし私はまだ第二巻を読んでいなかった。それゆえ、彼がその本のなかで生産様式の時期区分に関する「伝統的」マルクス主義の命題――すなわち、マニュファクチャー期を過渡期と考え、本来の資本制的生産様式の開始時期を産業革命と同一視する命題――の「理論的に意識的な」展開を私に帰しているのを知らなかった。このような時期区分は、近代の開始を区分するために、一五〇〇年前後(ヨーロッパの拡大、世界市場の形成)あるいは一六五〇年頃(最初の「市民」革命、科学革命)における歴史的時間の「切断」を提起する人びととは対立するものであった。同じ理由で私は、一七世紀におけるオランダの覇権《ヘゲモニー》についての彼の分析のなかに、(「中世的」過去に対してのみならず、現代の諸傾向に対しても、革命的性格をもっている)哲学者スピノザの出現を位置づける拠り所を見出そうとしていたことも知らなかった。スピノザは、当時の政治的および宗教的な諸党派間の途方もなく錯綜した闘争に介入したのである(これらの闘争には、ナショナリズム、世界市民主義《コスモポリタニズム》、民主主義、「大衆に対する恐れ」が混じり合っていた)。

逆にウォーラーステインが知らなかったことは、アルチュセールと私による『資本論』の「構造主義的」読み方がもたらした議論に続く一九七〇年代初頭以来、「時期区分」の古典的なアポリアからまさに逃れるために、私が階級闘争およびそれが資本主義発展に及ぼす効果の分析を、たんに理念的平均ないし(まったく機械論的な構造概念である)不変のシステムとして考えられた生産様式の枠組みではなく、社会構成体の枠組みのなかに位置づける必要性を認識していたことである。それゆえ一方では、生産諸関係の布置の規定的役割は(マルクスが上部構造という曖昧な概念で指し示したものを含む)階級闘争の歴史的諸側面の総体に関連させて理解しなければならないのである。他方では、私のそのような認識は、資本主義は蓄積および労働力プロレタリア化の世界化をもたらす、というマルクスのつねに変わることのない主張の意義を十分に認めながらも、無差別の「世界市場」という抽象的概念を乗り越えることによって、資本／労働が再生産される空間の問題をまさに理論の核心に置くことを意味する。同様に、一九七〇年代のフランスにおける移民労働者の独自な闘争の出現、および、すべての社会構成体は複数の生産様式の編成に基づいているというアルチュセールの命題とも関連するが、彼らの闘争の政治的表現の困難さに直面して、私は、労働者階級の分断は副次的ないし派生的な現象ではけっしてなく、今日の資本主義社会の構造的な（この場合の構造的とは、不変的ということを意味しない）特徴である、と確信するようになった。革命的転換の見通しはもちろんのこと、社会運動の日々の組織化の見通しまでもが、今日の資本主義社会のこの構造的特徴によって規定されているのである［★1］。

最後に、「現存する社会主義」についての毛沢東主義者の批判や（私がその真相をつかんだような）「文化革命」の歴史に関して、私が重要だと思うのは、もちろん修正主義の悪魔化とスターリン主義への郷愁ではなく、「社会主義的生産様式」とは実際は国家資本主義と共産主義志向のプロレタリア的傾向との不安定な結合から成っている、という認識である。このようなさまざまな訂正はすべて、まさにその分散的な性格のゆえに、構造と歴史の形式的な対立を「史的システムとしての資本主義（capitalisme historique）」で置き換える傾向をもっており、非市場的社会から「一般化された経済」をもつ社会への長期的な過渡期における生産諸関係の接合の変容を、このような問題設定の中心問題として位置づけがちであった。

ウォーラーステインの分析はしばしば経済決定論であるという批判を被ってきたが、私は（構造主義的な方法をとる）他の人びととは違って、経済決定論に過度に敏感ではなかった。実際、重要なことは、われわれがこの用語で何を指しているのかを明確にすることである。マルクス主義の正統的な伝統によれば、経済決定論は生産力の発展による決定論として表される。ウォーラーステインの世界経済モデルは、このような経済決定論を資本制的蓄積とその諸矛盾の弁証法に置き換えるものであった。拡張と収縮の二局面をもつ循環はどのような歴史的条件のもとで確立しうるのか、という問題を問うことにおいて、ウォーラーステインは、マルクスの真の命題であるように私に思われるものから、すなわち、生産力に対する生産の社会的諸関係の優越という彼の経済決定論批判の表現から離れているわけではなかった。この命題によれば、資本主義の矛盾は、生産関係と生産力の間の矛盾（例えば、エンゲルスによって広められた公式によれば、一方での「私的」性格と他方での「社会的」性格との矛盾）ではなく、何よりも、生産力の発展そのものにおける矛盾であり、「進歩の矛盾」である。他方、経済決定論に対する批判とみなされているものは、非常に多くの場合、商品経済領域ないし階級闘争自体に対する政治と国家の自律性を要求するという名目で行われるが、このような主張は実際にはマルクスが断固として論駁した（市民社会／国家、経済／政治、という）自由主義的二元論の再導入に行き着く。ところで、私が理解するウォーラーステインの説明モデルによれば、システム全体の構造を一般化された経済の構造として考えることも、国家形成の過程およびヘゲモニーや階級同盟の政策をそのような経済構造を形成するものとして考えることも、ともに可能である。したがって、資本主義的社会構成体がなぜ諸国民の形態（form of nations）をとるのかという問題、より詳しく言えば、「強い」国家装置を囲んで個別化される国民《ネイション》と、統一が内外から妨げられる従属的国民《ネイション》とは何によって差異化されるのかという問題、さらに、このような差異が資本主義の歴史とともにどのように変容するかという問題——、これらの問題が人びとの盲点であることを止めて、決定的な争点になったのである。

実を言えば、私の疑問と反論が関わるのもこの論点についてである。以下、そのうちの三点を説明することにしたい。そして、これらの三点が史的唯物論の「伝統的」解釈に依拠しているか否かの判断は読者に委ねることにする。

第一に、私は依然として、支配階級のヘゲモニーは結局のところ、労働過程ならびに／それ以上に労働力の再生産自体——広義における労働力再生産は、労働者の生存・維持と彼らの「文化的」形成を含んでいる——を編成する支配階級の能力に基づいている、と確信している。換言すれば、ここで問題なのは、マルクスが『資本論』のなかで独自的資本制的生産様式の確立の指標、すなわち、無制限的蓄積と価値増殖の過程の確立の指標として重視した実質的包摂である。注意深く考えるならば、（マルクスがたんに「形式的」包摂の概念に対立させた）「実質的」包摂の概念は、労働者の契約的世界・貨幣収入の世界・法および公的政治活動の世界への統合という思想をはるかに超えている。この概念は、労働力の教育から被支配者自身によって取り入れられうる「支配的イデオロギー」の構築までの、人間の個体性の変容を含んでいる。おそらくウォーラーステインは、このような私の考えに反対しないだろう。というのも彼は、資本主義世界システムの枠組みのなかで形成されるすべての階級とすべての身分集団《ステータス》が「万物の商品化」と「諸国家システム（system of states）」の効果に服することを強調しているからである。だが、抗争《コンフリクト》および抗争から生まれる変化を描くうえで、彼がしているように歴史的アクター、彼らの利害、彼らの同盟戦略ないし対決戦略の一覧表を作成するだけで十分かどうか、という問題がある。アクターのアイデンティティでさえヘゲモニーの形成と維持に依存するのである。それゆえ、近代的ブルジョワジーは、農民層を指導できる階級になった後で、プロレタリアートを指導できる階級へと自己形成したのである。近代的ブルジョワジーは、〔農民層やプロレタリアートの〕抵抗自体が表現される仕方を先取りし、彼らの抵抗の性格とともに変化するような政治的能力と「自己意識」を獲得しなければならなかった。

したがって、支配的イデオロギーの普遍主義は、資本の世界的拡大よりも、そしてこのような拡大を指導する人びとが共通の行動ルールを確保する必要性よりもずっと深層に根ざしているのである[★2]。それは、搾取するものと搾取されるものとの敵対的関係にも関わらずこれら両者に共通な、イデオロギー的「世界」を構築する必要に根ざしているのである。（民主的か、そうでないかに関わらず）近代政治の平等主義は、かかるプロセスの格好の例証である。以上のことは次の二つのことを意味する。第一に、すべての階級支配は普遍的な言語で言い表さねばならない。第二に、歴史のなかには、多様で互いに相いれないようなさまざまな普遍性が存在する。そのような普遍性の一つひとつには、今日の支配的イデオロギーの場合と同じように、特定の搾取形態に独自な緊張が染み込んでいる。そして、一つの同じヘゲモニーが資本主義世界システムの枠組みのなかに存在するすべての支配関係を一括して（同時に、ひとまとめにして）包含できるかどうか、はきわめて疑わしいのである。はっきり言えば、私は「世界ブルジョワジー」の存在に疑問をもっている。もっと詳しく説明すると、世界的規模に拡大された資本蓄積過程が「世界資本家階級」の形成を含んでいること、そして、このような資本家階級間の絶えざる競争が法則的であること、私はこういったことを認めるのにやぶさかではけっしてない（あまりにも逆説的であるが、私はこのような資本家階級のなかに、「自由企業」の経営者ならびに「社会主義的」国家保護主義の管理者を入れる必要性を認めている）。それにも関わらず私には、このような資本家階級が同時に諸制度のなかで組織されたという意味で、また、歴史的に具体的な単一の階級という意味で世界ブルジョワジーである、とはとうてい考えられないのである。

私の推測では、このような疑問に対し、ウォーラーステインはただちに次のように反駁するだろう。世界ブルジョワジーに共通な制度が実際に存在しており、この制度には、（軍事的衝突という暴力的形態をとる場合さえある）彼らの内部闘争を超えて、また、とりわけ支配される住民に対する彼らのヘゲモニーの諸条件がまったく異なるにも関わらず、彼らに一つの具体的存在を付与する傾向がある、と！　諸国家システムがそのような制度である。諸国家システムの活力がとくに目立つようになったのは、革命と反革命、植民地化と植民地解体の時期に引き続いて国民国家《ネイション・ステイト》の形態が形式的に全人類にまで広がって以来のことである。私自身が長年の間強調してきたように、すべてのブルジョワジーは、資本主義が計画に基づく国家資本主義として編成されていない場合でさえ、「国家ブルジョワジー」なのである。この点についてのわれわれの見解は一致している、と私は考えている。ウォーラーステインが提起したいちばん重要な問題の一つは、なぜ世界経済は（一六世紀から二〇世紀に至るまで、さまざまな企てがあったにも関わらず）政治的に統一された世界帝国に転化することがなかったのか、なぜ世界経済における政治的制度は「国家間《インタースティト》システム」の形態をとるのか、を問いただすことにある、と思われる。この問題にアプリオリに答えることはできない。われわれはまず、世界経済の歴史を、とりわけ、世界経済の「中心部」——この中心部は今日では、しだいに単一の地理圏に局限されなくなってきている——に繰り返し出現してきた、利害衝突・「独占」現象・パワーの不均等発展等の歴史、および、世界経済の「周辺部」における不均等な抵抗の歴史を正確に再検討しなければならない。

だがまさにウォーラーステインのこのような回答は、（それが的確であるならば）私に反論の再検討を迫ることになる。『近代世界システム』第一巻の最後のところで、ウォーラーステインは「社会システム」の相対的自律性を識別する基準を提案している。社会システムの発展の（あるいはその動態の）内的自律性の基準がそれである。彼はそこから次のようなラディカルな結論を引き出している。すなわち、われわれが一般に「社会システム」という呼び名を用いている（「民族」から国民国家《ネイシヨン・ステイト》までの）歴史的単位のほとんどは、実際には社会システムではなく、たんに非自律的な単位にすぎないのである。これまでの歴史のなかで本来の意味で社会システムと言えるのは、自己充足的な共同体と「世界システム」（世界帝国と世界経済）だけである。マルクス主義用語で言い直せば、今日の世界において本来の意味で社会構成体と言えるのはただ世界経済だけである、なぜなら、世界経済は歴史的諸過程がそのなかで相互依存的になるいちばん大きな単位だからだということを、この命題はわれわれに考えさせる。換言すれば、世界経済はたんに経済的単位および諸国家システムであるばかりでなく、社会的単位でもある。したがって、世界経済の発展の弁証法はそれ自体、グローバルな弁証法であり、世界経済の発展は少なくとも、地方的なものに対するグローバルな制約の優位によって特徴づけられる。

ウォーラーステインのこのような議論が、政治とイデオロギーのグローバル化現象――われわれが数世紀もの間見続けてきた、また、私には数世紀に及ぶ累積的な結果であるように見える現象――を総括的に説明できるという長所をもっているのは確かである。彼の議論のとりわけ印象深い例証は危機の時代に見出される。本書のなかでこれから見ていくように、彼の議論は、現代世界の至るところに存在するナショナリズムと人種主義を「外国人嫌い」や過去の「不寛容」との混同を避けつつ説明する、有力な武器を提供するものである。彼によれば、前者（ナショナリズム）は中心部の国家による支配に対する〔周辺部の〕反発として、後者（人種主義）は世界的分業に不可避的に含まれるヒエラルキーの制度化として説明される。だが、このような形でウォーラーステインの命題は、社会的コンフリクトの複合性に形式的な、少なくとも一面的な一様性と総体性を押しつけているのではないだろうか。私にはそのように思われる。私の考えでは、これらの社会的コンフリクトを特徴づけるものは、たんに国家枠を超えた拡大《トランスナショナリゼーション》ではなく、地方の社会諸関係、または、（経済的、宗教的、政治的、文化的な形態をとる）地方的な社会的コンフリクト――その「総体」は直接的に加算されたものと同じではない――の諸形態が社会的コンフリクトのなかで果たす決定的な役割である。換言すれば、私は基準として、システムの調整がその内部で行われる境界のいちばん外側ではなく、境界の内部で生じる社会運動と社会的コンフリクトの独自性（あるいは、グローバルな諸矛盾が反映している独自的形態と言ってもいいだろう）を重視しているので、現代世界の社会的単位がその経済的単位から区別されねばならないかどうか、疑問である。要するに、なぜこれらの両者は一致しないのだろうか？　私の考えによれば、世界経済の総体的運動は、それを構成する社会的諸単位の運動の原因ではなく、これらの社会的諸単位の運動の偶発的な結果なのである。とはいえ私は、これらの社会的諸単位を明確に識別することが容易ではないことを承知している。というのは、社会的諸単位は単純に国民的単位（national units）と一致しておらず、部分的には相互に重なり合っているからである（それゆえ、〔ウォーラーステインの言う〕社会的諸単位はなぜ閉鎖的なのであろうか、いわんやなぜそれは「自給自足的」なのであろうか、という疑問が生じてくる[★3]。

この第二の問題は第三の問題に通じている。際限のない資本蓄積に伴う「人口法則」に関するマルクスの指摘を一般化すると同時に具体化したウォーラーステインのモデルの強みは、この資本蓄積が、「社会的分業」のさまざまな社会職業的カテゴリーの間への人口の再配分を(暴力や法を通じて)絶えず強制することを明らかにしたことである。このような人口の再配分は、さまざまな社会職業的カテゴリーの人口の抵抗と妥協したりそれを粉砕したりしながら、また、彼らの生き残り戦略や彼らの利害の相互対立を巧みに利用しつつ行われる。資本主義的社会構成体の基礎は、(広義では資本の生産に必要な各種の「職務」を含むような)分業である。より正確に言えば、社会的変容の基礎は分業の変容である。だが、アルチュセールが以前に社会的効果と呼んだものの全体を分業に基づいて基礎づけることは、あまりにも短絡的ではないだろうか? 言い換えれば(マルクスがいくつかの「哲学に関する」テクストのなかでそうしたように)、社会または社会構成体が存続し相対的に持続的な単位を構成するのは、それが一定の歴史的関係の下で生産と交換を組織するということによってのみである、と考えることはできないだろうか?

私のこのような考えを正確に理解していただきたい。ここで重要なのは、唯物論と観念論の対立を蒸し返すことでも、社会の経済的単位をシンボル的単位――その定義は、法や宗教の領域に、また、近親相姦の禁止、等々のうちに見出される――によって補完しなければならない、あるいは置き換えねばならない、と主張することでもない。むしろ重要なことは、マルクス主義者が自分たちの分析――彼らの分析の大部分は自由主義的な経済イデオロギー(およびそれに暗暗裏に含まれている人類学)を引き継いでいる――の意味についての巨大な幻想の犠牲者になったのは偶然ではない、ということを問うことである。資本主義的分業は、個人および社会集団間の仕事における補完関係とは無関係なのである。資本主義的分業はむしろ、ウォーラーステイン自身が何度も強調しているように、社会構成体の、「共通」利害がしだいになくなっていく敵対的階級への両極化をもたらす。このような資本主義的分業のうえで、社会的統一（対立的でさえある統一）の基礎はいかに生み出されるだろうか？

おそらくそのためには、マルクス主義の命題についてのわれわれの解釈を逆転させねばならない。資本主義的分業を、相対的に安定した「集合体」としての人間社会の基盤を与えるものとして、あるいはそれを確立するものとして表象する代わりに、われわれはそれを人間社会を破壊するものとして考えるべきではないだろうか？より正確に言えば、もしその他の社会的実践——一様に物的であるが、経済人《ホモエコノミクス》の行動に還元できない実践、例えば、言語による意思疎通、性行為、技術、認識といった実践——が帝国主義的生産関係の膨張に限度を課し、それを内部から変革しないのであれば、人間社会の内的不平等に非和解的な敵対関係の形態を与えることによってこの人間社会を破壊するものとして、われわれはこの資本主義的分業を把握しなければならない。

もしそうであるならば、社会構成体の歴史は、非市場的共同体から市場社会ないし（労働力の交換を含む）普遍的交換の社会への移行——マルクス主義がもち続けてきた自由主義的ないし社会学的表象——であるよりも、「非経済的な」社会的諸関係の複合体からの反作用の歴史である。価値形態の拡大は諸個人の歴史的な集合体を破壊することによって諸個人を脅かすが、非経済的な社会的諸関係は、このような破壊に対する歴史的な集合体の絆を形成する。社会史に資本の拡大再生産の単純な「論理」、または分業や諸国家システムによって規定されるアクターの「戦略的ゲーム」にさえ還元できない様態を与えるのは、かかる反作用なのである。本質的に曖昧なイデオロギー的で制度的な生産物（例えば、人権のイデオロギー、さらにまた、人種主義、ナショナリズム、性差別主義、これらに対する革命的なアンチ・テーゼ）は政治活動の実際の材料であるが、このようなイデオロギー的で制度的な生産物の基礎に横たわっているのも、かかる反作用である。最後に、階級闘争の両義的な効果を説明してくれるのもかかる反作用である。というのも、「否定の否定」の実現を追求することを通して——すなわち、社会的存在の条件を破壊する傾向のあるメカニズムの破壊を追求することを通じて――、かかる反作用は、ユートピア的に失われた統一の回復をめざすと同時に、さまざまな支配的勢力によっていとも容易に「取り込まれてしまう」からである。

ところで、この抽象レベルで議論を始めるよりも、現在の状況自体が提起する決定的な問題――ウォーラーステインと私の対立点を発展させうるだけの難しさを備えた問題――の分析に共同で取り組むにあたって、まずわれわれが用いることのできる理論的道具を点検しておいた方がいいと思われる。この計画は、われわれが三年(一九八五―一九八七年)にわたってパリ人間科学会館で開催したセミナーで実現された。セミナーはしだいに、「人種主義とエスニシティ」、「国民《ネイション》とナショナリズム」、「階級」というテーマを中心に行われるようになった。本書に収められたテクストは、われわれがそのさいに発表した論文の文字どおりの再現ではなく、それらを多くの点で補足することによって再構成したものである。また、本書のテクストの一部はすでに、別のところで発表ないし刊行されたものである。われわれはこれらのテクストを、対立点と一致点が一目瞭然になるように配置し直した。とはいえ、われわれはこの論文集が完璧な一貫性を備えているとか、議論をし尽くしているとか、主張するつもりはない。むしろこの論文集のねらいは、問題の所在を明らかにし、探究のいくつかの道を切り開くことである。何らかの結論を引き出すにはあまりにも時期尚早である。とはいえわれわれは、読者が本書のなかに思考と批判のための糧を見つけられることを願うものである。

第I部「普遍的人種主義」においてわれわれは、自由主義によって押しつけられ、その多くがマルクス主義の歴史哲学によって引き継がれた(いかなる条件で引き継がれたかは、本書のなかで検討される)「進歩」のイデオロギーに対する、対案的な問題設定を描き出そうと試みた。われわれがこれから明らかにしていくように、伝統的ないし一新された(だが、その系譜を確認することができる)諸形態をとる人種主義は、現代世界において退行的ではなく、進行的である。この現象に固有な不均等発展と危機的局面を諸現象の表現と混同しないように十分に注意しなければならないとはいえ、この現象は結局のところ、構造的因果性によってしか説明できない。ここで賭けられているもの――アカデミックな理論および、制度的ないし民衆的な人種主義が問われている――が人為的に分別されたさまざまな種への人類の類別化であることを考慮するならば、社会的諸関係のレベルで暴力的な対立関係を伴う深刻な分裂が存在するにちがいない。それゆえ、たんなる「偏見」が問題ではないのである。さらにこの分裂は、植民地解体のような決定的な歴史的変化の後でも、資本主義が生み出した世界的枠組みのなかで再生産されるにちがいない。それゆえ、われわれが問題にしているのは、過去の遺物でも、時代遅れの残存物でもないのである。しかしながらこのことは、一般化された経済の論理や個人的権利の論理と矛盾しないであろうか？けっしてそうではない。われわれ二人の考えでは、ブルジョワ的イデオロギーの普遍主義は（それゆえブルジョワ的イデオロギーの人間主義も）、とりわけ人種主義や性差別主義の形態をとる、ヒエラルキーと排除のシステムと両立しないことはないのである。人種主義や性差別主義が同じシステムの構成要素を成しているように。

しかしながら、細かい分析に関しては、われわれはいくつかの点で意見を異にしている。ウォーラーステインによれば、普遍主義は市場の形態そのもの（蓄積過程の普遍性）から、人種主義は労働力の中心部と周辺部への分裂から、性差別主義は世帯（household）――彼はこれを史的システムとしての資本主義の基本的制度の一つとして考えている――における男性の「労働」と女性の「非労働」との対立から発生する。私としては、人種主義の独自性はナショナリズムとの接合関係にある、と考えている。そして、逆説的ではあるが、普遍性は人種主義自体のなかに存在しているということを論証できる、と考えている。ここで決定的なのは、時間的次元である。決定的な問題は、過去における排除の記憶が現在における排除にどのように伝えられるのかを、あるいはまた、人口移動の国際化や国民国家《ネイション・ステイト》の政治的役割の変化がどのように「新人種主義《ネオ・レイシズム》」に、さらに「ポスト人種主義」にさえ通じているのかを、解明することである。

第Ⅱ部「歴史的国民《ネイション》」において、われわれは「民族（people）」および「国民（nation）」という範疇に関する議論を刷新しようと試みている。われわれの方法はかなり違っている。私は通時的なやり方で議論を進めながら、国民形態（nation form）の発展の系譜を検討している。ウォーラーステインは共時的な仕方で、いくつもある政治制度の一つとしての国民的《ナショナル》上部構造が世界経済のなかで占める機能的役割を検討している。したがって、われわれはまた、階級闘争と国民的《ナショナル》構成体とを異なる仕方で接合させているのである。極端に図式的に言えば、私の立場が歴史的な階級闘争を国民形態《ネイション・フォーム》のなかで位置づけることにあるのに対し（階級闘争がその正反対の命題を主張するにも関わらず）、ウォーラーステインの立場は、さまざまな〔民族的〕形態の一つとしての国民《ネイション》を階級闘争の領域のなかで位置づけることにある（階級が「対自的」階級になるのは、例外的な状況においてのみであるにも関わらず。われわれは後にこの論点に立ち戻ることにしている）。

「社会構成体」の概念の意義が問われるのは、おそらく以上のような文脈においてである。ウォーラーステインは、人種（race）、国民（nation）、エスニシティ（ethnicity）という「民族（people）」を創出する三つの大きな歴史的様式を区別することを提案する。人種、国民《ネイション》、エスニシティはそれぞれ、世界経済のさまざまな構造に関連づけられる。彼は、「ブルジョワ的」国家（国民国家《ネイション・ステイト》）とそれ以前の国家形態（実際、彼の考えによれば、国家という用語自体が曖昧である）との歴史的切断を強調する。私の場合は、「前国民的」国家（pre-national state）から「国民的」国家（national state）への移行の特徴を検討することを通じて、世界経済の形成期における政治的形態の複数性という、（彼がここでは取り上げていない）彼のもう一つの考えを特別に重視するものである。私は民族《ピープル》創出の問題（私が虚構的エスニシティ（ethnicité fictive）と呼ぶ問題）を国内的ヘゲモニーの問題として設定する。そして私は、言語共同体および人種共同体のそれぞれを具体化する各種の制度が民族《ピープル》を創出するうえで果たす役割の分析を試みている。このような相違があるために、ウォーラーステインの議論が少数集団《マイノリティ》のエスニック化をうまく説明できるのに対し、私の議論は多数集団《マジョリティ》のエスニック化をよりよく捉えている、と思われる。おそらくこれは、彼があまりにも「アメリカ人」であり、私があまりにも「フランス人」であるためであろう。しかしながら、確かなことは、国民《ネイション》と民族《ピープル》を歴史的構築物として理解することが重要であると考える点でわれわれ二人が一致していることである。このような歴史的構築物のおかげで、現在の諸制度やさまざまな敵対関係が過去に投影され、その結果、個人の「アイデンティティ」の感情を左右する「諸共同体（communautés）」に相対的安定性が付与されるのである。

第Ⅲ部「諸階級――両極化と重層的決定」において、われわれは、マルクスのもっとも創造的な指摘に従って資本主義を史的システム（または史的構造）として実際に分析するには、いかなる根本的変革を正統派マルクス主義の図式（簡単に言えば、さまざまな種類の「生産様式」の進化論）に加えるべきか、ということについて検討する。われわれの命題を前もって要約するのは余計なことであろう。いたずらな読者なら、われわれ両者の「再構成」の間の矛盾を数えて悦に入ることができるであろう。任意に取り出された二人の「マルクス主義者」はつねに同じ概念に対して同一の意味を与えることができないことが明らかになるというあの規則に、われわれも背いていない。だからといって、われわれの議論が内容に欠ける空疎な遊びにすぎないという結論を急いで引き出すことはやめにしよう。これに反して、この第Ⅲ部を読み直して私にもっとも重要であると思われたのは、あれほど異なる前提から出発したにも関わらず、われわれが到達した結論が驚くほど一致していることである。

ここでの争点は明らかに、階級闘争の「経済的」側面と「政治的」側面との接合関係である。ウォーラーステインは、「即自的階級」と「対自的階級」という問題設定に忠実である（私はこれに反対である）。彼はこの問題設定を、プロレタリア化の主要な側面（彼によれば、それは賃労働の一般化ではない）に関する、控え目に見ても挑発的な命題と結びつける。彼の議論によれば、賃労働者化は、資本家階級の直接的利害に逆らって、実現の危機の影響および「周辺部の」超過搾取（パートタイムの賃労働の超過搾取）に対する労働者の闘争の効果を通じて拡大する。この彼の議論は、すべての搾取は「外延的」である、すなわち、技術革新に支配される賃労働の強度増大を伴う超過搾取の形態（マルクスはこれを、「実質的包摂」とか、「相対的剰余価値」の生産とか呼んでいる）がない、と想定しているが、私はこのような想定に反対である。このような分析上の相違は――これらは中心的な観点ではなく、副次的な観点に関わっているようにみなしうる――、次の三つの共通な考え方によって規定されているのである。

（1）資本主義における階級の両極化についてのマルクスの命題は、運の悪い間違いではなく、彼の理論の強みである。とはいえ、このマルクスの命題は、資本主義発展に照応して「階級関係が単純化する」というイデオロギー的表象、つまり資本主義の歴史的破局と結びついた観念とは注意深く区別されねばならない。

（2）諸階級（プロレタリアートとブルジョワジー）の理念型が存在するのではなく、それぞれの階級がそれ固有の内的コンフリクトを含んでいるような、プロレタリア化およびブルジョワ化の過程［★4］（私がアルチュセールに従って敵対関係の「重層的決定」と呼んでいる過程）が存在する。本書のなかで説明されていくように、資本主義経済の歴史は、国民的《ナショナル》および国家枠を超えた《トランスナショナル》空間における政治闘争に依存するのである。

（3）「ブルジョワジー」は、たんなる利潤の蓄積（または生産的投資）によって規定されるのではない。これは必要条件ではあるが、十分条件ではない。この点に関してウォーラースティンは、本書のなかで、独占的立場を求めるブルジョワジー、および、各種の歴史的様式で国家によって保証される、利潤の「地代」への転化を議論している。これは確かにもう一度触れねばならない論点である。「マルクス主義社会学」の階級概念の歴史化（それゆえ、通時化）がいまようやく始まろうとしている（言い換えれば、マルクス主義社会学として認められているイデオロギーを解体するには、まだなすべき仕事が残されているのである）。われわれはここでもう一度、フランスの国民的伝統に逆らうことになる。（エンゲルスにまで遡る）フランスの根深い偏見とは反対に、私はブルジョワ／資本家が寄生的ではないことを証明したいと思っている。他方、「経営者」神話が作り出された国出身のウォーラーステインは、ブルジョワが（過去において、今日においても）貴族の正反対であることを論証しようと努めている。

彼とは違った理由からではあるが、今日の資本主義において、学校教育の普及は階級的差異をたんに「再生産している」ばかりでなく、それを生み出している、と考えることに、私は全面的に同意する。しかし、私は彼よりも「楽観的」ではないので、この「能力主義的」メカニズムが特権的な社会的地位の獲得の従来の歴史的メカニズムよりも政治的に脆弱であるとは考えられない。私の考えでは、これは、学校教育――少なくとも、「開発」諸国の学校教育――が、エリートの選別手段としてだけではなく、社会的分業――とりわけ、継起的な諸形態をとって現れてきた、肉体労働と知的労働の分業、あるいは実行労働と管理・指揮労働との分業――を「技術的」にも「科学的」にも自明なものとして正当化する固有なイデオロギー装置として組織されていることに起因する。さて、このような自然化（naturalisation）は、本書で見ていくように人種主義と密接に関連しており、特権の歴史的正統化のその他のメカニズムに劣らず効果的なのである。

以上のことはただちに、最後の論点である「社会的コンフリクトの軸心移動」に通じている。第Ⅳ部の対象は、本書の冒頭で提起された問題（人種主義の問題、より一般的には「身分」と「共同体的」アイデンティティの問題）に立ち戻り、それまでの議論の成果を総括しつつ、実践的な結論を――たとえそれがまだどんなに不十分なものであるにせよ――準備することである。われわれはまたこの第Ⅳ部において、社会学や歴史学におけるいくつかの古典的テーマとの関連で二人の相違点を明らかにしたいと思っている。当然ながら、ウォーラーステインと私の間には、以前に現れた、アプローチの相違や多少とも重要な対立点が依然として残っている。それゆえ、結論を引き出すことが問題なのではない。対立点を浮き彫りにするとすれば、今度はウォーラーステインの方が私よりもずっと「楽観的」ではない、と言ってよいだろう。というのは、「集団」意識は必然的に「階級」意識に優越する、あるいは、少なくとも集団意識は階級意識が歴史的に具体化される必然的形態を成す、と彼が考えるからである。確かに彼の考えでは、国家枠を超えた《トランスナショナル》展開という文脈において、不平等と抗争《コンフリクト》という二つの用語は（漸近的な）限界内ではあるが重なり合うのである。私としては、人種主義は階級構造の表現ではないと考えている。むしろ人種主義は、ナショナリズムの場《シャン》における階級闘争、とくに曖昧な形態の階級闘争（現在の危機における、プロレタリアートの人種主義化、労働者主義、「階級横断的な」合意形成）に固有な政治的疎外の典型的な形態である。

私が議論を、主としてフランスの状況と歴史を例証としながら展開しているのは確かである。フランスでは今日、国際主義的な実践とイデオロギーを刷新する問題は、まだぼんやりとした形でしか提起されていない。また、第三世界の「プロレタリア的国民《ネイション》」、より正確には第三世界の貧しい大衆と、西ヨーロッパ諸国等のさまざまな形態の「新しいプロレタリアート」が、実践的には共通の敵を、つまり、制度的人種主義とその蔓延、あるいは大衆による人種主義に対する政治的期待という敵をもっていることも、確かである。つまりこれら両者は、克服すべき共通の障害物を有している。エスニック的個別主義ないし政治的―宗教的な普遍主義とそれらの内部に存在する救世主的イデオロギーとの混同がそれである。これがおそらくもっとも重要な点である。この点をもっと深く研究することが必要である。また、この問題に関する研究は、大学の研究者の枠を超えて、関心のある人びとによって広く行われるべきである。しかしながら、共通の敵をもっているということは、同じ直接的利害をもっていることでも、同じ意識形態をもっていることでもない。いわんやそれは、さまざまな闘争の全体化を意味するものではない。事実、そのような全体化は傾向として存在するだけであり、全体化への傾向は構造的な障害物によって阻害されている。このような傾向が広がっていくためには、好都合な状況と政治的実践が必要である。だからこそ、本書を通じて、私はとくに次のように主張したのである。効果的な反人種主義こそ、今日（および将来の）ナショナリズムの暴走に対抗できるような階級的イデオロギーを新たな基礎に基づいて〔おそらく新しい言葉によって〕（再）構成していくための前提条件――これが新たな階級的イデオロギーの内実を規定する――になるであろう、と。

（若森章孝　訳）

## 原注

★1　私はここでとりわけ、労働力再生産および「賃金形態」の矛盾に関するY・デュルー、C・メイヤスー〔川田順造・原口武彦訳『家族制共同体の理論』筑摩書房〕、S・ド・ブリュノフ〔Suzanne de Brunhoff, *Etat et capital*, Pug / Maspero, 1976.〕の研究が果たした大きな役割を指摘しなければならない。

★2　この点はI・ウォーラーステインによって、とりわけ *Le Capitalisme historique*, La Découverte, 1985, p.79sv.〔*Historical Capitalism*, Verso, 1983. 川北稔訳『史的システムとしての資本主義』岩波書店〕で主張されている。

★3　私はまたこの見方が「反システム運動」――ウォーラーステインは「反システム運動」のなかに、労働者階級の社会主義運動や民族解放運動ばかりでなく、性差別に対する女性の闘争や、何よりも人種主義に支配された抑圧された少数者の闘争を入れている。これらの運動や闘争はすべて潜在的には「反システム運動の世界的共同体」（*Le Capitalisme historique*, p.108.）の構成要素である――の収斂の見込みに疑問を投げかけるものであることを認める。なぜなら、これらの運動は、私には結局のところ、「同時代性を欠いている」し、ときとして相互に両立しないし、普遍的ではあるが差異的な矛盾に、つまり種々の「社会構成体」において不均等な重要性をもつ矛盾に結びついているように思われるからである。私の考えでは、これらの諸運動が単一の歴史的ブロックに凝固するのは、長期的な傾向としてではなく、その持続が政治的イノベーションに依存する状況との出会い（rencontre de conjoncture）としてなのである。このことは第一にフェミニズムと階級闘争の収斂に当てはまる。これらの運動がこれまでけっして融合できたためしがないにも関わらず、組織された階級闘争が存在する社会構成体においてだけなぜ「自覚的な」フェミニズム運動が実際に存在するのかを問うことは興味深い。このことは分業に起因するのであろうか？　あるいは、闘争の政治的形態に起因するのであろうか？　それとも、「階級意識」の無自覚に起因するのであろうか？

★4　私はウォーラースティンが用いている英語のブルジョワ化（bourgeoisification）よりもフランス語のブルジョワ化（embourgeoisement）を用いることにする。だが用語が曖昧になる恐れがある（だが実際、どのような曖昧さが存在するのだろうか？　兵士を市民から徴集するのと同様に、n次の世代のブルジョワジーは非ブルジョワジーから徴集されてきたのである）。

# 第Ⅰ部

# 普遍的人種主義

第1章

# 「新人種主義《ネオ・レイシズム》」は存在するか？

エティエンヌ・バリバール
*Etienne Balibar*

新人種主義《ネオ・レイシズム》について語ることは、どの程度まで適切であろうか。こうした疑問は、各国ごとにいくぶん異なった形態をとってはいるものの、国家枠を超えた《トランスナショナル》現象として現実によって投げかけられている。とはいってもこの疑問は、二つの意味で理解することができる。すなわち一方では、危機的状況や他の原因によって説明されるような、人種主義の運動と政治の歴史的復活をわれわれは目撃しているにすぎないのであろうか、という意味においてである。また他方では、そのテーマと社会的意味において、かつての「諸モデル」に還元できない新しい人種主義が真に問題となっているのか、あるいはむしろたんなる戦術的適用が問われているにすぎないのか、といった意味においてである。私としては、ここではとくに後者の観点からこの問題を検討したい。

第一にわれわれは以下のような検討をしなければならない。少なくともフランスに関する限り、新人種主義についての仮説は、本質的には、外国人排除政策を正当化しようとする傾向をもった理論や言説に対する、人類学や歴史哲学の立場からの内在的批判を通じて形成された。ところが、教義の新奇さと、この教義を生み出した政治的状況や社会的変容の新しさとの間の関連については、ほとんど考察されてこなかった。私はきっぱりと、以前同様今日でも人種主義の理論的次元は歴史的には本質的に重要であるが、しかしけっして自律的なものでもなく、基本的なものでもない、と主張したい。真の「総体的社会現象」としての人種主義は、実践(暴力や軽蔑、不寛容、侮辱、搾取の諸形態)のなかに、また言説と表象のなかに含まれている。つまりこの場合、言説や表象は、予防や隔離といった幻想(社会体の純化の必要性、つまりあらゆる混沌や混血、侵入から、「自己」や「われわれ」のアイデンティティを保護するという必要性)の知的精緻化なのであり、また他者性の傷痕《スティグマ》(名称、皮膚の色、宗教的実践)の周囲に接合されているのである。したがって人種主義が情動(心理学が、その脅迫観念的性格および「不合理な」両義性を記述することに努めた)を組織するのは、その「対象」についても、またその「主体」についても同様に、ステレオタイプ化された形を付与することによってなのである。このようなステレオタイプ化された情動の網目のなかで、実践、言説、表象が結合されることによって、人種主義的共同体(あるいは人種主義者たちの共同体、彼らの間で「模倣」の連鎖が広く支配している)の形成を考察することができるのであり、また同時に鏡像として、人種主義の標的となった諸個人や集団(人種主義の「対象」)が自らを共同体として考えるように強制されていると感じる仕方を考察することができるのである。

しかしこの強制がたとえ絶対的なものであろうとも、犠牲者にとって、たんに強制であるだけなのではない。つまり、コンフリクトなしにこの強制は内面化されえないし(メンミを参照せよ)、自己定義の権利を奪われているような集団自体に共同体的アイデンティティが付与されるという矛盾をこの強制は否定するものではないし(ファノンを再読せよ)、さらに、とりわけそれは言説や理論、合理化に対する実際の暴力や行為の絶えざる過剰を吸収することなどできない。したがって犠牲者から見るならば、人種主義的複合体《コンプレクス・ラシスト》には本質的な非対称性が存在するのである。それは、教義に対する絶対的優位を行為と行為への移行に与えるのである(その場合当然ながら、行為にはたんに物理的暴力や差別だけでなく、言葉そのもの、すなわち軽蔑と攻撃の行為としての言葉の暴力も含まれる)。このようにわれわれは、まず最初に、教義と言語の変異を相対化するように導かれることになる。つまり、こうした変異は、実際には同一の行為をもたらしている以上、宗教言語から科学言語へ、生物学から文化、歴史へと移行しながらも、つねに同一の構造(権利の否認という構造)を維持しているような正当化をそれほどまで重要視する必要がない、と考えられるのである。

以上のような検討は正当であり、重要でもあるが、しかしそれだけであらゆる問題を解決することはできない。というのも、人種主義的複合体の解体は、犠牲となっている人びとの反乱を前提するのみならず、人種主義者自身の変革、したがって人種主義によって作り出された共同体の内的解体をも前提とするからである。この点で事情は、ここ二〇年以来指摘されているように、性差別主義の場合と完全に共通しており、そこではその克服は女性の反乱と同時に「男性」共同体の解体を前提している。ところで人種主義共同体の形成にとっては、人種主義理論が不可欠である。結局のところ、(諸)理論なしには人種主義は存在しない。人種主義理論はエリートから生まれるか、それとも大衆からか、支配階級からかそれとも非支配階級からか、などと問うのはまったく無意味であろう。むしろこの理論は知識人によって「合理化されて」いるということは明らかである。さらにもっとも重要なことは、学問的人種主義の理論化(その原型は一九世紀末に成立した「生物学的」人種に関する進化論的人類学である)が、人種という意味作用《シニフィアン》をめぐって構成される共同体の具体化のなかで演じている機能について検討することである。

こうした機能は、知的合理化の一般的組織能力だけにある(グラムシがその「有機性」と呼び、コントがその「精神的権力」と呼んだものである)とは私には思われない。またこの機能は、あらゆる社会階級に属する個人がそのなかにおいて相互に承認し合えるような共同体のイメージ、本源的アイデンティティのイメージを、学問的人種主義の理論が精緻化している、という事実にあるとも思われない。むしろ学問的人種主義の理論が可視的な「証拠」（そこから人種のスティグマ、とりわけ肉体的スティグマの本質的重要性が生じる）に依拠して科学的言説を装うという事実に、あるいはむしろ科学的言説が「可視的事実」を「隠された」原因へと接合させるそのやり方を人種主義が模倣し、こうして大衆の人種主義に固有な自発的理論化を促進するという事実に、この機能はある［★1］。したがって敢えて言えば、人種主義的複合体は、否認という決定的な機能（これなくしては、それを実践する当の側にとって、いかなる暴力も耐え難いものであろう）と知への欲求、すなわち社会諸関係の直接的認識への暴力的な欲求とを分かち難く混在させているのである。こうした機能は相互に絶えず支え合っている。というのも、それ自身の集合的暴力は個人と社会集団にとって深刻な謎となっており、この謎は緊急に解明されなければならないからである。これこそが、どんなにその精緻化が洗練されているように見えても、人種主義イデオローグの知的立場を特異なものにしている。例えば、神学者——彼は秘教的な思弁と一般受けのする教養との距離を維持しなければならない（しかし完全な断絶であってはならない、さもなくば「グノーシス説」へ入り込むという危険を冒すことになろう）——とは異なり、歴史上有力な人種主義イデオローグは、つねに「民主主義的な」教養を、すなわち直接理解可能な教義、（エリート主義的な精緻化においてさえ）大衆の低いレベルの理解度にあらかじめ調整された教義をうちたてていたのである。つまりこうした教義とは、個人が体験していることについてばかりではなく、彼らが社会的世界のなかにおいてそうであるところのものについてもまた、直接的な解釈のカギを提供することなのである（この点では占星術や性格学などと似ている）。たとえこのカギが人間的条件の「秘密」の開示という形をとる場合でさえ、そうなのである（すなわち、このカギがその想像的有効性にとって不可欠な秘密の効果を含んでいる場合でさえ、そうなのである。レオン・ポリアコフがこの点について注目すべき説明を行っている）［★2］。

こうしたことがまた、学問的人種主義の内容とりわけその影響力を批判することを困難にしている、と指摘しておこう。結局、学問的人種主義理論の構成そのものにおいて前提されているのは以下のことである。すなわち、大衆によって探求され欲求される「知識」とは、彼らの自覚的な感情において自らを正当化させるだけの、あるいは彼らをその本能の真実へと立ち帰らせるような基本的知識でしかない、というのである。よく知られているように、ベーベルは反ユダヤ主義を「愚者の社会主義」と呼び、ニーチェはそれをほとんど虚弱者の政治とみなしていた（しかし、だからといって彼が多くの人種的神話学に対して免責されるというわけではない）。しかしわれわれが人種主義的教義をまさにデマゴギー的な理論的精緻化（大衆の知識への欲求に対してこの教義が与えるあらかじめの回答に、この精緻化の有効性は由来している）と定義する場合、われわれ自身、こうした曖昧さから逃れることができるであろうか。「大衆（masse）」という（あるいは「民衆（populaire）」という）カテゴリーそのものは中立的なものではなく、社会的なるものの自然化およびその人種化の論理と直接関連している。この曖昧さを一掃するには、人種主義的「神話」がその大衆への支配を獲得するやり方を考察するだけでは十分ではなく、「知的」活動と（広義での）「肉体的」活動との分割の枠内で精緻化された他の社会学理論がなぜこの知への欲求と容易に融合することができないか、を問わねばならない。人種主義的神話（「アーリア神話」、遺伝の神話）が神話であるのは、たんにその擬似科学的内容によってだけではなく、知性を大衆から分離している断絶の想像的な克服の形態（これはいわば、生まれつきの幼稚さへと大衆を閉じ込める暗黙の運命論と分かち難い）においてもそうなのである。

こうしてわれわれは「新人種主義」へと目を転じることができる。ここで困難をなしているように思えるものは、すでにのべたように人種主義の事実ではない（とりわけ自己満足と厚顔無恥をさらけだしている多くの「政治的階級」によって、人種主義的実践は否認されているのであるが、こうした否認にだまされたくないと思うならば、実践は非常に確かな基準となる）。むしろ困難なのは、言語の相対的新しさがどの程度、社会的実践と集合的表象との、学問的教義と政治運動との永続的な新しい接合を表しているのか、を知ることなのである。要するにグラムシの言葉で言えば、ここでヘゲモニーなるものが生じているかどうかを知ることが困難なのである。

人種概念の代替物としての、また「階級意識」を解体する要因としての移民カテゴリーの果たす機能が、われわれに最初の手がかりを与えてくれる。明らかにわれわれは、ここではたんに人種という語とその派生語の卑劣さを隠蔽するために必要とされるカムフラージュ機能だけを扱うのではないし、また、フランス社会の変容の結果のみを扱うのでもない。久しい前から移民労働者集団は、典型的な人種主義を特徴とした差別と排外主義的暴力を被ってきた。もう一つの危機の時代としての両大戦間期は、ユダヤ人であろうとなかろうと、ファシスト運動の枠組みを越えて「外国人」に対する攻撃キャンペーンを経験している。ヒトラーの野望へのヴィシー体制の加担がこうした運動の論理的帰結を示している。しかしその当時、他者への憎悪と恐怖の表象の決定的なカギとして、「生物学的」記号の「社会学的」記号への決定的代替が見られなかったのはなぜであろうか。人類学的神話のとりわけフランス的な伝統の重みを別にすれば、たぶん一つには、当時移民の受容（とくにヨーロッパ人）と植民地の経験（一方ではフランスは「侵略」され、他方ではフランスが「支配」していた）との間に存在していた制度的、イデオロギー的断絶のためであり、また一つには、世界的レベルにおける国家と民族（people）と文化との新たな接合様式の不在のためなのである[★3]。もちろんこの二つの理由は関連している。ところが新しい人種主義は、「脱植民地主義」の時代の、旧植民地と旧中心部との間の人口移動の逆転の時代の、単一の政治的空間内における人間の分割の時代の人種主義なのである。複合的移民現象（移民コンプレクス）に集中している現在の人種主義は、イデオロギー的には、フランス以外で、とりわけアングロ・サクソン諸国ですでに広範に普及した「人種なき人種主義」という枠組みのなかに一括される。つまりそれは、その支配的テーマが生物学的遺伝ではなく、むしろ文化的差異の還元不可能性にあるような人種主義なのである。またこの人種主義は、一見したところ、ある特定グループなり人びとの、他の者に対する優越性を仮定するようなものではなく、むしろ「たんに」境界の消滅の有害さだけを、生活形態や伝統の両立不可能性だけを仮定しているような人種主義である。つまりそれは、差異主義的人種主義(racisme differentialiste)(P・A・タギエフ)と正当にも名づけるべき人種主義なのである[★4]。

この問題を強調するためには、まず第一に、この〔生物学的遺伝に基づく人種主義から文化的差異に基づく人種主義への〕変化の政治的帰結について検討しなければならない。反人種主義の論拠が背後から攻撃されるようになったこと、すなわちこの論拠が反人種主義そのものに向けられるようになったことにより、伝統的な反人種主義を擁護するのが困難になった、というのが最初の政治的帰結である(タギエフは差異主義的人種主義の反転効果とうまく表現している)。〔この新しい人種主義の議論においては〕人種は生物学的に区分しうる単位ではないということ、結局のところ「人間の諸種族」など存在しないということが即座に承認されている。また個人の行為とその「性向」は血や遺伝子によっては説明されず、その歴史的な「文化」への帰属によって説明される、ということもまた承認されている。ところで、諸文化の多様性と平等(こうした文化の多様な総体のみが人間文明を構成している)の承認、さらに文化の超歴史的な「永続性」の承認へと総じて方向づけられた人類学的文化主義は、戦後のヒューマニズムとコスモポリタニズムに満ちた反人種主義に対し、非常に多くの論拠を提供してくれた。こうした人類学的文化主義の価値は、ある画一的な帝国主義へゲモニーに対する、またマイノリティの文明の根絶、つまり「人種抹殺」に対する闘争においてそれが行った貢献によって確認されるのである。ところが差異主義的人種主義は、この論拠を字義どおり受け取ってしまった。あらゆる文明が同じように複雑で人間の思考にとって不可欠なものである(クロード・レヴィ＝ストロース、『人種と歴史』)、と論じることによって名をあげていた人類学の大家が、いまや、本人が望んでいようといまいと、「文化の混合」や「文化的距離」の除去は、人間的知性の死に値し、生物学的生存を保証しているとされる調節機能を危機に陥れさえする(『人種と文化』)、という考えに加担しているのである[★5]。こうした「証明」は、人間集団(実際は国民集団ということ。とはいえ、国民(nation)という政治的カテゴリーの人類学的意義は明らかに疑わしいものではあるが）の「自発的」傾向、すなわちその伝統、したがってそのアイデンティティを維持しようとするという傾向と、直接に結びつけられる。以上のことから明らかにされているのは、生物学的ないし遺伝的自然主義が、人間的行動と社会的帰属を自然化するさいの唯一の様式なのではない、ということである。階層的モデルの放棄と引き換えに（このことが実質的なものではなく外見上でしかないことは、後に見るとおりである）、文化もまた自然として機能しうるのであり、とりわけ個人と集団をアプリオリに系譜、すなわち不変で触れることのできない起源による決定論へと閉じ込めるやり方として機能しうるのである。

しかし、この最初の反転効果は、より厄介な、したがってより有効な第二の効果をもたらす。すなわち、もし還元不可能な文化的差異が人間の真の「自然環境」であり、歴史を呼吸するうえで不可欠な大気であるとすれば、こうした差異を消し去ることは必然的に防衛的反応や「民族間の（interethniques）」コンフリクト、攻撃性の一般的高揚を引き起こすことになろう。このような防衛反応は「自然な」ものであるとされるが、しかし同時に危険なものでもあるとされる。驚くべき反転によって、差異主義的な教義がここで自ら人種主義を説明しようとしている（さらにそれを予防しようとさえしている）のが見られるのである。

以上見てきたように、実のところ、問題設定の一般的な変更が観察される。つまり、人類史における人種の理論あるいは人種の闘争の理論（それが生物学的な基礎に基づこうと、あるいは心理学的基礎に基づこうと）から、われわれは社会における「エスニックな諸関係」（あるいは人種関係）の理論へと移行しているのであるが、後者の理論は人種的帰属ではなく、人種主義的態度を自然化するものである。論理的な観点からは、差異主義的人種主義はメタ人種主義、あるいは「第二の立場」の人種主義と呼ぶことができる。それは、人種主義と反人種主義との対立から教訓を引き出したものとして、すなわち社会的攻撃性の原因の、政治的に操作可能な理論として提示されるものである。つまり、もし人種主義を回避したいならば「抽象的な」反人種主義を避けねばならず、人口移動の心理学的また社会学的法則の無理解を避けなければならないというのである。それによればまた、「忍耐の限界」を尊重しなければならず、「文化的距離」を維持しなければならず、つまるところ、個人が唯一の文化の専一的な継承者でありその保持者でなければならないという公準によって、集団を分割しなければならない（この点で依然としてよりよい境界は国境である）のである。ここでわれわれは、思弁を離れて直接に政治と日常的経験の解釈へと至るのである。当然、〔上述した〕「抽象的」というレッテルは、認識論的な性格のものではなく、それに対応した実践がより具体的でより効果的であればあるほどますます頻繁に適用されるような価値判断である。こうした実践には、都市再開発計画や差別に対する闘争の計画、すなわち、学校でのあるいは雇用における反差別闘争の計画といったものが含まれる（これらはアメリカの新右翼が逆差別と呼ぶものである。フランスでも同様に、けっして何らかの極端な運動に関与してなどいない「分別のある」知性の持ち主が、そのアジテーションによって市民大衆の国民的《ナショナル》帰属感情を「引き起こしている」として、「人種主義を生み出しているのは反人種主義である」と論じているのがますますしばしば聞かれるようになっている）〔★6〕。

いまや、真の反人種主義、したがって真のヒューマニズムとして自らを提示できる差異主義的人種主義が、不合理な運動や攻撃性、集団的暴力、とりわけ外国人嫌いに関する一般的説明としての「群衆心理学」の再評価と容易に結びつくとしても偶然ではない。そこでは、上述した二重のゲームが十分に機能しているのが見られる。すなわち、一方で自分自身の「自発性」の説明を大衆に示してやること、他方でこの同じ大衆を「素朴な」群衆として暗黙に利用することである。新人種主義イデオローグは遺伝の狂信者ではなく、社会心理学の「現実主義的」技術者である、というわけだ。

このように新人種主義の反転効果を描くことで、私は確かにこの効果の起源とその内的ヴァリエーションの複雑性を単純化したが、こうした展開の戦略的賭けについて強調したいと思う。もちろん修正と補足が必要であろうが、ここではその一端に触れることしかできない。

ところで「人種なき人種主義」という考えは、想像されるほど革命的なものではない。人種という語の意味の右余曲折の検討に立ち入らずに（実際、史料上から見たこの語の使用は、「遺伝学」にその「起源」が見られるよりも以前のことである）、――反人種主義の特定の俗流解釈にとっても、また新人種主義による反人種主義の反転にとっても厄介なものであろうが――いくつかの歴史上の大事実に注目しなければならない。

二次的な理論的精緻化のレベルにおいては、擬似生物学的な人種概念をその本質的な手段として用いなかったような人種主義もつねに存在した。そしてその原型は反ユダヤ主義にある。啓蒙期ヨーロッパにおいて、すなわち国土回復と異端審問の時代のスペインによってなされた、神学的反ユダヤ主義の国家的かつ国民主義的《ナショナリスト》な転化以来具体化し始めた近代的反ユダヤ主義は、すでに「文化主義的」人種主義であった。そこでは身体的スティグマが重要な幻覚的地位を占めてはいたが、それは、生物学的遺伝の記号としてというよりむしろ深層心理学の記号、精神的遺産の記号としてであった[★7]。そう言ってよければ、こうした記号は目に見えなければ見えないほどより多くを語るものであり、ユダヤ人はより見分けがつかないほどいっそう「真の」ユダヤ人である、ということになるのである。こうしたユダヤ人の本質は文化的伝統にあり、それが道徳的退廃をもたらすというのである。反ユダヤ主義はとりわけ「差異主義的」であり、多くの点ですべての現在の差異主義的人種主義は、形式的観点からすれば一般化された反ユダヤ主義として考察されうるのである。こうした考察は、とりわけフランスにおいて、現代のアラブ人嫌いを解釈するためにとくに重要である。それというのもこのアラブ人嫌いは、ヨーロッパ性と両立し難い「世界観」として、また普遍的なイデオロギー的支配の企図としてイスラム像を描いているからであり、したがって「アラブ性」と「イスラム主義」とを体系的に混同しているからである。

こうしたことは、人種主義の伝統のフランス独自の国民《ナショナル》的形態に関する、まだ認め難いがしかし決定的でもあるような歴史的事実へとわれわれの興味を向けさせる。なるほどアーリア性についての教義に関する、人体測定法や生物学的遺伝主義の特殊フランス的な系譜は存在してはいるが、真の「フランス・イデオロギー」がそこにあるのではない。「フランス・イデオロギー」は、「人権の国」の文化による人類の教化を普遍的な任務と考えることにある。こうしたイデオロギーに対応しているのが、支配された人びとへの同化の実践、したがって、この同化に対し受容するか抵抗するかという性向の多寡によって個人や集団を差異化し階層化するという必要性である。植民地化において、また「白人の責務」というまさにフランス的な(あるいは「民主主義的な」)ヴァリアントにおいて展開されているのが、緻密であると同時に決定的でもある排除/包摂というこの形態なのである。私は別のところで、人種主義的イデオロギーの機能における、あるいは諸イデオロギーの機能の人種主義的側面における普遍主義と個別主義との逆説について再論したいと思う[★8]。

ところで、新人種主義における階層化というテーマの消去が実質的というよりも外見上でしかない、ということを見て取るのは困難ではない。実際、階層化的思考(その愚かさについて騒々しく宣告されてさえいる)は、一方では教義の実践的な使用のなかで(したがってこの考え方はあからさまに言明される必要はない)、他方では文化の差異を考察するために適用される「基準」のタイプそのものという形で(再び「第二の地位」たるメタ人種主義の論理的手腕が働いているのが見られる)再構成されているのである。

確立された文化が国家や支配階級の文化、少なくとも公式には「国民的」大衆(masse nationale)——彼らの生活・思考様式は制度によって正統化されている——の文化であるような場所では、事実、混沌の予防が行われている。したがってこの予防は、表現や社会進歩に対する一方向的な妨害として機能する。イギリスの「黒人《ブラック》」やフランスの「アラブ人二世(Beur)」にとって、彼らがすでに生活している社会に「統合」されるために行われる同化(しかしこの同化はつねに表面的で、不完全で、偽りではないかと疑われることになる)が、進歩や解放、権利の付与としてなされているという事実は、すべての文化の尊厳に関する理論的言説がいかなるものであろうと、実際に打ち消されることはないであろう。そしてこうした事情の背後に働いているのが、人間の歴史的文化は二つの大きな分類に分けられる——普遍主義的で進歩的な文化と、決定的に個別的で素朴な文化——、という古びた考えのヴァリアントなのである。「首尾一貫した」差異主義的人種主義が、あらゆる文化の不変性を弁護しながらも一様に保守主義的である、といった逆説は偶然ではない。この人種主義が実際保守主義的であるのは、ヨーロッパの文化と生活様式を「第三世界化」から保護するという口実のもとであらゆる現実の発展方向を幻想的に閉じてしまうからである。しかし、この人種主義は即座に、「閉じた」社会と「開かれた」社会、「不活発な」社会と「活発な」それ、「冷たい」社会と「熱い」それ、「集団的な」社会と「個人主義的な」それ、などという古びた区分を再導入する。こうした区分が逆に、文化(culture)概念の曖昧さを余すところなく働かせることになるのである(これはとりわけフランス語の場合に妥当する！)。

独立した実体(あるいは象徴的構造)として考えられる諸文化(すなわち、Kulturの意味での文化)間の差異は、「ヨーロッパ的」空間自体における文化的不平等に関連づけられる。あるいは、より正確に言えばこの差異は、産業化され、学歴化され、ますます国際化され、世界化された社会において傾向的に再生産される不平等の構造としての「文化(culture)」(知識人の教養(Bildung)と民衆のそれ、専門技術的な教養と習俗的なそれ)に関連づけられることになる。「異なった」諸文化(les cultures)は障害をなす文化であり、あるいは学校や国際的コミュニケーションの規則によって文化(la culture)の獲得にとっての障害とされる文化である。逆に、被支配階級の「文化的ハンディキャップ」は、外国人の状態と実際上対応するものとして、あるいは、とりわけ「混沌」の破壊的効果(すなわちこの「混沌」が生じる物質的条件の効果)にさらされた生活様式として提示されるのである[★9]。以前には、人種のタイプの本質的不変性という仮定を言明するためには、あからさまに不平等を訴える人種主義は、差異主義的人類学（遺伝学に基づくものであろうが、民族心理学（Volkerpsychologie）に基づくものであろうが）を前提しなければならなかった。しかしこうした階層的テーマの潜在的な現前は、今日ではもっぱら個人主義的モデルの優位という形で示されている。暗黙のうちに優越している文化とは、「個人的な」企図や社会的政治的個人主義を抑制するような文化ではなく、個人主義を増加させ促進するような文化であるというわけだ。これこそ、その「共同体精神」がまさに個人主義によって構成されているような文化であろう。

以上のことから、生物学的テーマの回帰、すなわち文化的人種主義の枠組みにおける生物学的「神話」の新たなヴァリアントの精緻化を最終的に可能にしているものを、われわれは理解できるのである。周知のようにこの点においては、各国ごとに事情は異なっている。動物行動学と社会生物学の理論的モデル（それら自身一部競合しているが）は、アングロ・サクソン諸国においていっそうの影響力をもっている。そこでは、これらのモデルは社会ダーウィニズムと優生学の伝統を引き継ぎ、戦闘的な新自由主義の政治目標と完全に合致している[★10]。しかしながら、この生物学主義的なイデオロギーそのものも基本的に「差異主義的革命」に依拠している。これらのイデオロギーが説明しようとしているのは、人種の成り立ちではなく、個人的性向の蓄積にとっての文化的閉鎖性と伝統の決定的重要性、とりわけ外国人嫌いと社会的攻撃性の「自然的」基礎なのである。ところで、この攻撃性は本質的に虚構であり、それへの依拠はあらゆる形態の新人種主義に共通し、生物学主義を一段ずらすことを可能にする。それによれば、なるほど「人種」は存在せず、人びとと諸文化しか存在しない。しかし、文化の生物学的（また生物心理学的）な原因と結果、そして異なった文化への生物学的反応が存在する（この反応は広義での「家族」や「領土」へとつねに結びつけられている、人間の消し難い「動物性」の痕跡として現れる）、というのである。それとは逆に、純粋な文化主義が支配的であると思われるところでは（フランスにおけるように）、「生命」やその再生産、その機能、健康といったものを外的に調節するものとしての文化に関する言説の精緻化や生物学に関する言説の精緻化に向かう発展的な変更が見られる。とりわけミシェル・フーコーが、こうした事態を予想していたのであった[★11]。

新人種主義の現在のヴァリアントは、以下のような言説と社会技術に向けて発展することになるような移行期のイデオロギー的形態でしかないかもしれない。つまりそこでは、血統神話の歴史物語（人種（race）と、民族（people）、文化、国民（nation）の間での代替ゲーム）が相対的に影響力を失う一方で、「正常な」社会生活への（あるいは逆に犯罪や逸脱への）、また（感情的ならびに衛生学的、優生学的観点から）「最適な」再生産への知的性向や「資質」の心理学的評価が前面に出るのである。そのさい、一連の認知科学や社会心理学、統計学が、遺伝と環境との持ち分を配分しながら、こうした性向と資質を測り、選別し、管理するために提供されることになる。つまり新人種主義の現在のヴァリアントは「ポスト人種主義」に向かっていると言えよう。私がこのように思うのは、諸国民国家《ネイション・ステイト》システムの枠組みにおける社会関係や人口移動の世界化が、「国境《フロンティア》」概念の再検討とその適用の仕方の見直しを迫り、さらにこのような世界化が、社会的予防機能を国境《フロンティア》に付与し、より個体化された規定へとそれを結びつけるからである。しかも、技術変化は階級闘争において、また個人の広範な技術的、政治的選別という点で、教育上の不平等と知的ヒエラルキーにますます重要な役割を与えるであろうからである。国民―企図（諸国民―企業）（nations-entreprises）の時代には、真の「大衆の時代」がわれわれの目前にあるのであろう。

（須田文明　訳）

※このテクストの抜粋は*Lignes*誌no.2, 1988, Librairie Seguier ed. に掲載された。

★1　私見によれば根本的と思われるこの点について、コレット・ギョーマンが見事に解明している。「カテゴリー化の行為は認識行為でもある。（中略）たぶんそのために、ステレオタイプに対する闘争の曖昧さ、およびこの曖昧さに伴う驚くべき特徴が生じるのである。カテゴリー化とは、抑圧のような認識をはらんでいるものなのである」（*L'Idéologie raciste. Genèse et langage actuel*, *Mouton*, Paris La Haye, 1972, p.183）。

★2　L. Poliakov, *Le Mythe aryen*, Calmann-Lévy, 1971; *La Causalité diabolique*, ibid., 1980.

★3　合衆国では「黒人問題」は、ヨーロッパ移民の絶え間ない流入とその受容によって提起された「少数民族問題（problème ethnique）」から切り離されたままであった、という事情と比較せよ。そこでは一九五〇―六〇年代になって、新しい「民族的パラダイム（paradigme de l'ethnicité）」が後者を前者に反映させるに至ったのである（Michael Omi et Howard Winant, *Racial Formation in the United States*, Routledge and Kegan Paul, 1986）。

★4　とりわけ以下のものを参照。"Les présuppositions définitionnelles d'un indéfinissable: le racisme", *Mots*, no.8, mars 1984;; "L'identité nationale sasie par les logiques de rascisation., Aspects, figures et problèmes du racisme différentialiste", *Espaces 89*,; *L'identité française*, Editions tierce, 1985. こうした思考は、すでにコレット・ギョーマンの研究に現れている。また、Véronigue de Rudder, "L'obstacle culturel: la différence et la distance", *L'Homme et la société*, janvier 1986. アングロ・サクソン諸国については、Martin Barker, *The New Racism, Conservatives and the Ideology of the Tribe*, Junction Books, Londres, 1981. を参照せよ。

★5　一九七一年に、ユネスコのために執筆された講演原稿。現在、*Le Regard éloigné*, Plon, 1983, pp.21–48〔『はるかなる視線』みすず書房〕に再録されている。次の批判を参照せよ。M. O'Callaghan et C. Guillaumin, "Race et race ... la mode "naturelle" en sciences humaines", *L'Homme et la société*. no.31–32, 1974. まったく別の観点から、今日、レヴィ・ストロースは「反人間主義」、「相対主義」の信者であると批判されている（T. Todorov, "Levi-Strauss entre universalism et relativisme", *Le Débat*, no.42, nov.–déc. 1986; A. Finkelkraut, *La Défaite de la pensée*, Gallimard, 1987A.〔西谷修訳『思考の敗北あるいは文化のパラドクス』河出書房新社〕）。議論は終結していないばかりか、開始されたところでしかない。私としては、レヴィ・ストロースの教義が「人種主義である」などというのではなく、一九世紀および二〇世紀の人種主義的理論が人間主義の概念的枠組みの内部で構成されている、ということを主張したいのである。したがって人種主義と人間主義とをこのように区別することなどできないであろう（本書の第3章「人種主義と国民主義」を参照せよ）。

★6　アングロ・サクソン諸国において、このテーマは、「人間行動学」と「社会生物学」によって華々しく取り上げられている。フランスにおいては、その基礎は直接的に文化主義的なものである。新右翼の理論家から、より沈着冷静な大学人に至るまでの、こうしたテーマのアンソロジーとしては、A. Béjin et J. Freund の監修になる *Racismes, antiracismes*, Méridiens-Klincksieck, 1986. を参照せよ。この書物が、膨大な部数をもつ大衆出版物を通じて広められている、ということを知っておくべきである（Guillaume Faye, (ed) “Dosier choc: Immigrés: Demain la haine”, *J'ai tout compris*, no.3, juin 1987）。

★7　とりわけ、ルース・ベネディクトがH・S・チェンバレンに関連して、このことを指摘している。「しかしながら、チェンバレンは身体的特徴や血統によって、ユダヤ人を区別したのではない。彼も知っていたように、形式的な身体測定法によっては、近代ヨーロッパの他の人びとからユダヤ人を正確に区別することなどできないのである。しかし、彼らが特殊な思考および行為様式をもっているがゆえに、彼らは敵なのであった。『誰でもがすぐさまユダヤ人になりうるのである』等々」（R. Benedict, *Race and Racism*, nouv. edition, Routledge and Kegan Paul, 1983, p.132sv.）。ベネディクトにとって、これはチェンバレンの率直さの現れであると同時にその内的「矛盾」の現れでもある。ところが結局のところ、それはいくつかの矛盾のうちの一つなのではなく、一般的規則となっているのである。よく知られているように、反ユダヤ主義においては、ユダヤ人の劣等性というテーマは、消し難い他者性というテーマほどには重要ではない。チェンバレンは、ユダヤ人の知的「優秀性」、商業上の、あるいは共同体的な「優秀性」を想起させてもいるのであるが、そうであるがゆえにますます彼らは「危険である」とみなされることになる。しばしば指摘されることだが、ナチスの試みは、ユダヤ人の「事実上の」人間以下的性格の帰結などではなく、「人間以下のもの」へとユダヤ人を「縮減する」という試みなのである。まさにそのために、この試みは隷属化にとどまることなく、絶滅にまで至らなければならなかったのである。

★8　本書の第3章「人種主義と国民主義」を参照せよ。

★9　たんに近隣に居住していることによるよりも、学校における移民の存在に関して、「人種間コンフリクト」やルサンチマンがさらにいっそう先鋭化するのは、明らかに（単数定冠詞の）文化の制度的ヒエラルキー（すなわち、社会的分類とその自然化にとって決定的な審級）へと、（諸）文化の「社会学的」差異が包摂されることによる。以下を参照。S. Boulot et D. Boyson-Fradet, "L'échec scolaire des enfants de travailleurs immigrés", in L'immigration maghrébine en France. no.spécial, *Les Temps modernes*, 1984.

★10　M. Barker, *The New Racism*, op. cit.

★11　Michel Foucault, *La Volonté de Savoir*, Gallimard, 1976.〔渡辺守章訳『知への意志』新潮社〕

追記

この論稿の執筆直後に、次の書物を知った。Pierre-André Taguieff, La Force de préjugé, *Essai sur le racisme et ses doubles*, Editions La Découverte, 1988. このなかで、彼は、私が上述してきた分析をかなり展開させ、補足し、また修正している。近いうちに、しかるべき形で、これを論じたいと思う。

第2章

# 資本主義のイデオロギー的緊張

## ――普遍主義 対 人種主義・性差別主義

イマニュエル・ウォーラーステイン
*Immanuel Wallerstein*

近代世界は、狭隘な地方的忠誠の範囲を超えて、人類がみな同胞であることを宣言した最初のものだ、と長らく語り伝えられてきた。あるいは、一九七〇年代まではそのように語られもしてきた。そのとき以降、われわれは、普遍主義的教義の用語そのものが、例えば「人類は同胞」という文句に見られるように、自己矛盾的であると意識させられるようになった。なぜなら、この文句は性的には男性のものであり、そのためにすべての女性を暗黙裏に排除してしまうか、あるいは二義的な領域に押しやってしまうからである。このような言語例をさらに挙げることは難しくないであろう。これらはすべて、近代世界において存続する普遍主義《ユニバーサリズム》のイデオロギー的正統性と、この同じ世界においてやはり存続する人種主義《レイシズム》および性差別主義《セクシズム》の現実（物質的かつイデオロギー的現実）との間に横たわる緊張関係を表しているのである。私が論じたいと思うのは、ほかならぬこうした緊張関係、より正確に言えば、こうした矛盾にほかならない。というのも、矛盾は史的システムの原動力を提供するにすぎないものではないからである。それはまた、史的システムの本質的特徴をも表しているのである。

なぜ普遍主義的教義が共有されているのだろうか、また、どれほど広範囲にわたって共有されているのだろうか、あるいは、なぜ人種主義と性差別主義が存在し生き永らえているのだろうか。このことを尋ねることと、この二つのイデオロギーの組み合わせの起源を調べること、もっとはっきり言えば、この正反対のものと考えられる二つのイデオロギーの共生関係について調べることとは、まったく別問題である。われわれは、一見、逆説的に見えることがらから議論を始めよう。人種主義と性差別主義に重大な異議を申し立ててきたのは、普遍主義的信念であった。そして、普遍主義に重大な異議を申し立ててきたのは、人種主義的・性差別主義的信念であった。われわれは、これら二つの信念の主唱者たちは互いに正反対の陣営にいる人たちである、と思い込んでいる。ポゴが述べているように、敵がわれわれ自身であると自覚するのは、ただときおりのことにすぎない。そして、われわれの大部分(おそらく全員)は、二つの教義を同時に追求することもけっして不可能ではないことを理解する。これはむろん悲しむべきことではあるが、説明されるべきことでもある。しかも、ありふれた言いくるめの議論以上のものによって説明されるべきことがらなのである。というのも、こうした逆説(あるいは言いくるめ)は永続的で広く行き渡っており、構造的なものだからである。それは人間の欠点などではけっしてない。

以前の史的システムにおいては、矛盾のないことは比較的容易であった。その構造と前提がどんなに違っていようと、こうした以前のシステムはすべて、内部の者《インサイダー》と外部の者《アウトサイダー》との間にある種の道徳的・政治的区別をつけることをいとわなかった。そこでは、内部の者の信念とより高い徳性が、また内部の者による相互の義務感が、ともに人類についての何らかの抽象的観念——いやしくもそのような抽象的観念が主張されるならば——よりも優先された。三つの一神教的な世界宗教であるユダヤ教、キリスト教、イスラム教でさえ、内部の者と外部の者との間にこのような区別をつけた。たとえ、それらが単一である人類をおさめる唯一神を原則として信仰するものであったとしても、である。

この章では、まず近代の普遍主義的教義の起源を論じ、それから近代の人種主義と性差別主義の源泉に論及し、最後に、この二つのイデオロギーの組み合わせの実体を、それをもたらした原因とその帰結の両面から論じることにする。

現在の史的システムのイデオロギーとしての普遍主義の起源を説明する、二とおりの主要な方法がある。一つは、普遍主義をより古い知的伝統の極致とみなすものである。もう一つは、普遍主義をとくに資本主義世界経済に特有のイデオロギーとみなすものである。この二とおりの説明の仕方は、必ずしも互いに矛盾するわけではない。普遍主義が長い伝統の所産ないしは極致であるという議論は、三つの一神教とまさしく関係がある。人間(あるいは特定の人間)が部族神の信仰をやめ、唯一の神を、それゆえ唯一の人類を暗黙のうちに認識するに至ったときに、決定的な道徳上の飛躍が起こったのだ、と主張されてきた。なるほど、引き続き主張されているように、三つの一神教はどれも自分たちの地位についての論理を途中までしか追求しなかった。ユダヤ教は神によって選ばれた民族《ピープル》にふさわしい特別の地位を作り上げ、また、養子縁組によって入信を奨励することをきらった。キリスト教とイスラム教はともに選民集団に加入する障壁を取り払い、改宗に関しては実際のところユダヤ教とは別の方向に進んだ。しかし、キリスト教もイスラム教も、神の国への完全な接近を果たすためには通常、神への忠誠を示す積極的行為(かつては無信徒であっても正式の回心によってそれを行うことができた)を必要とした。近代の啓蒙思想は、この一神教的論理をさらにもう一歩推し進めて人間性《ヒューマン・ネイチャー》そのものから道徳的平等性と人権を引き出したにすぎない、と言われている。そして、この特性は天賦のものであり、またその結果として、われわれの権利は後天的に獲得されたものというよりは先天的に授けられたものになっている、というのである。

以上の説明は、観念の不正確な歴史というわけではない。われわれは、こうした啓蒙主義イデオロギーを反映した一八世紀後期の重要ないくつかの政治的―道徳的文書を手にしている。これらの文書は、重大な政治的大変動（フランス革命、アメリカの独立など）の結果として、広範な信頼と支持を集めたのである。さらに、われわれは啓蒙主義イデオロギーの歴史を現代にまで引き延ばすことができる。この一八世紀のイデオロギー的文書には、事実上の脱落が少なくない。もっとも顕著なのは、非白人と女性についての脱落である。とはいえ、時が経つにつれて、これらの集団も普遍主義的教義の項目のもとにはっきり包摂され、それによってこうした脱落はしだいに取り除かれてきた。今日では、人種主義的ないし性差別主義的政策の実施をその存在理由とする社会運動ですら、普遍主義のイデオロギーに一応は敬意を払う傾向がある。またそのために、自らの堅い信念と考えが政治的に優先されるべきだと公然と主張するのを、どうも恥ずべきことと思っているかのようである。それゆえ、普遍主義的イデオロギーの容認を示すある種の長期的な上昇曲線を観念の歴史から導出し、その曲線に基づいて、ある種の不可避的な世界史的過程が作用していると主張することも、あながち難しいことではない。

しかしながら、普遍主義は近代世界における政治的教義としてもっぱら本格的に追求されてきたのだから、その起源はこの近代世界の特殊な社会経済的枠組みのなかに探し求められねばならない、という主張もまたきわめて説得力があるように見える。資本主義世界経済とは、際限なき資本蓄積に基礎を置いたシステムのことである。この資本蓄積を可能にする主要なメカニズムの一つは、万物の商品化である。これらの商品は、財貨、資本、労働力の形態をとって世界市場の内部を流れる。おそらく、この流れ《フロー》が自由であればあるほど、商品化の程度はそれだけ大きなものとなるであろう。それゆえに、こうした流れを制限するものはすべて撤廃されねばならない、と仮説的にいうことができるのである。

財貨や資本、労働力が市場向きの商品になることを妨げるあらゆるものは、このような流れを制限するように作用する。財貨や資本、それに労働力を評価するための基準としてそれらの市場価値以外のものを使用する場合には、そうした評価づけを優先する程度に応じて、その種目は非市場向きのものになるか、または少なくともより市場向きでないものになる。それゆえ、ある種の欠点のない論理に基づいて、どのような種類の特殊主義《パティキュラリズム》であっても資本主義システムの論理とは相いれないか、少なくともこのシステムが最適に機能するための障害になる、と言われるのである。もしそうなら、資本蓄積の際限なき追求における本質的な一要素として普遍主義的イデオロギーを唱え、それを実践することは、資本主義システムのもとでは避け難いこととなるであろう。そういうわけで、資本主義的社会諸関係とは「普遍的溶媒（universal solvent）」にほかならず、それは貨幣という単一の尺度によって表示される同質的な商品形態に万物を還元するように作用するのである。

　このことは二つの主要な帰結を伴っている、と言われる。第一に、それは財貨の生産効率を最大にする。もっとはっきり言うならば、労働力に関して、例えば「才能に基づく自由競争（career open to talents）」（フランス革命から生まれたスローガンの一つ）がわれわれに保証されているならば、たぶんもっとも有能な人物が世界的分業のなかでもっともふさわしい職務に就くことになるだろう、というのである。そして、われわれは実際、現在のいわゆる「能力主義的《メリトクラティック》」制度を確立すべく幾多の制度的機構——公立学校制度、公務員制度、情実排斥の決まり、等々——を発展させてきたのである。

　第二に、能力主義《メリトクラシー》は経済的に効率的であるばかりか、政治的にも安定化をもたらしている、と言われる。史的資本主義において（それ以前の史的システムにおけると同様に）、報酬の分配に不平等が存在していても、この不平等のほどには低報酬者から高報酬者への憤りが激しくならないのは、それが正当にも伝統ではなく能力《メリット》に基づいているからである、と主張されている。換言すれば、たいていの人びとにとっては、相続によって獲得された特権よりも能力によって獲得された特権の方が道徳的にも政治的にもいくらか許容しやすい、と考えられているのである。

　このような政治社会学的説明は疑わしいように思われる。実際には、まさにその正反対のことが正しい。相続によって獲得された特権は、永久不変の秩序に対する神秘的ないし宿命論的な信仰に基づいて、長らくの間、被抑圧者にとってはどうにか許容できるものであった。そして、こうした信仰は少なくとも彼らに確かな慰めを与えている。これに対して、ほかの誰かよりもひょっとしたら頭がよく、確かに十分な教育も受けている、という理由で獲得された特権は、基本的に出世の階段をのぼりつつある少数の例外者を除けば、きわめて甘受し難いものである。ヤッピー以外には誰もヤッピーに好意をもってはいないし、彼らを賞賛してもいない。王族は、少なくとも温厚な父のごとき人物に見えることがある。それに比べてヤッピーは、過度の特権を手にした兄弟分でしかない。能力主義制度は、政治的にもっとも安定度に欠ける制度の一つなのである。そして、人種主義と性差別主義が登場してくるのは、まさしくこの政治的脆弱性のためなのだ。

普遍主義的イデオロギーの推定される上昇曲線は、イデオロギーとしても事実としても、人種あるいは性《ジェンダー》による不平等の程度についての下降曲線と釣り合っている、と理論上長らく考えられてきた。けれども、経験的には、それはまったく違っている。われわれはことによると、その逆のことさえ主張できるかもしれないのである。すなわち、人種と性の不平等曲線は、実際は近代世界において上昇してきており、少なくとも下降はしてこなかった、と。確かに事実としてもそうだし、イデオロギーとしてもそうかもしれない。なぜそうなのかを知るためには、人種主義と性差別主義のイデオロギーが実際に主張する中身を検討しなくてはならない。

人種主義とは、遺伝的基準(例えば皮膚の色)によって、または社会的基準(信仰宗教、文化的様式、使用言語、等々)によって規定されたものとしての他集団に対して、誰かが軽蔑の態度をとったり恐怖の念をいだいたりする、という種類の問題ではない。人種主義は通常そのような軽蔑や恐怖を含んではいるが、はるかにそれ以上のものである。軽蔑や恐怖は、資本主義世界経済における人種主義の実践を規定するものに比べれば、まったく二義的なものでしかない。それどころか、他者に対する軽蔑や恐怖(外国人嫌い《ゼノフォービア》)は矛盾をはらんだ人種主義の一面である、と主張することさえできるのである。

外国人嫌い《ゼノフォービア》は、先行するあらゆる史的システムにおいて、一つの主要な行動による帰結を伴っていた。共同体《コミュニティ》、社会、内集団《イングループ》〔排他的な小集団〕の物的中心地からの「野蛮人《バーバリアン》」の追放——殺害はその極端なやり方であった——がそれである。他者を物理的に追放するときはいつでも、われわれがもっともらしく求めようとしている環境の「浄化」は得られるが、同時に別のものを失うことになるのは避け難い。追放された者の労働力は失われるのであり、したがって、その人がいれば繰り返し領有しえたであろう剰余部分の創出がなくなるのである。これはどんな史的システムにとっても損失にあたる。しかし、システムの構造と論理の全体が際限なき資本蓄積を中心に組み立てられている場合には、追放による損失はとりわけ甚大である。

拡大しつつある資本主義システムは〔大半の場合には〕、見出せる限りの労働力を必要とする。なぜなら、この労働は財貨を生産し、それによってより多くの資本が生産され、実現され、蓄積されることになるからである。システム外への労働力の追放は無意味である。もし資本の蓄積を最大限に増加させたければ、生産費〔それゆえ労働力の費用〕を最小限に抑えると同時に、政治的混乱に伴う費用を最小限に抑える〔それゆえ、労働力の異議申し立ては——排除できない以上、排除するのではなく——最小限に抑える〕ことが必要である。人種主義は、これらの目標を調和させる魔法の公式なのである。

イデオロギーとしての人種主義について生じた、ごく初期のもっとも有名な議論の一つを見てみよう。ヨーロッパ人が新世界にやってきたとき、彼らはやがて大量殺戮を企てることになる——武力によって直接的にか、疫病によって間接的に——諸民族《ピープル》に遭遇した。スペインの修道士、バルトロメ・デ・ラス・カサスは、インディアンには救済を必要とする魂があると主張することによって、これらの民族《ピープル》を受け入れた。教会によって、また最終的には国家によって公式に承認されることになった、ラス・カサスの主張の意味するところを追ってみよう。

彼によれば、インディアンは魂をもっているのだから人間であり、自然法の規定が彼らにもあてはまることになる。してみると、インディアンを無差別に殺戮するの（また彼らを領地内から追放すること）は、道徳的に許されないことであった。だが、その代わりとして、彼らの魂を救済する（彼らをキリスト教の普遍主義的価値観に改宗させる）のに努める義務があった。そのうえインディアンは活力に満ちており、おそらく改宗の途上にあると想定されるので、彼らを労働力として統合することも不可能ではない、というのである。もちろん、彼らの熟練の水準に応じて、ということは、要するに、職業および報酬上の階層制の最低水準に統合される、ということなのだが。

人種主義は、機能的に見るならば、労働力の「エスニック化」と呼びうる形態をとってきた。労働力の「エスニック化」ということで私が言いたいのは、若干のいわゆる社会的基準と相関させられがちな職業／報酬上の階層制がつねに存在している、ということである。しかし、エスニック化の類型は不変であるとはいえ、その詳細は時と場所に応じて変化してきた。つまり、人間の遺伝的および社会的なプールのうちのどの部分が特定の時期と場所に配置されるかに応じて、また特定の時期と場所における経済の階層化された要求が何であったかに応じて、エスニック化の詳細は変化してきたのである。

言い換えれば、人種主義は、われわれが人種《レイス》または民族的《エスノ》・国民的《ナショナル》・宗教的集団と呼ぶ、これらの物象化された実体の正確な境界を定義するにあたって、（遺伝的および／あるいは社会的）過去との連続性に基礎を置く要求と、現在志向的な伸縮性とをつねに結びつけてきた。現在におけるこれらの境界を絶えず引き直すことと結びついた、過去の境界とのつながりを要求するというこの伸縮性は、人種的および／あるいは民族的《エスノ》・国民的《ナショナル》・宗教的集団ないし共同体《コミュニティ》の創出と、これらの絶えざる再創出という形態をとる。これらの集団はつねに存在し、つねに階層制的に等級づけられているが、まったく同一のままだというわけでは必ずしもない。等級システムのなかを移動しうる集団もいれば、消滅したり、他の集団と結びつく集団もいる。他方では、さらに分裂してばらばらになったり、新たに生まれてきたりする集団もいる。だが、「黒ん坊（niggers）」のような集団はつねに存在する。もしその役割を果たす黒人《ブラック》がいなかったり、いても少なかったりすれば、「白い黒ん坊（White niggers）」をこしらえることだって考えられなくはないのである。

この種のシステム、つまり形態と毒々しさにおいては変わりないが境界線が多少とも伸縮的な人種主義は、三つのことがらをきわめて効果的に成し遂げる。まず第一に人種主義は、当面の必要に応じて、また特定の時空ゾーンにおいて、最低限の支払いで、もっとも報われることの少ない経済的役割を遂行するために利用できる人員を、ふやしたり減らしたりできるようにする。第二に人種主義は、実際に子供たちを社会化することによって、ふさわしい役割を果たすようにしむけるさまざまな社会的共同体を生み出すとともに、絶えずこの共同体を再創出する（もっとも、当然のことながら、共同体は子供たちを、抵抗の形態を身につけるまで社会化するのであるが）。第三に人種主義は、不平等を正当化する能力主義とは無関係な基盤を提供する。この最後の点は、強調するだけの価値がある。人種主義は、教義としては反普遍主義的であるからこそ、システムとしての資本主義を維持するのに役立っているのである。それは、つねに能力に基づいて正当化されうるよりもずっと低い報酬を、労働力の主要な構成部分に割り当てるのである。

だが、システムとしての資本主義が人種主義を生み出すとすれば、それは性差別主義をも生み出す必要があるのだろうか。然りである。というのも、両者は実際のところ密接に結びついているからである。労働力のエスニック化が存在するのは、労働力の構成諸部分全体にこのうえなく低い賃金を受け入れさすためなのだ。このような低賃金は、生涯の賃金収入が総世帯収入の比較的小さな割合しか提供しないような世帯《ハウスホールド》構造のなかに賃労働者が身を置いているからこそ、実際に可能となるのである。このような世帯は、いわゆる生存維持活動や小規模の市場向け活動への、労働の大規模な投入（その一部は確かに成人男性によるとはいえ、大部分は成人女性および年少者や老齢者による）を必要としている。

このようなシステムにおいては、非賃金作業へのこうした労働の投入は、賃金収入の低さを「埋め合わせ」、それゆえ実際のところ、こうした世帯《ハウスホールド》に属する賃労働者を雇用する者への間接的な給付金を意味する。われわれにこのことを考えないようにさせるのが、ほかならぬ性差別主義なのである。性差別主義は、女性に、男性とは異なった、いやそれどころか正当に評価されないような職務をただ強要するだけのものではない。それは、人種主義がたんに外国人嫌いにすぎないものではないのと同様である。人びとを作業システムの内部に引きとどめ、そこから出て行かないようにするのが人種主義であるように、性差別主義もやはりこれと同じことを意図しているのである。

資本の所有者のために剰余価値を無償で創造するように女性（および年少者と老齢者）を労働するようしむける方法は、彼女たちの労働は実は労働ではない、と公言することである。われわれは「主婦（housewife）」という言葉を考案し、主婦というのは「労働」しているのではなくたんに「家事」をしているにすぎない、と主張する。だから、政府がいわゆる就業労働者の割合を算定するにあたっては、「主婦」はまったく計算の埒外に置かれることになる。しかも、性差別主義と並んで、年齢による差別（ageism）も無意識的に行われている。われわれは、主婦の労働が剰余価値を創出していないかのように言うが、それと同じように、他人に雇用されていない年少者や老齢者の多様な労働の投入もやはり剰余価値を創出するものではないかのように言うのである。

こうした主張のどれ一つとして、労働の実体を正確に映し出しているものはない。それは、要するに、きわめて強力で、ぴったりと合った一つのイデオロギーにほかならない。中間指導者層《カードル》あるいは中間階層がシステムを正統化しうる基盤として役立つ普遍主義／能力主義と、労働力の大多数を組織化するのに役立つ人種主義／性差別主義との組み合わせは、きわめて効果的に機能する。とはいえ、それもある点までのことでしかない。しかも、ある単純な理由で、資本主義世界経済の二つのイデオロギー類型は互いに公然たる矛盾関係に置かれている。そして、この微妙に均衡のとれた組み合わせは、つねに手に負えなくなる危険性をはらんでいる。というのは、さまざまな集団が、一方では普遍主義の論理を、他方では人種主義／性差別主義の論理を、度を越えて推し進め始めるからである。

　われわれは、人種主義／性差別主義が行きすぎると何が起こるかを知っている。人種主義者は、外集団（out-group）〔自己の属する集団以外の集団〕を全体として追放しようとすることがある。例えば、ナチスによるユダヤ人大量虐殺の例にあるように敏速に、あるいは、敏速さの点では劣るが、全面的なアパルトヘイト〔人種隔離政策〕の追求に見られるように外集団を追放しようとする。こうした極端な手段に訴える場合には、人種主義／性差別主義の教義は不合理なものとなり、また不合理であるがゆえに抵抗を受けることにもなる。抵抗はむろんその犠牲者によって引き起こされるが、しかし、抵抗するのは彼らだけではない。人種主義に反対はしないが、人種主義の本来の目標――エスニック化されているが生産的な労働力の形成――がおろそかにされているという事実に反対する有力な経済的勢力も、人種主義／性差別主義の教義に抵抗するのである。

　われわれは、普遍主義が行きすぎると何が起こるかも想像することができる。人種〔あるいはそれに相当するもの〕や性《ジェンダー》が本当に何の役割も果たさないような、職務および職務給の真に平等な配分を実施しようとする人びとがいるかもしれない。しかし、人種主義を徹底させるのとは異なり、普遍主義を徹底させることのできる敏速な方法はない。というのも、この場合には、普遍主義に対立する法的・制度的障害の除去のみならず、エスニック化の内面化された類型の除去をも行わなければならないからである。そして、そのために少なくとも一世代を要することは避けられないだろう。それゆえ、普遍主義の行きすぎに抵抗することはそれほど難しくはない。人種主義と性差別主義の制度化された機構を解体するための措置がとられる場合には、必ずと言っていいほど、人は普遍主義それ自体の名において、いわゆる人種主義の逆流をただ公然と非難しなくてはならなくなるのである。

そういうわけで、われわれが目にするのは、適度の普遍主義と適度の人種主義／性差別主義との緊張をはらんだ結びつきによって機能するシステムである。この等式のどちらかの側を「過度に」推し進めようとする努力がつねに払われている。その結果はある種のジグザグ模様となって現れる。これは、支障がなければ、いつまでも続いていくことが可能である。時を経るにつれ、ジグザグ状の動きはしだいに大きくなることはあっても、小さくなることはない。普遍主義へと向かう推進力はしだいに強化されている。人種主義および性差別主義へと向かう推進力も同様である。賭け金は競り上げられている。これには二つの理由がある。

一方では、全参加者による歴史的経験の蓄積がもたらした情報面での影響がある。他方では、システム自体の長期的趨勢（secular trends）がある。なぜなら、普遍主義と人種主義／性差別主義のジグザグ運動だけがシステムの唯一の運動ではないからである。例えば、経済の拡張と収縮のジグザグ運動もあって、普遍主義と人種主義／性差別主義のイデオロギー的ジグザグ運動も、ある程度これと相関しているのである。経済的ジグザグ運動もまたしだいに先鋭化している。なぜそうなのかは別の説明が必要である。だが、近代世界システムの一般的諸矛盾がこのシステムを長期の構造的危機に押しやるので、次のシステムを探求するにさいしてのもっとも先鋭なイデオロギー的・制度的な場は、実際、普遍主義と人種主義／性差別主義の間の緊張の先鋭化、両者の間でのジグザグ運動の拡大のなかに見出される。それは、この対立した両極のどちらの側がある意味で勝利をおさめるかという問題ではない。なぜなら、両者は緊密かつ概念的に互いに結び合わされているからである。それは、普遍主義のイデオロギーをも人種主義／性差別主義のイデオロギーをも利用しないような新しいシステムを、われわれが創造することになるのかどうか、またそれをどのように創造するのか、という問題である。それはわれわれの課題であるが、けっしてたやすい課題ではないのである。

（岡田光正　訳）

※このテキストは、J. Smith et al., *Racism, Sexism and the World-Economy*, New York, 1988 に収録された。

第3章

# 人種主義と国民主義《ナショナリズム》

エティエンヌ・バリバール Etienne Balibar

人種主義的組織はしばしば、人種主義的と称されることを拒否し、国民主義《ナショナリズム》の組織と呼ばれることを要求して、この二つの概念の還元不可能な違いを主張する。それは彼らの隠蔽戦術でしかないのであろうか、それとも人種主義的な態度に特徴的な用語に対する懸念の現れなのであろうか。実際のところ、人種と国民《ネイション》の言説は密接なものとは言わなくとも、けっして遠く隔たったものではない。だから、フランスの国民的領土での「移民」の存在が「反フランス的人種主義」の原因とされるのであろう。少なくとも、語そのものの曖昧さが示唆しているのは、すでに確立された国民国家《ネイション・ステイト》において、政治運動へのナショナリズムの組織化は必然的に人種主義を含んでいる、ということである。

少なくとも一部の歴史家は、こうした議論に言及して、人種主義は——理論的言説としても、また大衆的現象としても——近代に遍在する「ナショナリズムの枠組みのなかで」発展する、と論じている[★1]。つまりナショナリズムは、人種主義の唯一の原因ではないにしても、その産出の決定的条件だというのである。さらに、

〔人種主義の発生を論じるさいの〕「経済的」説明（危機の結果）、あるいは「心理学的」説明（個人的アイデンティティと集団的帰属感情のアンビバレンツ）のいずれも、それらが前提としてのナショナリズムの存在や、あるいはナショナリズムからの影響を解明している限りでしか意味がない、とも考えられている。

おそらく、このようなテーゼは、人種主義が客観的な生物学的「人種」の存在とはほとんど関係がないということを示している[★2]。こうした歴史家の仕事はまた、人種主義が歴史的・文化的な産物であるということを示しているが、他方では、人種主義をある種の人間的自然の不変性とするような「文化主義的」説明の曖昧さも免れている。さらにこのテーゼは、人種主義の心理をそれ自体として純粋に心理学的な説明へと関連づけるような循環を断ち切る、という利点をもっている。結局、このテーゼは、ナショナリズムの領域の外側に人種主義を配置することに気を配るような、他の歴史家たちの婉曲戦略に対する批判的機能を果たすことになる。つまりこうした婉曲戦略においては、あたかもナショナリズムに人種主義を含めることなく、したがって人種主義の運動をもたらす社会関係に関連づけることなく、また現代のナショナリズム、とりわけ帝国主義と分かち難い社会関係に関連づけることなく、人種主義を定義できるかのように考えられているのである[★3]。しかしながら、こうしたもっともな理由を積み上げたからといって、必ずしも、人種主義がナショナリズムの不可避の帰結であるということにはならないし、いわんや明白なものであれ潜在的なものであれ、人種主義の存在なしには、ナショナリズムはそれ自体として歴史的に不可能である、ということにはならない[★4]。人種主義とナショナリズムという二つのカテゴリーおよびこの両者の接合関係は、曖昧きわまりない。われわれとしては、概念的「純化」を妨げている理由をじっくりと究明することを恐れるべきではないのである。

「過去の現前」

準公式的な定義にまで祭り上げられたわれわれの人種主義概念は、いかなるモデルに従って、この二〇世紀末に形成されてきたのであろうか。このようなモデルの一つがナチスの反ユダヤ主義であり、また、合衆国における奴隷制の長期にわたる名残として理解される黒人の分断、さらには征服や戦争、植民地主義的支配という「帝国主義的」人種主義である。民主主義の防衛や人権、市民権の確立、国民《ネイシヨン》解放といった政治と関連づけて、これらのモデルの理論的検討は一連の区別を生み出してきた。その抽象性にも関わらず、これらの区別を想起することから始めるのは無益なことではない。というのも、悪い結果を根絶するためには、そもそもその原因を根絶しなければならない、という広く受け入れられた考えによるならば、こうした区別は、原因の究明の方向性を示唆してくれるからである。

われわれが直面する最初の区別は、理論的（あるいは教義上の）人種主義と、自発的人種主義（人種主義的「偏見」）との区別である。後者の人種主義は、あるときは集団心理の現象として、またあるときは多分に「自覚的な」パーソナリティの構造として考えられる。この点については、後に立ち帰ることにしよう。

より歴史的な観点からすれば、植民地主義的人種主義と比較した反ユダヤ主義の独自性を考慮しなければならず、または合衆国の場合であれば、黒人への人種主義的抑圧と移民「エスニック」集団が被っている差別とを区別して解釈しなければならない。こうした区別は、多かれ少なかれ理念的に、内的人種主義と外的人種主義の区別をもたらす。内的人種主義は、国民的《ナシヨナル》空間において周縁化された人びとに対してなされ、外的人種主義は、外国人嫌いの極端な形として考えられているものである。われわれが強調しておきたいのは、こうした区別は、前提的な基準として国境が与えられているということを意味し、またポスト植民地主義的状態、あるいはラテン・

アメリカへの北米の支配のような半植民地主義的状態にとっては、このような区別は不適切なものとなる、という危険を冒すことを意味している。というのも、こうした状態においては、国境《フロンティア》概念そのものが曖昧だからである。

人種主義的言説の分析が現象学的・意味論的な分析手法を利用するようになって以来、他者参照的ないし「他者恐怖症的」人種主義に対比させて、自己参照的な人種主義的立場を特徴づけることが有効になったと思われる。他者参照的人種主義においては、劣等な、あるいは悪い種として指示されるのは、人種主義の、あるいはより適切に言えば人種主義化の過程の犠牲者である。それに対して、自己参照的人種主義とは、物理的あるいは象徴的な暴力を行使する偏見の担い手が、自分自身を優越した人種の代表として提示するような人種主義である。このような区別が提起しているのは、たんに、人種の神話がいかに形成されるかという問題だけでなく、人種主義は人種の神話と不可分なものかどうかという問題でもある。

現在の現象に向けられたものであろうと、あるいは過去の現象の起源を再構成しようとするものであろうと、政治的分析は制度的人種主義と社会学的人種主義のそれぞれの特徴を強調しようとする。こうした人種主義の区別は、理論的人種主義と自発的人種主義との区別とかなり重複している(結局のところ、何らかの教義上の正当化なしには、人種主義的分断を志向する歴史上の国家的諸制度を想像し指示することは困難である)。しかし前者の区別は後者の区別と完全に、また単純に一致するものではない。というのも、一方でこうした諸制度の正当化は、人種主義的神話以外の他の理論的イデオロギーからも取り入れられうるからであり、また人種主義的性格を帯びた集団的運動が提起する問題へとわれわれの注意を向けさせることで、偏見の心理学を越えてしまうようなダイナミックな次元を、社会学的人種主義の概念が含んでいるからである。制度的人種主義と社会学的人種主義の区別は、国家の(形式的な)人種主義の構成と国家における人種主義の現前との相違を無視すべきではない、ということを教える。

またこの二つの人種主義の区別は、ある特定の社会階級が人種主義に陥りやすいということ、および、ある所与の状況においてこうした階級が人種主義に付与する形態について検討するのが重要であることを示しているのである。しかし根本的には、〔憎悪や欲求不満といった心理的要因の人種への投影という〕投影戦略と否認戦略を示すような人種主義の区別は神話的なものである。つまり、すべての歴史上の人種主義は制度的であると同時に社会学的でもあるのである。

結局のところ、ナチズム、植民地主義的人種主義、合衆国の分断政策、の比較は、一般的に言って、絶滅ないし根絶の（「排除的」）人種主義と、抑圧ないし搾取の（「包摂的」）人種主義との区別を強いる。すなわち一方は、劣位にある人種が表象しているとされる汚れや危険を社会体から一掃することを志向する人種主義であり、それとは逆に、他方は社会を階層化し分断するものである。しかしすぐに、どんなに極端な場合であっても、これら二つの形態はいずれもけっして純粋な形では存在しない、ということがはっきりするであろう。こうしてナチズムが絶滅と強制収容とを、また「最終的解決」と隷属化とを結合させ、植民地的帝国主義は、強制労働とカースト制度、エスニック集団の分断、「ジェノサイド」すなわち体系的な大量虐殺、これらを同時に実践したのである。

実際、人種主義のこのような区別は、行為や構造の純粋に理念的な類型を分類するというよりも、むしろ歴史的軌跡を確定するのに役立つものである。つまり、この区別の相対的な妥当性は、単一の不変な人種主義が存在するのではなく、状況に応じてさまざまに異なった多数の諸人種主義が存在している、というもっともな主張を導く。またそれと同時に、この区別の妥当性は、次のような知的にも政治的にも不可欠であるような注意をわれわれに喚起するのである。すなわち、特定の人種主義的布置は固定した境界をもっておらず、それは、自身の潜在的能力のみならず歴史的状況や、社会構成体における力関係によって、可能な諸人種主義のスペクトル上で移動するような発展の契機でしかない。極言すれば、現代において人種主義のない社会を見つけ出すのは困難なのである（とりわけ、人種主義を公的に表明することは、支配的文化により禁じられており、あるいは暴力的「行為への移行」は法的諸機構により、ほとんど抑制されてはいるとしても）。しかしながら、このことから、われわれが一様に「人種主義的社会」に生活している、などという結論は導けないであろう（もちろん、このような慎重な言い方は口実へと転化させるべきではない）。人種主義のたんなる分類を越えて進まねばならない、というのはまさにこの意味においてなのである。すなわち、人種主義とは、形式的カテゴリーのなかに分類されるべき一つの類型ないし特定事例の並列というより、むしろ独自の歴史そのものなのである（もちろんそれは直線的な歴史ではなく、転換点や潜在的局面、断絶を伴っている）。そしてこの歴史が近代の人間性の諸状況をそれぞれ結びつけたり、あるいは逆にそれに影響されたりするのである。それゆえにナチスの反ユダヤ主義や植民地主義的人種主義、さらに隷従の諸姿態は、たんに、かかる「人種主義的高揚」の純度と深刻さの程度をはかるべきモデルとしてのみ言及されるべきではなく、また人種主義の場を歴史的に位置づける時期や事件としてのみ言及されるべきではない。むしろこれらの姿態は、一部意識的な、また一部は無意識的な、つねに活動的な構成体として考えられなければならない。このような構成体は、現実的諸条件から生じる行為や運動を編成するのに貢献しているのである。ここでは、南アフリカのアパルトヘイトが、われわれの言及してきた「三つの」構成体（ナチズム、植民地化、奴隷制度）の特性を密接に混ぜ合わせている、という典型的な事実を強調しておこう。

さらに、われわれにとっては、以下のことが周知の事実となっている。ナチズムの敗北と強制収容所での虐殺の暴露は、たんに現代世界において、いわば普遍的文化の一部を成すような意識を促進しただけではない（このような意識の内容や合意は曖昧なものであり、結局のところ現実的な認識とはなっていないにしても）。それはまた、準法的・準倫理的なタブーをもたらしたのであり、それはあらゆるタブーと同様、両義的な帰結をもたらしたのである。つまり現代の人種主義的言説は、ナチズムに典型的な表現を回避しなければならないこと（口をすべらせること」はあるであろう)、ナチズムと同一視されることを恐れて自らを人種主義とは異なったものとして提示しなければならないこと、また、ユダヤ人以外の「対象」に憎悪を移動させること、ヒトラー主義の失われた秘密への脅迫的な魅了、といった帰結である。こうして、私としては慎重に——こうした現象が些細なこととは思えないがゆえにいっそう慎重に——以下のことを主張したい。すなわち、「災禍《アポカリプス》」後の第三世代に属する「スキンヘッド」の若者集団によるナチズム模倣は、まさにそのみすぼらしさにおいて、現在の人種主義のなかに集合的記憶の一つの形態を示しているということである。換言すれば、集合的記憶が現在の人種主義を方向づけるさいの、その仕方をこのナチズム模倣は示している、と主張したいのである。このことはまた、たんなる抑制やたんなる説教によっては、人種主義から逃れることはできない、ということでもある。

たぶん、いかなる歴史的経験も、それ自体では自らを再活性化する力をもっていない。言葉のうえでの反ナチズムの主張から沈黙へ、さらに神話の再生産へと進行した八〇年代の人種主義の振幅を解釈するためには、人種主義が対象とした集団や彼ら自身の行動や反応をも考慮しなければならない。というのも、人種主義とは社会関係なのであり、たんなる人種主義的主体の錯乱などではないからである[★5]。しかしそれにも関わらず、現実は過去の独自の痕跡を刻印している、という事実は残る。それゆえ、マグレブ諸国からの移民に対する人種主義的憎悪の固定化が、いかに反ユダヤ主義の古典的特徴のいくつかを再生産しているかを検討する場合にも、一九〜二〇世紀の転換点のヨーロッパにおけるユダヤ人マイノリティと、今日のフランスにおける「アラブ・イスラム的」マイノリティとの類似点を指摘するだけでは不十分である。また彼らを「内的人種主義」という抽象的モデルへと関連づけるだけでは不十分である(このモデルにおいては、ある社会はそれ自身の一部へと——あるいはこの社会を構成している諸個人の一部へと——その欲求不満と不安とを投影させる、と考えられている)。むしろわれわれは、ユダヤ人アイデンティティの検討を超えて、フランスに固有な反ユダヤ主義の頻発、さらにヒトラーによるその促進といった、反ユダヤ主義の独自の潮流について検討しなければならない。

同じことは、植民地主義的人種主義の痕跡についても言えるであろう。われわれのまわりに遍在している植民地主義的人種主義の帰結を見つけ出すのは難しいことではない。というのも、まず第一に、すべての直接的なフランス植民地化がなくなったわけではないからである(いくつかの「領土」や二級市民身分の「原住民(autochtones)」は脱植民地化のまっただなかにある)。また第二に、新植民地主義が無視できない大衆的現実であるからである。最後にまた、とりわけ現在の人種主義のもっぱらの「対象」である、旧フランス植民地出身の労働者およびその家族が、植民地化と脱植民地化の帰結であるからであり、こうして彼ら自身に対し、しつこい帝国主義的軽蔑と、落ちぶれた大国の市民が感じるルサンチマンとを集中させるのに成功したからである(それが、復讐されるのではないか、という幻想的な強迫観念である、とまでは言わなくとも)。しかし、こうした植民地主義的人種主義の継続性だけでは事態を説明するには十分ではない。つまり、より遠大な歴史的事件や諸傾向が(社会集団やイデオロギー的立場によって異なったやり方で)国民空間において反映されることによって、この人種主義の継続性は、(サルトルが述べたように)媒介されたり、(アルチュセールが述べたように)重層的に決定されているのである。つまり、この継続性のなかで、ナチズムとは異なった様式で、ある断絶が生じているのである。換言すれば、植民地主義的人種主義の継続性は不断の沈殿であり、比較的急速ではあるが非常に曖昧な断絶なのである。

植民地主義的人種主義は、一見したところ「外的人種主義」の傑出した例をなしているように見えるかもしれない。「外的人種主義」とは、恐怖と軽蔑とを結合した外国人嫌いの極端なヴァリアントであり、確固たる秩序を作り上げたと公言したにも関わらず、植民者がつねに抱いていた意識——この秩序は可逆的な力関係にしか基づいていないという意識——によって、この人種主義は持続された。植民地主義的人種主義と反ユダヤ主義との多くの対立点をなしているのが、まさにこの外的人種主義という特徴なのであり、同じくそれは抑圧と虐殺

(「最終的解決」としてのナチズムは、反ユダヤ主義の全史を虐殺へと縮減しようとした)との違いでもある。こうして、次のような傾向的に両立し難い二つのタイプの人種主義があることになる(そのために、ある人びとはユダヤ人ナショナリズムのいくつかに触れて、「反ユダヤ主義は人種主義ではない」という)。すなわち、一方では、内部のマイノリティを排除する傾向をもった人種主義がある(これらのマイノリティは「同化されている」だけでなく、そもそものはじめからヨーロッパ諸国の文化や経済の構成要素であったにも関わらず)。また他方では、力によって征服されたマジョリティ(英訳では、マイノリティとなっている)を、法律上でも事実においても、市民権から、支配的文化から、社会的権力から排除し続ける、したがって無限に「排除し」続ける人種主義がある(だからといって、それは家父長的温情主義《パターナリズム》の存在を妨げるものではないし、「土着」文化の破壊、植民地化された諸国民の「エリート」に対する植民者の生活・思考様式の押しつけを妨げはしない)。

しかしながら、植民地化における「原住民の」人びとの外部性、あるいはむしろ人種的外部としてのその表象は、けっして所与のものではない、ということを考察しなければならない(この表象は、非常に古い「差異」のイメージを復活させ、またこのイメージを自らの言説に取り込んでいる)。実際、この表象は、征服と植民地化によって構成された(本国/植民地関係という)空間そのものにおいて生産され、また再生産された。この空間の具体的な行政構造や強制労働、性的抑圧を通じて、つまり特定の内部性に基づいて、この人種的外部という表象は生産・再生産されたのである。こうした内部性をぬきにしては、「原住民」の同化と排除との二重の運動の両義性を説明できないし、また植民地化された人びとに付与された二級人間の地位が(世界分割の時代に宗主国国民《ネイション》によって発展させられた)自己イメージを支配するようになった、その仕方を説明できないのである。実際、植民地主義の遺産は、持続的な外部化と「内的排除」との不安定な結合なのである。さらに、帝国主義的優越感の形成のされ方を考察することで、このことを確認できる。つまり、さまざまな国籍《ナショナリティ》(イギリス人、フランス人、オランダ人、ポルトガル人など）からなる特権的植民地カーストが、共同で「白人の」優越性という考えを鍛え上げ、また、野蛮から防衛されるべき長所としての文明という考えを鍛え上げたのである。「白人の責務」といった表象は、ヨーロッパないし西欧という国民を超えたアイデンティティ（identité supra-nationale）の近代的概念を構成するのに、決定的に貢献したのである。しかしそれにも関わらず、この同じカーストは、キプリングの言うところの「偉大なゲーム」、すなわち「彼らの」原住民反乱運動にお互いに絶えず介入していたし、さらにライバル国の植民地での実践に人種主義イメージを付与しながら、お互いに自分たちの特別な人間性を誇示しあっていた。例えば、フランス流の植民地化は「同化主義的」であると自己宣伝したし、イギリス流のそれは「文化を尊重する」というのである。こうして、別の白人は同時に悪い白人でもある。それぞれの白人国民《ネイション》は精神的に「もっとも白い白人」である、というわけだ。つまり、彼らはもっともエリート的であると同時に、もっとも普遍的なのである。こうした明らかな矛盾についてはは後に再び触れることにしよう。

脱植民地化過程が進行するなかで、この矛盾は形をかえた。その理念に照らしてみると、この脱植民地化は不完全であると同時に歪められたものとなったのである。しかし、地球的規模での軍事とコミュニケーション網への突入といった、相対的に独立した他の出来事と関連しながら展開することで、脱植民地化は新たな政治的空間を創出することになった。この空間は、たんに戦略が形成され、資本や技術、情報が流通する空間であるだけでなく、市場の法則に服するすべての人びとが物理的かつ象徴的に出会う空間なのである。このように、植民地征服の時代以来、人種主義を構成してきた内部性／外部性という曖昧な布置が再生産され、拡大され、再活性化されている。旧植民地ないし半植民地から資本主義「中枢部」への移民によって促進されている「国内第三世界」の効果については、このような布置に言及するのが通例となっている。こうした外部の内部化という形態は、「人種」と「エスニシティ」の表象が形成される地平をなしているが、しかしこの形態は内部の外部化という、一見したところ正反対な形態から抽象的にしか、分離できない。とりわけ、この内部の外部化という形態は、(植民者の脱出後に)国民的《ナショナル》であろうとする国家の形成に由来している。これらの国家は、資本主義ブルジョワジーないし「西欧化された」国家ブルジョワジーと、まさにこの事実によって「伝統主義」[★6]へと掃き出された悲惨な大衆とのすさまじい対立を伴いながらも、世界中の至るところで国民的《ナショナル》であろうとしている(もちろん、非常に不平等な形でしか、そうはならないのだが)。

ベネディクト・アンダーソンによれば、第三世界における脱植民地化は、ある種のプロパガンダが言うような「逆人種主義《コントル・ラシスム》」(反白人、反ヨーロッパ人)という形をとらなかったという[★7]。もちろん、彼の著書が書かれたのが近年のイスラム原理主義の発展以前であった、ということを割り引いて考えなければならない。今日の「外国人嫌い」の潮流への、イスラム原理主義の貢献がいかなるものであるかは、今後検討されなければならないであろう。しかしいずれにせよ、この主張は不十分である。というのも、アフリカやアジア、ラテン・アメリカにおいては「第三世界主義的」な逆人種主義は存在しないとしても、「諸国民」間で、また「エスニック集団」間で、さらに「共同体」間で、制度的であると同時に大衆的な、破壊的な人種主義が蔓延しているからである。一方、人類の四分の三は自らを統治することができない、という古びた考えを維持することで、(第三世界における)これらの人種主義のスペクトル(世界的規模でのコミュニケーションにより歪められてはいるが)は絶えず、白人による人種主義のステレオタイプを流布しているのである。おそらく、この模倣効果の背景には、宗主国国民《ネイション》と彼らの操作領域(人類の残余)とから成る旧い世界が、形式上、平等な国民国家《ネイション・ステイト》(すべての国家は、国際的組織のなかで「代表されている」)から成る新世界にとって代わられたものの、しかし、国家間の境界に還元できない二つの人類間の絶えず移動する境界線が横断している、ということがある。この二つの人類とは、困窮した人類と「過剰消費」の人類であり、低開発の人類と過剰開発の人類である。一見したところ、人類は帝国主義的な階層化の消失により再統一されたかのように見えるが、しかし実際のところ、再統一されたものとしての人類が存在しているのは、ある意味では今日だけなのだが、それは、傾向的に両立し難い大衆へと分裂している。事実上、世界・政治、世界・イデオロギーの空間になっている世界・経済の空間においては、下位人間と上位人間との分割は構造的ではあるが、まったく不安定である。何よりもまず、人類という概念が抽象的なものでしかない。しかし「人間とは何か」という問題――こうした問題設定が、われわれにはいかに愚かしいものと思われようとも、人種主義的思考のなかにそれは染み込んでいる――に対するあらゆる回答は、今日、このような（両立し難い二つの人間への）分裂という観念にとらわれているのである［★8］。

以上の議論から、どのような結論を導くことができるだろうか。私が言及してきた転移は、ニーチェの言葉を借用すれば、人種主義の現代的価値転換と呼びうるようなものを構成している。この価値転換は、人類の政治的分類の全体的構造と関連していると同時に、人類史をいかに想像するかに関連し、また私が前に人種主義の独自な展開と呼んだものに関連している。この展開はタイポロジーを相対化してしまい、われわれが「人類の教化」と信じるものとは逆方向に、蓄積された経験を修正してしまう。この意味で、人種主義的イデオロギーのもっともありふれた主張が定式化しているものとは逆に、「人種」が、人間の生物学的ないし心理学的な「記憶」なのではなく、人種主義が現代社会の歴史的記憶のもっとも頑迷な形態を表しているのである。つまり、人種主義が、過去と現在の想像的「混合」（このなかで、人類史の集合的知覚が展開される）を働かせ続けているのである。

こうした理由のために、植民地主義的人種主義への反ユダヤ主義の還元不可能性という問題――これは不断に提起されているのだが――が、誤って提起されることになる。両者は、けっして完全に独立したものではなかったし、また不変のものでもない。両者は結合された帰結をもたらし、この帰結は両者の当初の形態に関するわれわれの分析を歪める。一方の特徴はつねに、他方の特徴を覆い隠すスクリーンとなるが、しかしこうした特徴は同時に、他方の特徴が沈黙していることを表してもいるのである。こうして、反ユダヤ主義への、またとりわけナチズムへの人種主義の同一化は、口実として機能する。このような同一化は、移民を対象とした「外国人嫌い」の人種主義的性格を無視してしまう。しかし逆に、今日ヨーロッパで展開されている外国人排斥運動の言説における、（一見したところ、まったく「無関係の」）反ユダヤ主義と反移民的人種主義との結合は、一般的な反ヒューマニズム、あらゆる形態における「他者」の排除の永続的構造を示すものではない。またこの結合は、保守的（国民主義的《ナショナリスト》、あるいはファシズム的とも呼べよう）な政治的伝統のたんなる受動的帰結なのでもない。むしろ、このような反ユダヤ主義と反移民的人種主義の、外国人排斥運動における結合は、次のような意識的・無意識的なモデルを与えることによって、より特殊に、より「悪質に」、人種主義的思考を組織する。すなわち、ナチスによる虐殺というまさに想像し難い特徴が、反トルコ人あるいは反アラブ人的な人種主義につきまとう虐殺欲望のメタファーとして、現代の人種主義複合体のなかに宿るようになるのである［★9］。

## 国民主義《ナショナリズム》の場《シャン》

さて、ナショナリズムと人種主義の関連に話を戻そう。まずナショナリズムのカテゴリーそのものが根源的に曖昧なものである、ということを認めなければならない。この曖昧さは何よりもまず、国民主義的《ナショナリスト》な運動や政治が生み出される歴史的状況の対立的性格に由来する。フィヒテあるいはガンジーはビスマルクではないし、ビスマルクあるいはド・ゴールはヒトラーではない。しかしながらたんなる知的判定によるだけでは、対立する諸勢力に対して（ナショナリズムの）イデオロギーが対称的な効果をもたらす、ということを否定することはできない。支配者のナショナリズムと被支配者のそれとを、また解放のナショナリズムと征服のそれとを、単純に同一視することはできない。しかしだからといって、もちろんアルジェリアFLN（民族解放戦線）のナショナリズムとフランス植民地軍のそれとに共通した、また今日のANCのナショナリズムとアフリカーナのそれとに共通した要素が存在する、ということを無視することもできない（このような共通の要素が、状況の論理、つまり現代世界の政治的諸形態への構造的挿入という要素でしかないとしても）。極言すれば、ナショナリズムの形式的な対称性は、われわれが繰り返してきた困難な経験（解放のナショナリズムの、支配のそれへの変容であり、社会主義革命の国家独裁への転換である）と無縁ではない。こうした経験が、あらゆるナショナリズムに含まれる抑圧的潜在力について絶えずわれわれに問いかけてきたのである。言葉に宿るよりも前に、歴史そのもののうちに矛盾は宿っているのである［★10］。

なぜナショナリズムを定義することがこれほどまでに困難なのであろうか。それはまず第一に、この概念がけっして単独では機能せず、つねにある連鎖の一環をなしているからである（この概念は、この連鎖のなかで中心的な環であると同時に脆い環でもある）。さらにこの連鎖は、以下のような中立的な、あるいはバイアスのかかった新語によって、絶えず豊饒化されている（その豊饒化の度合いは、これらの語に応じて異なる）。それは、例えば市民意識や愛国心、ポピュリズム、民族主義《エスニズム》、自民族中心主義、外国人嫌い、排外主義、帝国主義、感情的愛国主義《ジンゴイズム》といった語である。これらの語の意味作用の違いは、きっぱりと一義的に決定できない。しかし、その総体としての姿は、かなり簡潔に解釈できるように思われる。

ナショナリズム／国民《ネイション》という関係においては、国民《ネイション》という「現実」を、ナショナリズムという「イデオロギー」に対立させることに中心的な意味がある。しかし、この関係には以下のような多くの曖昧な疑問がつきまとっているために、人によって異なって理解されている。つまり、国民主義的《ナショナリスト》イデオロギーは、国民《ネイション》の存在を必然的に、あるいは状況に応じて反映しているのであろうか。それとも逆に、国民《ネイション》がナショナリズム・イデオロギーによって作り上げられるのであろうか(このイデオロギーは、その「目的」を達成した後では変質してしまうとしても)。さらに、この「国民《ネイション》」そのものは、まずもって「国家」として、あるいはそれとも「社会」(社会構成体)としてみなされるべきなのであろうか(もちろん、この疑問は最初の疑問から独立したものではない)。都市・民族《ピープル》・国籍などといった語を導入することで、こうした疑問は類似した多数の疑問を生じることになる。しかし、このような疑問も含めて、議論をいったん中断することにしよう。

さて、ナショナリズムと人種主義の関係においては、「正常な」イデオロギーや政治(ナショナリズム)を「過剰な」イデオロギーや行動(人種主義)と対照させることに中心的な意味がある(両者を対立させるためであろうと、あるいは一方によって他方の真実を証明するためであろうと)。しかし、ここでもまたすぐに、疑問や別の概念的区別の問題が生じてしまうのである。つまり、人種主義にわれわれの考察を集中させるよりも、むしろナショナリズム/帝国主義という、より「客観的な」対立を取り上げる方が適切ではないだろうか、というわけだ。しかし、こうした対比は、また別の可能性を生じさせてしまう。例えば、ナショナリズム自体が、国民《ネイション》の帝国主義的性格のイデオロギー的・政治的帰結であるという可能性、あるいは帝国主義的な時代と環境における国民《ネイション》の存続のイデオロギー的・政治的帰結であるという可能性である。さらに、ファシズムとナチズムといった概念を導入することによって、関連はより複雑になる。つまりファシズムとナチズムはナショナリズムなのか、それとも帝国主義なのか、といった問題を引き起こしてしまうのである。

実際、このようなあらゆる問題が示しているのは、一連の問題には次のような根底的な疑問が潜んでいる、ということである。つまりこうした歴史的・政治的な連鎖の「どこか」で、外見上「不合理な」堪え難い暴力が登場している以上、いったいどこにこの登場を位置づければよいのであろうか。いまだに「現実」だけしか関わりがないような連鎖のなかにこの暴力の登場を見出すべきか、あるいはそれとも「イデオロギー的」コンフリクトの観点からこの暴力の登場を考察すべきなのか。他方では、正常な事態の倒錯として、すなわち「単線的」人類史という仮説からの逸脱として、この暴力をみなさなければならないのであろうか。それともこの暴力は、元来の諸契機の真実を示しているということ、さらにこの観点から、ナショナリズムの登場以来、すなわち国民《ネイション》の成立以来、人種主義の萌芽が政治の中心にあったということを承認すべきなのであろうか。

当然のことながら、上のような問題に対しては――観察者の視点により、また彼らが考察している状況に応じて――非常に多様な解答がある。しかしながら私が思うに、こうした解答の多様さにも関わらず、すべての解答は、ナショナリズム概念は絶えず分岐する、という同一のジレンマのまわりを堂々めぐりしているにしかすぎない。つまり、つねに「良い」ナショナリズムと「悪い」それとが存在しているのである。すなわち、国家あるいは共同体を構成する傾向をもつナショナリズムと、征服し破壊する傾向をもつナショナリズムとが。また、権利に関連するナショナリズムと、力に関連するそれとが。他のナショナリズムを容認し、さらにそれを正当化し、同一の歴史的展望（「民族《ピープル》の春」という壮大な夢）のなかへ含むナショナリズムと、他のナショナリズムを帝国主義的、人種主義的に、徹底して排斥するナショナリズムとが。また、博愛（過剰なほどではあれ）に属するナショナリズムと、憎悪に属するそれとが。ところが、こうしたナショナリズムの内的分割は、「祖国のために死ぬこと」から「祖国のために殺すこと」に至るまでの広がりと同じく、本質的ではあるが、同時に分割困難なものでもある。「隣接した」語の増殖――同義語であれ反義語であれ――は、こうした分割不能性を示すものでしかない。私が思うに、誰一人として、ナショナリズム概念そのものにこうしたジレンマを導入しなかったものはいない（さらにこの導入が理論の側から撤去されたとしても、実践によって再開されることになる）。しかし、このジレンマの導入は、むしろとりわけ自由主義的伝統のなかで顕著である。おそらくこの自由主義的伝統は、少なくとも二世紀に及ぶ自由主義とナショナリズムとのきわめて曖昧な関係によって説明できるであろう［★11］。こうして、以下のことを断言せざるをえない。すなわち、このようなジレンマを少しずらすだけで、人種主義的イデオロギーは上に述べたような議論を模倣し、それを利用することができる。例えば、「生活空間」といった概念は、帝国主義や人種主義の「良い側面」という問題を提起するように機能してはいないだろうか？　ところで、今日われわれは、「差異主義的」人種主義から社会生物学に至る新人種主義を目撃している。この新人種主義は、直接的暴力や行動への移行といった、それ自体として無益で有害とされるものから、ある種の「外国人嫌い」のような避け難く、結局のところ有益とされるものを区別することに専念してはいないだろうか（直接的暴力・暴力的行為は、エスニシティの基本的要求が無視されるとき、不可避なものとなり、他方、「外国人嫌い」は「領土」や「文化的アイデンティティ」を防衛するように集団を駆り立て、集団間の「適切な距離」を維持するように駆り立てる、というのである）。

このような循環を断ち切るためにはどうすればよいのだろうか。最近の分析家のように、価値判断を禁じること、すなわちさまざまな状況においてナショナリズムがもたらす帰結について判断を停止するよう求めるだけでは十分ではない[★12]。さらに、ナショナリズムそのものを国民《ネイション》（また国民国家《ネイション・ステイト》）形成の「客観的」過程のイデオロギー的帰結とみなすだけで分析を終えてはならない[★13]。というのも、こうした帰結の曖昧さがあらゆるナショナリズムの歴史の一部となっており、説明しなければならないのはまさにこの曖昧さだからである。こうした観点からすれば、ナショナリズムにおいて人種主義が占める位置を分析することが決定的となる。あらゆるナショナリズムにおいて、あるいはその歴史のあらゆる契機において、人種主義がそれほど顕著ではないとしても、人種主義はつねにナショナリズム構成への必然的傾向をもつ。結局のところ、ナショナリズムと人種主義との錯綜は、（歴史的に紛争の絶えない）領土（territoire）のうえに樹立された国民国家《ネイション・ステイト》が住民の運動を管理しようと努めてきた事情に関連し、（階級分裂に優先する）政治的共同体としての「民族《ピープル》」の産出そのものと関連しているのである。

ところが、この場合、議論のタームそのものに関して異議が生じる。コレット・ギヨーマンのように人種主義の「広義における」定義を採用しようとするあらゆる人びとに対して、とりわけマクシム・ロダンソンは、こうした異議を唱えている[★14]。すなわち、このような（広義における）議論は、生物学的理論化を伴おうと伴うまいと、あらゆる形態の排除と周縁化を射程に入れようとする。またこの広義の定義は、「エスニックな」人種主義以前の「人種という神話」ならびにこの言説の系譜学的起源、すなわち封建制以後の貴族制における「階級の人種主義」にまで遡ろうとするものである。この定義は、とりわけ差異の自然化に共通するメカニズムを分析するために、「人種主義」の名称の下にマイノリティのあらゆる抑圧を包摂しようとする（このような抑圧は、形式的に平等な社会において、社会集団――エスニック・グループのみならず女性や性的「逸脱者」、精神病者、プロレタリア以下的階層など――の「人種主義化」の多様な現象を示している[★15]）。ところが、〔このような人種主義の広義の定義とは逆に〕ロダンソンによれば、以下の選択がなされなければならないという。つまり、内的・外的人種主義を、ナショナリズムの傾向、さらにはその現代的形態である自民族中心主義の傾向と考えるのか、あるいはそれともその心理学的メカニズム（恐怖の投影、すなわち幻想的他者性のシニフィアンで覆われた現実の「他者」の否認）を理解するために人種主義の定義を拡大するのか――しかし、このような定義の拡大は、人種主義の歴史的種別性を解消するという危険を伴う――、という選択である。

しかし、こうしたロダンソンの異議は解決しうる。すなわち、ナショナリズムと人種主義との歴史的錯綜がよりよく解消される形で、このような異議は解決できるのである。つまり、人種主義の「広義における」定義の考えの一部を修正するか、あるいは少なくとも精緻化するような、次のようないくつかのテーゼが提起されるという条件のもとで、こうした解決がなされることになる。

（1）いかなる国民《ネイション》（すなわちいかなる国民の国家《ナショナル・ステイト》）も、実際のところエスニックな基盤をもってはいない。このことが言おうとするのは、ナショナリズムは――まさに虚構的なエスニシティの創出という意味でない限り――

自民族中心主義としては定義されないということである。こうした議論に反論するとすれば、それは以下のことを失念していることになるだろう。すなわち、祖先や文化の共通性、あるいは先在する利害という点で「人種」が存在しないのと同じく、「民族《ピープル》」もまた自然には存在しない。むしろ、彼らは他の可能な一体性《ユニテ》に対立させて、現実において（したがって歴史的時間において）自らの想像の一体性（unité imaginaire）をうちたてなければならないのである。

（2）「周縁化」や「人種化」という現象は、「出生」においてまったく異なったさまざまな社会集団（とりわけ「外国人」共同体や「劣等人種」、女性、「逸脱者」）を同時にねらいうちにするものである。しかしこうした現象は、お互いに独立した、潜在的に無限な一連の対象に向けられる、類似した行為や言説のたんなる並置を示しているのではなく、むしろ相互補完的な排除と支配の歴史的システムを示している。換言すれば、「エスニックな人種主義」と「性的人種主義」（すなわちセクシズム）とが並行して存在しているということではなく、むしろ人種主義と性差別主義がともに働いているということ、とりわけ人種主義はつねに性差別主義を前提としているということなのである。このような条件のもとでは、マイノリティのあらゆる抑圧を包摂しようとする人種主義の一般的カテゴリーは、抽象物、すなわち、普遍性という点では長所だが、歴史的な正確さ、妥当性という点では欠点であるような抽象物などではない。このカテゴリーはむしろ、人種主義に不可避な多形現象やその包摂機能、社会的規格化および排除といった実践総体との結合を考慮に入れた、より具体的な概念なのである。それは、この一般的カテゴリーが、新人種主義に関連させて説明することができることからも明らかである。つまり、新人種主義のもっぱらの対象となっているのは、「アラブ人」や「黒人」ではなく、「麻薬中毒者（としての）アラブ人」、「非行少年」としての、「乱暴者」としてのアラブ人であり、あるいはまた「アラブ人」や「黒人」としての婦女暴行者や非行少年などなのである。

（3）まずは幻想のネットワークによって、次に言説と行為によって、不均質でありながらも緊密に縫合された、人種主義のこのような広範な構造がナショナリズムとの必然的な関係を維持し、ナショナリズムを構成するのに貢献する（つまり、人種主義の広範な構造は、ナショナリズムを組織するような虚構的なエスニシティを産出することによってナショナリズムを構成する）。

（4）結局、人種主義が発展している社会は同時に「平等な」社会――つまり個人間での地位の相違を（形式的には）無視している社会――であるという事実が、象徴的であると同時に制度的でもある近代人種主義の構造的条件をなしているとしても、こうした社会学的テーゼ（とりわけL・デュモンにより主張されている[★16]）は国民的《ナショナル》環境そのものを無視することはできない。換言すれば、「平等」なのは近代国家なのではなく、近代的な国民《ネイション》、（しかも国民主義的《ナショナリスト》な）国家なのである。この平等は、国民的共同体（communauté nationale）を内的・外的制約とし、この共同体を直接表す行為（とりわけ普通選挙や政治的「市民権」）を本質的内容としている。つまり、それは何よりもまず国民性《ナショナリティ》についての平等なのである。

以上の論争は（われわれが参照することができるその他の類似の論争と同様に[★17]）、本書の研究にとってきわめて有益である。というのは、われわれはこの論争を通して、ナショナリズムと人種主義の関係は倒錯の問題でもないし（なぜなら、ナショナリズムの「純粋な」本質など存在していないからである）、形式的な類似の問題でもなく、両者の歴史的な接合の問題であることに気づき始めるからである。われわれが理解しなければならないのは、人種主義に独自な種差であり、ナショナリズムと接合するさい、人種主義がその差異のゆえにナショナリズムにとって必要になるその仕方である。言い換えれば、まさにこのことのために、ナショナリズムと人種主義の接合関係は古典的な因果関係の図式によって解明することができないのである。すなわち、機械論的な図式によっても（Bの原因としてのAは、結果は原因に比例するというルールに従ってBを「生み出す」）、唯心論的な図式によっても（AはBを表現する、あるいは、AはBにその意味を与える、あるいは、AはBの隠された本質を顕現する）、解明することができないのである。この接合関係の解明に必要なのは、対立物の統一の弁証法である。

「ナチズムの本質」について絶えず蒸し返される論争ほど、この必要性が端的に示されているものはない。この論争は、現在の政治的不安定が映し出されている（かつ転移されている）社会関係についての、あらゆる形態の解釈学を理解するための実際の源泉である[★18]。

ある人にとって、ヒトラーの人種主義はナショナリズムの極みである。その起源はドイツのロマン主義ないしルターにまで遡らないとしても、それはビスマルクや、一九一八年の敗北と屈辱的なベルサイユ条約の押しつけに由来しており、絶対主義的帝国主義の計画にそのイデオロギー（「生命圏（Lebensraum）」としての、ドイツ人のヨーロッパ）を提供したのであった。このイデオロギーの理路整然性が精神錯乱のそれに類似しているように見えるとしても、われわれはそこに、あらゆる社会的出自の「大衆」および「指導層」――指導層の先見のなさのために国民《ネイション》が結局は敗北に突き落とされた――に対する、短くはあったがほとんど完全なまでのこのイデオロギーの浸透を説明するものを見出さなければならない。「革命的という美辞麗句の」あらゆる欺瞞や状況の紆余曲折を超えて、世界支配の野望が、大衆と指導層が共有するナショナリズムの論理に本来備わっていた、というのである。

だが別の人にとっては、このような説明は、たとえそれが社会諸勢力や知的伝統、さまざまな事件や政治戦略を鋭く分析し、ナチズムの残虐な性格をドイツ史の例外的な逸脱に巧みに関連づけているとしても、つねに基本的な点を見過ごしてしまっている。当時の「民主主義」諸国の世論と指導者は、ナチズムのなかに自分たちのナショナリズムと類似のナショナリズム――両者はただ程度の違いによってだけ区別される――しか見なかったために、ナチズムのねらいを見誤り、ナチズムと和解することができる、あるいはナチズムの略奪を封じ込めることができるとまで考えてしまったのである。だが、ナチズムは異例なことである（それはおそらく、近代人の条件である政治的合理性から逸脱する可能性を示している）。なぜなら、ナチズムにあっては、人種主義の論理が他のすべての要因に優越し、「純粋」ナショナリズムの論理を抑えて幅をきかせているからである。あるいは、国の内外の「人種戦争」は、結局のところ、「国民的《ナショナル》戦争」（その支配の目標は依然として現実的な目標である）からそのすべての理路整然性を奪ってしまうからである。したがってナチズムは、それが呼び起こした「ニヒリズム」の化身そのものと考えることができる。そのような化身において、悪の権化とみなされる想像上の敵（ユダヤ人、共産主義者）の抹殺と自己破壊（ヒトラー親衛隊およびナチ党という「人種主義的エリート」は、自らの挫折を認めるよりはむしろドイツの滅亡を選ぶ）とが一体となっているのである。

　こうした「ナチズムの本質」をめぐる論争のなかでは、分析的な言説と価値判断とが絶えず混じり合っている。歴史は、正常と異常を識別する診断者として現れ、自己の敵と犠牲者を悪魔化していたナチズム自体を悪魔化することで、結局それ自身の対象の言説を模倣するようになる。だが、この悪循環から抜け出るのは容易ではない。なぜなら、現象をありきたりの一般性に還元することが重要なのではなく、まさにナチズムこそがこうした一般性の実践的無力さを示していたからである。われわれはここで矛盾した印象を抱くことになる。というのも、ナチ党の人種主義によってナショナリズムは、潜在的傾向（ハンナ・アーレントの表現を借りれば、悲劇的にも「通常の」傾向）の最奥へと転落することになるのだが、それと同時に、それ自身を、つまりナショナリズムが一般に実現され、制度化され、大衆の「常識」に持続的に浸透する普通の形態を超えてしまうのである。他方でわれわれは、人種主義神話がその絶対的優越性を賛美している国民国家《ネイション・ステイト》を結局は自ら解体してしまうという、人種主義神話の非合理性に（実を言えば、事後的に）気づくのである。われわれは、日常的暴力の陳腐さと大衆の「歴史的な」陶酔とを、また強制労働や大虐殺の収容所的官僚主義と「優越民族《ピープル》」の「世界」支配の熱狂とを結びつける複合体としての人種主義を、もはやナショナリズムのたんなる一側面として考えることができない、ということの根拠をこの点に見出すのである。だが、われわれはただちに自問しなければならない。この人種主義神話の非合理性がそれ自身の原因になり、反ユダヤ主義の例外的性格が神聖化された神秘に、すなわち、歴史を悪の歴史そのものとして表現する（その系論として、歴史の犠牲者を神の子羊として表現する）思弁的な歴史観に転変するのをいかに回避すべきか、と。にも関わらず、その逆に、ナチの人種主義をドイツのナショナリズムから演繹しても、われわれをすべての不合理性から解放することにはけっしてならないのである。というのは、われわれは、「過度に」強力なナショナリズムだけが、つまり国の内外のコンフリクトの「例外的な」連鎖によって駆り立てられたナショナリズムだけが、できるだけ多くの加害者によって実行される暴力を準備しこの暴力を他の大衆から見て「正常化する」点にまで人種主義の目的を理想化することができた、ということを認めざるをえないのである。このように平凡さと理想主義が結合していることによって、ドイツのナショナリズムはナショナリズムそのものとしても、歴史の「例外」であったという形而上学的な見方がいくぶん強められがちである。ナショナリズムのパラダイムは自由主義に比べてその内容において病的であるとはいえ、どう見ても、ドイツのナショナリズムを「通常の」ナショナリズムに還元することはできない、というのである。ここでわれわれは、「良い」ナショナリズムと「悪い」ナショナリズムというすでに指摘したアポリアに再び陥るのである。

さて、人種主義とナショナリズムはそれぞれの状況において言説、大衆運動、特定の政治運動として具体化されるが、ナチズムについての論争が強調していたことを、こうした各状況に照らして再び見出すことができる。人種主義とナショナリズムの内的連結、これらによる利害と合理的目的の侵犯――こういうことは、われわれが今日の状況においてその萌芽を再び見出しているのと同一の矛盾ではないだろうか。例えば「ヨーロッパ新秩序」や「植民地主義的英雄主義」への憧憬を駆り立てる運動が「外国人労働者問題」の「解決策」の煽動に成功しているのを見ることができるのである。

以上のような考察を一般化して言えば、第一に、ナショナリズムの歴史的「場《シャン》」においては、つねにナショナリズムと人種主義との相補的規定性があるのである。

この相補性はまず、ナショナリズムの発展および国家によるその公的な利用が、敵対関係およびまったく別の起源による迫害を近代的な意味での人種主義に変容させる（さらにそれらをエスニシティの意味作用の下に置く）仕方に現れる。このことは、レコンキスタ*の時代以後のスペインで、スペイン人種（la raza）が新大陸の征服に乗り出すと同時に、神学上のユダヤ教排斥が「血の純潔」に基づいた血統（généalogie）における排除に転移された仕方から、現代のヨーロッパにおいて、国際的プロレタリアート内部の新しい「危険階級」が傾向として「移民」というカテゴリー――このカテゴリーは、ポスト植民地時代において、危機にある諸国民《ネイション》の人種名になった――に包摂されつつある仕方に至るまで妥当するのである。

＊スペインのキリスト教徒がイスラム教徒からイベリア半島を奪回しようとした国土回復運動で、一四九二年に達成された。

さらに、この相補的規定は、多民族国家（État pluriethnique）の異種混合性[★19]に国民《ネイション》という政治的・文化的統一性を付与することをめざす一九世紀と二〇世紀のすべての「公定ナショナリズム」が、反ユダヤ主義を利用した仕方に現れる。同化（assimilation）の運命にある「マイノリティ」のエスニック的および文化的な階層的多様性に対する、多少とも虚構的に統一された文化および国民性《ナショナリティ》による支配（例えば、ロシア、ドイツ、ルーマニア）は、あらゆる文化およびあらゆる支配された住民に共通な内部の敵を表現する（固有の領土と「国民的《ナショナル》」言語のない）絶対的に単一な偽のエスニック集団の人種差別的な迫害によって「埋め合わされ」、映し出されなければならないであろう[★20]。

最後に、この相補的規定は、最初の植民地化時代の旧帝国に向けられたものであろうと、王朝的な多民族国家や現代の植民地帝国に向けられたものであろうと、民族《ナショナル》解放闘争の歴史のうちに現れる。このようなプロセスを単一のモデルに還元することなど問題外である。とはいえ、アメリカ合衆国——リプセットの有名な表現によれば、合衆国は「最初の新しい国民《ネイション》」である——が独立を達成した直後から、原住民の大量虐殺を徹底的に行うようになったことは、偶然の結果ではありえない[★21]。同様に、B・チャンドラの啓発的な論文によれば、インドでは「ナショナリズム」と「共同体主義《コミュナリズム》」が合体して形成され、現在に至るまで糾合し続けているのであるが(それは大部分、インドのナショナリズムとヒンズー教の共同体主義がかなり早い時期に歴史的に融合したためである)、このこともまた偶然ではありえない[★22]。また、植民地化の遺産である多文化性と苦闘している独立したアルジェリアが、「ベルベル人」を「アラブ人」に同化すること(assimilation)を国民的《ナショナル》意思の試金石と考えていることも、偶然ではない。さらにまた、内外の敵に直面しながら「イスラエル国民《ネイション》」を構築するというきわめて困難な賭けと向かいあっているイスラエル国家が、「東の」ユダヤ教徒(いわゆる「ブラック」)や自分の土地から追い出され植民地化されたパレスチナ人に向けて強力な人種主義を展開したことも偶然ではないのである[★23]。

以上のきわめて個性的で歴史的に関連し合った事例の蓄積から、ナショナリズムと人種主義の歴史的相補性のサイクル——国民国家《ネイション・ステイト》システムの他の社会構成体に対する漸次的支配の暫定的形態——と呼びうることが引き出される。外的のみならず内的にも、人種主義は絶えずナショナリズムから生じる。アメリカ合衆国の場合、最初の公民権運動を阻止する体系的な人種隔離制度の創設は、帝国主義的な世界競争へのアメリカの参入、および北の人種がヘゲモニー的使命をもつべきであるという理念への固執と、時を同じくして生じた。フランスの場合、「土地と死者」の過去に根ざす「フランス民族《レイス》」というイデオロギーの仕上げは、大量移民の開始やドイツに対する復讐の準備や植民地帝国の樹立と時を同じくしていた。それゆえ、ナショナリズムは絶えず人種主義から生じるというのは、それが働きかける公定ナショナリズムが深部において人種主義的でないならば、それは「新しい」国民《ネイション》のイデオロギーにならないであろうという意味においてである。例えば、シオニズム（ユダヤ人がパレスチナに自らの国家を再建しようとする運動）は反ユダヤ主義から生じたし、第三世界のナショナリズムは植民地の人種主義から生じた。だが、大きなサイクルの内部には、多数の個別的なサイクルがある。フランスの歴史のなかで決定的な例を一つだけ挙げるならば、ドレフュス事件の後で反ユダヤ主義が被った敗北（それは共和制の理想に象徴的な形で組み入れられた）は、ある程度まで植民地主義者の良識を自覚させ、それによって、（少なくとも、植民地本国の意識では）長期にわたって人種主義の観念と植民地化の観念とを切り離すことが可能になったのである。

しかしながら私は第二に、ナショナリズムと人種主義の間にはそれらの表象と実践に関してつねにズレが存在することを指摘したい。ズレは矛盾と強制的同一化の間で揺れ動くのであるが、おそらくナチズムの例が示すように、この同一化が見かけ上、完全に見えるとき、矛盾はもっとも先鋭化している。ナショナリズムと人種主義自体の間に矛盾があるのではなく、一定の諸形態の間に、すなわち、ナショナリズムの政治的目標と、ある時期における特定の「対象」への人種主義の結晶化との間に矛盾が存在するのである。それが生じるのは、例えばナショナリズムが、自立の可能性をもっている被支配住民である「フランス系」アルジェリア人や「フランス系」ニューカレドニア人を「統合する（intégrer）」提案を行うときである。それゆえ私は今後、すでに言及した多くの例から引き出される重要な論点をもっと深く理解するために、このズレおよびそれがとる逆説的な諸形態に研究の的をしぼることにする。すなわち人種主義は、ナショナリズムの「表現」ではなくナショナリズムを補完するもの、より正確に言えば、ナショナリズムを内的に補完するものである。そして、ナショナリズムが国民《ネイション》の形成あるいは社会の「国民化（nationalisation）」計画に不可欠であるのにつねに不足しているのと同様に、ナショナリズムに対していつも過剰である人種主義は、ナショナリズムの形成につねに不可欠であるのに、ナショナリズムの計画を達成するには依然としていつも不足している。――以上のことは、これから検討していく中心論点となる。

## 普遍性の逆説

ナショナリズムの理論と戦略がつねに普遍性と特殊性の矛盾に陥るということは一般に認められている見解であるが、この見解には無限の広がりがある。実際、ナショナリズムは画一化と合理化の要因であると同時に、さまざまな起源に由来するこの国民的一体性《アイデンティティ》という物神を醸成するのである。この国民的一体性《アイデンティティ》は、あらゆる分散に抗して保持されねばならない。ここで私が注目するのは、普遍性と特殊性の矛盾の一般的形態ではなく、この矛盾が人種主義によって表現される仕方である。

実際、人種主義は普遍性と特殊性の両面において現れる。ナショナリズムと比べた人種主義の過剰、それゆえ、人種主義がナショナリズムにもたらす補足は、ナショナリズムを普遍化し、結局ナショナリズムの普遍性の不足を補うと同時にナショナリズムを特殊化し、ナショナリズムの特殊性の不足を補うのである。換言すれば、人種主義はナショナリズムの両義的性格を強めざるをえないのである。すなわち、ナショナリズムは人種主義を通して、その物的矛盾の観念的矛盾への転化という「前方への逃走」に入り込むのである[★24]。

理論的に言えば、人種主義は歴史の哲学である。より正確に言えば人種主義は、歴史を、人間自身の本性や人間誕生に関する秘密(これは人間にとって隠されたり、啓示されたりする)の所産にしてしまう歴史哲学(historiosophy)である。それは、社会や民族《ピープル》の運命についての不可視の原因を可視的にする哲学であり、この不可視の原因に対する無知が、堕落や歴史における悪の繁栄の原因とされる［★25］。もちろん、神の摂理を説く神学や進歩の哲学にも、また弁証法的哲学のうちにも、歴史哲学のいくつかの側面が含まれている。マルクス主義もその例外ではなく、そのことは、「階級闘争」と「人種闘争」との、進歩の原動力と進化の謎との対称性効果を、それゆえ、一つのイデオロギー空間を別のイデオロギー空間に翻訳する可能性を醸成するのに、少なからず貢献したのである。しかしながら、この対称性の限界は明白である。私はここで、合理主義と非合理主義という抽象的な対立命題も、楽観主義と悲観主義のそれも考えていない。とはいえ、人種主義的哲学の大部分が、国民《ナショナル》文化・国民《ナショナル》的一体性《アイデンティティ》・国民《ナショナル》統合の衰退・堕落・退廃という観点から、進歩というテーマを逆転させるものとして現れることは事実である（そしてこのことは実践的には決定的に重要である［★26］）。さて私の考えでは、人種闘争ないし文化的闘争や「エリート」／「大衆」の敵対関係についての歴史哲学とは異なり、歴史の弁証法がマニ教的な二元論のたんなる精緻化として現れることはまずありえないのである。それは「闘争」や「コンフリクト」ばかりでなく、闘争する諸勢力やさまざまな闘争形態の歴史的形成を説明しなければならない。言い換えれば、歴史的経過についてのそれ自身の表象に関して、批判的な問題設定をしなければならない。この点から見るならば、人種と文化についての歴史哲学はあまりにも無批判的である。

　確かに一つの人種主義の哲学が存在するのではない。なぜなら、人種主義の哲学は必ずしも体系的な形式をとるとは限らないからである。今日われわれが直面している現代の新人種主義は、多種多様な歴史的・国民的《ナショナル》形態をとっている。「人種闘争」の神話、進化論的人間学、「差異主義的」文化主義、社会生物学などがそれである。このような布置のまわりを、人口学、犯罪学、優生学のような社会的－政治的言説や技術が取り囲んでいる。われわれはまた人種主義理論の系譜を解明しなければならない。人種主義理論の系譜は、ゴビノーやチャンベラン、あるいはまた「民族《ピープル》心理学」や社会学的進化論を経て、啓蒙時代の人間学や博物学に至るまで［★27］、さらに、

L・サラ＝モランが「白人聖書」神学[★28]と呼んだものにまで遡る。問題の核心にできるだけ早く到達するために、私は何よりもまず、今日までの三世紀間にどのような理論的操作が絶えず理論的人種主義になされてきたのか、いかなる理論的操作によって理論的人種主義は日常的人種主義の「知識欲」と呼ぶことができるものに接合しうるようになったのか、を検討することにしたい。

　第一に、分類という基本的な操作があった。分類とは、人類の内部で人類を構成する差異について考察することであり、人間が「人間」でありうる基準を研究することである。何によって、人間は人間になるのか？　いかなる程度で人間になるのか？　人間はいかなる種類の人間になるのか？　このような分類があらゆる形態の階層化の前提となっている。つまり、分類は階層化に通じているのである。というのも、人類を構成する諸集団の階層的配列が多少ともまとまりをもって形成されるとすれば、それは分類の配列を不平等な形でまた不平等を通して特権的に表現することを伴うからである。しかし分類はまた、純粋な「差異主義（différentialisme）」としては自己充足的でありうる。少なくとも、外見的にはそうである。なぜなら、差異化の基準は、現実の状況のなかでは「中立的」ではありえないからである。差異化の基準に含まれる社会的―政治的価値は、実践のなかで争われ、エスニシティや文化を援用しつつ遠回しで強制されるのである[★29]。

　分類と階層化はすぐれて自然化（naturalisation）の操作である。より正確に言えば、それは、歴史的・社会的差異を想像の自然（nature imaginaire）という領域に投影する操作である。しかし、結果の自明性に欺かれてはならない。人類内部の「自然的差異」の体系によって倍加された「人間的自然（nature humaine）」は、決して無媒介的なカテゴリーではない。とりわけ人間的自然は必然的に、「結果」ないし症候についても（「人種的特徴」は心理的なものであろうと身体的なものであろうと、つねに両性の差異のメタファーである）、「原因」（混血、遺伝）についても、性図式（schèmes sexuels）を含んでいる。だから、どう見ても「純粋」自然のカテゴリーに入らない血統（généalogie）という基準がきわめて重要になるのである。血統はどちらかと言えば法的観念、何よりも親子関係の正統性と結びついた象徴的カテゴリーである。それゆえ、人種の「自然主義」のなかには潜在的な矛盾が存在している。すなわち人種は、自己自身を乗り越えて「太古の」最初の「超自然」に向かわねばならない。この超自然は、つねにいつも、幸福と不幸、あるいは潔白と不正からなる想像上の産物に投影されるのである［★30］。

以上の第一の側面はただちに、すべての理論的人種主義は人類学的普遍要因に準拠するという第二の側面を導く。人種主義の学説的展開を構成するのは、ある意味では、人種主義がさまざまな人類学的普遍要因を選択し、それらを組み合わせる仕方でさえある。そのような人類学的普遍のうちには、当然ながら、「人間の遺伝的体質」や「文化的伝統」の概念と並んで、人間の攻撃性やその逆の性質である「選択的」利他主義［★31］のようなかなり特殊な概念も含まれている。これらの概念は、外国人嫌い、自民族中心主義、部族主義の概念のさまざまなヴァリアントに通じている。ここに見られるのは、「新人種主義」に反人種主義的批判を背後から攻撃するのを許す二重ゲームの可能性である。すなわち新人種主義は、一方では人類を直接に分類し階層化し、他方では「人種主義の自然必然性」そのものを説明する要因に変わる。そしてこれらの概念は、次には、別の普遍要因のなかで――社会学的なそれであれ（例えば、族内婚はすべての人間集団の条件であり規範であるので、外婚制は不安と一般的禁止の対象になったという見解）、心理学的なそれであれ（例えば、催眠暗示と催眠状態の伝染、集団心理を引き起こす伝統的な手口）――根拠づけられるのである。

われわれはこれらすべての普遍要因のなかに、一つの同じ「問題」が存在しているのを見出す。人間性と動物性の差異の問題がそれである。この問題設定の特徴は、社会と歴史におけるコンフリクトを解釈するのに再び利用されることになる。それゆえわれわれは、古典的な社会ダーウィニズムのなかに、本来の意味での人間性（すなわち、文化、技術による自然支配、人間的自然の支配、つまり優生学）を動物性から引き出さねばならない、しかもそれを、動物性（「適者生存」）を特徴づけるものによって、換言すれば、さまざまな等級の人間の「動物的」競争を通じて引き出さねばならない、という進化論の逆説的な側面を見出すのである。今日の社会生物学や民族学《エスノロジー》では、個人の、とりわけ人間集団の「社会的─感情的」行動（攻撃性と利他性）は、人類の進化のなかで消え去ることのない動物性の痕跡として説明される。また、差異主義的文化主義のなかにはこの問題がまったく存在しないかのように見えるかもしれないが、私の考えでは、それは間接的な目立たない形態で存在しているのである。すなわちそれは、文化的差異の言説とエコロジー的差異の言説とのよく見受けられる連結（文化的隔絶が人類の「自然環境」を保全するための条件であるかのような議論）のうちに、とりわけ、個体性・淘汰・生殖・混血の観点から文化的カテゴリーを徹底的に隠喩化することのうちに現れているのである。したがって、人間の動物性、すなわち、人間の内部におけるそれ、および人間に敵対するそれ──ここから、個人および人種主義化した人間集団の徹底的な「獣性化」が生じる──は、理論的人種主義が人間の歴史を考察するための固有の手段になる。そのように考察された歴史は、退行的ではないにしても、逆説的にも静態的である。歴史が高級な人間の「意思」を確証する舞台を提供する場合でさえ、そうである。

人種主義的運動が、革命と反動という矛盾したイデオロギーの逆説的な総合──一定の条件のもとでは、この総合は逆説的であるがゆえにいっそう効果的になる──を表現するのと同様に、理論的人種主義は変容と不変との、あるいは反復と運命との理念的な総合を表現する。理論的人種主義が際限なく繰り返して行う「謎」の発見とは、動物性から絶えず脱却しながらも動物性の支配に絶えず脅かされている人間性の謎なのである。だからこそ、理論的人種主義が人種の意味作用《シニフィアン》の代わりに文化の意味作用を用いるとき、それはつねに文化の意味作用を「遺産・伝統」・「子孫」・「定着」といった、人間とその起源の想像上の対応関係に係わる意味作用全体に関係づけるのである。

したがって、文化主義についての最近のいくつかの批評がそうであるように、理論的人種主義がいかなる形態の超越性とも相いれないと信じることは、とんだ的外れなのである。これらの批評は、ナショナリズムについても同じ誤りを犯す始末である[★32]。〔超越性と〕相いれないどころか、人種主義の理論は必然的に、恵まれた顔つきが美的であるような種を昇華したり理想化したりする側面をもっている。だからこそこのような理想化は、肉体と精神の両面において人間の理想の模範となる人間類型（はるか昔の「古ゲルマン人」や「ケルト人」から今日の「先進」諸国の「きわめて高い知能指数の人間」に至るまでのそれ）の描写と高揚を通じて達成されるのである。人間の理想は、（堕落していない）最初の人間とも、将来の人間（超人）ともつながっている。これは人種主義と性差別主義が接合される仕方（人種主義における男根の意味作用の重要性）を理解するうえでも、労働の搾取と政治的疎外の関連を認識するうえでも、決定的な点である。社会的諸関係の美学化（esthétisation）のおかげで、人種主義は政治的プロジェクトが形成される場で大きな影響力をもつ。効率性というテクノクラート的な価値観の理想化でさえ、美学的昇華を前提する。それゆえ、地球を支配するような企業の今日の経営者がスポーツマンであると同時に女たらしであるとしても、偶然ではない。これに反して社会主義の伝統のなかでは、労働者の体つきを将来の完成された人間類型として、疎外の極から能力開花の極への「過渡にあるもの」として高く評価するという、象徴性の転換を行ったが、これはよく知られているように、労働者がファシズムに取り込まれるのを許すような過度の美学化と性的意味付与（sexualisation）を伴うものであった。言い換えれば、このような美学化と性的意味付与はまた、人種主義のいかなる要素が歴史的に「社会主義ヒューマニズム」のなかに再現したのかを問う義務をわれわれに課しているのである[★33]。

　以上のような歴史的で人類学的なテーマの不変性に注目することによって、われわれは理論的人種主義が二世紀の間人間主義《ヒューマニズム》のイデオロギー（または普遍主義的イデオロギー）と維持してきた両義的関係の解明を開始することができる。「生物学的」人種主義に対する批判から、とりわけフランスで広まっている見解が生まれた。この見解によれば、人種主義は定義によってヒューマニズムとは両立しない、それゆえ人種主義は理論的に言えば反ヒューマニズムである。というのも、人種主義は、モラル、知識、個人の尊厳といった人間固有の価値を犠牲にして「生（vie）」を高く評価するからである。このような見解には混同と誤解が含まれている。混同というのは、（人体測定による犯罪者識別法から社会ダーウィニズムや社会生物学に至る）人種主義理論の「生物学主義」は、生命自体を利用していないし、いわんや生物学を応用してもいないからである。むしろそれは、性的意味を付与された一部の社会的諸価値――活力、決断力、主導性、一般的には支配の男性的表象のすべて、逆に言えば、受動性、官能性、女性らしさ、助け合い、団体精神、一般的には近親「家族」モデルに基づく社会の「有機的」統一を表象するすべて――から構成される、生気を与えられたメタファーである。この生気を付与されたメタファーは、身体的な特徴を心理的にして文化的な「特性」にしてしまう解釈学と結びついている。だがこのような混同と並んで、誤解もまた存在している。というのも、生物学的人種主義自体は、人間の独自性を生命・進化・自然というもっと広い全体に解消する方法を用いたことがなく、その反対に、人類の形成と人類の改善のために、あるいは人類を破滅から守るために、虚偽の生物学的概念を用いるやり方をとってきたからである。それと同様に、生物学的人種主義は英雄的行為や禁欲主義の道徳性と密接に関連している。ここで、「超人（Übermensch）」と「高級な人間（homme supérieur）」のニーチェ的弁証法がわれわれにとって明らかになる。この点についてC・ギョーマンは、次のように適切に述べている。「生物学的差異によって特徴づけられるこれらのカテゴリーは、人類（espèce humaine）の内部に位置している。しかもわれわれは、それを自明のものとして考えている。この点は決定的である。実際、人類はカギとなる観念である。人種主義はこの観念を通じて形成されてきたし、いまなお日常的に形成されているのである」[★34]。人種主義に対する闘争を理論的分野で組織することが困難なのは、「人間に対する犯罪」が人間主義《ヒューマニズム》の名において、また、人間主義的言説によって遂行されるからなのである。おそらくこのことは何よりも、マルクスが別の文脈で「歴史の悪い面」〔『哲学の貧困』〕と呼んだものに、とはいえ歴史的現実を構成するものにわれわれを直面させているのである。

だが、人種主義のイデオロギー的構成のなかに人間主義的《ヒューマニスト》で普遍的な構成要素が逆説的にも存在することによって、われわれは「人種」（とその今日的代替物）の意味作用の根深い両義性を、国民的《ナショナル》統一と国民的一体性《アイデンティティ》の観点から明らかにすることができるのである。

人種主義は〔ナショナリズムの〕特殊性の補足として、何よりも超ナショナリズム（sur-nationalisme）として現れる。競争の空間または激化する戦争の空間（国際的な「経済戦争」という言説は今日、かつてなかったほど普及している）においては、たんなる政治的ナショナリズムは脆弱なものとして、妥協的な立場として受け取られる。これに対し、人種主義は「完全な」ナショナリズムとして妥当する。この「完全な」ナショナリズムが存在理由（と出番）をもつのは、それが国の内外に対する国民《ネイション》の完全さに基づく限りである。それゆえ、理論的人種主義が「人種」または「文化」（あるいは人種および文化）と呼ぶものは、国民《ネイション》の起源の連続性や同国人《ナショナルズ》に「本来」備わっている属性の濃縮物である。国民《ネイション》が自分に固有なアイデンティティを純粋状態で観察できるのは、「自分たちの子供という人種《レイス》」のなかにおいてである。したがって、国民《ネイション》は人種を中心に結合しなければならない。そして、人種はあらゆる堕落から保護されるべき「遺産」であるが、国民《ネイション》はかかる人種と「精神的に」も「肉体的に」も、さらに「官能的に」も一体化しなければならない（同じように、国民《ネイション》は人種の内面的表現としての文化と一体化しなければならない）。

このことはもちろん、人種主義が（ズデーテン〔チェコとポーランドの国境に連なる山地〕出身のドイツ人、チロル出身のドイツ人のような）「失われた」個人と住民の国民的「身体（corps national）」との併合要求（返還要求）を強調することを意味する。よく知られているように、この要求はナショナリズムの凡的な展開（développements paniques）と呼びうるもの（凡スラブ主義、凡ゲルマン主義、凡ウラル＝アルタイ語族主義、凡アラブ主義、凡アメリカ主義）と密接に関連している。しかしながら、このことは何よりも、人種主義が国民《ネイション》に関しては絶えず過度の「純粋主義」を誘発することを意味する。すなわち、国民《ネイション》がそれ自身であるためには、国民《ネイション》は人種と文化の両面において純粋でなければならないのである。それゆえ、国民《ネイション》は、「偽の」、「外来の」、「混血の」、「世界市民的な」諸要素を排除・追放するまえに、まずそのような要素を自らの内部において隔離しなければならない。人種主義の対象になるのは、生活様式や信仰やエスニック的起源に関する集団的特徴が外部性と不純性の傷痕《スティグマ》を付与された社会集団であるが、純粋でなければならないという脅迫的な強制がこのような人種主義に直接的な責任を負っているのである。だが、人種を超国民性《スーパー・ナショナリティ》に仕立て上げるこのプロセスは、前方への逃走に帰着する。理論的には、外観や行動についてのいくつかの確かな基準によって、「真の同国人《ナショナルズ》」、「完全な同国人《ナショナルズ》」である人びと、例えば「生粋のフランス人」、「生粋のイギリス人」（この点については、イギリス帝国におけるカースト的階層性と公務員の序列化についてのB・アンダーソンの研究を参照）、真に「ゲルマン的な」ドイツ人（ナチズムが行った、民族への帰属（Volkszugehörigkeit）と国家への帰属（Staatangehörigkeit）との区別を見よ）、WASP（白人新教徒階級）に属する真正のアメリカ人、忘れてならない例として、アフリカーナ語を話す「市民」の白人――これらの同国人を識別することが可能である。ところが実際には、真の同国人《ナショナルズ》である基準を、想像のうえでその他の集団的特徴や他の還元できない「差異」の総体を否定することによって、法的な取決めまたは曖昧な文化的特殊性に基づいて構成しなければならない。その結果、同国人《ナショナルズ》を識別する探究は再び、人種を通して到達不可能な目的をめざすことになる。さらに、しばしば見られるように、このように「人種的」（または文化的）な意味を付与された基準は、たいていの場合、社会階級の基準なのである。あるいは、そのような基準は、経済的・政治的な階級的不平等によってすでに選別されているエリートを形のうえだけで「選別する」ことに帰着する。また、支配されている階級は、その「人種的構成」や「文化的アイデンティティ」がいちばん怪しげな階級なのである。このような結果は、エリート主義を再現するのではなく、ポピュリズムを確立しようとするナショナリズムの目標、あるいは、「民族《ピープル》」の歴史的・社会的異質性を疑うのではなく、その本質的統一性を提示しようとするナショナリズムの目標とまったく対立する。

だからこそ人種主義は、われわれがヨーロッパのナショナリズムにおける反ユダヤ主義の役割に関してすでに言及した投影メカニズムに従って、倒影法で機能する傾向がつねにあるのである。すなわち、「真の同国人《ナショナルズ》」の人種的・文化的アイデンティティは見ることができないとしても、それは、ユダヤ人・メテク〔フランス在住のアラブ系移民に対する蔑称〕・移民・パキ〔パキスタン人〕・原住民・ブラック、等々といった「偽の同国人《ナショナルズ》」の、半ば錯覚に基づいて決めつけられる可視的な特徴から逆に導き出されるのである。換言すれば、それはつねに疑いと危うさの下に置かれている。「偽物」が見えすぎるということは、「本物」が十分に見えるということを保証しないのである。したがって、同国人《ナショナルズ》の共通の本質を限定することを通じて、人種主義は不可避的に、見つかるはずのない出所正しい「核」の強迫的なまでの探究にのめり込む。その結果、人種主義は国民的帰属《ナショナリティ》を狭め、歴史的国民《ネイション》を不安定にする〔★35〕。このことは極端な場合には、人種主義的幻影の反転をもたらすのである。人種的・国民的《ナショナル》な純粋性を見つけ出し、民族《ピープル》の出自に基づいて人種的・国民的《ナショナル》な起源を確保できないならば、（超）国民的《ナショナル》な超人という理想に従って人種的・国民的《ナショナル》な純粋性を作り上げる試みが生じるであろう。これこそナチスの優生学がめざした方向である。だがこれと同じ方向は、人間選抜のためのあらゆる社会的技術のうちに、例えば、「典型的にイギリス的な」教育のある伝統のなかに宿っている、と言わねばならない。この方向は今日また、差異主義的心理学（その絶対的な武器は知能指数である）の「教育学的」応用のなかに再現している。

さらにこのことによって、超ナショナリズム（sur-nationalisme）のナショナリズムを超えるもの（supra-nationalisme）

としての人種主義への急速な移行が説明される。一九世紀と二〇世紀の人種主義理論が、つねに言語・血統・伝統から構成される諸共同体――これらの共同体は、言語・血統・伝統という構成要素のうちの一つないしいくつかに間接的な形で準拠するとはいえ、一般的には歴史的に形成された国家と一致しない――を定義した、という事実を文字どおり真剣に受けとめねばならない。すなわち、理論的人種主義の普遍性の次元――われわれはすでにその人間学的側面を説明した――がここで本質的な役割を演じるのである。理論的人種主義の普遍性の次元によって、「特殊な普遍化」が、それゆえナショナリズムの理想化が可能になる。私がこの章の最後の論点として検討したいのはこの問題である[★36]。

人種についての古典的神話、とくにアーリアニズム〔官界・実業界からすべての非アーリア人を駆逐する運動〕についての神話は、さしあたり国民《ネイション》ではなく、特権的階級という観点から見た階級に準拠している。この場合、「優越人種」（あるいは優越的諸人種、すなわち、ゴビノーの著作のなかの「純粋」諸人種）は、定義によって国民的《ナショナル》住民の全体とけっして一致しないし、また国民的《ナショナル》住民に限定されるわけでもない[★37]。したがって、「可視的で」制度的な国民的《ナショナル》集合体は、国境《フロンティア》を越え、また定義によって国家枠を超えている《トランスナショナル》ような「不可視の」他の集合体に準拠して、自分の変容を調整しなければならない。しかし、貴族制に当てはまると同時に、ナショナリズムが誕生してまもない時期の思考様式の一時的な結果であるように思われるこのことは、以後の人種主義理論全体に――その準拠枠が生物学的等級（実際すでに見たように身体的等級である）であろうと文化的等級であろうとに関わらず――依然として当てはまる。皮膚の色、頭蓋骨の形、知的素質、または知能などは、明確に定められた国籍《ナショナリティ》を超えている。それは純粋性という強迫観念のもう一つの側面にすぎない。その結果生じたのが、問題と取り組んだ多数の研究者が直面した次のようなパラドックスである。すなわち、実際に存在するのは、「インド―ヨーロッパ人」・「西洋人」・ユダヤ―キリスト教文明のような、無時間的または超歴史的な共同体を理想化する傾向がある、人種主義的「国際主義」またはナショナリズムを超えるもの（supra-nationalisme）である。それゆえ、このような共同体は、開いていると同時に閉じているような、国境《フロンテイア》のない共同体であって、その唯一の境界線《フロンテイア》はかつてフィヒテが言ったような個人と不可分離な、より正確には個人の「本質」（少し以前まで「魂」と呼ばれていたもの）と不可分離な「内的な境界線」である。実際これは、理想の人間性の境界線である［★38］。

ここにおいて、人種主義がナショナリズムの構成要素であり続けるにも関わらず、ナショナリズムに対する人種主義の超過はわれわれが先に見たのとは反対の形態をとる。人種主義は、ナショナリズムを無限の全体の次元にまで拡大する。だから神学、とりわけ「グノーシス主義」との類似点および、神学からの濃淡さまざまな戯画的な借用が生じる。また、だからこそ、神学が現代ナショナリズムの厳格な支配下に置かれるならば、普遍的救済を唱える神学が人種主義に変質する可能性も生じるのである。このことはとりわけ、なぜ人種主義の意味作用《シニフィアン》がナショナリズムの有効性を保証する代償として国民的《ナショナル》差異を超え、「国家枠を超えた《トランスナショナル》」連帯を組織しなければならないか、ということを説明する。これこそが、反ユダヤ主義がヨーロッパ規模で展開した理由である。それぞれのナショナリズムは、ユダヤ人（彼らは一方では絶対に他者に同化されえないものとして、他方では世界市民として、最初の民族《ピープル》として、組国喪失者としてというように、矛盾した形で理解されている）のなかに、自分の個別的な敵のみならず、自分たちの「先祖代々の敵」のすべてを見出した。だが、すべてのナショナリズムがこのように同一の引き立役および同一の無国籍者との対照において自分の輪郭をはっきりさせたのであり、このことが、「現代の」国民国家《ネイション・ステイト》の大陸、すなわち、文明の大陸としてのヨーロッパという観念自体の構成要素だったのである。と同時に、世界の植民地的分割をめざして激しく競争していたヨーロッパ諸国民《ネイション》、あるいはヨーロッパおよびアメリカの諸国民《ネイション》は、このような競争のただなかにあってさえ、彼らが「白人の」という名称を付与した共同体および「平等」を分かち合っていることを認めていた。アラブ人の国民性《ナショナリテイ》、あるいは、ユダヤ／イスラエル人の国民性《ナショナリテイ》やソ連人の国民性《ナショナリティ》の普遍的な拡大についても、類似の議論をすることができるだろう。歴史家がナショナリズムのこのような普遍主義的目標を評価するさい、彼らがそれを文化的帝国主義（人間と普遍的文化についての「イギリスの」、「アメリカの」、「ドイツの」、「フランスの」、「ソビエトの」考え方をすべての人類に強制すること）の要求と計画としてだけ理解して人種主義の問題を回避するならば、彼らの議論はどう見ても不十分である。というのも、帝国主義がたんなる征服の企てから「文明」の建設という普遍的支配の企てに転換することができるのは、ただ人種主義としての資格を通じてだからである。すなわち、帝国主義的国民《ネイション》が、その他の諸民族《ピープル》の認識できないような本質的な使命ないし将来の特殊な担い手として想像され、そのようなものとして現れるのに応じて、帝国主義はそのように転換することができるのである。

以上の考察と仮説から、次の二つの結論が引き出される。

第一に、以上のような議論を前提すれば、現代の人種主義的運動が、かつてW・ライヒが「国民主義的《ナショナリスト・》国際主義《インターナショナリズム》」［★39］という挑発的な名前で呼んだような、国際的「枢軸」の形成の原因になったとしても、少しも不思議ではないのである。国民主義的《ナショナリスト》国際主義というライヒの規定は、挑発的ではあるが的を射た表現である。なぜなら、彼の関心は、国際主義の逆説および「国民主義的《ナショナリスト》国際主義」としてしだいに実現される傾向にあったもう一つのナショナリズムの模倣効果を解明することだったからである。「社会主義の祖国」を模倣しつつ、その周囲およびその支配下で、各国の共産党はしばしば反ユダヤ主義に準拠する「国民主義《ナショナリスト》政党」に変質したが、これは「国民主義《ナショナリスト》的国際主義」の格好の例であった。同様に、一九世紀の中葉以来対立し合ってきた、「階級闘争」としての歴史の表象と「人種闘争」としての歴史の表象との対照もまた決定的である。「階級闘争」と「人種闘争」はともに、人類の運命が決定される「国際的な内乱」として考えられている。この意味で、両者は国民を超えるもの（supra-national）である。だが、両者の間には消すことのできない相違がある。すなわち、階級闘争が国民的帰属《ナショナリティ》やナショナリズムを解体すると考えられるのに対し、人種闘争は各国民《ネイション》の永続性を確立し各国民《ネイション》を諸国民《ネイション》のヒエラルキーのなかに位置づけることを通じて、ナショナリズムに本来的に国民的《ナショナル》な要素と社会的に保守的な要素（攻撃的な反社会主義と反共産主義）を融合することを可能にする。人種闘争のイデオロギーがいわば階級闘争の普遍性を一定の範囲に封じ込め、階級闘争に別の「世界観」を対立させることができるのは、ナショナリズムを超えるもの（supra-nationalisme）の形成において普遍性が補足されるからなのである。

第二に、理論的人種主義はけっして人間主義《ヒューマニズム》の絶対的な対立物ではない。意味作用と直接的行動主義の過剰はナショナリズムの内部自体におけるナショナリズムの人種主義への移行を特徴づけ、ナショナリズムにそれ固有の暴力を付与するのであるが、このような意味作用と積極的行動主義の過剰のなかでは、逆説的ではあるが、普遍性の側面が優越的になる。このことを認識し、それから必要な結論を引き出すのをわれわれに躊躇させているものは、相変わらず、理論的ヒューマニズムと実践的ヒューマニズムとの間で支配し続けている混乱である。もしわれわれが実践的ヒューマニズムを制限も例外もない市民権を守る政策および倫理と同一視するならば、人種主義とヒューマニズムが両立不可能であることは一目瞭然であるし、なぜ効果的な反人種主義が「結果における」ヒューマニズムとして構成されねばならないかを困難なく理解することができる。しかしながら、だからといって、実践的ヒューマニズムが理論的ヒューマニズム（すなわち、種としての人間を、宣言され確立された権利の究極的な根拠にする学説）に根拠を置かねばならない、ということにはならない。実践的ヒューマニズムは、神学にも、また、人間という観念を自然という観念に従属させる非宗教的な知恵にも、あるいはまったく性格を異にするもの、すなわち、人間および人類という一般性を独自な社会的諸関係に置き換えようとする社会闘争や解放運動の分析にも、根拠を置きうるのである。逆に言えば、反人種主義と実践的ヒューマニズムとの必然的な結びつきは、理論的人種主義もまた理論的ヒューマニズムになるのを必ずしも妨げないのである。このことは、コンフリクトがまさにヒューマニズムというイデオロギー空間のなかで繰り広げられ、その帰結が、同一性のヒューマニズムと差異のヒューマニズムの単純な区別とは別の政治的基準に従って決定されることを意味する。特定の国家への「帰属」に先行する絶対的な市民平等という定式化は、ヒューマニズムよりもずっと支持しうるものである。だからこそ、われわれはこれらの観念の間の結びつきを逆方向に読まねばならない。いわば「逆立ちしているものを足で立たせ」なければならない。今日、実践的ヒューマニズムが達成されうるのは、それが何よりも効果的な反人種主義である限りでのみである。このことは明らかに、種としての人間という観念に独自な社会的諸関係としての人間という別の観念を対抗させることを意味する。だが、このことと切り離せない形で、それは市民権の国民主義的《ナショナリスト》政治をそのインターナショナルな政治と置き換えることを意味するのである［★40］。

（須田文明／若森章孝　訳）

※本章の要約は〝M〟誌（no.18, décenbre 1987–janvier 1988）に掲載された。

## 原注

★1　もっとも論争的な最近の著作は以下のものである。Rene Gallissot, *Misère de l'antiracisme*, Edition Arcantere, Paris, 1985.

★2　すでに一九四二年の『人種と人種主義』という本において、このことは、ルース・ベネディクトの主題となっていた（Ruth Benedict, *Race and Racism*, reed. Routledge and Kegan Paul, Londres, 1983.〔志村義雄訳『民族』北隆館〕）。しかしながら、ベネディクトは国民《ネイション》、ナショナリズム、文化を真に区別していないし、むしろ、人種主義をナショナリズムの側面として「歴史化」することを通じて、人種主義を「文化化」する傾向にある。

★3　例えば、Raul Girardet, "Nation: 4. Le nationalisme", *Encyclopedia universalis* を参照せよ。

★4　すでに、先行研究のなかで私はこのことを強調しておいた。"Sujets ou Citoyens? Pour légalité", *Les Temps modernes*, mars-avril-mai 1984 (no.special *L'Immigration magrebine en France*).

★5　人種主義コンプレクス (complex raciste) を説明しようとすると、どうしても錯乱という言葉が浮かんでしまうのは、攻撃と迫害による被害妄想的なシナリオを投影させることで、人種主義的言説は現実を否定するからである。しかしながら、錯乱という語は次のような理由から、修正を施さずに利用することはできない。一方でこの語は、人種主義につねに含まれる思考活動を隠蔽する危険を冒すからであり、他方で、集合的錯乱という概念は言葉のうえでの矛盾に陥るからである。

★6　旧植民地の「新しい」国民《ネイション》の「それぞれの」階級が、こうして、民族的・文化的観点から他の諸階級との社会的区別を投影させることになる。

★7　Benedict Anderson, *Imagined Communities, Reflections on the Origin and Spread of Nationalism*, Verso Editions, Londres, 1983, p.129sv.〔白石隆・白石さや訳『想像の共同体』リブロポート、二六九ページ〕

★8　こうした、鏡のような構造が根本にあると思われる。すなわち、「低開発の人類」にとって「過剰開発の人類」とは、人種主義的軽蔑を激しく実践しているような人びとであり、「過剰開発の人類」にとって「低開発の人類」とは、彼ら自身で相互に軽蔑し合っているような人びとであるがゆえに、そのように定義されるのである。それぞれにとって、人種主義は「他方の側の問題」であり、換言すれば、他方の側こそが人種主義の場なのである。しかしながら、「過剰開発の人類」と「低開発の人類」との間の境界線は、制御し難いほどに移動し始めており、「誰が」別の側であるのかを正確に述べることはできないのである。

★9　反ファシスト諸組織が、とりわけ、ナチズム・モデルの胚胎は虐殺を隠蔽することから生じる、と信じるとするならば、彼らが現在の脅威に対置させようとしている「記憶による教育」に困難が生じることになろう。この点で、「修正主義的」歴史家の試みは真の罠として機能する。というのも、この試みとは、きわめて曖昧な否定の仕方で、ガス室について「延々と語り続ける」というようなものだからである。(真に反ユダヤ主義者である)人種主義者による、ナチス的虐殺の隠蔽を告発するだけでは、反ユダヤ主義と反アラブ主義に「共通したもの」が存在することを集合的に承認させるような方向づけを行うには、残念ながら不十分なのである。しかしさらにまた、人種主義の「リーダー」の言説におけるナチズムのノスタルジーを告発するだけでは、普通の人種主義者「大衆」に対し、人種主義者が日常的に行っている人種主義の対象の移動（しかしながら、この移動は基本的に、意識されずに起こる）について啓蒙するには不十分であろう。少なくとも、こうした不可欠な教育が、思考体系としての、またすべての歴史を凝縮した社会関係としての現代人種主義の完全な解明にまで至らない限り、不十分なのである。

★10　こうした矛盾の、執拗であると同時にニュアンスのある分析については、マクシム・ロダンソンの著作のすべてを参照すべきであるが、とりわけ以下の書物に収められたテクストを参照せよ。*Marxisme et monde musulman*, Paris, Éditions de Seuil, 1972; *Peuple juif ou probleme juif?*, Maspero, 1981.

★11　ナショナリズムに関するリベラルな歴史家の主要な問題は次のようなものであった。すなわち、どこで、またいつ、「自由主義的ナショナリズム」から「帝国主義的ナショナリズム」へと移行したのか、という問題がそれである。この問題については以下を参照せよ。H・アーレント、大島通義・大島かおり訳『帝国主義』（『全体主義の起源』の第二部）。Hans Kohn, *The Idea of Nationalism. A Study of its Origins and Background*, New York, 1944. 彼らに共通した回答は次のようなものである。すなわち、一八世紀の「普遍主義的」革命と一九世紀の「ロマン主義」との「狭間で」（こうした移行が起こり）、まず最初にドイツで、ついでヨーロッパ全土に広がり、二〇世紀にはついに全世界へとひろまった、というのである。しかし、より詳細に検討してみると、フランス革命そのものも、自らの内に、この二つの側面の軋轢を「すでに含んでいた」ということが明らかになる。したがって、ナショナリズムを「暴走」させたのはフランス革命そのものなのである。

★12　以下を参照せよ。トム・ネアンによる指摘。Tom Nairn, "The Modern Janus", *New Left Review*, no.94, 1975.（*The Break-Up of Britain*, NLB, Londres, 1977. に再録）　これに対するエリク・ホブズボームの批判も参照せよ。Eric Hobsbawm, "Some Reflections on The Break-Up of Britain", *New Left Review*, no.105, 1977.

★13　こうした立場は、たんにマルクス主義者のものばかりではなく、別の自由主義的伝統の「経済主義的」思想家の主張にも見られる。Ernest Gellner, *Nations and Nationalism*, Oxford,1983 を参照せよ。

★14　C. Guillaumin, *L'Idéologie raciste. Genèse et langage actuel*, Mouton, Paris-La Haye, 1972; M. Rodinson, 《Quelques thèses critiques sur la démarche poliakovienne》, in *Le Racisme, mythes et sciences* (sous la dir. de M. Olender), Ed. Complexe, Bruxelles, 1981; *Egalement*, M. Rodinson, article《Nation: 3. Nation et idéologie》, *Encyclopaedia universalis*.

★15　次の書物との比較が有益である。Erving Goffman, *Stigma. Notes on the Management of Spoiled Identity*, Penguin Books, 1968.〔石黒毅訳『スティグマの社会学』せりか書房〕。

★16　L. Dumont, *Essais sur l'individualisme*, Edition du Seuil, 1983.〔渡辺公三・浅野房一訳『個人主義論考』言叢社〕を参照せよ。

★17　すでに引用した著作におけるネアン（T. Nairn）とアンダーソン（B. Anderson）の、「ナショナリズム」、「愛国心（patriotisme）」、「人種主義」の関連についての論争を参照せよ。

★18　この点を見事に説明したものとして、P. Ayèçberry, *La Question nazie. Essai sur les interprétations du national-socialisme, 1922–1975*, Paris, Editions du Seuil, 1979がある。

★19　その他の最近の説明として、B. Anderson, *Imagined Communities*, op. cit.〔前掲訳書〕がある。アンダーソンは、「ロシア化」の実践および言説と「英国化」のそれとを適切に比較検討している。

★20　以下を見よ。Léon Poliakov, *Histoire de l'antisémitisme*, nouv. édition, tome II, p.259sv; Madeleine Rebérioux, "L'essor du racisme nationaliste", in *Racisme et société*, (dir. de P. De Comarmond et Cl. Duchet), Paris, Maspero, 1969.

★21　参照。R. Ertel, G. Fabre, E. Marienstras, *En marge. Les minorités aux Etats-Unis*, Paris, Maspero, 1974, p.287sv. を参照せよ。

★22　Bipan Chandra, *Nationalism and Colonialism in Modern India*, Orient Longman, New Delhi, 1979, p.287sv.

★23　Haroun Jamous, *Israël et ses juifs. Essai sur les limites du volontarisme*, Paris, Maspero, 1982を参照せよ。

★24　一九世紀および二〇世紀のその他の大イデオロギーと違って、ナショナリズムには理論と理論家が欠けていると断言できる、としばしば考えられてきた(B. Anderson, op. cit.; Isaiah Berlin, "Nationalism-past neglect and present powers", in *Against the Current, Essays in the History of Ideas*, Oxford, 1981.)。ここで忘れられているのは、人種主義がしばしばナショナリズムにその理論を提供するということである。人種主義は、「イデオロギー運動」の二つの軸で脇役を演じながら、ナショナリズムに日常的な空想の産物を提供する。

★25　イデオロギー運動におけるケリュグマ〔福音の宣教〕の機能についての論文、M. Rodinson, "Nature et fonction des mythes dans les mouvements socio-politiques d'après deux exemples comparés: communisme marxiste et nationalisme arabe", in *Marxisme et monde musulman*, op. cit., p.245sv.

★26 社会ダーウィニズムに退化という「悲観的」テーマを導入することは、このテーマがダーウィンの自然淘汰説と無関係であるのは明らかだとはいえ、（遺伝という概念の二重の意味を巧みに操る）進化論のイデオロギー的利用における重要な画期を成すものである。人種主義は必然的に憶測にすぎないとはいえ、すべての人種主義が断定的に「悲観的」であるわけではない。優越した人種（文化）は、最後には野蛮人や劣等人種の大海のなかに「埋没する」ならば、失われてしまう（それとともに、人類の文明も失われる）。差異主義者の見方によれば、すべての人種（と文化）は、それらの多様性の大海のなかで相互浸透するならば、またそれら全体が構成する秩序が一様化された「大衆文化」のエントロピーのなかで退化するならば、失われてしまう（それゆえ人類の文明も失われてしまう）のである。歴史の悲観的な見方は政治についての「主意主義的」見方ないし「決定論的」見方を内包している。すなわち、純粋意思と事の成り行きとの対立、意思的人間と受動的人間の対立を表現する急進的決定だけが、堕落を阻止し、堕落を進歩へと逆転させることができるのである。それゆえ、マルクス主義（より一般的には社会主義）がその歴史的決定論的な説明を崩壊論——崩壊論は「決定論的な」革命観を内包している——にまで推し進めるとき、このような見方との危険なまでの接近が生じるのである。

★27 とりわけドュシェ（Michèle Duchet）の研究、*Anthropologie et histoire au siècle des Lumières*, Paris, Maspero, 1971; "Racisme et sexualité au 18e siècle", in L. Poliakov et al., *Ni juif ni grec. Entretiens sur le racisme* (II), Mouton, Paris-La Haye, 1978; "Du noir au blanc, ou la cinquième génération", in L. Poliakov et al., *Le couple interdit. Entretiens sur le racisme* (II), ibid., 1980.

★28 Louis Sala-Moolins, *Le Code noir ou le calvaire de Canaa*, PUF, Paris, 1987 を参照せよ。

★29 分類された集団の直接的外観から差別 discrimination の基準へと差別を移転させることを通して、差異主義 differentialisme は差別を転移させるが、これは人種主義にとっては「後ろ向きの姿勢（second position）」である。差異主義はまた、人種は生得のものであるという考えを、「人種主義的態度」は生得なものであるという考えで置き換える。本書第1章の私の論文「『新人種主義』は存在するか?」を参照せよ。私はこの章でフランスやイギリスにおける人種主義問題についての最近の研究（C. Guillaumin, V. de Rudder, M. Barker, P. A. Taguieff）を利用している。

★30 人種主義と性差別主義のイデオロギーにおける「幻想の母」としての性格については、C. Guillaumin, "Nature et histoire. A propos d'un "Matérialisme"", in *Le Racisme, mythes et science*, op. cit. また血統と遺伝については、Pierre

Legendre, *L'Inestimable objet de la transmission*, Fayard, Paris, 1985 を参照せよ。

★31 第一は直接的家族、第二は親類縁者——親族間利他主義——、第三は親族の拡大の表現とみなされるエスニック共同体というように、社会生物学が「利他主義的感情」を階層的に区分する仕方については、Martin Barker, *The New Racism. Conservatives and the Ideology of Tribe*, Junction Books, London, 1981 を参照せよ。

★32 A. Finkielkraut, *La Défaite de la pensée*, Gallimard, Paris, 1987〔西谷修訳『思考の敗北あるいは文化のパラドクス』河出書房新社〕を参照せよ。

★33 政治の美学化としてのナチズムについては、Philippe, Lacoue-Labaethe, *La Fiction du politique*, Cristian Bourgois, Paris, 1988 を参照せよ。Pierre Ayçoberry（*La Question nazie*, op. cit., p.30）の指摘によれば、ナチズムの美学は「各社会的カテゴリーを人種共同体におけるその地位のなかで巧みに位置づけることによって、階級闘争の痕跡を抹消する、という機能をもっていた。その結果、大地に根を張った農民、生産の闘技者としての労働者、家庭のなかの女〔主婦〕が生じたのである」。さらにまた、A. G. Rabinbach, "L'esthétique de la production sous le IIIe Reich", in Le Soldat du travail, texts réunis par L. Murard et P. Zylberman, *Recherches*, no.32/33, septembre 1987 を参照せよ。

★34 *L'Idéologie raciste...*, op. cit., p.6.

★35 このことからきわめて多くの詭弁が生じる。フランス国籍（nationalité）が連綿と続く数多くの世代の移民および移民の子孫を含んでいるのを認めねばならないとすれば、移民の精神的な合体（incorporation）は、フランス的なもの（francité）に同化させられる彼らの能力——この能力はフランス的なものへの性向として理解される——によって正当化されるだろう。とはいえ、（かつて、異端審問所に連れて来られた改宗者と同じように）この同化（assimilation）が表面的でまったく見せかけだけのことでないかどうか、を問うことはつねに可能である。

★36 ハンナ・アーレントが『全体主義の起源』の最終章「イデオロギーとテロル」で言及する「超意味（sur-sens）〔なお、本書の英語版は『全体主義の起源』の原書どおりに、sixth sense（第六感）となっている〕」とは、彼女にあっては理想化の過程とではなく、テロによる強制力——彼女はテロによる強制力を「イデオロギー的一貫性」という妄想に固有なものとして考えた——と関連づけられた。とはいえ、彼女が超意味をさまざまな形態のヒューマニズムに関連づけたわけではまったくない。彼女にあっては超意味は、〈歴史〉や〈自然〉という匿名の運動——全体主義の運動はこの匿名の運動を「加速させ」ようと努めた——への人間の意思の吸収に関連づけられるのである。

★37 ゴビノーについては、とりわけ次の研究、Colette Guillaumin, "Aspects latents du racisme chez Gobinnau", in *Cahiers unternationaux de sociologie*, vol.XLII, 1967 を参照せよ。

★38 現代文学におけるもっとも典型的な事例は、E・ユンゲルの作品によって提供される。例えば、Ernst Junger, *Der gordische Klostermann*, Frankfurt-am-Main, 1953 を参照せよ。

★39 Wilhelm Reich, *Les Hommes dans l'Etat*, Payot, Paris 1978 を参照せよ。

★40 私はこの立場を「今日の情勢」に関するいくつかの論文で展開しようと努めたことがある。"Suffrage universel" (en coll. avec Yves Benot), *Le Monde*, 4 mai 1983; "Sujets ou citoyens? - pour l'égalité", art. op. cit.; "La société métissée", *Le Monde*, 1er décembre 1984; "Propositions sur la citoyenneté", ouvr. coordonné par C. Wihtol De Wenden, Edilig-Fondation Dideron, Paris, 1988.

# 第Ⅱ部

# 歴史的国民

第4章

# 民族性《ピープルフッド》の構築——人種主義、ナショナリズム、エスニシティ

イマニュエル・ウォーラーステイン
*Immanuel Wallerstein*

民族《ピープル》というアイデンティティや概念ほど明白なものはないように見える。民族《ピープル》にはそれぞれ名称があり、それはわれわれにとってなじみのあるものである。それはまた、長い歴史を有しているように見える。とはいえ、世論調査員なら誰でも知っているように、おそらくは同一「民族《ピープル》」に属すると思われる各個人に、「あなたは何者か」と自由回答形式の質問をすれば、その答は信じられないほど多様なものとなるだろう。その質問事項がとくに深刻な政治状況に関するものであるなら、なおさらそうである。また、非常に白熱した政治論争が次のような〔民族〕名称をめぐって展開されていることも、政治領域の研究者ならば誰でも知っている。パレスチナ人はいるのだろうか、ユダヤ人とは誰のことなのだろうか、マケドニア人はブルガリア人なのだろうか、ベルベル人はアラブ人なのだろうか、ニグロとかアフリカニグロとか黒人《ブラック》などと呼ばれるが、正確な呼び名は何だろうか、といった具合である。呼び名の問題をめぐって、民族《ピープル》が撃ち合いをしない日はない。しかも、そうした撃ち合いに走る民族《ピープル》こそ、係争点は複雑で人をまごつかせ、実際のところけっして自明なものではない、ということを否定

しがちなのである。

私は、ある特殊な民族《ピープル》に関する最近の一論争を描写することから始めたいと思う。それは、共通の政治的目標を共有していると主張する民族《ピープル》の間で行われた、比較的友好的な論争という珍しい特色を備えている。それは、仲間の間で係争点を平和的に解決しようとするはっきりした期待を込めて公にされた論争である。

論争の舞台は南アフリカである。南アフリカ政府は、「民族《ピープル》」のうちに四つの集団が存在することを法律によって宣言し、各集団をヨーロッパ系白人、インド人、カラード、バンツーと名づけた。これらの法律上のカテゴリーはいずれも複雑であり、その内部にかなり多数の下位集団を含んでいる。一つの法律上の呼び名のもとに結合された下位集団は、外部の者から見ればときとして奇異に映ることもある。それでも、これらの呼び名は法律上の効力を有し、各個人にとってきわめて特異な意義をもっている。南アフリカの住民は各自この四つのカテゴリーのいずれかに行政上分類され、その結果、異なった政治的・社会的権利を享受することになる。例えば彼らは、その所属するカテゴリーに、またときにはその下位カテゴリーに割り当てられた居住区に住むことを、国家によって義務づけられている。

こうした法律によるカテゴリー化の過程は、アパルトヘイトとして周知のものであるが、南アフリカの民族《ピープル》の大多数はこれに反対している。しかしながら彼らの反対行動の歴史は、法律上の呼び名に関して少なくとも一つの重大な戦術上の変化があったことを示している。当初、反アパルトヘイトを標榜する人びとは、それぞれ別々のカテゴリーのなかで組織を作った。これらの組織はその後、政治的な同盟関係を結び、共同行動をとった。例えば一九五五年には、四つの集団を共同発起人としてたいそう有名な民族会議（Congress of the People）が生まれたが、そこでは、どの集団も政府による民族《ピープル》の四つのカテゴリーのいずれかに属する人びとから構成されていた。この民族会議はまずアパルトヘイトの廃止を要求する自由憲章を発布した。

四つの抵抗組織のなかで最大のものは、アフリカ国民会議（ANC）であった。これは、国家の管轄下にある総人口の約八〇パーセントを占める、政府によってバンツーと呼ばれている勢力を代表していた。一九六〇年代か一九七〇年代の頃だったと思うが（その時期は定かではない）、ANCは「ヨーロッパ系白人」以外のすべての人びとに対して「アフリカ人」という用語をいつしか使うようになり、それゆえ、政府によってバンツー、カラード、インド人と呼ばれるものをすべて一つの呼び名のもとにひっくるめた。誰だったかはっきりしないが、これと同様の決定を下し、これらのグループを、「白人」に対して「非白人」と呼んだ者もいる。いずれにせよ、結果は四分類を二分類にするものであった。

しかしながら、この決定は現実を反映しているとしても、曖昧なところがないわけではなかった。例えば、インド人の間でのANCの同盟組織である南アフリカ・インド人会議（SAIC）は存続し続けた。もっとも、議長とその周辺はSAICとANCのメンバーを兼ねてはいたが。

「カラード」というカテゴリーは、確かに四つのなかでもっとも厄介なものであった。この「集団」は、歴史的にはアフリカ人とヨーロッパ人とのさまざまな混血の子孫から構成されていた。それはまた、数世紀前に東インドから連れてこられケープ・マレー人として知られるようになった人びとを含んでいた。世界の他の地域では、「カラード」は主として「混血児」と呼ばれており、また合衆国では、現在は廃止されているが人種差別を規定したかつての法律に特有の表現によれば、それはつねに「ニグロ人種」の一部とみなされている人びとのことであった。

一九八四年六月、ANCのメンバーで、政府の立場からみるとカラードに属するアレックス・ラ・グーマは、ANCの公式機関誌『セチャバ』の編集者に宛てて一通の手紙を書いた。そのなかで彼は、次のような問題を提起している。

『セチャバ』誌に掲載された演説、論説、対談などで気づいたことだが、私は「いわゆるカラード（Coloured）」〔時々は小文字のカラード（coloured）〕と呼ばれている。いつＡＮＣは私をこう呼ぶことに決めたのだろうか。南アフリカでは、私は会議同盟で活動しており、また「いわゆるカラード民族会議（so-called Coloured People's Congress）」ではなくて、カラード民族会義のメンバーであった。われわれが民族会議（Congress of the People）で働きながら、「わがカラードの仲間に告ぐ、われわれは生きてゆくために戦わなくてはならないのだ……」と自由憲章を謳い上げた当時、いわゆる統一運動《ユニティ・ムーブメント》〔ＡＮＣに対抗する組織〕のなかに、いわゆるカラード民族《ピープル》に言及した民族《ピープル》がいたのを、私は記憶している。しかし、そのような言及をしたのは、わがカラード民族会議ではなかった。こうした変更の決定がいつ、あるいはなぜなされたのか、『セチャバ』誌の古い版からは明らかにならない。ことによると、政府、行政機関、何世紀にもわたる政治的・社会的関係が、私をカラードと呼んだのかもしれない。しかし、如才のない民族《ピープル》、民族学者、人類学の教授などは、私が実際誰なのかを気にかけさえしなかったのだ。

　同志の編集者に伝えたい、私は困惑しきっているのだ。私は説明を必要としている。そのせいで私は、人間のすべての特徴を兼ね備えてはいるが、しょせんは人工物であるヒューマノイド〔人間に似たロボット〕のような、「いわゆる」人間であるかのように感じざるをえなくなっている。他の少数民族《マイノリティ・ピープル》は、「いわゆる」とは呼ばれていない。それなのに、何だって私が？「いわゆる」とは、「呪詛されるべき言葉」なのである。

この手紙に対して三通の返事が寄せられた。一通目は、『セチャバ』誌の六月号にも掲載されたが、編集者からのものであった。

私が記憶している限りでは、われわれの運動のなかで「カラード」から「いわゆるカラード」への変更が決定されたことはない。私が知っていることといえば、宗主国の民族《ピープル》――例えば、UDF〔反アパルトヘイト運動組織である統一民主戦線〕が旗揚げしたときの指導者アラン・ブーサク師〔彼は政府によってカラードに分類されている人物である〕――が、「いわゆるカラード」という用語をしだいに使うようになった、ということだけである。貴兄が言及していることは、こうした事情を反映したものではないかと思う。

つい先ごろ、『セチャバ』誌はリチャード・リーヴの書物『黒人について論じる』の論評を行ったが、その一節でわれわれは次のように書いた。

統一を求めるわれわれの努力は、いろいろな相違を覆い隠すものであってはならない。もしそれらの相違が無視されるならば、われわれが達成しようと努力している統一にまさしく重大な支障をきたすことになるだろう。いわゆるカラードと言ったり、あるいはカラードという用語を引用符に入れたりするだけでは、十分でない。この問題に対する明確なアプローチを練り上げる必要がある。なぜなら、われわれは、同一視と識別が可能な民族集団《ピープル》を相手にしているからである。

言い換えれば、われわれがこの論評のなかで述べていることは、この争点に関する議論が必要だということである。そして、私が思うに、貴兄の手紙はそのような議論にとっての出発点だと言ってもよい。この争点に関する批評ならば、どんなものでも歓迎する。

『セチャバ』誌の一九八四年八月号に、P・Gという署名の入った一通の手紙が載った。その内容から察するに、P・Gというのもどうやら政府によってカラードと分類されている人物のことらしい。アレックス・ラ・グーマとは違って、彼はその用語をきっぱりと拒否している。

西ケープでわれわれが友愛運動《コムラーデス・ムーブメント》の諸グループとして会ったとき、カラードという用語についてよく論議したのを覚えている。これらのグループは、一九七六年のソウェト蜂起を通じて活動と研究に寄り集まった、主として親ANC的な若者からなる、ゆるやかな組織グループであった。「いわゆるカラード」という用語は、アパルトヘイト用語を拒否する通俗的な表現として、若者の間で一般に使用された。

私は、リチャード・リーヴ著『黒人について論じる』を論評した『セチャバ』誌の発言にまったく賛成である。もっとも、貴兄の発言にあるように、『いわゆるカラード』と言ったり、あるいはカラードという用語を引用符に入れたりするだけでは十分でない」とはいえ、「カラード」という用語を受け入れることもやはり誤りであろうということを、私はつけ加えておきたい。とくに、大部分の民族《ピープル》が「カラード」という用語を拒否しているという事実を踏まえて、私はそう言っているのだ。会議派の民族《ピープル》、UDF系の民族《ピープル》、市民グループ・教会派・労働組合の人びと、民族《ピープル》にうけがよい指導者たちは、「いわゆるカラード」のことを話すさい、彼らも、その話し相手の民族《ピープル》も、ヒューマノイドのような感じをいだいていない。ところが、実際には、「カラード」という用語は民族《ピープル》を人工的に感じさせるものとして言及されているのだ。カラードというのは、アイデンティティの欠如を訴える用語なのである。

「カラード」という用語は、ある特定のグループから生まれたものではない。それはむしろ、一九五〇年の人口登録法に、「外見の点において、明らかに白人でもインド人でもなく、また土着の人種の成員でもアフリカ部族の成員でもない者」と規定された人に冠せられた呼び名であった。これは排除法に、すなわち、……でない民族《ピープル》、という規定の仕方に基づく定義である。「カラード」は、人種主義者が周辺民族《マージナル・ピープル》とみなす集団に与えられた用語であった。「カラード」という用語は、純血の白人アフリカーナについて人種主義者がいだく神話的通念の根幹をなしていた。「カラード」という用語を受け入れることは、とりもなおさずその神話的通念が保持され続けるのを許容することなのである。……

今日、民族《ピープル》は、「われわれは人種主義者の枠組みを拒否する。われわれは彼らの用語を拒否する」と言って、敵のまっただなかで、旧来のものに逆らって〈新しいもの〉をうち立てようとしている。「混血児」、「ブルーネ・アフリカーナ」、「南アフリカの継子」といったような「カラード・クローリング」〔混血を表す言葉〕が、人種主義者によって継承されてきた。われわれのなかには、こうした用語法の非常に狭い解釈を採用したことに対して憤慨したり当惑したりする者もいるが、しかし、「いわゆる」という接頭辞が何年来もの悩みの種であったのを解決することに向けての第一歩、とみなすべきであろう。

われわれは、「いわゆるカラード」という用語からさらに前向きに進まなければならない。自分たちがどう呼ばれるかについて選択する権利がある、と民族《ピープル》はいまや話しており、たいていの人は、形成されつつある国民《ネイション》の精神において「南アフリカ人」という用語を選択している。論争は多くの形態をとりうるが、それは白人主義《バースカップ》の用語を受け入れることへの後退であってはならない。もし人が本当に南アフリカ人であるというアイデンティティとともにサブ・アイデンティティを必要とするならば、おそらくその問題は一般的な論争を通じて解決されるであろう。

『セチャバ』誌の一九八四年九月号において、政府によりヨーロッパ系白人と分類されているアーノルド・セルビーという人物が、「国民《ネイション》」と「少数国民《ナショナル・マイノリティ》」を区別する一組のカテゴリーを利用して論争に加わった。

若干の、一般に容認された既定の事実を検討することから始めよう。

(a)目下のところ、南アフリカ国民《ネイション》といったようなものは存在しない。

(b)大部分のアフリカ人は被抑圧国民《ネイション》であり、カラード民族《ピープル》とインド民族《ピープル》はそれとわかる別個の被抑圧少数国民《ナショナル・マイノリティ》であるが、白人は抑圧少数国民《マイノリティ・ネイション》を構成する。

(c)カラード、インド人、白人といった少数国民《ナショナル・マイノリティ》は同質的ではなく、他の国民的《ナショナル》集団ないしエスニック集団を内部に抱えている。例えば、レバノン人社会はおもに白人として分類されており、また自らもそのようにみなしている。マレー民族《ピープル》とグリカ民族《ピープル》は自らをカラード国民《ネイション》の一部とみなし、少数派中国人のなかには白人として分類される成員もいれば、アジア人やカラードとして分類される成員もいる、といったように。

(d)南アフリカの将来と国民問題(national question)の解決のカギは、アフリカ国民《ネイション》の国民的《ナショナル》解放にある。わが国民《ネイション》の民主主義革命を勝利させることは、それとともにアフリカ国民《ネイション》の国民的《ナショナル》解放をもたらしつつあるANCの指揮のもとに、南アフリカ国民《ネイション》誕生の過程を始動させることになろう。

(b)で述べたとおり、カラード民族《ピープル》はそれとわかる別個の被抑圧少数国民《ナショナル・マイノリティ》を構成する。しかし、「カラード」の定義、それから生じる用語、それに日常生活におけるその実際の用法は、自然的・社会的原因から生まれたものではなく、またカラード民族《ピープル》が自分で選択したものでもなかった。それらは、交易と帝国主義の両段階に、そしてまた侵略者によって一九一〇年に南アフリカ国家が樹立されて以降、ヨーロッパのブルジョワ諸国民《ネイション》による南アフリカへの侵略、侵入、定住の相次ぐ波の結果として誕生した歴代政権によって、カラード民族《ピープル》に無理やり押しつけられたものであった。……

ところで、われわれのなかには、「いわゆる」カラード民族《ピープル》について話す傾向があることを、問題として取り上げてみよう。この傾向は、どうもわれわれが直面している二つの現実の要因から生じているようである。

第一に、海外での研究の問題がある。他の国ぐにや国民《ネイション》は、「カラード民族《ピープル》」という用語に関して異なった観念をもっており、それらはわが国における被抑圧少数国民《ナショナル・マイノリティ》カラードの現実とひどくかけ離れている。われわれが、わが国とそこでの闘争、およびこの闘争におけるカラード民族《ピープル》の役割と地位について話すとき、カラード民族《ピープル》とは誰のことかを説明しなければならず、それゆえ、その用語は侵略者が無理やり押しつけたものであることを強調するために、「いわゆる」という用語（引用符に入れてあることに注意してほしい）をしばしば使用する。同様に人は、今日のアメリカ合衆国の原住民に言及するときも、「いわゆる」インディアン（Indians）と言うことがある。わが国の解放闘争についてもっと知りたいと望んでいる海外の人びとは、これによりさらにはっきりと事態を理解することになる。

第二に、宗主国の一部の者が「いわゆる」という言葉を使用する傾向があるからといって、「カラード民族《ピープル》」という一般に容認されている用語まで拒否すべきだ、ということにはならないと思う。私の考えでは、「いわゆる」という言葉は、被抑圧少数国民《ナショナル・マイノリティ》カラードおよびインド人と、被抑圧多数者アフリカ国民《ネイション》との一体化の増大を強調するために使用されているようである。この言葉の用法は、カラードを黒人から分離するというよりも、カラードと黒人を同一視することを示していると思う。同時に、この用法はカラード民族《ピープル》を抑圧少数国民《マイノリティ・ネイション》の白人から引き離すものである。抑圧者である少数国民《マイノリティ・ネイション》の白人は幾度となく、カラード民族《ピープル》はもともと血のつながりのある白人国民（White nation）の劣等子孫であるという考えを一般に受け入れさそうと努めてきたが、徒労に終わった。「いわゆる」という用法は、科学的用語をまとったかかる人種主義的イデオロギーを一般に受け入れさそうとする、侵略者の企てを拒絶することを意味しているのだ。

　われわれが「いわゆる」を使おうが使うまいが、わが国にカラードという被抑圧少数国民《ナショナル・マイノリティ》がいる現実に変わりはない。私見によれば、今日の状況のもとでは、「いわゆる」を使っても間違いだとは言えない。ただし、それが真の意味を伝える適切な文脈のもとで使用され、しかもそれを引用符に入れる、という条件つきではあるが。どんなことがあっても、被抑圧少数国民《マイノリティ・ネイション》としてのカラード民族《ピープル》がいる現実を無視することはできないのである。

　セルビーの立場は実際、P・Gの立場とまったく違う、ということに留意されたい。両者とも、「いわゆる」を「カラード」の前につけて使用することは認めるが、P・Gがそうするのは、カラードというようなものはいっさい存在しないからである。セルビーは、彼が「少数国民《ナショナル・マイノリティ》」と呼ぶところの、さまざまな民族《ピープル》の一つとしてカラードが存在すると考えるが、しかし彼は、政治的コミュニケーションの一つの戦術として、「いわゆる」の使用を擁護している。

　最後に一九八四年一一月号で、ラ・グーマは強情にも次のように返答している。

「いわゆるカラード」は、「アパルトヘイト用語」の拒否を意味する一般的な表現として用いられた、と「P・G」は言う。けれども、その後、彼は、「形成されつつある国民《ネイション》の精神において、たいていの人は『南アフリカ人』という用語を選択している」と述べている。だが、同志の編集者に言うが、わが国に南アフリカという正式の名称をつけたのは誰かを、彼はわれわれに語っていないのである。どこの、あるいは誰の認可を得てのことなのだろうか。また、この「用語」を拒否して、南アフリカのことを「アザニア」と呼ぶ人もいる（またしても、誰の認可を得てのことなのだろうか）。ことによると、彼らは他の住民を「いわゆる南アフリカ人」と呼ぶのかもしれない。だが、ブーア人の賛歌にスード・アフリカへの言及があるとしても、南アフリカという名称は一般に容認されているように見える。それでも、いかなる少数派と言えども（いわゆる、とついたものでさえ）、自分勝手な都合で南アフリカ人と自称する権利をわが物にすることは、その権利が本来多数派に属するだけに、横柄とまでは言えないにしても、少なからず非民主的ではないだろうか。

私は、「カラード」という用語が人口登録法ないし集団地域法に規定された定義の結果として生まれた（とP・Gは発言しているように見えるが）、ということを残念ながら知らなかった。私が生まれたのは、これらの法律が制定されるずっと以前のことなので、わが民族《ピープル》の歴史の方がその用語よりも少し古いはずである。しかも、P・Gによって描写されたいっさいの辛酸（家族の離散、排斥など）を嘗《な》めているのはわれわれだけだ、と思ってはならない。世界の他の地域における混血人種あるいは周辺共同体《マージナル・コミュニティ》も同様の辛苦を味わっているのだ。

同志の編集者に伝えたい、いまやP・Gは「いわゆる」ではだめだと言うだけでなく、「カラード」でもだめだとまで言い張るが、それによって私の困惑は増すばかりだ。だが、「積年の不幸」はカラードと呼ばれていることにあるのではない。それはあたかも、「アジア人」とか「インド人」という用語そのものが不幸を意味しないのと同様である。そうではなく、わが民族《ピープル》がたとえどう呼ばれようと、その過去および現在の処遇のされ方のなかに「積年の不幸」があるのだ。……私はP・Gの「大衆討論」の結果を辛抱強く待っているが、それでもやはり現在の自分について知りたいと思っている。だから、同志の編集者に伝えたい、私を貴兄の好きなように呼んでもよいが、「いわゆる」と呼ぶことだけは後生だからやめてほしい、と。

私が、以上のようなやり取りをかなり詳しく引用してきたのは、まず第一に、もっとも友好的な論争でさえ、かなり激昂したものになりやすいことを示すためであり、第二に、係争点を歴史的ないし論理的根拠に基づいて解決することがいかに難しいかを示すためである。カラード民族《ピープル》、カラード少数国民《ナショナル・マイノリティ》、あるいはカラード・エスニック集団なるものは存在するのだろうか。それはかつては存在したのだろうか。私に言えることといえば、現在も存在し、また／あるいは過去にも存在したと考える人もいれば、そう考えない人もおり、また無関心な人やそのカテゴリーを知らない人もいる、ということだけである。

だから、どうだというのか。もし、カラード民族《ピープル》というある本質的な事象が存在するならば、われわれはその特質について合意に達しうるはずである。だが、われわれがある「民族《ピープル》」を表すこうした名称について、いやそれどころか、ある民族《ピープル》を表す事実上他のどんな名称についても合意に達しえないということであれば、その理由はことによると、民族性(peoplehood)なるものがたんに構築されたものにすぎないばかりか、いずれの場合にも、絶えず変化する境界をもつ構築物《コンストラクト》でもある、ということにあるのかもしれない。あるいは、民族《ピープル》とは、何か形態が変わりやすいものだと考えられるかもしれない。だが、もしそうならば、なぜ感情に走ったりするのだろうか。

ことによると、誰もがこの変わりやすさを論評しないことになっているからかもしれない。私の言うことが正しいとすれば、われわれは確かにひどく奇異な現象——その主要な特徴が変わりやすいという現実にあるとともに、この現実の否定にもあるところの現象——を有していることになる。これは、何と複雑怪奇な現象であることか！　われわれが置かれている史的システムには、こんなに奇妙な社会的過程を生ぜしめる何かが存在しているのだろうか。たぶん、そこには突きとめなければならない謎があるはずである。

私は、順を追ってこの問題に取り組んでいくつもりである。最初に、民族性《ピープルフッド》に関する社会科学の既存の見解を手短かに概観しておこう。それから、この史的システムの構造と過程のなかに、そのような概念を生み出したかもしれない何かが存在することについて考察してみよう。そして最後に、役立ちそうな何らかの概念的再定式化があるかどうか検討してみたい。

まずはじめに、歴史社会科学の文献を取り上げるならば、「民族《ピープル》」という用語が実際にはそれほど頻繁に使用されていないことに留意しなければならない。むしろ、もっとも一般的な用語は「人種《レイス》」、「国民《ネイション》」、「エスニック集団」の三つであって、これらは近代世界における「諸民族《ピープルズ》」のおそらくすべての種類である、と言ってよいだろう。この三つの用語のなかで最後の「エスニック集団」というのはごく最近の用語であり、以前広範に使用された「少数者集団《マイノリティ》」という用語に事実上とって代わったものである。もちろん、これらの用語にはそれぞれ多くのヴァリアントがないわけではない。だがそれにも関わらず、統計的にも論理的にも、これらは三つの基本形態を示す用語である、と私は考えている。

「人種」は、目に見える身体的特徴を備えた遺伝的カテゴリーであると考えられている。人種の名称と特性に関しては、過去一五〇年にわたり学者間で大いに論争が交わされてきた。この論争はずいぶん有名であるとはいえ、その大部分は恥ずべきものである。「国民《ネイション》」は、現実の、あるいは潜在的な国境と多少とも結びついた社会政治的カテゴリーであると考えられている。そして、「エスニック集団」は文化的カテゴリーであると考えられている。これについては、世代から世代へと継承されていくが、普通は国境と理論上結びついていない、ある一定の永続的な行動様式がある、と言われている。

ほかにも多数の用語が使用されていることはまったく別にしても、もちろん、この三つの用語の使用法に一貫性が見られないのは信じ難いほどである（例えば、ほかの人ならば「エスニック集団」と呼ぶところを「少数国民《ナショナル・マイノリティ》」と呼ぶ者がいることについては、上記の論争においてすでに考察した）。これらの用語のたいていの使用者が、これら――しかも三つとも――を使用するのは、ある永続的な現象、つまり、その連続性によって現在の行動様式に強い影響を及ぼすだけでなく、今日の政治的な要求を行うための基礎をも提供することになる現象、を示すためである。言い換えれば、ある「民族《ピープル》」がそれらしい存在であったりそれらしく行動したりするのは、その遺伝的特性によるか、その社会政治的経験との関わりによるか、またはその「伝統的」規範《ノルム》および価値による、というのである。

これらのカテゴリーの全体的特徴は、それらによってわれわれが、操作可能で「合理的」な現在の過程に反対し、過去に基づく要求を主張することができるように見えることにある。なぜ事態は現状のままであってそれを変えてはならないのか、あるいは、なぜ事態は現状のままであってそれを変えることができないのか、ということを説明するために、われわれはこれらのカテゴリーを使用することができる。あるいは逆に、なぜ現在の構造は、より深層的でより古くから存在する、それゆえより正統的な社会的現実という名目を掲げて、実際にとって代わられるべきなのか、ということを説明するために、それらを使用することができる。過去性（pastness）という時間的次元は、民族性《ピープルフッド》の概念にとって中心的なものであり、それに固有のものなのである。

なぜ人は、過去という「アイデンティティ」をほしがったり必要としたりするのだろうか。こうした質問がでてくるのはまったく理にかなっており、ときおりそのような問いがなされている。この点で注目すべきは、例えば先に引用した論争のなかで、P・Gなる人物が、「南アフリカ人」というより広義のカテゴリーを擁護して「カラード」という名称の放棄を訴え、「もし人が本当に南アフリカ人であるというアイデンティティとともにサブ・アイデンティティを必要とするならば……」と発言していることである。もし……云々ならばということは、なぜ?ということである。

過去性《パーストニス》というのは、人びとが現状では別の行動の仕方をとりようがないようにしむけられる一つの様式《モード》なのである。過去性は、人びとが互いに対して用いる一手段である。過去性は、個人の社会化において、集団の連帯の維持において、社会的正統性の確立ないしそれへの異議申し立てにおいて、中心的な役割を果たす一要素である。だから、過去性はすぐれて道徳的な現象であり、したがって政治的現象であって、つねに現代の現象なのである。そういうわけで、当然のことながら、過去性はひどく恒常性を欠いている。現実の世界は絶えず変化しているので、現代の政治に関わることがらが不断の変化にさらされることは避け難い。それゆえ、過去性の内容が絶えず変化するのは避け難いことでもある。とはいえ、過去性は定義上、恒常的な過去を仮定することなので、どんな過去であれ、それがつねに変化してきたとか、あるいはひょっとしたら変化するかもしれないなどというのは、誰しも認め難いことなのである。過去とは石碑《いしぶみ》に刻まれ消し去ることのできないもの、と普通は考えられている。もちろん、実際の過去はなるほど石碑に刻まれている。この実際の過去をわれわれがどのように理解するにせよ、社会的過去の方はこれに反して、せいぜい柔らかい粘土板に刻まれているにすぎないのである。

そういう事情なので、われわれが過去性《パーストニス》を定義するさいに、遺伝的につながった集団（人種《レイス》）によるか、歴史的な社会政治的集団（国民《ネイション》）によるか、それとも文化的集団（エスニック集団）によるか、ということはほとんど問題ではない。それらはどれも民族性《ピープルフッド》を構築するものであり、過去性の発明《インベンション》、現代の政治的現象にほかならない。だが、もしそうだとしても、われわれは分析上の謎をもう一つかかえこんでいる。一つの用語で間に合ったかもしれないのに、なぜ三つの異なった基本形態を示す用語が使用されねばならなかったのだろうか。一つの論理的なカテゴリーを三つの社会的カテゴリーに分類せざるをえない、何らかの理由があるに相違ない。それを見つけるためには、資本主義世界経済の歴史的構造を考察すればよい。

三つの基本形態を示す用語はいずれも、資本主義世界経済の基本的な構造的特徴に条件づけられている。「人種《レイス》」概念は、世界経済における垂直的分業、すなわち中核—周辺の対立と関係がある。「国民《ネイション》」概念は、この史的システムの政治的上部構造、すなわち国家間《インターステイト》システムを形成し、かつそれから派生する主権国家と関係がある。「エスニック集団」の概念は、資本蓄積において非賃労働の広範な要素を維持することを可能にするような世帯《ハウスホールド》構造の創出と関係がある。三つの用語はいずれも階級とは直接関係がない。というのも、「階級《クラス》」と「民族性《ピープルフッド》」は対角線上に定義づけられるからである。だが追って考察するように、それはこの史的システムの矛盾の一つでもある。

世界経済の内部における垂直的分業は、空間的分業を生み出した。中核—周辺の対立は、この分業から成り立っていると言われる。中核と周辺は、厳密に言えば、生産の差別的な費用構造と結びついた関係概念である。空間的に離れた地域にこの差別的な費用構造をもつ生産過程が配置されることが、その関係の不可避的で恒常的な特徴なのではない。とはいえ、それは正常な特徴となる傾向がある。それにはいくつかの理由がある。〔第一に〕周辺的生産過程が第一次生産と結びついている（今日では以前ほどではないにしろ、実際、歴史的に見てこのことは正しい）程度に応じて、農耕に適した環境的諸条件、あるいは地質学上の埋蔵物とも結びついて、この過程の地理的な再配置の可能性に対する制約が存在することになる。第二に、一連の中核—周辺関係の維持において政治的要素が存在する限りでは、生産物が商品連鎖の流れのなかで政治的国境《フロンティア》を越えるという事実は、それに必要な政治的過程を容易にする。なぜなら、国境の通過を支配することは、国家が実際に行使する現実的諸力のなかでも最大のものの一つだからである。第三に、中核の生産過程と周辺の生産過程とはそれぞれ異なった国家に集中するために、それぞれの国家に異なった国内的政治構造が生み出される傾向がある。そして、国内的政治構造の差異はまた、垂直的分業を支配し維持する不平等な国家間システムを支える主要な堡塁となるのである。

それゆえ、簡潔に表現すれば、時の経過とともに世界の一部の地域はおもに中核的生産過程の地帯となり、他の地域はおもに周辺的生産過程の地帯となる傾向がある。両極化の進展具合には確かに循環的変動（cyclical flactuations）があるとはいえ、このギャップが拡大方向に向かう長期的趨勢（secular trend）もまた存在する。この全世界的規模での空間的分化は、ヨーロッパ中心の資本主義世界経済の拡大という、主として政治的な形態をとった。そして、ヨーロッパ中心の資本主義世界経済はやがて全地球を覆うまでに拡大した。「ヨーロッパの拡大」現象として知られるようになったものが、これである。

地球上での人類の進化において、定着農業の発達に先立つ時期に遺伝的変種の拡散が生じた結果、資本主義世界経済の発展の当初には、あるどんな場所をとっても、そこでのさまざまな遺伝的類型は今日よりもかなり同質的であった。

資本主義世界経済が、主としてヨーロッパにおけるその最初の場所から拡大していくにつれて、そしてまた、中核と周辺の生産過程の集中がますます地理的に分岐していくにつれて、「人種主義的」カテゴリーもある一定の呼び名のもとに明確な形をとり始めた。さまざまな人びとの間に、互いに異なる、しかも相当に異なる一連の多様な遺伝的特質が存在することは、明らかであろう。だが、これらが、「人種」とわれわれが呼ぶ三つか五つの、あるいは一五もの具体的集団に分類されるものとして制度化《コード》されねばならない、ということは少しも明白でない。カテゴリーの数は、いやそれどころかどんなカテゴリー化の事実も、社会的に決定されたものなのだ。気がつくのは、両極化が進むにつれてカテゴリーの数も漸減していくという事実である。W・E・B・ドゥ＝ボイスが、一九〇〇年に「二〇世紀の問題は皮膚の色による差別の問題である」と発言したとき、彼が言及しようとした皮膚の色とは実際には白人と非白人のことであった。

人種は、またそれゆえ人種主義は、垂直的分業と結びついた生産過程の地理的集中を表現したものであり、その推進者にしてその結果なのである。南アフリカ国家がこの二〇年間に自国を訪れた日本の実業家をアジア人としてではなく（現地の中国人はアジア人とみなされているのに）むしろ「名誉白人」と呼ぶ決定をしたことで、このことは誰の目にも驚くほど明らかになった。法律が遺伝的カテゴリーの永続性に基礎を置くよう要求されている国では、あたかも遺伝学が世界経済の現実を考慮しているかのようにすべてが行われることは明らかである。このような不合理な決定は何も南アフリカに限ったことではない。南アフリカは、こうした不合理を公式の文書で表明しなければならない、という不利な立場に置かれているだけなのである。

しかし、人種は、社会的アイデンティティのカテゴリーとして使用される唯一のものではない。それだけでは明らかに不十分である。国民《ネイション》というカテゴリーもまた使用される。国民が世界システムの政治的構造に由来することは、すでに述べたとおりである。現在の国連加盟国家はすべて近代世界システムが創出したものである。その大部分は、一、二世紀以上も前には名称としても行政単位としても存在すらしていなかった。というのも、一四五〇年以前の時期にまで遡ってほぼ同一の地理的位置を占める名称と連続した行政単位をもつ国家は、ごく少数でしかないからである（そうした国家はわれわれが考える以上に少ない。例えば、フランス、ロシア、ポルトガル、デンマーク、スウェーデン、スイス、モロッコ、日本、中国、イラン、エチオピアは、おそらくもっとも曖昧でない事例と言えるかもしれない）。それでもなお、これらの国家ですら、言ってみれば、現在の世界システムの出現によってはじめて近代主権国家としての成立をみたのであった。ある地域を描写するための名称の使用について、より不連続的な歴史を辿ることのできる他の近代国家もある（例えば、ギリシャ、インド、エジプト）。トルコ、ドイツ、イタリア、シリアのような名称はもっとあやふやである。実は、一四五〇年の視点から、当時存在していた多くの行政単位（例えば、ブルゴーニュ公国ネーデルランド、神聖ローマ帝国、ムガル帝国）の将来を眺望するならば、現在では、それぞれの場合につき一つの国家ではなくて、少なくとも三つの主権国家が存在すること、そして、それらはこの行政単位からある種の政治的・文化的・空間的伝統を受け継いでいることがわかる。

それでは、いまや三つの国家《ステイト》が存在するという事実は、三つの国民《ネイション》がいるということを意味するのだろうか。今日、ベルギー国民《ネイション》、オランダ国民、ルクセンブルク国民がいるのだろうか。大部分の観察者はそうは考えないだろう。もしいるとすれば、それはオランダ国家、ベルギー国家、ルクセンブルク国家が最初に成立したためではないだろうか。近代世界の歴史をいくらか系統立てて考察すれば、ほとんどあらゆる場合において、国家としての存在（statehood）が国民という存在（nationhood）の上位に位置しており、たとえこれと反対の神話が流布されていてもそうではないこと、が明らかになると思う。

なるほど、いったん国家間《インターステイト》システムが機能しだせば、新しい主権国家の創出を求めて多くの地域で国民主義的《ナショナリスト》運動が発生したし、ときには所期の目的を達成することもあった。だが、ここで二点だけ注意を促しておこう。〔第一に〕この運動は、稀なる例外はあっても、すでに確定された行政区域内で発生していることである。それゆえ国家は、たとえ非独立国であっても、国民主義的運動の上位に位置していたと言えよう。そして第二に、国家の現実の創出に先立って同朋感情としての「国民《ネイション》」がいかに深く根をおろしていたか、ははなはだ疑問である。例えば、サラーウィー民族《ピープル》の場合を考えてみよう。サラーウィー国民《ネイション》はいるのだろうか。もし、国民解放運動のポリサリオ戦線に尋ねれば、彼らは然りと答え、一〇〇〇年このかたサラーウィー国民《ネイション》は存在している、とつけ加えるだろう。もし、モロッコ人に尋ねれば、サラーウィー国民《ネイション》などいたためしがなく、旧スペイン領サハラ植民地だったところに住んでいる民族《ピープル》はつねにモロッコ国民《ネイション》の一部である、と答えるだろう。学術的には、この食い違いはどうしたら解決できるだろうか。われわれには解決できない、というのがその答である。もし二〇〇〇年までに、あるいはことによると二〇二〇年になるかもしれないが、ポリサリオ戦線が現在の闘争に勝利をおさめるならば、サラーウィー国民《ネイション》は存在していることになろう。そして、もしモロッコ人が勝利をおさめるならば、それは存在していないことになるだろう。二一〇〇年にこの問題について書く歴史家がいれば、彼はそれを解決済みの問題とみなすか、あるいはむしろ問題とみなさなくなるかもしれない。

国家間《インターステイト》システム内部のどんな主権国家の創設も、なぜそれに照応した「国民《ネイション》」、「民族《ピープル》」を創出しなければならないのだろうか。これはまったく理解し難いというわけではない。証拠は、われわれの周囲の方々にある。このシステムのなかの国家は、いかに統合を強化するかという問題をかかえている。ひとたび主権を有するものとして認知された国家が、その後、内部崩壊と外国からの侵略の双方の脅威にさらされることはよくある。「国民的《ナショナル》」感情が発達する程度に応じて、これらの脅威は減少していく。政府は、国家の内部のあらゆる種類の下位集団と同様に、この感情を鼓舞することに関心をいだいている。国家の外部の集団、あるいは国家のどの小地域《サブリージョン》の集団にも対抗して、自己の利益の増進を図るために国家の合法的な権力を利用することに便宜を感じている集団も、その要求を正統化するものとしての国民主義的感情を鼓舞しようとする。国家はさらに、その政策の効力を高めることになる行政単位の統一性にも関心をもっている。国民主義《ナショナリズム》とは、このような国家次元での統一性の表現であり、その推進者にしてその結果なのである。

国民主義《ナショナリズム》が高揚する、もっと重要な別の理由がある。国家間《インターステイト》システムは、いわゆる主権国家のたんなる集合体ではない。それは、安定しているが変化しやすい序列を伴う階層制的システムである。言い換えれば、階層制的序列におけるランクのゆるやかな変化はただ可能であるばかりか、歴史的にもそれが正常なのである。大きくて固定的ではあるが不変のものではない不平等はまさしく一種のプロセスであり、このプロセスは、イデオロギーを通して、上位のランクを正当化する一方で下位のランクには異議申し立てを許すのである。このようなイデオロギーを、われわれはナショナリズムと呼ぶ。一国家が一国民《ネイション》たりえないということは、その国家が自らのランクの変更に抵抗したり、あるいはそれを推進したりするゲームの外側にいる、ということである。だがその場合には、その国家は国家間システムの一部ではなくなるだろう。資本主義世界経済の政治的上部構造としての国家間システムの発展の外側、および／ないしそれに先立って存在した政治的統一体は、「国民《ネイション》」たる必要はなかったし、また「国民《ネイション》」でもなかったのである。われわれは、こうした他の政治的統一体と、国家間システムの内部で創出された国家をともに描写するために、「国家《ステイト》」という同一の用語を誤って使用する。そのために、国家間システムにおける「諸国家」の、国家としての存在とその国民《ネイション》としての存在との間にある明白な避け難い関連を、ともすれば見落とすことになるのである。

そのさい、一つのカテゴリーの代わりに二つのカテゴリー――人種《レイス》と国民《ネイション》――を併用することから得られる便益は何かと問うならば、次のことがわかるはずである。すなわち、人種への類別化は、主として中核―周辺の対立を表現し維持する様式として生まれたものであるのに対して、国民《ネイション》への類別化は、階層制的秩序の、それゆえ露骨な人種的分類とは対照的に、システム内の優位の程度の、ゆるやかだが規則的な変更過程における国家間の競争を表現する様式として元来生まれたものだ、ということである。過度に単純化して定式化すれば、人種と人種主義は、中核地域と周辺地域の相互の抗争において、それらを地域ごとに内部統一するのに対して、国民《ネイション》と国民主義《ナショナリズム》は階層制的序列におけるランクを競うより複雑な地域内および地域間競争において、中核地域と周辺地域をそれぞれ内部的に分断するものである、と言えよう。両カテゴリーは、資本主義世界経済において優位を占める権利を主張するものなのである。

さらに、これら二つのカテゴリー〔人種と国民〕だけでは十分とは言えないので、われわれは、かつての少数者集団《マイノリティ》に該当するエスニック集団というカテゴリーを創案した。少数者集団が存在するからには、多数者が存在するはずである。少数者集団としての属性が必ずしも算術に基づくものでないことは、以前から分析家により指摘されてきた。それは社会的な力の程度を指し示す概念なのである。数字上の多数派が社会的少数派になることもある。われわれがこの社会的な力を測定する場所は、もちろん全体としての世界システムではなく、個々の国家である。それゆえ「エスニック集団」の概念は、「国民《ネイション》」の概念と同様、実際問題として国境と結びついている。もっとも、このことが「エスニック集団」の定義にはけっして含まれていない、ということも事実であるが。相違は、国家には一つの国民《ネイション》と多数のエスニック集団を有する傾向がある、ということでしかない。

資本主義システムは、永続的で基本的な資本／労働の対立だけでなく、労働の構成部分の内部における複雑な階層制にも基礎を置いている。そして、この階層制のなかで、他人に移転する剰余価値を創出するすべての労働者が搾取されているとはいえ、一部の労働者は他の労働者よりも大きな剰余価値部分を「失う」。このことを可能にする主要な制度《インスティチューション》が、パートタイム賃労働者の世帯《ハウスホールド》である。こうした世帯《ハウスホールド》は、賃労働者が、労働の再生産費用にあたるよりも少ない時間賃金を受け取らざるをえないように構成されている。これは、世界の労働者人口の大多数を包含する、非常に広く行きわたっている制度《インスティチューション》である。これについては、ほかの箇所で論じておいたので、ここでは繰り返さない〔★1〕。民族性《ピープルフッド》の観点から、その結論部分を論じておくだけにしたい。賃労働者は、より「プロレタリア化した」世帯《ハウスホールド》構造のなかに身を置く高賃金労働者から、より「半プロレタリア的な」世帯《ハウスホールド》構造に身を置く低賃金労働者に至るまで、さまざまな種類の世帯《ハウスホールド》構造のなかに身を置いているが、それと同時に、これらの多様な世帯《ハウスホールド》構造は、「エスニック集団」と呼ばれる「共同体《コミュニティ》」のなかに必ずと言っていいくらい位置している。言い換えれば、職業上の階層制に加えて、ある一定の国境内での労働力の「エスニック化」が生じているのだ。今日の南アフリカとか以前の合衆国におけるように、包括的な法的枠組みによって強制されることがなくても、エスニシティと職業はあらゆる面で非常に高い相関性がある。ただし、「職業」を広義の――狭義のではなくて――カテゴリーに分類してみた場合においてであるが。

職業上のカテゴリーのエスニック化にはさまざまな利点があるように見える。生産関係の種類に応じて、必要とされる労働力の標準的な行動類型もそれぞれ異なってくる、と考えてよいだろう。労働力がとるこの異なった行動は、実際のところ遺伝的に決定されるわけではないので、教育が施されねばならない。労働力は、かなりはっきり限定された一組の態度を通して社会化させられる必要がある。エスニック集団の「文化」とは、その集団に属する両親が、それを通して子供を社会化するようにしむけられる諸規則の集合にほかならない。もちろん、子供を社会化する権限をもっているのは国家や学校制度である。しかし、国家や学校制度は、通常、そうした特殊主義的機能をただそれだけ、あるいはあまりにも公然と遂行することを避けようとする。というのも、そのようなことをすれば、「国民的《ナショナル》」平等という概念に抵触するからである。このような違反を犯していることを公然と言明してはばからない少数の国家は、その停止を求める不断の圧力を被ることになる。しかし、「エスニック集団」は、互いに異なった仕方でそれぞれの成員を社会化することがありうるというだけではない。エスニック集団が特定の仕方でその成員を社会化するというのは、その集団の定義そのものなのだ。かくして、国家が行うと違法なことも、社会的「アイデンティティ」を擁護する「自然発生的な」集団の行動として、裏口からそっと侵入してくるのである。

したがって、これは資本主義の階層制的現実に一つの正統化を与えるものであり、その公然たる政治的諸前提の一つである法律に照らしても、形式的平等に触れることがない。われわれが探し求めていた謎もどうやらそこにあるようだ。エスニック化、あるいは民族性《ピープルフッド》は、史的システムとしての資本主義の基本的矛盾の一つ——理論的な平等と実際の不平等に向かう推力の同時的存在——を解決することになる。しかもそれは、世界の労働者階層の精神構造を利用することによって解決するのである。

　こうした解決に向けた努力においては、これまで言及してきた、ほかならぬ民族性《ピープルフッド》カテゴリーのうつろいやすさが決定的に重要だということがわかる。というのも、史的システムとしての資本主義は一定の不平等を要求する一方、また経済過程の不断の再構築をも要求するからである。それゆえ、特殊な一組の階層制的社会関係を今日保証するものが、明日には有効に作用しないこともありうる。労働力のとる行動は、システムの正統性を掘り崩すことなく変化する必要がある。エスニック集団の発生、再構築、消滅という繰り返しは、そのために、経済機構の機能における柔軟性の非常に貴重な装置となっているのである。

　民族性《ピープルフッド》は、史的システムとしての資本主義の主要な制度的構築物《コンストラクト》である。それは史的システムとしての資本主義の本質的な支柱であり、また、そのようなものとして、史的システムが濃密化するにつれてますます重要となっている。この意味で民族性《ピープルフッド》は、主権国家の構築と似ている。主権国家の構築も、やはり史的システムとしての資本主義の本質的な支柱として、ますます重要なものとなっている。われわれは、資本主義世界経済という世界史的社会《ゲゼルシャフト》の内部で形成される、これらの基本的な共同体《ゲマインシャフト》への帰属を弱めるのではなく、むしろ強めつつある。

　階級《クラス》が実際に民族《ピープル》とはまったく異なった構築物《コンストラクト》だということは、マルクスもヴェーバーも熟知していた。階級とは「客観的」カテゴリー、すなわち分析的カテゴリーであり、史的システムにおける諸矛盾について述べたものであって、社会的共同体《コミュニティ》について述べたものではない。問題は、階級的共同体《コミュニティ》なるものが創出されうるのかどうか、また、いかなる状況のもとでそれが創出されうるのか、ということである。これは有名な即自《アン・ジッヒ》／対自《フュア・ジッヒ》の区別である。対自としての階級というのは、非常に捉えどころのない実体である。

たぶん——そしてここで締めくくることになるが——その理由は、構築された「民族《ピープル》」、言い換えれば、人種《レイス》、国民《ネイション》、エスニック集団が、不完全ながらも「客観的階級」と大いに関連していることにあるのかもしれない。その証拠に、近代世界では、階級に基礎を置く政治活動の非常に多くが、民族《ピープル》に基礎を置く政治活動の形態をとってきたのである。いわゆる「純粋な」労働者の諸組織を綿密に調べればわかるように、その割合は、われわれが通常考えるよりもずっと高い。そして、この労働者組織が、たとえ非民族的《ノン・ピープル》な用語、純粋に階級用語を用いてはいても、暗黙かつ事実上の「民族《ピープル》」に基礎を置いている、ということはそんなに珍しいものではない。

一〇〇年以上にわたって、世界の左翼は、世界の労働者があまりにもしばしば「民族《ピープル》」の形態において自らを組織化せざるをえなかった板ばさみについて嘆き悲しんできた。だが、これは解決できない板ばさみなのである。それはシステムの諸矛盾に由来する。それゆえ、民族《ピープル》に基礎を置く政治活動とは無縁の対自的な階級活動など、ありえないのである。このことは、いわゆる民族解放運動のなかに、またすべての新しい社会運動のなかに、さらに社会主義国における反官僚主義運動のなかに見てとることができる。

民族性《ピープルフッド》とは何かということを理解しようとする方が、賢明ではないだろうか。つまりそれは、原始時代からの安定した社会的現実ではけっしてなく、敵対勢力を互いに闘争させることになる、資本主義世界経済の複雑な粘土状の歴史的産物なのである。われわれは、このシステムにおいて民族性を廃棄したり、それを副次的な役割に追いやったりすることなどけっしてできない。他方、民族性に帰せられた効力に心を奪われてはならない。さもないと、それが既存のシステムを正統化する仕方に欺かれることになるだろう。より綿密な分析が必要なのは、民族性がこの史的システムにとりずっと中心的なものとなっている以上、現在の史的システムから、それにとって代わりうるシステムあるいは諸システムへの不確定な移行過程において、民族性がシステムの分岐点でわれわれをありうべき代替的諸結果へと押しやることになる、そのありうべき方向を探ることである。

（岡田光正　訳）

※このテキストは、*Actuel Marx*, L'Harmattan, 1987に掲載された。

原注

★1　Wallerstein, *Historical Capitalism*, New Left Books, London 1983.〔川北稔訳『史的システムとしての資本主義』岩波書店、一九八五年〕および本書第6章「資本主義世界経済における世帯構造と労働力の形成」を参照せよ。

第5章

エティエンヌ・バリバール
*Etienne Balibar*

# 国民形態——歴史とイデオロギー

「『過去』が現存したことなどけっしてない。そんなことはこれからもないだろう」。

ジャック・デリダ『哲学の限界』一九七二年、二二ページ

フランス人をはじめとする諸国民《ネイション》の歴史は、これまでつねに、各国民《ネイション》に主体としての連続性を付与する物語という形式をとって現れてきた。したがって国民《ネイション》の形成は、数世紀にまたがる「計画」の成就として現れる。このような計画の成就は、歴史家の偏見によって多かれ少なかれ決定的なものとして描き出されるような諸画期や意識の高揚を伴っている（例えば、フランスの起源をどこに置くべきか？　われわれの祖先であるガリア人か、カペー王朝か、それとも、一七八九年のフランス革命か？）。だがいずれにせよ、計画の成就は国民的《ナショナル》個性の自己表明という一個同一の図式に還元されてしまうのである。このような表象は確かに回顧的な幻想を構成しているが、拘束的な制度的現実を表してもいる。幻想は二重である。そのような幻想は、数世紀の間ほぼ安定した領土《テリトリー》の上でだいたいにおいて同じ呼び名の下に引き継がれる諸世代が不変の実体を伝達している、と確信することにある。それはまた、現在のわれわれ自身を変化の到達点として理解するために、われわれがそこからいくつかの側面を回顧的に選別するところの変化が唯一可能なものであった、そのような変化は運命的であった、と信じることにある。すなわ

ち、計画と運命は国民的一体性《ナショナル・アイデンティティ》という幻想の対照的な二側面なのである。一九八八年の「フランス人」――少なくともその三分の一の祖父母は「外国人」[★1]である――が集合的にルイ一四世の臣民につながっているのは（ガリア人については言及しないとしても）、一連の偶発的な諸出来事を介してにすぎない。そのような偶発的な出来事は、「フランス」の運命とは、いわんや、「フランスの諸王」の計画や「その臣民」の願望とは無関係なのである。

だが、このような批判が、現在はびこりつつある国民《ネイション》起源神話の影響力についてのわれわれの認識を曇らせるものであってはならない。そのような影響力をもつただ一つの決定的な例は、絶えずさまざまな立場から矛盾した仕方で利用されてきたフランス革命である。（ヘーゲルやマルクスとともに）すべての近代国民《ネイション》の歴史において、どのような場合であれ、結局、創設者的な唯一の革命的事件があったにすぎない、ということを想起することが可能である（このような革命的事件は、形態を反復しそのエピソードと登場人物を模倣する絶えざる試みを説明するだけではない。それは、国民的《ナショナル》アイデンティティが革命以前に遡ることを証明したり、あるいは最初の革命の事業を完成させる新しい革命の到来を待望することによって革命的事件を破棄しようとする「極端な」立場に見られる試みをも説明する）。それゆえ、国民的《ナショナル》起源と国民的《ナショナル》連続性の神話――そのような神話が（インドやアルジェリアのような）植民地解体から生まれた「若い」国民《ネイション》の現代史のなかで生じるのを観察することは容易であるが、それが「古い」国民《ネイション》の場合にはずっと以前の諸世紀を通して作られたことが忘れられる傾向にある――は、現在から過去に遡ることを通して国民的《ナショナル》形成の想像上の単一性が日々作られるような、効果的なイデオロギー形態となるのである。

## 「前国民」国家《プレ・ネイション・ステイト》から国民国家《ネイション・ステイト》へ

このような歪みをどのように理解すべきだろうか？国民《ナショナル》形成の「諸起源」は、きわめてさまざまな時期に生じた多様な諸制度に目を向けさせる。実際、一部の制度は非常に古いのである。例えば、聖職者の神聖な言語や地方の言語から区別された国家語（langues d'État）の制定は、ヨーロッパの場合、中世初期にまで遡る。それは最初は厳密に行政目的で創設され、ついで貴族の言語として使用された。国家語の制定は君主制権力の自立化およびその神聖化と結びついている。と同時に、絶対君主制の相次ぐ形成は、その結果として、通貨独占、官僚機構と財政の集中、法律制度の相対的な標準化とその内部の「秩序の回復」を実現した。それはまた国境《フロンティア》や領土についての諸制度を刷新した。宗教改革と反宗教改革は、教会と国家の（聖職者の国家と非聖職者の国家の）争いの段階から両者が補完し合う段階（極端な場合には国家宗教）への移行を促進した。

こういったすべての構造はわれわれには回顧的に前国民的なものとして現れる。というのは、これらの構造は、それらが最終的に多少の変容を伴って編入される国民国家《ネイション・ステイト》の特徴の一部を形づくることになるからである。こうしてわれわれは、国民的《ナショナル》形成が長きにわたる「前史」の産物である、という事実を知ることができる。だがこの前史は、単線的な運命についての国民主義的《ナショナリスト》神話とは根本的に異なっている。第一にそれは、質を異にし時間的にも隔たっているさまざまな事件、しかもそのうちのどれもが次のいかなる事件をも内包していないような諸事件から構成されている。第二にこれらの諸事件は本来、ある特定の国民《ネイション》の歴史に属しているのではない。それらは、今日のわれわれに最初のエスニック的な独自性を与えたように見える単位とは別の政治的単位の枠組みのなかで起きたのである（例えば、二〇世紀において「若い国民《ネイション》」の国家装置が植民地期の国家装置のなかに先取りされていたように、ヨーロッパ中世において「シシリー」、「カタロニア」、「ブルゴーニュ」の枠組みのなかで近代国家の輪郭が形成された）。とはいえ、しかもそれらは、もともと国民国家《ネイション・ステイト》の歴史ではなく、別の対抗していた形態（例えば、「帝国的」形態）に属している。それらの事件を事後的に国民形態《ネイション・フォーム》の前史のなかに組み入れたのは、進化の必然的な歩みではなく、状況における諸関係の連鎖である。あらゆるタイプの国家の特性は、それが永遠なるものとして創設する秩序を表現することである。だが実践が示しているように、たいていの場合、その反対が現実になってしまう。

だが、これらすべての事件が、反復されるか新しい政治的構造に組み入れられるならば、国民《ナショナル》形成の創世期のなかで効果的な役割を演じたことには変わりがない。この点は、まさにそれらの制度的性格に、すなわち、それが国家にその当時の国家形態の下で介入させたという事実に起因する。言い換えれば、まったく別の目標（例えば、王家のそれ）をねらっているはずの非国民的国家装置が、しだいしだいに国民国家《ネイション・ステイト》の諸要素を生み出したのである。あるいは、次のように言うこともできよう。非国民的国家装置は、その意図に反して「国民的性格を付与され《ナショナライズド》」、社会の国民化《ナショナライズ》を開始したのである、と。われわれはここで、ローマ法の復活、重商主義、封建貴族の飼い慣らし、「国家理性」説の形成、等を念頭に置いている。そして、われわれが現代に近づけば近づくほど、こういった諸要素の蓄積によって課せられる制約はわれわれにとって大きくなるように思われる。以上のことから、不可逆性の分水嶺（seuil）という決定的な問題が提起される。

この分水嶺が乗り越えられた結果、一方では諸主権国家システムの布置が生じ、他方では暴力的抗争の続いた二世紀の間にほとんどすべての人間社会に次から次へと国民形態《ネイション・フォーム》が普及したのであるが、この分水嶺は、いかなる時期に、またどのような理由で乗り越えられたのだろうか？　この不可逆性の分水嶺（明らかにただ一つの日付でもって確認することの不可能なそれ［★2］）は市場構造と近代資本主義に固有な階級関係（とくに、封建的およびギルド的諸関係から徐々にその成員を引き離す、労働力のプロレタリア化）の発達に照応する、ということを私は認める。だが、一般に認められているこの命題はいくつかの点で再検討されねばならない。

国民形態《ネイション・フォーム》を資本制的生産諸関係から「導き出す」ことは、まったく実行不可能なことである。貨幣流通や賃労働の搾取は、論理的には特定の単一の国家形態を伴っていない。さらに、蓄積に伴って生じる価値実現の空間である資本制的世界市場は、社会的資本の一部の分派によって制定されたか、あるいは「経済外的」手段によって強制的に設けられた、あらゆる国民的《ナショナル》制限を乗り越えるという本質的な傾向をもっている。このような文脈のなかで、われわれは国民《ネイション》の形成を「ブルジョワの計画」としてこれからも考えることができるだろうか？　マルクス主義が自由主義的歴史観から引き継いだかかる定式化は、歴史の神話を構成しているように思われる。とはいえ、ブローデルやウォーラーステインの見方に依拠するならば、われわれはこの困難を克服できるように思われる。彼らの見方によれば、国民《ネイション》の形成は、抽象的な資本制的市場とではなく、資本制的市場の具体的な歴史的形態、つまり、「中核」／「半周辺」／「周辺」という形でつねにヒエラルキー的に編成される「世界経済(économie-monde)」の形態と結びついている。それぞれに蓄積と労働力搾取の異なった方法をもっている「中核」／「半周辺」／「周辺」の間で、不等価交換と支配・従属関係が確立する［★3］。

　各国民的《ナショナル》単位は、世界経済のグローバルな構造に基づいて、それらが世界経済のなかで一定の時期に果たす役割に応じて構成されるが、それはまず中核から構成される。より正確に言えば、各国民的《ナショナル》単位は互いに、中核の周辺に対する支配を競い合う手段として構成されるのである。この第一の規定がいちばん重要である。なぜならそれは、マルクスの、とりわけマルクス主義的経済学者の「理念としての」資本主義(ideal capiralism)を、「史的システムとしての資本主義(historical capitalism)」と置き換えるからである。史的システムとしての資本主義の下では、初期の帝国主義的現象、および、戦争と植民地化との接合関係が決定的な役割を演じる。ある意味で、すべての近代的「国民《ネイション》」は植民地化の産物である。それは、つねにある程度まで植民地化の遂行者であると同時に植民地化の対象でもあった。

　しかしながら、第二の規定が必要である。ブローデルとウォーラーステインのもっとも重要な貢献の一つは、資本主義の歴史のなかで国民的《ナショナル》形態とは別の「国家的」諸形態が出現し、最終的に撃退されたり手段化されるまでの一定の期間の間それが国民的《ナショナル》形態と競争した、ということを証明したことである。一つないしいくつかの都市を中心とする帝国の形態、とりわけ、国家枠を超える《トランスナショナル》政治的・商業的ネットワークの形態がそれである[★4]。この形態がわれわれに物語っているように、本来的に「ブルジョワ的な」ただ一つの政治形態があるのではなく、複数のブルジョワ的政治形態があるのである（そのような例として、ハンザ同盟の都市がある。だが、一七世紀におけるユトレヒト同盟で結ばれた旧オランダの北部七州の歴史は、宗教的・思想的生活を含む全社会生活に影響を与えたこのような国家枠を超える《トランスナショナル》政治的・商業的ネットワークによって深く規定されていた）。言い換えれば、生まれたばかりの資本制的ブルジョワジーは、状況に応じて複数の形態の覇権《ヘゲモニー》の間で「躊躇していた」ように見える。というよりむしろ、さまざまなブルジョワジーが存在していて、それぞれのブルジョワジーは世界経済の資源を利用するさまざまなセクターと結びついていたのである。結局のところ「国民的《ナショナル》ブルジョワジー」が早くも産業革命以前に（だが、「遅れ」や「妥協」と引き換えに、それゆえ他の支配諸階級との連合という代償を払って）勝利を手中にしたとしても、それはおそらく、国民的《ナショナル》ブルジョワジーが国の内外で現存国家の軍事力を利用する必要があったためであり、さらにまた、彼らが農民層を新しい経済秩序に従わせ農村に浸透することによって、農村を工業製品のための販売市場および「自由な」労働力の予備軍に作り変える必要があったからである。以上要するに、それぞれの歴史をもつ諸国民国家《ナショナル・ステイト》の形成、およびそれに照応する社会構成体の国民的《ナショナル》構成体への転化を説明するのは、階級闘争の具体的な布置状況であって、経済の「純粋な」論理ではないのである。

## 社会の国民化《ナショナリゼーション》

世界経済は、自己調節的な、それを構成する各社会構成体をたんなるローカルな効果としてみなしうるような、全面的に不変のシステムではない。世界経済はむしろ、内的諸矛盾の予見できない弁証法に支配される、諸制約からなるシステムである。全蓄積空間を流通する諸資本のコントロールは中核が全面的に行わなければならないとはいえ、このような一方的なコントロールがなされる形態は絶えざる闘争の対象をなしてきた。国民形態《ネイション・フォーム》という特権的地位は、それによって（少なくとも、一つの歴史的時期全体を通して）局所的に不均質な諸階級の闘争が抑制され、さらにこの諸階級の闘争から「資本家階級」のみならず、本来的ブルジョワジー、すなわち、政治的・経済的・文化的へゲモニーを有すると同時にこのへゲモニーによって生み出される国家《ステイト》ブルジョワジーを出現させる、という事実に由来するのである。支配的ブルジョワジーとブルジョワ的社会構成体は、「主体なき過程」を通じて相互に構成され、国家を国民的《ナショナル》形態において再構築すると同時に、他のすべての階級の地位を変容させる。このことは、ナショナリズムと国際市民主義《コスモポリタニズム》の同時的発生を説明するのである。

どれほど単純化されていたとしても、この仮説は、歴史的形態としての国民《ネイション》を分析するうえで重大な結論を導き出す。すなわち、われわれは最終的に、生産様式についてのみならず政治的形態に関しての、単線的な発展図式を放棄しなければならない。したがってわれわれは、何者にも妨げられることなく、世界経済の新しい段階において対抗的な国家構造が国民国家《ネイション・ステイト》から新たに形成される傾向がないかどうかを検討することができる。実際、社会構成体の必然的で単線的な変化という幻想と、国民国家《ネイション・ステイト》を（「国家消滅」の仮定を認めないで）際限のない永続が約束されている政治制度の「究極の形態」として無批判的に受け取ることとの間には、暗黙の密接な関係があるのである［★5］。

国民形態《ネイション・フォーム》の形成および変化の過程の相対的な不確定を際立たせるために、次の意図的に挑発的な問題視角から事態を検討することにしたい。今日、それは誰にとって遅すぎるのか、すなわち、世界経済およびそれによって生み出される諸国家間システムのグローバルな強制にも関わらず、社会構成体をもはや全的に国民《ネイション》に転化できない社会構成体とはいったい何であろうか？　もちろんここでは、まったく法律的な意味での国民《ネイション》や出口のない泥沼状態の紛争という擬制は考慮の外に置かれている。おそらく、アプリオリな回答はもちろん、一般的な回答さえ不可能である。だが明らかなことは、植民地の解体や資本と通信の国際化や人類消滅につながる核兵器の創造、等々の後に建設された「新しい国民《ネイション》」に対してのみならず、今日、同じ諸現象によって大きな影響を被っている「古い国民《ネイション》」に対しても、問題が提起されていることである。

われわれは次のように言いたくなるかもしれない。形式的に平等で「国際的」と呼ばれるにふさわしい諸機関に加盟している独立した諸国家のすべてが自己求心的国民《ネイション》になるのはもはや時期遅れである、と。ここで自己求心的国民《ネイション》とは、それぞれが文化・行政・商業についての国民《ナショナル》言語をもつと同時に、独立した軍事力・保護された国内市場・自国通貨・世界的な競争力のある企業等を保持し、とりわけ、自前の支配的ブルジョワジー（すべてのブルジョワジーは何らかの意味で国家ブルジョワジーである以上、私的な資本制的ブルジョワジーであるか国家の「特権階級《ノーメンクラトゥーラ》」であるかは問題ではない）を有するような国民《ネイション》である。だがわれわれはその逆を言ってみたくなる。国民《ネイション》が再生産され国民形態《ネイション・フォーム》が広がる場《シャン》が開かれているのは、今日ではもはや旧周辺部と半周辺部だけである、と。古い「中核」に関して言えば、中核地域はさまざまな程度で、支配の古い諸形態と結びついている国民的《ナショナル》諸構造が解体する時期に入っているのである。たとえ国民的《ナショナル》諸構造の解体が長きにわたるものであり、その帰結が不確かであるにしても。しかしながら、以上の仮定を認めるならば、将来の国民《ネイション》が過去の国民《ネイション》と似ていないだろうことは明らかである。われわれは今日、世界の至るところ（北と南、東と西）でナショナリズムの全面的な噴出を目撃しているのだが、この事実によっても、われわれはこの種のジレンマ——それが諸国家から成る国際システムの普遍性の一部を成しているというジレンマ——を解消することはできない。今日のナショナリズムは、この言葉の当否はどうであれ、「世界時間」との関連における国民形態《ネイション・フォーム》の実際の年齢を少しも教えてはくれないのである。

実際、この問題をもっと鮮明に把握するには、国民的《ナショナル》構成体の歴史のもう一つの特徴を考慮に入れねばならない。私が「社会の遅れた国民化《ナショナリゼーション》」と呼んでいる規定がそれである。この規定は、まず古い諸国民《ネイション》に関するものである。遅れすぎると、社会の国民化《ナショナリゼーション》は、結局いつ終わるかわからないような課題として現れる。オイゲン・ウェーバーのような歴史家（やその後の諸研究）が見事に証明したように、フランスの場合、学校教育の普及、地域間の労働力移動や兵役期間による慣習や信仰の統一、政治的・宗教的紛争の愛国的イデオロギーへの従属などは、二〇世紀が始まる前にはまだ実現していなかった［★6］。彼の研究によれば、フランスの農民層が最終的にようやく「国民国家《ネイション・ステイト》の一員になった」のは、彼らが過半数を占める階級としては消滅しようとしていた時期のことである（とはいえ周知のように、このような消滅自体は、国民的《ナショナル》政治に特有の保護主義によって引き延ばされた）。さらにまたごく最近のゲラルド・ノワリエルの研究が証明しているように、「フランス人のアイデンティティ」は、一九世紀の末以降つねに移民を統合する能力に依存してきたのである。このような能力が今日その限界に達したのか、それとも同じ形態を今後とも維持できるのか、両者のどちらであるかを見極めることをめぐって、問題が生じている［★7］。

それゆえ、国民的《ナショナル》構成体の相対的安定性の理由を完全に理解するには、その発生の最初の出発点を検討するだけでは不十分である。そのためにはさらに、都市と農村の不均等発展の問題をはじめ、産業化と産業空洞化、植民地化と植民地解体、戦争としばしばそれがひき金になって勃発する革命、国民を超えた（supranational）「ブロック」形成、等の諸問題が検討されねばならない。これらはすべて、国民国家的《ネイション・ステイト》「合意《コンセンサス》」によって階級闘争《コンフリクト》が比較的容易に封じ込められてしまう限界内から階級闘争《コンフリクト》を逸脱させてしまう危険を少なくとも含んでいるような、事件やプロセスである。資本主義によってもたらされた諸矛盾の解決を可能にし、さらに国民形態《ネイション・フォーム》の再構築をそれがまだ完成していない時点で始めることができたのは（あるいは、完成する前に国民形態《ネイション・フォーム》が解体するのを防ぐことができたのは）、「社会的国民国家（État national-social）」の創出であった。これは、フランスに関して、また必要な変更を加えればその他の古いブルジョワ的構成体に関しても、言いうることである。すなわち、経済の再生産自体に、とりわけ個人の教育に、あるいは家族構成や公衆衛生の機構に、一般的に言えば「私的生活」のすべての空間に「介入する」国家が出現したのである。これは、国民形態《ネイション・フォーム》の発生以来存在している傾向である――私は後でこの点に立ち帰ることにする――が、しかしこの傾向が支配的になったのは、一九世紀と二〇世紀を通じてである。その結果、すべての階級の諸個人の存在は国民国家《ネイション・ステイト》の市民《シトワイエン》の地位に、つまり、「同国人《ナショナル》」であるという属性に完全に従属することになったのである［★8］。

## 民族《ピープル》の創出

諸装置と日々の実践のネットワークを通じて、ゆりかごから墓場まで個人が同国人《ホモ・ナショナリスト》として、同時にまた経済人、政治人、宗教人、等々として規格化される程度に応じてのみ、社会構成体は自らを国民《ネイション》として再生産する。だからこそ、国民という形態《ネイション・フォーム》の危機の問題は、それが未決定であるとすれば、結局は、いかなる歴史的条件の下でそのような形態の創出が可能であったのかを認識する問題に帰着するのである。すなわち、内外のいかなる力関係のおかげで、また、基本的な物質的実践に投入されるどのようなシンボル形態のおかげでそのような創出が可能であったのか、を認識する問題である。このような問題提起は、社会の国民化《ナショナリゼーション》は文明におけるいかなる移行に照応するのかを、あるいは、国籍《ナショナリテイ》を共有する個体的表象とは何であるかを自らに問うことにほかならない。

決定的な論点は、国民《ネイション》はどのようにして「共同体（communauté）」になるのかという問題である。あるいはむしろそれは、国民《ネイション》によって創設される共同体の形態はいかなる点においてその他の歴史的共同体と区別される独自性を有するのか、という問題である。

ただちに、この共同体という観念に伝統的にこびりついている対立を取り除くことにしよう。第一は、「実在的」共同体と「想像上の」共同体との対立である。諸制度の機能によって再生産されるすべての社会的共同体は想像上のものである。つまり社会的共同体は、共通の名前の認知と遠い昔の過去の名残である伝統に基づいて、個人的存在を集合的物語という織物に投影することに立脚している（たとえ社会的共同体がごく最近の過去に作られ、植えつけられたとしても）。だが以上のことから引き出されるのは、要するに、一定の条件の下ではただ想像の共同体（communauté imaginaires）だけが実在的であるということである。

国民的構成体の場合、このように実際に刻み込まれる想像上のものは「民族（people）」という想像上の産物である。民族《ピープル》とは、あらかじめ国家機構のなかに存在し、この国家を他の諸国家との対立関係において「自分のもの」として認知するような、とりわけ、政治闘争を国家という領域の内部で展開する――例えば、社会改革や社会革命の願望は「自分たちの国民国家《ネイション・ステイト》」を変革する計画として定式化される――ような、そのような想像の共同体である。かかる想像の共同体なしには、「組織された暴力の独占」（マックス・ヴェーバー）も、「国民的―民衆的意思（volonté nationale-populaire）」（グラムシ）もまずありえないのである。だがこのような民族《ピープル》は最初から存在するのではない。たとえそれが傾向的に形成されているとしても、その存在は一挙に成るのではない。いかなる近代的国民《ネイション》も、たとえ国民的《ナショナル》独立闘争の経験をもっているとしても、所与の「エスニック的」基礎を有しているわけではない。言い換えれば、いかなる近代的国民《ネイション》も、たとえそれが「平等主義的」であっても、階級コンフリクトを消滅させてしまうのではない。それゆえ、根本問題は民族《ピープル》を創出することである。より正確に言えば、それは、民衆《ピープル》が絶えず自己自身を国民的《ナショナル》共同体として創出することである。念を押せば、民衆《ピープル》が万人の目の前で「一つの民族《ピープル》として」、すなわち、政治権力の基礎およびその源泉として現れるような統一効果を生み出すことが根本問題なのである。

「民衆《ピープル》を民族《ピープル》にするものは何か」という言い回しでこの問題を明確に理解した最初の人物がルソーである。結局この問題は、すでに触れた次の問題、諸個人はどのように国民の一員《ナショナライズド》になるのか、すなわち、諸個人は国民的《ナショナル》帰属の支配的形態のなかでいかに社会化されるのか、という問題と異なるものではない。こうしてわれわれは、もう一つの人為的なジレンマを取り除くことができる。個人のアイデンティティに集団のアイデンティティを対置させることが問題なのではないのである。というのは、すべてのアイデンティティは個人的だからである。だが、歴史的でないような、換言すれば、社会的諸価値・行為規範・集団的シンボルの領域で構築されないような個人的アイデンティティはけっして存在しない。（たとえ大衆運動の「一体感のある」実践であろうと「親密な」愛情関係においてであろうと）諸個人はお互いに同一ではありえない。しかも孤立的アイデンティティというのはもともと矛盾した観念であって、諸個人がそのようなアイデンティティを獲得することなどけっしてできないのである。真の問題は、個人のアイデンティティの支配的基準が時間的推移や制度的環境の変化とともにどのように変容するかを知ることである。

だが、民族《ピープル》の歴史的創出（あるいは国民的《ナショナル》個性の歴史的創出）という問題の回答として、われわれは征服や人びとの移動や政府による「領土的併合《テリトリアリゼーション》」の実践の描写で満足しているわけにはいかない。自らを単一的国民《ネイション》の成員として知覚するようになっている諸個人は、（その歴史的創出を辿るならば）移民から成っている国民《ネイション》（アメリカ合衆国やフランス）のように、外部から、つまりさまざまな地理的出所の外部から集められたのか、あるいは彼らが含まれている歴史的に形成された国境《フロンティア》の内部で相互に（同国人として）認知し合うようになったのかである。民族《ピープル》は共通の法に従う各種の人びとから構成される。だがあらゆる場合、民族《ピープル》的統一のモデルは、このような民族の形成を「先取り」しなければならない。国民的《ナショナル》統一の過程（その効果は例えば、戦争における集団的動員や共同で死に立ち向かう能力によって測定される）は、独自なイデオロギー的形態の形成を前提する。独自的なイデオロギー的形態の形成は、大衆的現象であると同時に個人的現象であり、政治的価値のたんなる注入よりもずっと強力な「諸個人に主体《シュジェ》として呼びかけること（interpellation）」（アルチュセール）を実現しなければならない。というより、むしろこのような独自的なイデオロギー的形態は、政治的価値を、愛や憎しみの感情および「自己」表象の定着という（「第一次的」と呼ぶことができる）より基礎的な過程のうちに統合しなければならない。すなわち、独自的なイデオロギー的形態は、諸個人（「市民《シトワイエン》」）の間や、社会的諸集団の間のコミュニケーションのアプリオリな条件にならねばならないが、それはあらゆる差異の廃止によってではなく、差異を相対化し、差異自体を「われわれ」と「外国人」との間の象徴的な差異にすることを通じて達成されるのである。その場合、このような象徴的な差異が優位を占め、解消できないものとして経験される。フィヒテが一八〇八年の『ドイツ国民に告ぐ』のなかで提起した表現を借りて言うならば、国家の「外的な国境《フロンティア》」は同時に「内的な国境《フロンティア》」にならねばならない、同じことであるが、外的な国境《フロンティア》は絶えず国内の集団的人格の投影およびその保護として想像されねばならないのである。つまり、われわれの一人ひとりは自分自身のうちにそのような国境《フロンティア》を分有しており、またそのような国境《フロンティア》のおかげでわれわれはいままでいつも「安心してくつろぐ」ことができたし、これからもつねにそのようにできる場所としての、国家という時空間に住むことができるのである。

そのようなイデオロギー的形態があるとすれば、それは何だろうか？　状況に応じて、それは愛国心と呼ばれたり国民主義《ナショナリズム》と呼ばれたりしている。愛国心やナショナリズムの形成を促進するとか、それらの強さを暴露する諸事件は記録され、愛国心やナショナリズムの起源は（マキアヴェリやグラムシが言ったように）「強制」と「教育」の結合としての政治的方法に結びつけられる。国家は、「強制」と「教育」の結合によってある程度まで公共意識を創出することができる。とはいえ、そのような創出はまだ表面的な外観にすぎない。その効果のもっとも深い理由を理解するには、この三世紀の間政治哲学と社会学がそうしてきたように、われわれはそれらと宗教との類似に注目し、実際の宗教ではないにしてもナショナリズムと愛国心が現代における一種の宗教であることを証明しなければならない。

この回答には当然ながらいくらかの真理が含まれている。その理由はたんに、宗教が一見して明らかなように、「魂」や個人のアイデンティティに基づきながら共同体を創出し社会の「倫理」を規定するからではない。それはまた、神学的な言説が国民《ネイション》の理想化や国家の神聖化にモデルを提供してきたからである。このような理想化や神聖化のおかげで、諸個人の間に犠牲的な結束を作り出し、法的規則に「真理」や「規範」の印を付与することができるのである[★9]。すべての国民的《ナショナル》共同体は、つねに「選ばれた民族《ピープル》」として表象されてきたにちがいない。だが、古典古代の政治哲学は、すでにこの宗教との類似の不十分さに気づいていた。そのような類似の不十分さは、「市民宗教」を創出しようとする種々の試みの失敗や、「国家宗教」が結局は国民的《ナショナル》イデオロギーの過渡期的形態にすぎないという事実(たとえこの過渡期が長く続き、国民的《ナショナル》闘争に宗教的闘争が重なることによってさまざまな重要な結果を生み出したとしても)を見れば、あるいは、神学的普遍性とナショナリズムの普遍性を対立させる際限のない闘争を見れば、明らかであった。

実際、考えなければならないのはその逆の場合である。国民的《ナショナル》イデオロギーは明らかに、理念的な意味作用《シニフィアン》(とりわけ国民《ネイション》や「祖国」といった名そのもの)を含んでいる。この理念的な記号表現を通じて神聖感や愛・尊敬・犠牲・恐れの感情が伝導し、宗教的共同体が強められるのである。だがこのような伝導が生じるのは、「別の種類」の共同体が問題になっているからである。ナショナリズムと宗教の類似そのものはもっと深い差異に基づいている。そのような差異が存在しないならば、ほほ完全に宗教的アイデンティティの諸形態を統合している国民的《ナショナル》アイデンティティが、最終的には宗教的アイデンティティにとって代わる傾向をもち、宗教的アイデンティティ自体に「国民への統合《ナショナライズド》」を強制するのか、ということが理解できないであろう。

## 虚構的エスニシティと理念としての国民《ネイション》

私は国民国家《ネイション・ステイト》によって創出された共同体を虚構的エスニシティ（ethnicité fictive）と呼ぶことにする。これは意図的に複雑な表現であり、虚構という用語は、私の上記の用法に従えば、何らの歴史的効果をもたない純然たる幻想の意味ではなく、その反対に、法律的伝統における擬制的人格との類比によって、制度的効果ないし「でっち上げ」の意味で理解されねばならない。いかなる国民《ネイション》も生まれながらにそのエスニック的基礎を備えているのではない。そうではなく、諸社会構成体が国民化《ナショナライズド》するのに応じて、諸社会構成体に包摂されている住民――諸社会構成体の間に分けられ、かつそれらによって支配される住民――が「エスニック化」するのである。言い換えれば、諸社会構成体の国民化《ナショナライズド》に応じて、そこに包摂されている住民は過去においても将来においても、あたかも彼らが自然的共同体を形成し、個人的および社会的条件を超越するような起源・文化・利害の同一性を自然に備えているかのように表現／上演《リプレゼンティド》されるのである［★10］。

虚構的エスニシティは愛国心の対象である理念としての国民《ネイション》と混同されてはならないが、虚構的エスニシティは理念としての国民《ネイション》に不可欠である。というのも、虚構的エスニシティを欠くならば、理念としての国民《ネイション》はたんに観念ないし恣意的抽象として現れるにすぎないからである。その場合、愛国心に訴えたとしても、誰の心にも届かないであろう。この虚構的エスニシティのおかげで、あらかじめ存在する統一性の表現を国家のなかに見出すことができるのであり、また、つねに国家を国民《ネイション》のための「歴史的使命」との関連で評価することによって政治を理想化できるのである。国民的《ナショナル》イデオロギーは、すべての個人に単一のエスニック的アイデンティティを付与し、また、人類全体を各国民《ネイション》に潜在的に照応する各種のエスニシティに分類する普遍的な表象を背景にして、民族《ピープル》を虚構的エスニック的統一体として構成するのだが、国民的《ナショナル》イデオロギーはそれを通じて、住民支配のために国家戦略を正当化する以上のことをするのである。すなわち、国民的《ナショナル》イデオロギーは住民の要求を前もって、言葉の二重の意味での「所属」の意識――すなわち、われわれは自分自身に属していると同時に、同類の仲間に属しているという意識――のなかに組み入れるのである。以上のことが意味するように、われわれは、まさに各自がその名前を分有する集合体の名において、個人として呼びかけられる《インターペレイティド》。エスニック的所属の自然化《ナチュラリゼーション》と理念としての国民《ネイション》の純化とは、同じ過程の二つの側面なのである。

それでは、エスニシティはどのように創出されるのだろうか？ つまり、虚構としてではなく、もっとも自然な起源として現れるような仕方で、エスニシティはいかに創出されるのだろうか？ 歴史が示しているように、それには二つの大きな競合する道がある。言語と人種がそれである。大部分の場合、この両者は結びついている。というのも、両者の補完関係を通じてのみ、「民族《ピープル》」は絶対的な自立的単位として現れうるからである。両者のいずれも、（国民的《ナショナル》な精神ないし魂と呼ばれている）国民的《ナショナル》性格が民族《ピープル》の内部に存在することをはっきり示している。だが両者とも、現実的諸個人および政治的諸関係からの超越手段を提供する。言語と人種は、歴史的住民を「自然的」事実（つまり言語と人種の多様性が運命として現れること）のうちに根づかせる二つの仕方であり、同時にまた、歴史的住民の存続に意味を与え、その偶発性を乗り越える二つの仕方なのである。しかしながら、その時々で両者のどちらが優勢になるかは、状況に左右される。なぜなら、これら両者は同一の制度的発展に基づいていないからであり、また、同じシンボルや国民的《ナショナル》アイデンティティの同一の理想化に訴えていないからである。このように、言語優勢のエスニシティと人種優勢のエスニシティという異なる接合関係が存在するのは、明らかに政治的結果である。こういった理由から、また分析を簡単にするためにも、われわれの分析は両者を別々に検討することから始めねばならない。

言語共同体はもっとも抽象的な観念のように見えるが、実はもっとも具体的な観念なのである。というのは、言語共同体は諸個人を、いかなる時点でも現実化されるような、しかも共同行為という内実を有するような起源に結びつけるからである。諸個人自身の交流や個人間のとりとめもないコミュニケーションを中身とする共同行為は、話言葉の手段、および、いつでも取り替え可能な書き残され記録された膨大な量のテクストのすべてを利用して行われる。だからといって言語共同体は、何らの内的限界のない直接的共同体なのではない。また、コミュニケーションは実際にはすべての諸個人の間で「透明」なのではない。だが、このような限界はつねに相対的である。たとえ社会的諸条件を著しく異にする諸個人が相互のコミュニケーションをまったくしないような場合であっても、彼らは媒介的な言説の切れ目のない連鎖によって結ばれている。彼らは権利においても事実においても孤立しているわけではないのである。

　しかしながら、このような事態が世界と同じぐらい古いと信じてはならない。それどころか、このような事態はごく最近のことである。古代の帝国やアンシャン・レジームの社会は相変わらず、言語的には別々の住民の併存に、あるいは支配者と被支配者の間および宗教的領域と世俗的領域の間で相互に相いれない「諸言語」の積み重ねに立脚していたのである。それゆえ、彼らの間には、実に翻訳システムが存在しなければならなかった[★11]。近代の国民的《ナショナル》構成体では、作家、ジャーナリスト、政治家、社会的活動家がそのような翻訳者である。彼らが自然的に見える仕方で「民族《ピープル》」の言語を話せば話すほど、国民的《ナショナル》構成体の相違が強調されるのである。翻訳は何よりも、「言語のさまざまなレベル」の間の内的翻訳《トランスレイション》になった。社会的差異は、共通コードと共同規範さえをも前提とする国民言語《ナショナル・ランゲジ》の使用上の差異として表現され、相対化されるのである[★12]。共同規範は、周知のように学校教育の普及によって植えつけられる。逆に言えば、そのようにすることが学校教育の第一の機能なのである。

　これが、国民的《ナショナル》構成体と民衆向け制度としての学校教育の普及とが緊密な歴史的相互関係を有する理由である。高等教育ないしエリート層の文化に限定されない学校教育の普及は、諸個人の社会化の全プロセスの基礎として役立った。だが学校が国民主義的《ナショナリスト》イデオロギーを植えつける――場合によっては国民主義的《ナショナリスト》イデオロギーに異議を唱える――場所であったということは派生的な現象であって、厳密に言えば、それは言語共同体の創出と比べればそれほど重要な側面ではなかった。端的に言えば、学校教育は、言語共同体としてのエスニシティを創出する主要な制度なのである。だが、学校教育が唯一の場所というわけではない。国家、経済交換、家族生活もまたある意味では学校であり、「共通」言語によって識別される理念としての国民《ネイション》――「共通」言語は「それぞれ固有なものとして」各国民《ネイション》に属している――の装置である。ここで決定的なことは、たんに国民言語《ナショナル・ランゲジ》が公式に承認されることではない。それよりもずっと重要なことは、国民言語《ナショナル・ランゲジ》が民族《ピープル》の生活の構成要素そのものとして、つまり、各人が自分のアイデンティティを破壊することなしにそれぞれのやり方で取り込める現実として現れるということである。一方で一つの国民言語《ナショナル・ランゲジ》の制定があり、他方で「階級別言語」――といっても必ずしも異なった言語があるわけではない――間の日々の衝突ないし相互のズレがあるとしても、国民言語《ナショナル・ランゲジ》と階級別言語の間にあるのは、矛盾ではなく補完的関係である。すべての言語的実践は単一の「言語愛」に注ぎ込むのであるが、この言語愛は、教科書的な規範や特別用法ではなく、「母語《マザー・タング》」(langue maternelle)に、すなわち、言語学習や専門的用法の背後にある共通起源という理念に向けられる。母語《マザー・タング》はまさにそのことによって同国人《ナショナル》の相互愛の隠喩《メタファー》になるのである[★13]。

さてわれわれは以下、国民言語《ナショナル・ランゲジ》の歴史が提起する具体的な史的諸問題――国民言語《ナショナル・ランゲジ》の統一および強制に伴う困難、すなわち、国民言語《ナショナル・ランゲジ》を「民衆的」で「熟成された」慣用語として完成させることに伴う諸困難(国民言語の統一は、各種の国際的機関によって支援された各国の知識人の努力にも関わらず、今日まだすべての国民国家《ネイション・ステイト》においてその完成からほど遠い)――をさておいて、なぜ言語共同体がエスニシティを創出するのに十分ではないのかを検討することにしよう。

おそらくこのことは、言語による意味付与《シニフィアン》がまさにその構造自体を通じて個人のアイデンティティに与える逆説的な性質と関係があるにちがいない。ある意味では、諸個人は言語の要素のなかでつねに主体として呼びかけられる。なぜなら、すべての呼びかけは言説による秩序づけという性格をもっているからである。権利、系譜、歴史、政治的選択、職業資格、心理状態などがそのなかで表現される言説的秩序のなかでは、すべての「人格性」は言葉《ワード》を通じて構築される。だが言語によるアイデンティティの構築は定義によって開かれている。何人も自分の「母語《マザー・タング》」を「選べ」ないし、好き勝手に母語を「変える」ことはできないが、複数の言語を身につけたり、別の種類の言説や言語転換の担い手になることはつねに可能である。言語共同体はきわめて拘束的なエスニック的記憶を呼び入れる(R・バルトがかつて言語共同体を「ファシスト的」であるとまで言い切ったように)とはいえ、それは奇妙な柔軟性を備えている。言語共同体は新たに獲得されたものを即座に自然化《ナチュラライズ》してしまうのである。ある意味でこの自然化は実にすばやく行われる。集団的記憶が生き続けるのは、個人が「出自」を忘却するという代償を通じてである。「第二世代」の移民——この文脈では構造主義的意味をもつ観念——は、感受性や想像上のものに関する限り、自発的にか「親から伝えられて」、あるいはやむをえない事情で、国民言語《ナショナル・ランゲジ》を(それを通して国民《ネイション》自体を)身につける。それは、われわれが家庭でしばしば話題にする「郷里」の親戚の息子たちと同じである(住民の大部分が国民言語《ナショナル・ランゲジ》を日常的に話すようになったのはまだつい最近のことにすぎない)。母語《マザー・タング》は必ずしも「実の」母の言葉ではない。言語共同体とは現在の共同体である。この共同体は、つねに存在してきたという感情を生み出すとはいえ、後続世代を宿命的なものによって少しも拘束しないのである。理念的に言えば、言語共同体はすべての人を「同化し」、しかも何人をも拘束しない。要するに、言語共同体は(個人が主体として構成される仕方を通じて)すべての個人の深部にまで影響を与えるが、その歴史的特性は可変的な諸制度と結びついているにすぎない。事情が許すならば、言語共同体は(英語、スペイン語、フランス語がそうであるように)さまざまな国民《ネイション》の役に立ちうるし、（「旧」ギリシャ語、ラテン語、「文語」としてのアラビア語のように）それを用いた人びとの「物理的な」消滅後も存続することがあるのである。それゆえ、言語共同体が特定の民族《ピープル》の国境《フロンティア》と結びつくためには、閉鎖の原理または排除の原理といった特殊な補足が必要となる。

　そのような原理が人種共同体である。だがわれわれはここで、誤解を生まないように慎重を期さなければならない。あらゆる種類の身体的ないし心理的特徴は、可視的であれ不可視的であれ、人種的同一性という虚構の形成に、それゆえ、同一国民《ネイション》の内部または国境《フロンティア》の外部の社会集団間の自然的および遺伝上の差異の形成に寄与する傾向がある。私は別のところで同じテーマを扱った何人かに続いて、人種的傷痕《スティグマ》の変遷、および、それと社会的コンフリクトのさまざまな歴史的形態との関連を議論したことがある。われわれがここで議論したい論点はただ、人種とエスニシティを理念的に等置することによって人種的統一性を民族《ピープル》の歴史的連続性の起源または原因として想像することを可能にするような、シンボル的核についてである。さて、言語共同体の場合とは違って、ここで問題となるのは、政治的統一を形成するすべての個人に実際に共通する実践ではない。われわれはコミュニケーションに相当するものを扱っているのではない。それゆえ、問題なのはいわば第二段階における虚構である。しかしながら、この虚構もまた、その有効性を日常の実践から、すなわち諸個人の「生活」を直接に構造化する諸関係から引き出すのである。そしてとりわけ重要なのは、言語共同体が言語的実践における社会的不平等を「自然化《ナチユラライズ》」することを通してのみ諸個人間の平等を創出できるのに対し、人種共同体は社会的不平等を「類似」といういきわめて曖昧なものに解消することである。この類似は「真に」国民的《ナショナル》なものと「虚構的に」国民的《ナショナル》なものとに分類する形態を社会的差異に与えることによって、和解し難い敵対関係を表現するこの社会的差異をエスニック化するのである。

　私の考えでは、このパラドックスは以下のように解明することができる。人種観念（およびその人口学的・文化的等価物）のシンボル的核にあるのは、系譜図式である。系譜図式とは、ただたんに、諸個人の血統（filiation）が世代から世代に生物的にして精神的な実体を伝え、それを通じて諸個人を「親族関係（kinship）」と呼ばれる時間的共同体のなかに挿入する、という観念である。これこそわれわれがエスニシティ化の第二様式と直面していることとの理由である。同一の民族《ピープル》を構成する諸個人はお互いに縁続きである（時の経過とともに、諸個人は拡大された親族関係の輪を形成するはずである）、という主張を国民的《ナショナル》イデオロギーが表明するや否や、エスニシティ化の第二様式が問題になっているのである。

おそらくこの点について、そのような表象は国民的《ナショナル》性格とはほど遠い諸社会や諸共同体を特徴づけるものである、という反対論が出てくるだろう。だが、国民形態《ネイション》と近代的人種概念を接合する新しさはまさにこの点に基づいている。この表象は、差別的結婚や系族《リニエッジ》といった伝統的制度によってコード化された（いまなおそうである）私的系譜の消滅傾向と相関的である。人種共同体の観念が出現したのは、親族関係境界線が氏族《クラン》や村落共同体のレベルで、少なくとも理論的には社会階級のレベルで解消し、その結果、境界線が想像上の国民的所属《ナショナリティ》の境界に移されるときである。そうなれば、「同国人（concitoyen）」の誰と結婚しようと、妨げるものが何もなくなる。そして、そのような結婚だけが「正常」で「自然」であるかのように現象するようになる。こうして人種共同体は、大家族として、あるいは（「フランス人」家族の、「アメリカ人」家族の、「アルジェリア人」家族の、共同体というように）家族的関係の共通外皮として表現／上演される傾向をもっている[★14]。そのようになるならば、すべての個人は、自分の所属する社会的地位の如何に関わらず、自分の家族をもつようになる。しかし、家族は所有と同様に諸個人間の偶発的な関係になる。この問題をより詳しく検討するために、われわれは次に家族の歴史を議論しなければならない。家族は、すでに指摘した学校と同じくらいの中心的役割を果たす制度であり、人種についての言説につねにつきまとっている制度である。

家族と学校

われわれはここで、一方で婚姻の権利についての、他方で文学および人類学の主題としての「プライベイトな生活」についての支配的見方に相変わらず従っている、家族史の空白の問題に出くわす。（両親と子供によって構成される）「核家族」や小規模家族の誕生は、近代家族史の大きなテーマである。それに関する議論は、核家族が社会生活のブルジョワ的形態に関連する特殊近代的（一八世紀から一九世紀にかけての）現象であるのか（アリエスとショーターの説）、それとも、それは教会法および結婚に関する教会当局の支配によってずっと以前に定礎された発展の帰結であるのか（グッディーの説）、をめぐって行われている[★15]。実際のところ、これらは相いれない見解ではない。だが重要なことは、それらの説には、われわれフランス人にとってもっとも決定的な問題――すなわち、「戸籍制度と家族法典（その原型はナポレオン法典である）以来、「拡大された」親族関係の解体と（相続財産の規制から産児制限の組織化に至るまでの）国民国家《ネイション・ステイト》の介入による家族的諸関係の浸透との間を縫って、徐々に確立されてきた関連――をうやむやなままにする傾向があることである。ここで注意すべきは、今日の国民的《ナショナル》社会では、一部の系譜「マニア」や貴族制度を「なつかしむ」人びとを除けば、系譜はもはや理論的知識でも言い伝えによる記憶の対象でもないし、また、私的に記録され私的に保存されるのでもない、ということである。今日、血統と姻戚関係の記録を作り保持しているのは、国家なのである。

ここで再び、表層と深層を区別しなければならない。表層にあるのは、かなり早い時期にナショナリズムと結びついた――とりわけフランスの政治的伝統ではそうである――家族主義的言説（保守的ナショナリズムの構成要素）である。深層にあるのは、「プライベイトな生活」、狭隘な「家族的親密さ」、国家の家族政策の同時発生である。国家の家族政策は公的空間に、住民（population）についての新しい見方および、住民調査・モラルと衛生の両面からの住民の監視・住民の生殖などに関する人口学的技術を出現させた。それゆえ、近代家族の私生活はまさに、国家機構が国境《フロンティア》で立ち止まるような自律的領域とはまったく別物である。それは、諸個人間の関係が直接的に「公民的」機能の担い手になるような、また、出産を義務とする男女関係をはじめとする諸個人間の関係が国家の絶えざる援助を通じて可能になるような領域である。われわれはこれによってまた、近代国民国家《ネイシヨン・ステイト》における性的な「逸脱」行動がなぜただちに無政府主義的な調子を帯びるのかを理解することができる。近代以前の諸社会では、性的な「逸脱」行動はむしろ宗教的異端の調子を帯びていた。公衆衛生と社会保障制度が全面的に聴罪の司祭にとって代わったのだが、新しい「自由」、新しい保護、新しい使命を、それゆえまた新しい需要を提供することによってそれが可能になったのである。したがって、系族《リニエッジ》的親族関係や世代間の連帯や大家族の経済的機能が分解するにつれて、それにとって代わったのは、自然的なミクロ社会でも純粋に「個人主義的な」契約関係でもなく、家族の自然化《ナチユラリゼーシヨン》であった。家族の自然化に対応するのが、国民的《ナシヨナル》共同体と、虚構的な同族結婚のルールによって枠を定められたシンボル的親族関係との同一視である。このシンボル的親族関係は、おそらく共通の祖先よりもむしろ共通の子孫のうちにそれ自身を投影する傾向がある。

これこそ、国民的《ナシヨナル》形態をとる社会と「ブルジョワ的」家族との相互関係のなかに、優生学の思想がつねに潜んでいる理由である。これがまた、なぜナショナリズムが性差別主義にひそかな親近感をもっているのか、の理由でもある。といっても、ナショナリズムが性差別主義にひそかな親近感をもっているのは、両者において同一の権威主義的伝統が発現しているからではなく、むしろ夫婦愛および育児における男女間の不平等が国家による法的・経済的・教育的・医療的仲介の拠り所となっているからである。最後にこれがまた、ナショナリズムを「同族意識(tribalism)」として表象すること――ナショナリズムを宗教として表象することに対する社会学者たちの対案――が一方でまやかしであり他方で示唆的である、ということの理由である。まやかしであるのは、そのような表象がナショナリズムを、実際は国民国家《ネイション・ステイト》と相いれない原始的共同体の諸形態への逆行としてイメージさせるからである（周知のように、系族《リニエッジ》的または部族的連帯が強く残っているところではどこでも、国民《ネイション》形成は不首尾に終わっている）。だが示唆的なのは、国民《ネイション》によってある想像の親族関係が別の想像の親族関係に置き換えられること、そしてこのような置き換えの基礎には家族自体の変容が横たわっている、ということである。それゆえ、われわれはまた自問せざるをえない。家族の変容が「完了する」とき、すなわち、男女関係と出産が完全に家系的秩序の支配から脱するとき、国民形態《ネイション・フォーム》はどこまで自らを永続的に（少なくとも支配的形態として）再生産し続けることができるであろうか、と。そのときわれわれは、人「種」とは何かの表象をエスニシティの創出のなかに求めることの物的可能性の限界に達するであろう。だがおそらく、われわれはまだそのような点にまで到達していない。

それゆえアルチュセールが、「国家のイデオロギー装置」の要点を定義したさいに、ブルジョワ社会の支配的イデオロギーの核心は家族／教会の関係から家族／学校の関係に移行したことを示唆したのは間違ってはいなかったのである［★16］。とはいえ、私はアルチュセールのこの定義を次の二点で訂正したい。第一に、私の考えでは、個々の具体的な制度はそれ自体で「国家のイデオロギー装置」を構成するのではない。「国家のイデオロギー装置」という表現が見事に示しているのは、むしろ、複数の支配的諸制度が結合して機能することである。第二に、私は次のように考えることを提案したい。すなわち、学校教育と家族の今日的重要性は、ただたんに労働力再生産におけるそれらの機能的役割から生じるのではなく、それらが労働力再生産を虚構的エスニシティの創出に、つまり、それを人口政策のなかに暗に含まれている、言語共同体と人種共同体との接合関係に従わせることから生じる（フーコーはこれを「生－権力（bio-pouvoirs）」のシステムと呼んでいる。この用語は示唆的ではあるが曖昧な表現である［★17］）。学校と家族には、おそらくもっと別の視角からの分析に値する他の側面がある。学校と家族の歴史は、国民形態《ネイション・フォーム》が出現するずっと以前に始まったし、国民形態《ネイション・フォーム》よりも長く存続し続けるかもしれない。だが、学校と家族をともにブルジョワ社会の支配的イデオロギー装置の構成要素――支配的イデオロギー装置は、学校と家族の相互依存関係の深まり、および、諸個人の教育・訓練に当てられる時間をもっぱら両者で分配する傾向によって表現される――にさせているものは、それらの国民的《ナショナル》重要性、すなわち、エスニシティの創出におけるそれらの直接的重要性である。この意味において、ブルジョワ的社会構成体で支配的な「国家のイデオロギー装置」はただ一つあるだけである。「国家のイデオロギー装置」は、それ固有の目的のために、学校制度と家族制度を、副次的には学校と家族に関連した他の諸制度を利用する。それゆえ、「国家のイデオロギー装置」の存在はナショナリズムの確立・支配の基礎である。

　結論として、注意すべき論点を以上の仮説に加えておかねばならない。接合関係、つまり、補完関係は調和を意味しない、ということがそれである。言語的エスニシティと人種的エスニシティ（または世襲的なそれ）は、ある意味では相互に排他的関係にある。私がすでに指摘したように、言語共同体が開かれているのに対して、人種共同体は原則として閉ざされたものとして現れる（なぜなら、人種共同体は理論的には、その基準からすれば真に国民的《ナショナル》ではない人びとを、共同体の外部ないし「劣悪で」「異質な」周辺部にいつまでも、最後の世代に至るまで閉じ込めることにつながるからである）。この場合、言語共同体も人種共同体もともに理念的な表象である。おそらく、人種の表象作用は、その根拠となっている人類学的普遍性の要素（世代間連鎖、人類全体にまで拡大される親族関係の絶対性）と隔離や禁止による想像上の産物とを組み合わせることである。だが実際には、移民や異なる人種間の結婚が絶えず、（強制的政策によって「混血」が処罰されるところでさえも）そのように設定された境界を越えるのである。住民混血化の真の歯止めになるものは、むしろカースト的現象を再編成する傾向をもつ、階級上の差異によって形成される。そのためには、エスニシティの世襲的実体が絶えず再定義されねばならない、かつての「ゲルマン民族」、「フランス系民族《レイス》」、「アングロ・サクソン系民族《レイス》」、今日の「ヨーロッパ人（European-ness）」や「西欧人（Western-ness）」、おそらくは明日の「地中海系民族《レイス》」といったように。逆に言えば、言語共同体の開放性は依然として理念的な開放性なのである。言語共同体にはある言語を別の言語に翻訳する可能性や自分の使える言語の種類を増やす諸個人の能力などが存在し、言語共同体の開放性の物的支えとなっているにも関わらず、そうなのである。

言語共同体への帰属は（とりわけその帰属が学校制度によって媒介されているために）形式的には平等であるとはいえ、階級的差異とほぼ一致している分割や差異主義規範（normes différentielles）をただちに再創造する。ブルジョワ社会に学校教育が普及するにつれて、言語能力の差異（それゆえ文学的・「文化的」・技術的能力の差異）はしだいにカースト的差異として機能し、諸個人にさまざまな「社会的運命」を割り当てるようになる。このような文脈では、言語能力の差異がただちに身体の習慣的行動《ハビトゥス》（ピエール・ブルデューの用語）の諸形態と結びつくとしても、少しも不思議ではない。身体のハビトゥスは、諸個人の個性的で普遍化できない行為である話すという行為に人種主義的ないし準人種主義的な傷痕《スティグマ》機能を付与するのである（しかもハビトゥスは、「階級の人種主義」の表現のなかでつねに重要な位置を占めている）。例えば、階級の人種主義の表現として、「外国人特有」あるいは「地域的」なアクセント、「庶民的な」話し方、言語表現の「誤り」、あるいは、話手の特定階層への所属を即座に示すと同時に家族の出自や遺伝的能力の反映として解釈される見せびらかし的な「矯正」、などがある[★18]。それゆえ、エスニシティの創出とは、言語の人種化であり、人種の言語化にほかならない。

直接に政治的な観点からであろうと、国民形態《ネイション・フォーム》の発展および社会諸関係の制度化における国民形態《ネイション・フォーム》の将来的役割の観点からであろうと、どのような形態のエスニシティが支配的になるかということがどうでもいい問題であるはずはない。なぜなら、エスニシティは、統合と同化の問題に関して二つの根本的に異なった立場を、すなわち、法的秩序を根拠づけ諸制度を国民化《ナショナライズ》する二つの仕方を提起するからである[★19]。

フランスの「革命的国民《ネイション》」は最初、言語のシンボル性に特権的な地位を与えることを通じて形成された。それは政治的統一と言語的画一性とを、国家の民主化と文化的「地域主義」――「地方なまり」はその温床になる――の強制的解体とを密接に結びつけた。他方、アメリカの「革命的国民《ネイション》」は、二重の抑圧のうえに彼らの最初の理念を作り上げた。アメリカの「原住民」の絶滅、および、自由な「白人」と「黒人」奴隷との差異の根絶がそれである。アングロ・サクソンの「母国」から継承された言語共同体は、少なくとも外観的には、ヒスパニック系移民がこの言語共同体に階級的シンボルと人種的特徴の意味作用を持ち込むまでは、特別な問題を生まなかった。フランスの国民主義的《ナショナル》イデオロギーの歴史のなかには「原住民保護主義（nativism）」が潜在的に含まれていたが、一九世紀末に植民地化や労働力輸入の拡大やエスニック的出自の相違による肉体労働者の差別が「フランス民族《レイス》」という幻想を狂信的に作り上げるに至るまで、それは潜在的なままであった。反対に、アメリカの国民的《ナショナル》イデオロギーの歴史のなかには、きわめて早いうちから原住民保護主義が明示的な形で存在している。アメリカの国民的《ナショナル》イデオロギーは、新しい人種のるつぼとしての、だが構成比の異なるさまざまなエスニックの組み合わせとしての、アメリカ民族《ピープル》の形成を表現した。アメリカ民族《ピープル》の形成は、奴隷制に由来し、黒人の経済的搾取によって強化された社会的不平等とヨーロッパやアジアからの移民とを等置する、という離れ技と引き換えに行われた[★20]。

　歴史上のかかる相違は、けっして何らかの宿命的結果を押しつけるものではない。それはむしろ政治的闘争の材料を提供する。しかしそれは、同化（assimilation）、権利の平等、市民権、ナショナリズム、国際主義《インターナショナリズム》といった諸問題が取り扱われる条件を根底的に大きく変えるのである。虚構的エスニシティの創出に関して、「ヨーロッパの構築」――それが「ヨーロッパ共同体」のレベルに国民国家《ネイション・ステイト》の機能とシンボルの移転を追求するのに応じて――が、「ヨーロッパ共通言語主義」の創設（そうならば、どの言語を選ぶのかが問題になる）という方向に、あるいは、主として「南の住民」（トルコ人、アラブ人、黒人）と対照的に構想された「ヨーロッパの人口学的同一性」を理想化する方向に著しく傾斜しないかどうか、深く危惧されるところである〔★21〕。「民族《ピープル》」はエスニシティ化という国民的《ナショナル》なプロセスの産物であるが、今日、すべての「民族《ピープル》」が、国家枠を超えた《トランスナショナル》コミュニケーションとグローバルな力関係の世界において、排外主義ないし同一性イデオロギーを超える各自の道を発見するように強く求められている。あるいはむしろ、次のように言った方がいいであろう。すべての個人は、共通の利害とある程度までは共通の未来を分かつ他の民族《ピープル》に属する個人と意思疎通するためにも、「わが」民族《ピープル》という想像上の産物を転換させることを通してこの想像上の産物から脱却する方法を見つけるよう求められているのである、と。

（若森章孝　訳）

## 原注

★1　参照せよ。Gérard Noiriel, *Le Creuset Français*, Editions du Seuil, 1988.

★2　したがって、その日付の一つを象徴的に選ばねばならないとすれば、スペインによる新世界征服の完成、ハプスブルク帝国の解体、イギリスにおける王位継承戦争の終焉、オランダ独立戦争の開始などによって特徴づけられる一五世紀中頃を挙げることができるだろう。

★3　Fernand Braudel, *Civilisation matérielle, Economie et capitalisme*, vol.2, *Les Jeux de l'échange*; vol.3, *Le Temps du monde*, A. Colin, Paris.〔山本淳一訳『物質文明・経済・資本主義――交換のはたらき』みすず書房、村上光彦訳『物質文明・経済・資本主義――日常性の構造』みすず書房〕。Immanuel Wallerstein, *The Modern World-System*, vol.1, *Capitalist Agriculture and the Origin of the European World-Economy in the Sixteenth Century*, Academic Press, 1974; vol.2, *Mercantilism and the Consolidation of the European World-Economy*, Academic Press, 1980.〔川北稔訳『近代世界システム――農業資本主義と「ヨーロッパ世界経済」の成立』岩波書店、川北稔訳『近代世界システム――重商主義と「ヨーロッパ世

界経済」の凝集』名古屋大学出版会〕。

★4 参照せよ。Braudel, *Le Temps du monde*, op. cit., p.71sv.; Wallerstein, *Capitalist Agriculture...*, op. cit., p.165sv.

★5 この観点からすれば、諸生産方式の単線的な継起という「正統的」マルクス主義の理論がナショナリズムの勝利と同時にソ連で公式の教義になったという事実は、少しも驚くべきことではない。というのも、この「正統的」マルクス主義の理論のおかげで、「最初の社会主義国」は新しい普遍的国民《ネイション》として現れることができたからである。

★6 Eugen Weber, *Peasants into Frenchmen*, Stanford University Press, 1976.

★7 Gérard Noiriel, *Longuy. Immigrés et prolétaires, 1880–1980*, Paris, PUF, 1984; Le Creuset français, *Histoire de l'immigration 19-20 siècles*, Paris, Editions de Seuil, 1988.

★8 この点をさらに展開したものとして、Etienne Balibar, 《Propositions sur la citoyenneté》, in *La Citoyenneté*, ouvr. coordonné par C. Withol de Wenden, Edilig-Fondation Diderot, Paris, 1988 を参照せよ。

★9 これらすべての論点について、次のカントロビッチの著作が明らかに決定的に重要である。Kantorowicz, *Mourrir pour la patrie et autres textes*, PUF, 1985.〔甚野尚志訳『祖国のために死ぬこと』みすず書房、一九九三年〕

★10 私は「それらのなかに含まれている」と言った。だが、「また、それらによって排除される」とつけ加えねばならない。というのは、他者のエスニック化は国民的民族(peuple national)のエスニック化と同時に生じるからである。エスニック的差異以外に、もはやいかなる歴史的差異も存在しない(それゆえ、ユダヤ人もまた「民族(peuple)」でなければならない)。植民地化された住民のエスニック化については、J. L. Amselle et E. M'Bokolo, *Au coeur de l'ethnie: ethnies, tribalisme et État en Afrique*, Paris, 1985 を参照せよ。

★11 Ernest Gellner, *Nations and Nationalism*, Oxford, 1983; Benedict Anderson, *Imagined Communities*, Verso, London, 1983〔白石隆・白石さや訳『想像の共同体』リブロポート、一九九二年〕を参照せよ。この二著は「唯物論」と「観念論」のように対立しているが、それぞれの立場からこの論点に的確に言及している。

★12 Renée Balibar, *L'Institution du français. Essai sur le colinguisme des Carolingiens à la République*, Paris, PUF, 1985 を参照せよ。

★13 この点については、J・M・ミルネール(Jean-Claude Milner)が *L'Amour de la langue*, Seuil, 1978 においてよりもむしろ *Les Noms indistincts*, Seuil, 1983, p.43 以下でいくつかのきわめて刺激的な問題提起を行っている。「一国社

会主義政策」が支配的になった時期のソ連におけるもう一つの「階級闘争」と「言語戦争」については、F. Gadet, J. M. Gayamann, Y. Mignot, E. Roudinesco, *Les Maitres de la langue*, Maspero, 1979 を参照せよ。

★14　付言するならば、われわれはここで人種主義とナショナリズムとの置換に関する確かな基準を手に入れたのである。これらの観念を——出生率の維持は言うまでもなく——「家族の防衛」に結びつける、祖国または国民《ネイション》についてのあらゆる言説は、すでに人種主義的世界のなかに据えつけられている。

★15　Philippe Ariès, *L'Enfant et la vie familiale sous l'Ancien Régime*, nouv. éd. Seuil, 1975.〔杉山光信・杉山恵美子訳『〈子供〉の誕生』みすず書房、一九八〇年〕; Edward Shorter, *The Making of the Modern Family*, Basic Books, New York, 1975; Jack Goody, *The Development of the Family and Marriage in Europe*, Cambridge University Press, Cambridge, 1983.

★16　Louis Althusser,（Idélogie et appareils idéologiques d'Etat）, rédite dans *Positions*, Editions sociales, Paris, 1976.〔西川長夫訳『国家とイデオロギー』福村出版、一九七五年：柳内隆訳『アルチュセールのイデオロギー論』三交社、一九九三年〕を参照せよ。

★17　Michel Foucault, *La Volonté de savoir*, Gallimard, 1976.〔渡辺守章訳『知への意志』（性の歴史I）新潮社、一九八六年〕を参照せよ。

★18　P. Bourdieu, *La Distinction. Critique sociale du jugement*, Edition de Minuit, 1979.〔石井洋二郎訳『ディスタンクシオン』I、II、藤原書店、一九九〇年〕、*Ce que veut dire; l'économie des échanges linguistiques*, Fayard, Paris, 1982.〔稲賀繁美訳『話すということ』藤原書店、一九九三年〕を参照せよ。また、「論理的反抗（Révoltes logiques）」グループからのブルデュー批判として、*L'Empire du sociologue*, La Découverte, 1984 がある。この『社会学者帝国』という本の批判は、主として、ブルデューが社会的役割を「運命」として固定し、役割間の敵対関係に「全体」を再生産する機能を直接的に付与するやり方に向けられている（この本の言語についての章は、F. Kerleroux の執筆である）。

★19　この論点についてのいくつかの貴重な指摘が、Françoise Gabet, Michel Pécheux, *La Langue introuvable*, Maspero, 1981, p.38sv《L'anthropologie linguistique entre le Droit et Vie》にある。

★20　アメリカの「移民に対する原住民保護主義」については次を見よ。R. Ertel, G. Fabre, E. Marienstras, *En marge. Les minorité aux Etats-Unis*, Paris, 1974, p.25sv.; Michael Omi et Howard Winant, *Radical Formation in the United States. from the 1960s to the 1980s*, Routledge and Kegan Paul, 1986, p.120. 英語の公用語化を要求する（ラテン・アメリカから

の移民に向けられた）運動が、今日アメリカ合衆国においてだけ発展しているのを知ることは興味深い。

★21　このオルタナティブの岐路に、真に決定的な次のような問題がある。「統合ヨーロッパ」の将来の行政・教育機構は、フランス語、ドイツ語、ポルトガル語との対等な資格で、アラビア語やトルコ語を、さらにはアジアやアフリカのいくつかの言語を認めるであろうか、それともこれらの言語を「外国人の」言語としてみなすであろうか？

# 第6章

# 資本主義世界経済における世帯構造と労働力の形成

イマニュエル・ウォーラーステイン
Immanuel Wallerstein

世帯《ハウスホールド》は資本主義世界経済の主要な制度的構造の一つを形づくっている。社会制度を超歴史的なものとして、言い換えれば、社会制度があたかも類概念を構成し、各史的システムがその一つとしての変種ないし種概念を創出するかのように分析することは、つねに誤りなのである。むしろ、所与の史的システムの多様な制度的構造は、（a）基本的な点でそのシステムに特有のものであり、そして（b）相互に密接に絡み合い、その構造的機能を可能ならしめる諸制度の総体を構成するのである。

この場合の史的システムは、単一進化しつつある歴史的統一体としての資本主義世界経済である。このシステムにおける世帯《ハウスホールド》を理解するにあたっては、それを他の史的システムにおける類似のものと仮定された諸制度（名目上しばしば同一の名称を有する）と比較するよりも、それがこのシステムの諸制度の総体といかにうまく調和しているかを分析する方が、ずっと有益であろう。実際、以前のシステムのなかにわれわれの「世帯《ハウスホールド》」に類似したものがあったかどうかは、正直なところ疑わしい（「国家」や「階級」といった制度的概念についても同様である）。

「世帯《ハウスホールド》」というような用語を超歴史的な意味で使用したところで、それはせいぜい類推の域を出るものではない。われわれは、おそらくは類似した諸制度だと推定されるものの特徴を比較するよりも、発展しつつある資本主義世界経済の内部から問題を提起してみよう。際限なき資本蓄積が、このシステムの規定的特徴であり、また、その存在理由でもある。時とともに、この際限なき蓄積は、万物の商品化、世界生産の絶対的増加、複雑かつ精巧な社会的分業を推し進めていく。この蓄積目的は、世界人口の大多数が剰余価値を生産する労働力として奉仕し、剰余価値がいろいろな仕方で残りの少数者の間に配分されるという、両極化した分配システムを前提とする。資本蓄積者の観点からは、この世界的労働力の生産と再生産の仕方はいかなる問題を提起するだろうか。資本蓄積者は三つの主要な関心を抱いているとみなしてよいように思う。

1　彼らは、その使用が時間的に可変的な労働力を得ることから利益を受ける。言い換えれば、個々の企業家は生産に直接関連した費用のみを負担したがり、したがって、未使用の労働時間に対する将来的オプションにレンタル料を支払おうとはしない。他方、彼らは生産したいときには、働く意志のある人を得たいと望んでいる。この時間的変化の程度は、一〇年ごとの場合もあれば、一年ごと、あるいは一週間ごと、さらには一時間ごとの場合もある。

2　彼らは、その使用が空間的に可変的な労働力を得ることから利益を受ける。言い換えれば、個々の企業家は、世界的労働力の既存の地理的分布に過度に拘束されることなく、費用（輸送費、労働力の歴史的費用、等々）をある程度まで考慮することによって、企業を配置したり、あるいは再配置したりしようとする。この空間的変化の程度は、大陸間で起こることもあれば、農村と都市の間で、またはある特定の隣接した地域間で起こることもある。

3　彼らは、できるだけ安い費用水準の労働力を得ることから利益を受ける。言い換えれば、個々の企業家は、少なくとも中期的には、（賃金の形態をとったり、間接的な貨幣支給や現物支給の形態をとった）直接費用が最低限に抑えられることを望んでいる。

個々の企業家が従わざるをえない（そうしなければ倒産を通して経済的闘技場《アリーナ》からの撤退を余儀なくされる）これらの優先項目はいずれも、世界的階級としての資本蓄積者の利害とある程度矛盾している。世界的階級としては、蓄積者は、世界的労働力の再生産を世界的生産の水準に対応した数量で保証する一方で、この世界的労働力が階級勢力として自らを組織し、システムそれ自体の存立を脅かすことのないように保証する必要がある。したがって、世界的階級としての立場からは、一定の再分配（それによって、世界規模の有効需要の適正な水準と世界的労働力の長期の再生産を保証し、また、中間指導者層《カードル》に剰余の一部を受け取らせることでシステムにふさわしい政治的防衛機構を保証すること）は不可欠な措置だと見えるかもしれない。

したがって問題は、資本蓄積者の観点からは（つまり一群の競争的な個人としての立場と、それと矛盾した集団的階級としての立場からは）、どんな種類の制度が労働力の形成という点では最適だろうか、ということである。われわれとしては、「世帯《ハウスホールド》」構造の歴史的な発展がいくつかの点でこの目的にかなっていることを示唆したい。個人としての企業家と階級としての企業家との矛盾した要求は、労働力供給の規定要因がかなり柔軟性をもつ場合にもっともよく調和させることができる。つまり、「市場」のさまざまな圧力にあまりにも急激に順応するのを拒みながらも、ゆっくり順応する制度が必要なのである。資本主義のもとでこれまで歴史的に発展してきた「世帯《ハウスホールド》」は、まさしくこのような性格を備えているように見える。世帯《ハウスホールド》の境界は順応性に富んでいるとはいえ、短期的な安定性がその構成員の経済的利己心と社会的心理のなかに埋め込まれているのである。

世帯《ハウスホールド》の境界は穏やかな順応性を保持してきたが、それには三つの主要な仕方がある。まず第一に、世帯《ハウスホールド》の構成と地域性とのつながりを絶とうとする圧力が絶え間なく働いている。これは、初期の段階では、長らく観察されたことだが、ある特定の小さな地域単位への（物質的、法的、情緒的な）関わり合いから、ますます多くの民族《ピープル》を引き離そうとする圧力として働いた。通常、時間的にもっとあとのことになるが、第二の段階では、これは、プールされる所得構造への法的、社会心理的関わり合いの基礎としての同居性を減少させようとする圧力として作用したが、それでも同居性を全面的に除去するものではなかった（私の考えでは、核家族化としてこれまで誤解されてきたのが、この現象なのである）。

第二に、資本主義世界経済が時とともに発展するにつれてますますはっきりしてきたように、生産の社会的分化は部分的にのみ賃労働化された世界的労働力に基礎を置いているのである。この「（賃金収入割合の）部分性」は二重のものであった。すなわち、（a）生産的総労働のうち賃金収入を得ている割合を示す曲線に沿う形で、世界の世帯《ハウスホールド》にばらつきがあった。世界経済全体に関する正確な統計的分析が示すように、この曲線はそれほど鋭角的なものではなく、歴史的な時間の経過とともにより釣鐘状のものとなるように思われる。そして、（b）事実上、資本主義世界経済内部のどんな世帯《ハウスホールド》も、その曲線の両端には位置していない。ということは、ほとんどの世帯《ハウスホールド》の収入取得様式もみな賃労働によるそれが「部分的」であった、ということである。

第三に、各世帯《ハウスホールド》が労働力に加わる形態は、エスニシティ／民族性《ピープルフッド》および性《ジェンダー》の点から見ると階層化されており、また、ますますそうなっている。だが、それと同時に、機会均等を擁護するイデオロギーもしだいに強く主張され、実行に移されるようになった。この二つの傾向を調和させる仕方として、現実の階層化がもつ柔軟性があった。なぜなら、エスニシティの境界線は（同族結婚の諸規則も含めて）それ自体順応性を有していたからである。性についての境界線はエスニシティのそれほど順応性があるわけではなかったが、それでも性による階層化の境界線のそれぞれの側に割り当てられる職業上の役割を絶えず定義し直すことは、不可能ではなかった。

留意すべきは、これらのいずれの側面（地域性、賃労働、エスニックや性による階層化）においてもその構造は緊張関係をはらんだものであった、ということである。すなわち、地域性との断絶 対 同居性のある一定の役割、賃労働制度 対 賃労働制度の部分性、エスニックと性による階層化システム 対 機会均等イデオロギーによる階層化システムの緩和、といった緊張関係がそれである。資本蓄積者が世界的労働力を思いどおりに利用することができるのは（それには一定の限度があるが）、まさしくこの緊張関係を通してのことなのである。世界的労働力の反応、つまり、社会的意識（民族《ピープル》、階級、世帯《ハウスホールド》への忠誠）の点から見たその反応と、政治的意識（運動への参加）の点から見たその反応の力強さと曖昧さをともに生み出すのも、まさしくこれと同じ緊張関係であった。

資本蓄積者の観点からは、世帯《ハウスホールド》の効果が所得プール単位（比喩的に言えば、食事を共にすること）にあることは、これに代わる次の二つのものと対比してみるとよくわかる。その一つは、五〇人から一〇〇人、さらにはそれ以上もの人びとからなる「共同体《コミュニティ》」（共同社会《コミューン》）である。もう一つは、孤立したごく小さな単位（独身者あるいは成人に達した子供のいない核家族）である。共同体は、もちろん以前の史的システムによくある社会的再生産の単位であった。資本主義世界経済の内部でかかる規模の単位を再現しようとする試みは（たいてい不成功に終わったが）ときたま見られた。ごく小さな単位ももちろん発生したが、これはともかくも「存続しえない」ものとして強い妨害を受けたようだ。

実際の所得プール単位としての世帯《ハウスホールド》が中規模化する傾向があったということは、経験的にも事実である。あまりにも小さな単位になるのを回避するために、世帯《ハウスホールド》は血縁関係のネットワークを超えて非親族をも組み入れることが少なからずあった。また、あまりにも大きな単位になるのを避けるために、相互義務に対する社会的かつ法的な制限が行われてきた。では、なぜこのような中位――規模としても構成としても――への傾向が支配的になったのだろうか。

小さすぎる単位であることからくる主要な不都合は、集団としての再生産を確保するのに必要な賃金収入の水準が、中くらいの単位と比べて明らかに高くなることにあったように思われる。賃金水準があまりにも低い場合には、世帯《ハウスホールド》は生き残りのために自らその境界を拡張しようとした。だが、これは明らかに資本蓄積者の利益になるものであった。

逆に、大きすぎる単位であることからくる主要な不都合は、生き残りを確保するのに必要とされる労働産出高水準が低すぎることにあったように思われる。一方において、資本蓄積者は、賃労働市場への参入圧力が減退するために、これをいやがった。他方において、何らか即座の移動から利益が得られると思う共同体の成員とそうは思わない成員との間に、単位が大きすぎるとある種の緊張が生まれるのを、労働力構成員は知っていたのである。人は世帯《ハウスホールド》を「移動する」ことはできても、共同体を「移動する」ことは至難のわざであった。

制度的構造は所与のものではない。制度的構造は、それを作り上げようとする矛盾した試みの結果であり、実際はその対象となる傾向がある。世帯《ハウスホールド》という制度をめぐっては二つの主要な闘争があった。一つは、世帯《ハウスホールド》に分類される労働者と、所定の地域および／あるいは国で権力を握る資本蓄積者との間によくある利害の対立であった。もう一つは、世帯《ハウスホールド》構造の観点から資本蓄積者が追求する目標と、資本蓄積者がしばしばこの目標を掘り崩す行動に出る必要があることとの間にある矛盾であった。次に、この点を順番に考察してみよう。

所得プール単位としての世帯《ハウスホールド》は、資本蓄積者に後押しされた労働力配置パターンに適応すると同時に、それに抵抗するための要塞とみなすことができる。労働力の再生産に対する責任が「共同体《コミュニティ》」から「国家」に制約された「世帯《ハウスホールド》」へとしだいに移っていくにつれて、世帯《ハウスホールド》の制度的順応性そのもの（構成員数、境界、配置、労働諸形態の結合という点から見た）は資本家にとってきわめて有益なものとなったが、短期的には、世帯《ハウスホールド》がさまざまな圧力に抵抗したりそれをかわしたりするさいにも、また有効性を発揮した。実際、労働運動が出現するまで、またその後でさえ、世帯《ハウスホールド》の意思決定はことによると、世界的労働力が手にしうる日常の主要な政治的武器であったのかもしれない。原始的な攻撃《アタビスティック・スラスト》としてしきりに分析されてきたものは、多くの場合、既存の使用価値を守るための社会政治的な逃げ口上であったか、それともたんに搾取率をできるだけ小さくするための努力であったにすぎない。世帯《ハウスホールド》の需要が不規則に変化する（例えば、より多くの女性が賃労働に就くことが、ときに有利になったりときに不利になったりするように）という事実は、実際、このような需要を戦略としてよりも戦術として、当面の政治的状況に対する即座の反応として考えるならば、容易に説明がつくのである。

世界的労働力による政治的抵抗の場としての世帯《ハウスホールド》と、経済的構造および国家構造を支配する資本蓄積者との間の争いの実際の形態、および時間的場所的にこの形態が系統的に変化する仕方は、詳しく論ずる価値のある主題である。だが、ここではその点に立ち入らずに、むしろ、資本主義自体の基本的な経済的メカニズムの内部における矛盾した影響を考察しておこう。資本主義は商品化を伴っている。だが、すでに強調したように、それは部分的な商品化でしかない。しかしながら、世界経済が循環的停滞から脱出するための規則的なメカニズムは、実際、さらにいっそう商品化するということであった。その結果は、次のように要約することができる。資本蓄積者は、不本意ながら、彼自身の長期的利益に反して、万物の商品化、そしてとくに日常生活の商品化を絶えず推し進めていく。日常生活商品化の長期的プロセスについての描写によって、過去二世紀に及ぶ社会科学の成果の大部分は名誉を大きく傷つけられてきた。長い間には、この長期的プロセスはシステムの終焉を不可避的にもたらすことになる。それまでの間、この長期的プロセスは世帯《ハウスホールド》構造のなかに浸透し、それによって世帯《ハウスホールド》構造の内的動態はしだいに商品化されてきている。この商品化はいまや食事の用意にとどまらず、家庭用品や衣服の洗濯・修繕、未成年者の保護・監督、育児、メンタル・ケアにまで及んでいるのだ。日常生活の商品化とともに、世帯《ハウスホールド》の境界を決定する要因としての、同居性と血縁関係の地位低下が生じている。けれども、この長期的圧力の行き着く先は、「個人」でもなければ「核家族」でもなく、所得プール機能に基づいて、しだいに凝集性を高めることになる単位であるように思われる。

マーシャル・バーマンは、近代性の経験を扱った著書の題名として、『共産党宣言』におけるマルクスのメタファー、「恒常的なものはすべて煙りとなって消える」[★1]を用いている。これは、生産手段と生産関係の容赦のない「革命化」に関するマルクスの分析の結論部分として置かれている。そして、この章句に、「神聖なものはすべてけがされる」という一節が続き、それから文脈上われわれにもっとも関係が深いと思われる一文、「ついには人びとは、自分の生活上の地位やお互いの関係を、ひややかな目で見るほかなくなる」が、その最後を飾っている。多くの点で、このことは緒についたばかりである。生活上の地位をまる裸にする最たるものこそ、所得をプールする終身的プロレタリア世帯《ハウスホールド》――地域、血縁関係、同居性との往年の永続的なつながりを絶たれた――なのである。そういうわけで、生活上の地位をこの最低水準にとどめておくことは政治的に不可能となる。まさに商品化の拡大そのものが、もっとも深部に及ぶ政治化にほかならないのである。もし神聖なものがすべてけがされるならば、報酬の不平等な分配を正当化すべきいかなる理由もなくなる。その場合には、「私により多くを」という個人主義的反応は、「少なくとも私の公正な分け前を」という反応となって現れる。これは、考えうる限りのもっとも根本的な政治的メッセージなのである。

そういうわけで、資本蓄積者が、「中くらいの」世帯《ハウスホールド》を創出することに、言い換えれば、労働力編成のより古い「共同体」形態との関係は確かに絶つが、それでもなお緩慢とはいえ容赦のないプロレタリア化の進行を阻止することに、不断の努力を払ってきた理由が明らかとなる。それゆえ、家庭生活、女性の権利《ジエンダー》、日常生活の編制をめぐる今日の争点が依然として中心的な政治的争点であるのも、何ら偶然ではない。実際、これらの争点は、まさしくプロレタリア化の長期的な進行のためにより先鋭化しつつあるのだ。このプロレタリア化の進行に資本蓄積者は深い不信の念をいだくが、また世界的労働力もこれには困惑し、狼狽の念をとかく禁じえないでいる。そして、彼らの社会運動は、この問題に対してかかる両義的《アンビバレント》な立場をとってきたのであるが、それは、階級意識の構築にとって、したがってこれらの運動そのものの可能性にとって、多くの点でカギとなるものである。

〔岡田光正　訳〕

※このテキストは、J. Smith et al., *Households in the World-Economy*, Beverly Hills, 1984 に掲載された。

原注

★1　*All That is Solid Melts into Air*, Verso, London 1983.〔訳文は『マルクス・エンゲルス全集』第四巻、大内・細川監訳、大月書店、一九六〇年、四七九ページより〕

# 第III部

# 諸階級——両極化と重層的決定

第7章

イマニュエル・ウォーラーステイン
*Immanuel Wallerstein*

# 資本主義世界経済における階級コンフリクト

社会階級という概念は、マルクスが発案したものではない。それはすでにギリシャ人に知られていたし、一八世紀の西欧社会思想のなかで、またフランス革命を跡づけた著作のなかで再び現れたのであった。マルクスの貢献は次の三点にあった。第一に、あらゆる歴史は階級闘争の歴史だと論じた点。第二に、即自的《アン・ジッヒ》な階級が必ずしも対自的《フュア・ジッヒ》な階級なのではないという事実を指摘した点。第三に、資本制的生産様式の基本的敵対関係はブルジョワとプロレタリアとの間のコンフリクト、生産手段の所有者と非所有者との間のコンフリクトである、と主張した点（この主張は、主たる敵対関係が生産者セクターと非生産者セクターとの間にあって、活動的な生産手段所有者と労働者とを生産者として分類し、これに金利生活者を対峙させる〔ことを示唆する〕見解とは対照的である）。

階級分析が革命目的のために用いられるようになると、非革命的な思想家は一般に階級分析を放棄するようになり、そのうちの大部分とは言わないまでもかなり多くの者は、その正統性をむきになって否定するようになった。それ以来、マルクスの階級論の三つの主要な主張はどれも激しい論争にさらされてきたのである。

階級コンフリクトが集団間のコンフリクトの基本的形態であるとする議論に対して、ヴェーバーは次のように反論していた。階級とは集団が形成される三つの次元の一つにすぎず、他の二つは身分とイデオロギーであるが、この三つの次元の重要性にはそれほど優劣があるわけではない、と。ヴェーバーの学説を奉ずる者のなかには、さらに進んで、身分集団間のコンフリクトこそが最重要または「第一次的《プライモーディアル》」なのだと主張する者も少なからずいた。

階級は、それがある時点で対自的になろうとなるまいと即自的には存在している、という議論に対しては、さまざまな社会心理学者が、唯一意義のある概念はいわゆる「主観的」階級だと主張した。個人の所属階級というものは、ただ彼がどの階級に帰属意識を抱いているかによって決まる、というのである。

ブルジョワジーとプロレタリアートは資本制的生産様式における二つの基本的な両極集団だという議論に対しては、「階級」は二つにとどまらず（マルクス自身から引用してそのように言う）、「両極化」は進行しているというより時間的経過とともに縮小する傾向にある、と分析家の多くが反論した。

マルクスの三つの前提に対するこうした反論は、それが一般に受け入れられる程度に応じて、本来のマルクス主義的分析から引き出された政治的戦略をそこなう効果をもっていた。したがって、それに対する一つの反撃は、こうした反論のイデオロギー的基礎を指摘することに向けられてきた。もちろん、これは何度も繰り返された。しかし、イデオロギー的歪曲は理論的誤謬を伴うのだから、敵対を生み出している概念の理論的有効性に議論を集中する方が、実際、長い目で見れば知的にも政治的にもより効果的である。

さらに、階級や階級間のコンフリクトに関するマルクスの前提に対して繰り返された激しい攻撃は、世界の現実と結びついて、マルクス主義陣営内部の知的確信を揺るがしてきた。それはしだいに三つの形をとるに至った。一つはいわゆる「民族問題《ナショナル》」の意義に関する論争、もう一つは特定の社会階層（とりわけ「農民層」、「小ブルジョワジー」および／あるいは「新しい労働者階級」）の役割に関する論争、そして世界規模での空間的階層の概念（「中核」と「周辺」）、およびそれに関連した「不等価交換」の観念の有効性に関する論争、である。

「民族問題《ナショナル》」がまず最初に深刻な問題となり始めたのは、一九世紀のマルクス主義（および社会主義）運動、とくにオーストリア－ハンガリー帝国とロシア帝国内の運動においてであった。「農民問題」は両大戦間期に《中国革命》とともに表面化した。「周辺」の従属的役割の問題は、第二次世界大戦後に、バンドン会議、脱植民地化および「第三世界の連帯（World Thirdism）」とともに中心的な争点となった。この三つの「問題」は、マルクスの前提をいかに解釈するかという一つのテーマが、実は形を変えたものなのである。つまり、資本主義世界経済の実際の歴史的展開における階級形成および階級意識の基礎は実のところ何であるのか、そして、マルクスの前提に立った世界叙述と、現に政治闘争に関わっている政治諸グループによるこの世界の政治的定義とをどのようにして一致させるか、ということである。

私はこうした歴史的論争を見ていて、ブルジョワとプロレタリアとは実際には何であるのか、またブルジョワとプロレタリアの両者がさまざまな形で資本主義的分業に適合してきたことの政治的帰結は何であるのか、という問題について、資本制的生産様式の本質から何が明らかになってくるかということを論ずるよう提案したい。

資本主義とはどのような生産様式か。これはやさしい問題ではない。そのため実際広範囲にわたって議論されてきたとは言えない。私には、いくつかの要素が結びついて資本主義「モデル」が構成されるように思われる。資本主義は、剰余創出の極大化がそれ自体で報酬を与えられるような唯一の生産様式である。歴史上のどんなシステムにおいても、ある生産は使用のための生産であり、またある生産は交換のための生産であった。しかし、全生産者が何よりも自分たちの生産した交換価値によって報酬を受け取り、それを無視すればそれ相当のペナルティーが課せられるシステムというのは、資本主義をおいてほかにはない。「報酬」と「ペナルティー」は、「市場」と呼ばれる構造を介して実現される。それは構造であって制度ではない。それは多くの制度(政治的、経済的、社会的、さらには文化的な)によって形づくられた構造であり、経済的闘争が行われる主要な闘技場《アリーナ》である。

剰余が自己目的的に極大化されるばかりか、剰余をよりいっそうの資本蓄積に用いてはるかに多くの剰余を生産する者ほど多くの報酬を受け取る。したがって、このシステムには絶え間ない拡大へと向かう圧力が存在する。もっとも、ここでは個人主義的前提があるために、絶えず拡大してゆくことは不可能ではあるが。

利潤追求はいかにして行われるのか。それは、直接生産者の労働によって創出された剰余価値を取得するために、個別企業(規模としては個人的なものから準国営的なものを含む巨大組織にまで及ぶ)に対する法的保護をつくり出すことによって行われる。しかし、剰余価値のすべて、あるいはその大部分が、「企業」を所有または管理する少数の者によって消費されるのであれば、資本主義は存在しないであろう。そうしたことは、おおよそ資本主義以前のさまざまなシステムで実際に行われていたことだが。

資本主義はさらに、剰余価値の一部だけを自分の私的な消費に充用し他の部分(通常、大部分)を再投資に用いるような所有者・管理者層にもっぱら報酬を与える構造と制度を備えている。市場は、資本蓄積を怠った者(剰余価値をただ消費にしか用いない者)が資本蓄積をしっかり行った者に必ずや経済的敗北を喫する構造なのである。

したがってわれわれは、自分が創出したのではない剰余価値を取得し、その一部を資本蓄積に充てる者を、ブルジョワジーと呼んでよいだろう。ブルジョワは、ある特定の職業や、ましてや法的な所有者の地位(これは歴史的には重要なことだが)によって定義されるものではない。そうではなく、個人としてであれ、ある集団の一員としてであれ、彼が創り出したのではない剰余部分を取得し、この剰余のある部分を(またも個人的に、あるいは集団の一員として)資本財に投下する立場にある者が、ブルジョワなのである。

このような定義に沿うブルジョワのあり方を可能にしうる生産編制様式は広範に存在する。「自由な企業家」

という古典的モデルは、その一例にすぎない。ある国のある時点でどのような編成様式が支配的であるか（というのも、これらの様式は法的枠組みに依拠している）は、一方では世界経済全体の発展の状態（およびこの世界経済全体におけるその国の役割）に依存しており、他方ではそこから生ずる世界経済（およびその国の内部）における階級闘争の形態に依存している。したがって、他のあらゆる社会的構造と同様に、「ブルジョワジー」は静止している現象ではないのである。それは絶えざる再形成の過程にあり、したがって形態と構成が不断に変化しつつある過程にある一階級の名称なのである。

ある意味では、これは（少なくともある認識論的前提からすれば）自明の理と言ってよい。それにも関わらず、文献を見ると、資本主義世界経済の歴史的発展におけるある別の場所と時点から得られた編成様式モデルを基準に、ある地域のグループは「ブルジョワ」（「あるいはプロレタリア」）であるとかないとかいった評価の事例に事欠かない。理念型は存在しない、、、、、（奇妙なことに、「理念型」はヴェーバーの方法的概念であるが、多くのヴェーバーの学徒は実際にこの理念型の不存在を認識し、逆にマルクス主義者の多くは事実上つねに理念型を利用している）のである。

理念型が存在しないことを認めるとすれば、われわれは属性から〔階級を〕定義する（抽象する）ことはできない。できるのは、ただ過程からの定義だけである。個人はいかにしてブルジョワになり、ブルジョワであり続け、ブルジョワであることをやめるのか。ブルジョワになる基本的な方法は、市場で成功をおさめることである。そもそもどのようにして成功をおさめうる地位に達したのかということは、二次的な問題である。経路はさまざまである。ホレーショ・アルジャー〔一八三二–一九九年。立志伝をたくさん書いたアメリカの聖職者・作家〕型のモデル――人並み以上の努力によって労働者階級から分化する場合（これは、マルクスの言う封建制から資本主義への「真に革命的な」道に酷似している）。オリヴァー・トゥイスト〔イギリスの作家ディケンズ（一八一二–七〇年）の同名の小説の主人公〕型のモデル――才能に恵まれていた場合。ホレース・マン〔一七九六–一八五九年。教育改革に貢献したアメリカの弁護士〕型のモデル――正規の教育を受けて潜在能力を発揮した場合、等々。

しかし、ブルジョワへの飛込台への道は重要ではない。たいていの者は、相続によってブルジョワになる。水泳プールに近づく道筋は一様ではなく、ときとして予想できないこともある。決定的なことは、ある個人（または企業）が泳げるかどうかということだ。ブルジョワになるには、抜け目のなさ、無情、勤勉といった、普通の人にはない特別の力量を必要とする。どんなときでも、ブルジョワの何パーセントかは市場で敗退しているのである。しかしもっと重要なことは、成功者の大群が存在し、その大半と言わずとも多くの者が自分たちの境遇に見合った報酬を享受するのを切望している、ということである。滞在的な報酬の一つは、実際、もはや以前のように激しく競争する必要がないことからもたらされる。とはいえ、市場が本来的に所得をもたらすところと考えられる以上、従来と同水準の収入を維持しながらもそれに対応する労働投入量は少なくて済む方法を見出そうとする、構造化された圧力が働くことになる。これは、成功を地位に変えてゆこうとする力――社会的、政治的な――である。地位とは、過去の成功に対する報酬の化石化にほかならない。

ブルジョワジーにとって問題なのは、資本主義の原動力が経済にあって、政治的ないし文化的制度にはないことである。だから、地位もない新しいブルジョワが、絶えず現れては地位への参入を要求することになる。高い地位もそれに就いている者が多すぎると価値がなくなるので、成り上がり者《ヌーヴォ・リッシュ》（新しい成功者）は絶えず他者を追い払って自分の場所を確保しようとする。そのさい、明らかな攻撃目標となるのは、自分が勝ち取った地位に安住してもはや市場では活動していないような、古い成功者の下位部分である。

したがって、どんなときでもつねに三つの下位部分からなるブルジョワジーが存在する。つまり、「成り上がり者」、「地位に安住する者《コースター》」、市場でまだ十分に活動を営んでいるブルジョワの子孫たる後継者、である。この三つの下位グループの関係を正しく捉えようとすれば、ほぼどんなときでも三番目のカテゴリーが最大で、通常は前者二つを合わせたよりも大きい、ということを念頭に置いておかなければならない。これが、ブルジョワ階級の相対的安定性と「同質性」の基本的な源泉なのである。

しかし、「成り上がり者」と「地位に安住する者」の割合が高くなる時期がある。普通それは、破産と資本集中が増大する経済的収縮期と考えられる。

こういう時期には、ブルジョワジー内部の政治的紛争がきわめて激しくなるのが通例であった。それはしばしば、「進歩的」要素と「反動的」要素との争いという用語でもって定義される。そこでは、「進歩的」グループは、制度的な「権利」とアクセスが市場行為（「機会均等」）の観点から規定されることを要求し、「反動的」グループは既得権（いわゆる「伝統」）の維持に力点を置く。私は、イギリス名誉革命がこの種のブルジョワジー内部のコンフリクトの典型的な事例である、と考えている。

このような政治闘争の分析が論争の余地を大いに残すものとなり、また、闘争の現実的結果がきわめてしばしば曖昧（本質的には「保守的」）になるのであるが、その原因は、ブルジョワジーの最大部分が（コンフリクトの最中にあってさえ）「階級」「身分」双方の立場から特権を要求する権利をもつという事実にある。すなわち、階級規定と身分規定のどちらが優位にあったとしても、彼らは、個人としても下位グループとしても、自動的に損失を被りそうにはないのである。そのため、典型的には、彼らは政治的に立場が曖昧であるか動揺的であり、「妥協」を求めたりする。そして、もし他のブルジョワ下位グループの激情のためにすぐにこうした妥協に至れないならば、彼らは機が熟するのを待つのである（イギリスの例で言えば一六八八―八九年）。

このようなブルジョワジー内部のコンフリクトを、相争うグループについての誇張した表現によって分析するとしたら、それは誤解を招くだろうけれども、私はこうしたコンフリクトが資本主義世界経済の展開過程にとって重要でないとか関係がないとは思っていない。

このブルジョワジー内部の闘争は、まさに経済の収縮が余儀なくするシステムの循環的「調整」の一部であり、このシステムの不可欠の原動力たる資本蓄積を再生させ再活性化させるメカニズムの一部である。この闘争は、システムから一定数の無用な寄生者を駆逐し、社会政治的構造を変化する経済活動のネットワークによりぴったり適合するようにさせ、進行する構造的変化に対してイデオロギー的粉飾をほどこす。これを「進歩」と呼びたいのならば呼んでもよい。だが私としては、もっと根本的な社会的転換のためにその用語はとっておくのが望ましいと思う。

私が言うこの社会的転換とは、ブルジョワジーではなくプロレタリアートの性質の変化に由来するものである。ブルジョワジーを、自らは創出しない剰余価値を取得してその一部を資本蓄積に充用する者と定義すれば、プロレタリアートとは、自らが創出した価値の一部を他者に移譲する者ということになる。この意味では、資本制的生産様式にはブルジョワとプロレタリアしか存在しない。両極性は構造的である。

プロレタリア概念へのこのアプローチが意味するものを明確にしておこう。このアプローチは、生産者への賃金支払いをプロレタリアの性格規定とはしていない。その代わりに、それとは別の観点から出発する。生産者が価値を創出する。この価値はどうなるのか。論理的には三つの可能性がある。それをすべて「所有する」(したがって確保する)場合、その一部を「所有する」場合、そして、まったく「所有し」ない場合である。生産者がその全部を確保するのではなく、その一部か全部を誰か他の者(またはある「企業」)に「移譲する」場合、彼は代わりに何も受け取らないか、または現物か貨幣、あるいは現物と貨幣の両方を受け取る。もし生産者が生涯にわたって自分の産出したすべての価値を本当に確保するとすれば、彼は資本システムに参加していることにはならない。だがこのような生産者は、資本主義世界経済の枠内では、一般に考えられるよりもはるかに稀な現象である。いわゆる「生存維持農民」にしても、詳しく調べてみると、やはり剰余価値を何らかの方法で誰かに移譲していることがきわめて多いとわかる。

このグループを除けば、論理的には八種類のプロレタリアの分類表《マトリックス》が可能である。自分が創出した全価値を「生産手段の所有者」に移譲し、その代わりに貨幣（すなわち賃金）を受け取る労働者という古典的モデルは、そのうちの一つにすぎない。分類表の他の枠には、小生産者（あるいは「中農」）、小作農、分益小作人、ペオン、奴隷などといった周知のタイプが配列可能である。

もちろん各「タイプ」の特徴づけの一部ともなる別の次元がある。市場の圧力を受けた場合（この場合われわれは皮肉を込めて「自由」労働と呼ぶ）と、何らかの政治的機構の圧迫による場合（われわれはより率直に「強制」労働あるいは「強要」された労働と呼ぶ）とでは、労働者が役割を遂行する仕方がそれぞれ異なってくる、という問題がある。さらに、契約期間――日、週、年、生涯――の問題もある。そのうえ、ある所有者に対する生産者の関係を、その生産者の同意なしに別の所有者にも移転できるのかどうか、という問題がある。

拘束の程度と契約の期間は支払い様式と交錯する。例えば一七世紀におけるペルーのミタ（mita）は、特定の期間だけ強制される賃労働であった。年季奉公労働は、生産者が創出した全価値を移譲し、その代わりに主として現物を受け取るという労働の形態をとっていた。それは期限つきのものであった。ペオンは、全価値を移譲し、理屈では貨幣を受け取ることになっていたが実際に受け取るのは現物であったし、契約に関しても理屈では一年ごとの契約だったが実際には全生涯にわたるものだった。ペオンと奴隷の違いは「理屈」のうえでは歴然としているが、実際には次の二点である。第一に、地主は奴隷を「売る」ことはできたが、普通ペオンを売ることはできなかった。第二に、もし外部者がペオンに金を与えてやれば、彼は合法的にペオンの「契約」を終わらせることができた。奴隷の場合にはそうはいかなかった。

私が労働の諸形態の研究を行ってきたのは、そのこと自体に目的があったからではなく、資本主義世界経済のいくつかの過程を明らかにするためであった。さまざまな労働諸形態の間には、その経済的および政治的含意の観点からすれば、大きな相違がある。

経済的には賃労働形態は管理が容易な（つまり最少コストで済む）労働過程ではあるけれども、労働者がおそらくもっとも高い支払いを受け取る労働過程であると言えるだろう。したがって、剰余価値の取得者としては、できることなら賃労働者とではなくそれ以外の生産者と雇用関係を結びたいと思うのがつねであろう。しかし、普通なら監督費に費やされるはずの剰余の一部分が費やされず生産者（賃労働者）に還元されるとすれば、監督費が高くつく労働過程はそれ相応にコストを抑えることができる、ということも確かである。これをもっとも容易に行いうるのが賃金支払い方式であり、これが賃金制度が歴史的に生まれた（そして現在も行われている）理由である。

賃労働はブルジョワジーの観点からすれば相対的に高くつく労働方式であることを考えると、それが資本主義世界経済の労働形態としてこれまで一度も専一的なものとならなかったばかりか、比較的最近になるまで主要な形態でさえなかったことは、容易に理解できる。

しかしながら、資本主義はそれ自体、矛盾を抱えている。基本的な矛盾の一つは、短期的利益が必ずしも長期的利益とはならないということである。システム全体が（利潤率を維持する必要から）拡張する能力は、規則的に世界的需要不足というボトルネックに突入し落ちこむ。これを克服する方法の一つは、生産過程の一部を非賃労働から賃労働に基づくものに社会的に転換することである。これは、生産された価値のうち生産者が確保する部分を増大させ、それによって世界的需要も増大させる。その結果、全世界の賃労働化率は、資本主義世界経済の歴史を通じて着実に上昇してきている。これが通常「プロレタリア化」と呼ばれるものである。

労働形態はまた政治的にも大変重要な意味をもつ。というのも、生産者の実質所得が増大し形式的な法的権利が拡大していくと、それにつれてプロレタリアの階級意識もある程度まで発展することになるからだ。私がある程度までというのには理由がある。それは、所得と「権利」の拡大がある一定水準にまで達すると、「プロレタリア」は実質的には他人の剰余価値に寄食する「ブルジョワ」となり、そのことがもろに階級意識にも影響を及ぼすことになるからである。二〇世紀の官僚／専門家は、このような質的な変化を示す好例である。それは実際、ある特定の集団の生活様式にもときおり見られるものである。

「ブルジョワ」、「プロレタリア」というカテゴリーへのこのようなアプローチは、「農民」、「小ブルジョワ」、「新しい労働者階級」の役割についてもうまく説明する方法だとしても、「民族《ナショナル》」問題や「中核」、「周辺」概念に関してその方法が依然有効かとなると疑問である。

この点を説明するには、資本主義における国家の役割という、今日よく知られた問題に注目する必要がある。資本主義世界経済における一制度としての国家の基本的な役割は、市場でのある者の他の者に対する優位を増長すること、すなわち市場の「自由」を減少させることなのである。「市場歪曲化」の受益者たる限りは誰もがこれを支持するのに対し、損失を被ると誰もがその反対者にまわる。つまり誰の牛が生けにえとして殺されるかという問題なのである。

特定の者の優位を増長するには多くの方法がある。国家は、ある者から所得を取り上げてそれを他の者に与えることによって、所得の移転を行うことができる。国家はまた、売り手寡占者に有利な市場（商品市場）あるいは買い手寡占者に有利な市場（労働市場）への参入制限を行うことができる。国家は、国家行動の変更を意図して人びとが組織的に団結することを規制することができる。もちろん国家は、司法権の及ぶ範囲内のみならず、その外でも行動しうる。これには合法的な場合（国境通過に関する規則にのっとった場合）と非合法的な場合（他国への内政干渉）がありうる。戦争は、もちろん国家が利用する装置の一つである。

決定的に重要なことは、国家が一種独特の組織であるということである。近代世界の概念である国家「主権」

は、国境内での権力の合法的な行使の独占（規制）に対する要求である。そして国家は、生産諸要素のフローに効果的に干渉しうる比較的強い立場にある。また、特定の社会集団が、国境に変更を加えることによって有利な立場を変更することも当然可能である。このことから、分離要求運動（あるいは自治権要求運動）と合併要求運動（あるいは連合要求運動）がともに発生する。

資本主義世界経済全体における構造的分業に政治的基礎を与えているのは、生産要素のフローに干渉する国家のこの現実的能力である。なるほど、歴史的に繰り返し作用する特化への最初の推進力（特定商品を生産することの自然的または社会的歴史的な有利さ）は正常な市場条件によって付与されるかもしれないが、しかし、そのパターンを固定化し強制し誇張するのは、まさに国家システムなのである。そして、世界的分業のパターンを変更するには、決まって国家機構の利用をつねに必要としてきたのである。

さらに、生産諸要素のフローに国家が干渉しうる能力には差異が生じてくる。すなわち、中核の諸国家は周辺部の諸国家よりも強力となり、この力の差を用いて国家間フローの自由度の差を維持しようとする。とくに中核の諸国家は、歴史を通じて、貨幣と商品が時とともに全世界的に労働よりも「自由」に流動するように準備してきた。なぜなら、そうすることによって中核の諸国家が「不等価交換」の利益を得られたからである。

実際、不等価交換は世界的な剰余取得過程の一部を成すものにほかならない。もし、文字どおり一人のプロレタリア対一人のブルジョワという関係のモデルを採用しようとするならば、われわれは分析を誤ることになるだろう。実際には、生産者が創り出す剰余価値は一連の人びとと企業の手を経る。だから通常、多数のブルジョワが一人のプロレタリアの剰余価値を分有することになる。連鎖を構成するさまざまなグループ（財産所有者、商人、中間消費者）の正確な分け前がどれだけとなるかは、多くの歴史的変化に左右されるのであり、それ自体が資本主義世界経済の運動における主要な分析変数なのである。

この剰余価値移転の連鎖は、しばしば（ほとんどつねにと言ってもよい）国境を越えるが、その場合、国家による操作は、中核の諸国家のブルジョワにより多くの分け前を振り分けるように干渉する。これが不等価交換であり、剰余価値取得の全過程における一つのメカニズムなのである。

このシステムから生ずる社会地理学的《ソシオ・ジエオグラフィカル》結果の一つは、国ぐにの間でのブルジョワジーとプロレタリアートの不均等分布である。中核の諸国家は周辺の諸国家よりもブルジョワの比率が高い。加えて、中核と周辺部とでは、ブルジョワとプロレタリアの種類がはっきり異なっている。例えば、プロレタリアートのなかの賃労働者の比率は、中核の諸国家の方がきまって高い。

資本主義世界経済においては、国家が政治的コンフリクトの主要な闘技場《アリーナ》であることに加えて、世界経済の機能が国内《ナショナル》の階級構成を多様化させるように作用する、ということを考えれば、世界経済との関係でさまざまに位置づけられている諸国家の政治がなぜこれほど異なっているのか、容易に理解できる。同様に、ある国家が、その社会構成や自国の国民的《ナショナル》生産の世界経済上の役割を変化させるために自らの政治機構に訴えたとしても、それだけでは資本主義世界システムそのものを変化させはしない、ということの理由も容易に理解できる。

しかしながら明らかに、構造上の地位の変更をめざすこうしたさまざまな国民的《ナショナル》衝動（われわれはこれをしばしば誤って「発展（development）」と呼んでいる）は、実際に世界システムに影響を及ぼすのであり、長い目で見れば世界システムを転換させてしまうのである。だが、そうするためには、こうした衝動が世界規模でプロレタリアートの階級意識にインパクトを与える、という媒介項を踏まえなければならない。

したがって、中核と周辺というのは、ブルジョワジーによる剰余取得システムの一つの核心的部分を指し示す言葉にほかならない。極端に単純化して言えば、資本主義とは、プロレタリアの創り出した剰余価値をブルジョワが取得するシステムである。このプロレタリアとブルジョワが別々の国にいる場合、剰余価値取得の過程に影響を与えてきたメカニズムの一つが、国境を越える価値のフローをコントロールする巧妙な操作である。そこから、中核・半周辺・周辺という概念で総括されるあの「不均等発展」のパターンが生じてくる。この概念は、資本主義世界経済の多様な形態の階級コンフリクトを分析するうえで有用な知的な概念装置なのである。

（奥西達也　訳）

※このテキストは、I. Wallerstein, *The Capitalist World-Economy* に収録された。

第8章

# マルクスと歴史——実りのある思想と不毛の思想

イマニュエル・ウォーラーステイン
*Immanuel Wallerstein*

一般的に、たいていの分析家（なかでもマルクス主義者の分析家）は、マルクスの歴史記述に関する見解のうち、疑いの余地のある方を強調する一方で彼のもっとも独創的で実りのある見解を無視する、という傾向がある。こうしたことは当然予想されるとはいえ、あまり有益なことではないだろう。

各人には各様のマルクスがいる、とよく言われる。確かにこれは真実である。だが実際、若きマルクスや認識論的断絶などに関するここ三〇年の論争がわれわれに想起させるように、各人には二人のマルクスがいる、と私はつけ加えたい。私の言う二人のマルクスは、年代的に連続して存在しているのではない。それらは、マルクスの認識論における根本的な内的矛盾と私に思われるものから生まれ出てきているのであり、そうした矛盾が二つの相異なる歴史記述を生み出すことになるのである。

ある面でマルクスは、人間本性概念を中心とした人間学、カント流の定言命令、緩慢ではあるが必然的に人間の境遇が改善されていくという信念、個人の自由追求への傾注、といったものを含むブルジョワ自由主義思想に対する最大の反逆者である。こうした考え全体に反対して、マルクスは多元的な社会的現実の存在を認め、その各々が別々の構造をもちながら相異なる世界に位置していること、また、それぞれの世界は独自の生産様式によって規定されていること、を示唆した。重要なのは、これらの生産様式がそのイデオロギー的遮蔽物《スクリーン》の背後でどのように機能しているかを明らかにすることであった。したがって、「普遍的法則」を信じているために、各々の生産様式のもっている特殊性を認識し、その機能の秘密を明らかにすることができなかったのであり、またそれゆえ、歴史の歩みを明確に検証することがなされないままでいたのである。

別の面から言えば、マルクスは、人類の直線的進歩を説く人間学によって歴史の必然的進歩という考えを受け入れた限りでは、普遍主義を認めていた。彼の考える生産様式は、学校の生徒のように、背の順に、つまり、生産力の発展の程度に応じて一列に並んでいるように思われた（これは実際、規則に従ってきちんと整列することを拒む、始末に負えない生徒の役割を演じているように見えるアジア的生産様式の概念が引き起こす、深刻な困惑の源である）。

この二番目のマルクスの方が自由主義者たちにとってははるかに受け入れやすいことは明らかであり、彼らが思想的にも政治的にも折り合いをつける心づもりがあったのは、このマルクスの方である。もう一方のマルクスは、はるかに厄介である。自由主義者たちが恐れ拒否するのはこちらなのであって、実際、彼らは、このマルクスに思想上の正統性を認めることを拒むのである。だが、悪魔であれ英雄であれ、一番目のマルクスが私には興味あるように思われるし、今日なおわれわれに何事かを語ってくれる唯一の者なのである。

このように、マルクスを二人に分別するさい、争点となるのは、相反する歴史の神話に由来する資本主義発展に関する異なる予想である。資本主義についての物語は、次の二つのうちの一つを主人公にして創り上げることができる。つまり、勝利をおさめたブルジョワか貧困化した大衆かである。これら二つのうちのどちらが、五世紀に及ぶ資本主義世界経済の歴史の主人公なのだろうか。史的システムとしての資本主義という時代をどう評価すればよいのだろうか。それが弁証法的にその否定および止揚《アウフヘーベン》へと至り着くという理由をもって、全体として肯定的に評価すればよいのだろうか。あるいは、それが世界人口の大多数を貧困化させるという事態を引き起こすということから、総じて否定的に評価すべきなのか。

こうした観点の選択があらゆる詳細な分析のなかに現れているのはまったく明らかであるように私には思われる。ほんの一例、それも現代のある著述家が何気なく語った例を引用しよう。だが私がそうするのは、まさに、それが何気なく、したがって、何の悪気もなくなされた発言であるからだ、と言ってよい。フランス革命期におけるサン・ジュストの経済学的見解についての学識ある洞察力に富んだ議論のなかで、その著述家はこう結論を下した。サン・ジュストは「反資本主義者」だというのがふさわしいであろうし、このことは、実際、産業資本主義の反対者だと拡大解釈できるであろう、と。さらに彼はつけ加える。「この意味で、サン・ジュストは何人かの彼の先人あるいは同時代人に比べて進歩的ではなかった、と言えよう」［★1］。しかし、「より」進歩的というよりもより進歩的で「ない」のはなぜなのか。これが問題の核心である。

もちろんマルクスは啓蒙主義者であり、スミス主義者であり、ジャコバン的急進主義者であり、サン・シモン主義者である。彼自身がそう言っている。一九世紀の優れた左翼知識人がみなそうであったように、彼にもブルジョワ自由主義の教義が深く浸透していた。つまり、彼は同志とともに、特権、独占、君主権、怠惰、敬神、迷信といった旧体制《アンシャン・レジーム》の臭いがするすべてのものに対して、絶えざる、そして本能的ともいうべき抗議を行ったのである。マルクスは、この過ぎ去った世界に反対して、合理的なもの、勤勉なもの、科学的なもの、生産的なもの、こうしたものなら何にでも賛意を示した。熱心な労働が美徳だったのである。

この新しいイデオロギーに若干の留保はしたものの（あまり多くの留保はしなかったが）、マルクスには、それらの諸価値に忠誠を誓い、それらを自由主義者たちに反対するために政治的に利用し、彼らを彼ら自身の仕かけた爆破装置で身を滅ぼさせることが戦術的に有効である、とわかっていた。というのも、自由主義者たちが、現存の秩序がおびやかされるといつでも彼ら自身の原則を投げ出すことを示すのは、マルクスにとってさして困難ではなかったからである。したがって、自由主義者に約束を守らせて自由主義の論理を徹頭徹尾貫徹させ、そうして彼らが他のすべての者のために処方している薬を彼ら自身に飲ませることは、マルクスにとってたやすい策略だったのである。もっとも重要なマルクスのスローガンの一つは、よりいっそうの自由・平等・友愛であったと言えよう。

ときおり、彼が想像力を反サン・シモン的未来に向けて飛翔させたい気になったであろうことは疑いない。だが当然ながら、彼はこの方向に傾きすぎるのをためらった。たぶん、彼にとっては常々、不快でまったく破滅的であった空想的無政府主義的な主意主義を、自分が支持することになるのを恐れたからであろう。われわれが大いなる懐疑心を抱いてアプローチしなければならないのは、まさにこのマルクス、つまり、ブルジョワ自由主義的見解の持ち主であるマルクスである。

これとは反対に、再び舞台に登場させねばならないのはもう一人のマルクス、つまり歴史を複雑で紆余曲折のあるものとみなし、さまざまな史的システムの特性分析を強調し、かくて、史的システムとしての資本主義を批判したマルクスである。資本主義の歴史的過程をつぶさに眺めながら、このマルクスが見出したものは何であったのか。彼は結局のところ、「これまで存在したすべての社会」に共通する現象である階級闘争ばかりか、階級の両極化をも発見したのである。これは、彼のもっとも根底的で大胆な仮説であり、また、もっとも激しく非難された仮説でもあった。

当初、マルクス主義の政党および思想家はこの概念を振り回した。破局論的色彩が非常に濃いために、未来を確実に言い当てているように思われたのである。しかし、西欧諸国の産業労働者は、貧困化するどころか、彼らの祖父よりもはるかにいい暮しをしており、結果的には絶対的貧困化はもちろん相対的貧困化すら起こらなかった、ということを証明するのは、少なくとも一九四五年以降の反マルクス主義知識人には比較的たやすかった。

さらに、彼らが正しかったことは、産業諸国における左翼政党の最大の社会的基盤であった産業労働者自身が誰よりもこうした事態をよく知っていた、ということからも明らかである。こうしたことから、マルクス主義の政党や思想家は、このテーマから退去し始めた。それは敗走ではなかったかもしれないが、少なくとも彼らはこれを主題にするのに躊躇し始めた。両極化および貧困化への言及は（国家の消滅の場合とまさに同様に）、漸次的にではあるが大幅に減少していくか、あるいは、姿を消してしまい、歴史自身によって反駁されたかのように見えた。

かくて、われわれのマルクスがもっていたもっとも明敏な洞察のうちの一つが、期せずして突然消えてしまった。というのも、マルクスは、しばしば信じられているよりも長期持続《ロング・デュレ》に関してははるかに優れた洞察力をもっていたからである。実際に、両極化は歴史的に正しい仮説であり、間違ったものではない。このことは、資本主義にとって現実的に問題となる唯一の実在物である資本主義世界経済を計算の単位として用いるならば、経験的に実証できるのである。この実在物のうちに、階級の相対的な両極化だけでなく、絶対的な両極化が、四世紀以上にわたって存在し続けているのだ。そういう事情であるならば、資本主義の進歩性とはどこにあるのだろうか。

言うまでもないが、両極化とはどういうことなのかを明確にしなければならない。定義はけっして自明なわけではない。まず必要なことは、一方における（広義での）物質的富の社会的分配と、もう一方におけるブルジョワ化とプロレタリア化という一対の過程の結果である社会的分極化を区別することである。

富の分配に関しては、それを計算するさまざまな方法がある。まず計算単位に関しては、空間的単位（これについては、われわれはすでに、国民国家《ナショナル・ステイト》および企業を越えた世界経済を用いるのが望ましいことを示唆した）だけでなく、時間的単位を決定せねばならない。一時間、一週間、一年、三〇年といった単位で分配についての計算をすると、さまざまな、ときとして矛盾する結果が出るであろう。実際に、大多数の人びとが関心を抱いているのは、二つの時間単位に基づく計算である。一つはサバイバル計算（survival calculation）と呼ばれるごく短期の計算である。もう一つは生涯計算（lifetime calculation）と呼ばれるもので、これは生活の質を測り、実際に人が送った日常生活の社会的評価を引き出すために利用される。

サバイバル計算は本質的に変化しやすく、非常に短期のものである。物質的両極化が存在してきたかどうかについて、客観的にも主観的にも最良の測定をわれわれに提供してくれるのが生涯計算である。われわれは、世代間の長期的なこうした生涯計算を比較する必要がある。しかし世代間の比較は、ここでは、単一の系族《リニエッジ》内での比較を意味するものではない。なぜなら、そうでないと、世界システム全体のパースペクティヴとは無関係な、世界経済のある特定地域における社会的移動性の割合といった要因が入り込むからである。それよりむしろ、われわれは連続する歴史的瞬間において世界経済の類似した階層を比較せねばならず、それら各々の階層はひとまとまりの集団として、生涯にわたり測定されねばならないのだ。ある特定の階層にとって、ある歴史的瞬間の生涯経験が他の一時期よりも安楽であるか、それとも困難であるかということ、また、時間とともに上流階層と下流階層との隔たりが広がってきているのかどうかということ、これらこそ、問われねばならない問題なのである。

比較分析の基礎として役立ちうる数値を得るには、この計算が生涯の総収入だけでなく、それを（どんな形であれ）獲得するのに費やされた生涯総労働時間でこの収入を割ったものも含んでいなければならない。寿命もまた考慮に入れる必要があるが、（幼児の死亡率は低下させたかもしれないが、成人の健康状態に影響を及ぼしたとは必ずしも言えない公衆衛生上の改善の影響を排除するために）一歳あるいは五歳という年齢から計算することが望ましい。最後に、多くの人びとからあらゆる子孫を奪うことによってある別の人びととの運命を改善する役割を果たした、さまざまな民族殺戮を計算（あるいは指数）に入れる必要があろう。

長期に、しかも世界経済全体にわたって計算されたいくつかの合理的な数値が最終的に得られたならば、それらは、過去四百年間にわたって資本主義世界経済のうちに大きな物質的両極化が存在してきたことをはっきり証明するだろう、と私は思う。ことをわかりやすく言えば、世界経済の人口の（いまなお農村部の）大多数は四百年前よりも今日の方が、より少ない報酬のためにより苛酷でより長時間の労働をしているということである。

私は何も過ぎ去った時代の大衆の生活を理想化するつもりはない。ただ彼らが、今日のその子孫と比べて、どれだけ人間らしくありえたかを総合的に評価したいだけである。ある西欧の国における熟練労働者たちがその先祖よりも暮し向きがよいという事実は、ペルーとかインドネシアの日雇いの農業労働者は言うにおよばず、今日のカルカッタにおける不熟練労働者の生活水準についても、ほとんど何も語らない。

私がプロレタリア化というようなマルクス主義的概念の尺度として物質的収入のバランス・シートを用いるのは、あまりにも「経済主義的」である、という反論がことによると出てくるかもしれない。結局のところ、重要なのは生産諸関係だ、と主張する者もなかにはいる。もちろんこれは正論である。したがって、両極化を、社会的分極化として、多様な諸関係がブルジョワとプロレタリアという単一の自己矛盾へと向かう変化として捉えよう。つまり（マルクス主義文献に登場する心強い味方である）プロレタリア化のみならず、（論理的にはそれと対極を成すものの、この同じ文献のなかでほとんど議論されることのない）ブルジョワ化にも注目しようというのだ。

この場合も、どんな意味でこれらの用語を使うかを明確にしておかねばならない。定義によって、ブルジョワと言えるのは一九世紀初頭のイギリス・フランスにおける典型的な産業家だけであり、またプロレタリアと言えるのはこの産業家の工場で働く者だけだとすれば、確かに、資本主義システムの歴史において大した階級の両極化は生じていない。両極化はなくなってきているとさえ言えるだろう。しかし、真のブルジョワ、真のプロレタリアとは、現在の収入に基づき、相続財産（資本、私有地、特権など）からあがる所得に頼らずに生活するすべての人びとのことをさしており、両者の区別は、剰余価値を生み出す（プロレタリア）か、その剰余価値に頼って生きていく（ブルジョワ）かの違いであって、個々人が二重の役割を遂行するのでないとすれば、このように主張できるはずである。つまり、数世紀にわたり、ますます多くの人が一方もしくは他方のカテゴリーに明確に位置づけられるようになってきているが、これはけっして完結することのない構造的過程の結果なのである、と。

両極化の過程を詳細に眺めれば、議論は明確になるだろう。「プロレタリア化」においては実際に何が起こっているのだろうか。世界中の労働者は所得を共同利用する「世帯《ハウスホールド》」という小集団を成して生活している。この小集団は、必ずしも全員が親族関係であるわけでもなければ、住居を一つにしているわけでもないが、たいていは何らかの賃金所得を必要としている。しかし、同様に、こうした小集団がもっぱら賃金所得だけで生計を立てていることもめったにない。それらは、賃金所得に加えて、小商品生産、賃貸料（収入）、贈与、それに（少なからず）生存維持生産で生計を立てているのだ。

そういうわけで、こうした集団は、時と所に応じて当然きわめて異なった比率においてではあるが、多様な源泉からの所得を共同利用しているのである。われわれは、プロレタリア化をこのように、全体の比率として賃金所得への依存度を高めていく過程である、と考えることができる。世帯《ハウスホールド》が賃金所得への依存度を〇パーセントから一挙に一〇〇パーセントにまで高めると考えるのは、まったく歴史を無視している。むしろ、ある限られた世帯が、ときとして、短期間のうちに依存率を例えば二五パーセントから五〇パーセントに高めると考える方が現実的である。これは、例えば標準的典拠としては、程度の差こそあれ、一八世紀イギリスの囲い込み《エンクロージャー》において起こった事例である。

誰がプロレタリア化によって利益を得るのだろうか。資本家である、とはとうてい考えられない。世帯《ハウスホールド》所得の賃金に依存する割合が高くなるにつれて、同時に賃金水準も、〔世帯《ハウスホールド》の〕再生産に必要な最低水準に近づくために高くなる必要があり、低下してはならない。おそらく、このような議論は馬鹿げていると思われるだろう。これらの労働者がその肉体的生存に必要な生存費賃金を以前に受け取っていなかったとすれば、彼らはどのようにして生存できたのだろうか、と。だが、これは実際には馬鹿げていない。というのも、もし賃金所得が世帯《ハウスホールド》の所得の小さな割合しか占めていないとすれば、賃労働者の雇用者は生存費以下の時間給を支払い、支払った賃金と生存費賃金との差額を、全世帯《ハウスホールド》の所得を構成するその他の「要素」で「補完」させることができるからである。したがって、世帯《ハウスホールド》全体の所得が最低水準にまで「達する」ためには、生存維持労働や小商品生産から余分の収入を獲得しなければならず、そのために必要な労働は、事実上、賃労働者の雇用者のための「補助金」、つまりこの雇用者への追加的な剰余価値の移転として役立つ。これによって、世界経済の周辺地域における法外な低賃金体系が説明されるのである。

資本主義の本質的矛盾はよく知られている。それは、利潤の極大化（したがって賃金を含む生産費用の極小化）を求める個人企業家としての資本家の利害と、その構成員たちが利潤を実現できなければ、つまり彼らが生産したものを販売することができなければ利益を得ることができない、という階級の一員としての資本家の利害との矛盾である。だから、彼らは購買者を必要とするのであり、労働者の現金収入を増加させなければならない、ということにしばしばなり得る。

世界経済の繰り返す停滞によって、（世界）人口のある（そのつど新しい）部門の購買力が断続的にではあるが必然的に（つまり一歩一歩確実に）増大するに至るメカニズムについては、ここでは概観しない。ただ私が言っておきたいのは、実質的購買力増大のこうしたメカニズムのなかで最重要なものの一つが、プロレタリア化と呼ばれている過程にほかならない、ということである。プロレタリア化は短期的には（否、短期的にのみ）階級としての資本家の利益になるかもしれないが、個人的な雇用者としての利益とは矛盾する。したがって、通常、プロレタリア化というものは、資本家の意志からではなく、それに反して起こるのである。プロレタリア化の要求は、むしろ反対の陣営から生ずる。労働者はさまざまなやり方で自己を組織し、それによって自分たちの要求のいくつかを達成していくのであるが、そうすることによって彼らは実際に、正真正銘の賃金に基礎を置く最低所得の入口にまで辿り着くことができるのである。すなわち、労働者たちは彼ら自身の努力によってプロレタリア化し、そして勝ちどきをあげるのだ！

ブルジョワ化の真の性格も同様に、われわれがこれまで信じ込んできたものとはまったく異なる。古典的なマルクス主義社会学によるブルジョワの説明は、マルクス主義それ自身の基礎にある認識論上の矛盾をはらんでいる。一方でマルクス主義は、ブルジョワ―企業家―進歩的な人という図式は、貴族―金利生活者―有閑人という図式と正反対である、という。そして、ブルジョワのなかでも、安く買い高く売る商業資本家（したがって彼は投機家―金融操作者―有閑人でもあるわけだが）と、生産関係に「革命を起こす」産業家との間に一線が画される。この産業家が資本主義への「真に革命的な」道を歩んだとすれば、つまり、この産業家が、取るに足らない人物が努力によって大成するという自由主義的な伝説に出てくる英雄に似ているならば、この相違はそれだけいっそう鮮明になる。マルクス主義者が資本主義システムの最高の翼賛者の一角を占めるに至ったのは、信じられないことだが、彼らに深く根をおろしているこのような態度においてであった。

こうした説明をすると、もう一方のマルクスの、労働者の搾取に関するテーゼをほとんど忘れてしまっていることになる。この搾取は、このまったく同じ産業家による労働者からの剰余価値の抽出という形態をとるものであり、この場合、この産業家は論理的には、商人、「封建貴族」と並ぶ怠け者の隊列に加わるのである。だが、この本質的な点において彼らがみな同類であるとすれば、いったいどうしてわれわれは多大の時間を費やしてその違いを判読し、カテゴリーの史的発展や退行と考えられるもの（例えば貴族のように生活することを望むブルジョワジーの「貴族化」）、それに（自らの「歴史的役割の遂行」を拒んでいるかに見える若干のブルジョワジーの）裏切りを論じたりする必要があるのだろうか。

しかし、この社会学的説明は正しいだろうか。さまざまなところから得られる収入（賃金はそのうちの一つにすぎない）をひとまとめにする世帯《ハウスホールド》を成して生活している労働者とちょうど同じように、資本家（とくに大資本家）は、賃貸収入、投機、商業利潤、「正常な」生産利潤、金融操作といった多様な投資源泉からあがる収入を事実上ひとまとめにする企業を成して生活を営んでいる。これらの収入がひとたび貨幣形態をとるならば、それらはみな資本家にとっては同じもの、つまり、彼らにとって宿命的とも言うべき、絶え間のない、地獄のような蓄積を追求する一手段なのである。

この点で、彼ら資本家の立場の心理社会学的矛盾が目立つようになってくる。カルヴィニズムの論理が人間「心理」と矛盾することに、ヴェーバーはずっと以前に気づいていた。この論理によれば、人間が自分の魂の運命を知るのは不可能なのである。というのも、もし人間が神の意志を知ることができるとすれば、彼はまさにそのことによって神の力に制限を加えていることになるのであり、神はもはや全能ではなくなるだろうからである。だが、心理学的には、人間は自分の運命が自分の力ではまったくどうにもならないことを認めようとはしないものである。この矛盾が、結果としてカルヴィニズムの神学的「妥協」を生み出したのであった。人は神の意志を知ることができないとしても、少なくとも「外的な徴候」によって否定的な決定を確認することはできるであろう。とはいえ、こうした徴候がないからといって、必ずしもこれと反対の結論を引き出せるとは限らないのであるが。したがって、道徳は次のように説かれる。高潔で裕福な生活を送ることは救済の必要条件ではあるが十分条件ではない、と。これとまったく同じ矛盾が、より世俗的な衣装をまとってではあるが、今日、ブルジョワの前になお立ちはだかっている。論理的には、資本家の神はブルジョワが蓄積のみを行うことを要求する。そして、この戒律を犯したものは、神に罰せられて遅かれ早かれ倒産へと追いやられる。しかし、蓄積ばかりしていることは、実のところそれほどおもしろいものではない。人はしばしば蓄積の果実を味わってみたいと思うものである。ブルジョワの魂のなかに閉じ込められていた「封建貴族的な」怠け者である悪魔が陰から姿を現し、ブルジョワは貴族のように生活しようとする。だが、貴族のように生活するには、広い意味で金利生活者になること、言い換えれば、ほとんど努力せずに手に入り、政治的に「保証」されていて、「相続し」うる収入源をもっている必要がある。

したがって、「当然の」こととして、この資本主義世界への特権的な参加者の誰もが「求めている」ものは、金利生活者の地位から企業家へ転身を図ることではなく、まさにその逆である。資本家は「ブルジョワ」になることを望んではいない。彼らが切望するのは、むしろ「封建貴族」になることなのである。にも関わらず、資本家たちがますますブルジョワ化されつつあるとすれば、それは彼らの意志からではなく、意志に反してのことなのである。これは労働者のプロレタリア化と非常に類似している。というのは、このプロレタリア化も資本家の意志からではなく、意志に反して生じるからである。確かにこの類似はさらに続く。ブルジョワ化の過程が進行するとすれば、それは一つには資本主義のもつ矛盾のせいであり、いま一つには労働者からの圧力のせいである。

客観的には、資本主義システムがますます広がり、より合理化され、より大きな集中を引き起こすにつれて、競争はしだいに激化する。蓄積命令を無視する者は、それだけいっそう早く、確実に、そして強烈に競争者の反撃を受ける。このように、「貴族化」をめざして失敗すると、ことごとく世界市場で厳しいペナルティーを課せられ、とくにそれが大企業や(準)国営企業の場合には「企業」の内部変革を迫られることになる。

企業の経営を引き継ぎたいと思っている子供たちは、いまや外国での集中的で「普遍的な」訓練を受けなければならない。専門的経営者の役割は徐々にではあるが拡大してきているのである。このような経営者こそ、資本家階級のブルジョワ化を体現したものにほかならない。国家の官僚制が剰余価値の抽出を実際に独占できるのであれば、それは、あらゆる特権を個人や階級の遺産にある程度依存させるよりむしろ現在の活動に依存させることによって、完全にブルジョワ化を体現するであろう。

この過程が労働者階級によって推し進められていることは、まったく明らかである。経済生活の操縦桿を引き継いで不正を排除しようとする彼らのあらゆる努力が、傾向として、資本家を束縛し、彼らをブルジョワ化の方向へと追いやっていく。封建貴族的な怠惰はあまりに目立ちすぎるし、政治的にも危険すぎる。

物質的にも社会的にもブルジョワとプロレタリアという二大階級に両極化する、というカール・マルクスの歴史的予言は、まさにこのような仕方において実現されつつある。しかし、マルクスの読み方から引き出される、歴史記述における有益な強調点と無益な強調点とのこうした区別がなぜ重要なのだろう。それが大いに問題となるのは、社会主義への「移行」を理論化すること、実際には「移行」一般を理論化することが問われるようになった場合である。資本主義をかつて存在したあらゆるものと比べて「進歩的」だと語るマルクスは、また、個々のブルジョワ革命（bourgeois revolutions）を、そしてブルジョワ革命というもの（the bourgeois revolution）を、封建制から資本主義への多様な「国民的《ナショナル》」移行の根本原理のようなものとして語ってもいる。

ブルジョワ「革命」という概念それ自体は、その曖昧な経験的特質を別にすれば、われわれにプロレタリア革命を想起させる。というのも、ブルジョワ革命は、プロレタリア革命に先行する不可欠なものとして、ともかくもそれに結び付いているからである。近代性は、これら連続する二つの「革命」の総体として成立するのである。確かに、何の苦痛もなく漸次的に、ブルジョワ革命に引き続きプロレタリア革命が実現されるわけではない。むしろ、革命が連続するこの過程は、暴力的で、分離したものである。だがそれでも、まさしく封建制に資本主義が続いたように、それは必然的なのである。こうした考えは、労働者階級の闘争にとっての全戦略を、つまり、自分たちの歴史的役割を無視するブルジョワに対する道徳的非難に満ちた戦略を含んでいる。

しかし、ブルジョワ「革命」など何一つ存在せず、あるのはただ強欲な資本主義諸部門間の相互破壊的な闘争だけだとすれば、模倣すべきモデルも克服すべき社会政治的「後進性」も存在しないことになる。「ブルジョワ」の戦略全体が回避すべきものとなる場合さえでてくるだろう。もし封建制から資本主義への「移行」が進歩的なものでも革命的なものでもなければ、それどころかむしろ、この移行が労働者大衆に対する支配を強化し搾取の度合いを高めることを可能にする支配階層の大きな救済であったとすれば(いまわれわれはもう一人のマルクスの言葉で語っている)、たとえ今日ある移行が不可避的だとしても、それは必ずしも社会主義への移行(つまり使用価値の生産がなされる平等社会への移行)になるとは限らない、と結論できるだろう。したがって、今日の中心問題は、世界規模の移行がどの方向に向かうかということである、と締めくくることができるであろう。

資本主義がそう遠くない未来に終焉を迎えるだろうことは、私には確実であり、また望ましいことでもあるように思われる。このことは、資本主義の「客観的な」内生的矛盾を分析することによって容易に証明できる。われわれの未来世界がどのような性質のものなのかは、依然として未解決の問題であり、現在の闘争の結果によって決まるだろうということも、私には同様に確かなように思われる。移行の戦略が、実際にわれわれの運命を決するカギとなる。資本主義の歴史的進歩性の弁護に専念していては、優れた戦略は見つけられそうにない。このように資本主義の歴史的進歩性を強調することは、進歩的ではない点では現在の資本主義と同様の「社会主義」へと、いわば現在のシステムの変身へとわれわれを導く戦略を、暗に提案する危険を冒すことになるのである。

(奥西達也　訳)

※このテキストは最初、*Que faire aujourd'hui*, nos.23–24, 1983 に掲載された。

原注

★1　Charle-Albert Michalet, 《Economie et Politique chez Saint-Just. L'exemple de l'inflation》, *Annales historiques de la Révolution française*, LV, no.191, janv.–mars. 1968, pp.105–106.

# 第9章

イマニュエル・ウォーラーステイン
*Immanuel Wallerstein*

# ブルジョワ(ジー)——その概念と現実

「ブルジョワの定義？　一致した見解はまず得られないだろう」。

エルネスト・ラブルース（一九五五年）

近代世界の神話のなかで、欠くことのできない主人公はブルジョワ（bourgeois）である。ある人たちにとっては英雄、またある人たちにとっては悪漢、そしてほとんどの人たちにとっては霊感的あるいは魅力的な人物であるこのブルジョワは、現在の創造者であり、過去の破壊者であった。英語では、「ブルジョワ」という用語は避けられる傾向があり、一般には「中産階級（middle class）」（中産諸階級）という言い方が好まれる。アングロ・サクソンの思想は個人主義が自慢であるにも関わらず、「中産階級（諸階級）」に属する個人を意味する便利な単数形がないのは、ちょっとした皮肉である。言語学者によれば、この用語は一〇〇七年に burgensis というラテン語の表現としてはじめて現れ、一一〇〇年の時点ではフランス語で burgeis と記録されているとのことである。それは元来、ブル bourg つまり都市区域の住人ではあるけれども「自由の身」であった住人を示す用語であった[★1]。と言っても、何から自由なのか。封建制の社会的接合剤であり経済的紐帯であった諸々の義務からである。ブルジョワは農民でも農奴でもなかったが、かといって貴族でもなかった。

したがってブルジョワには、当初から変則性と曖昧さの両面がつきまとっていた。変則であるというのは、三つの古典的な階層からなる封建制の階層制的構造および価値体系のなかに、ブルジョワを論理的に位置づけるための余地がなかった、ということである。というのも、この古典的三階層自体、ブルジョワの概念がまさに生まれようとしていたときに、ようやく具体的な姿態をとるに至ったからである[★2]。また、曖昧だというのは、ブルジョワは当時（今日も依然そうであるが）、名誉を表すと同時に軽蔑を込めた言葉であり、賛辞を表すとともに非難を込めた言葉でもあった、ということである。ルイ一一世は、「ベルンのブルジョワ」という称号を自慢していたと言われている[★3]。だが、モリエールは「ブルジョワ貴族（le bourgeois gentilhomme）〔邦訳『町人貴族』〕」を痛烈に風刺した作品を書いているし、さらに、フロベールは「私は卑しい考えをもつ者はみなブルジョワと呼ぶ」と言っている。

この中世のブルジョワは、領主でも農民でもなかったために、結局は中間の階級、つまり中産階級の一員とみなされるようになった。しかもこれによってまた、別の曖昧さが生じた。都市住人はみながブルジョワなのか、あるいはある一部だけなのか。職人はブルジョワなのか、あるいはたんなる小ブルジョワでしかないのか、それともブルジョワとはまったく違うものなのか、等々。しかし、この言葉が使われるようになると、それは実際上、消費（生活様式）と投資（資本）双方の発展の可能性を伴った一定の所得階層——富裕階層——と同一視された。

この二本の軸に沿って、つまり消費と資本を中心として、ブルジョワという言葉の用法は展開された。一方では、ブルジョワの生活様式は、貴族あるいは農民／職人のものと対照的たりえた。農民／職人と比べて、ブルジョワの生活様式は、安逸、礼儀正しさ《マナー》、清潔さを伴っていた。しかし、貴族と比較してみると、それには真の奢侈がかなり欠落しており、社会的な振る舞いにあるぎこちなさが伴っていた（つまり成り上がり者《ヌーヴォ・リッシュ》の観念を含んでいた）。ずっと後になって、都市生活の方が豊かで複雑になると、ブルジョワの生活様式は芸術家や知識人のそれと対置することも可能となった。そしてそれは、気ままで、より自由で陽気で知的だとみなされているもの、要するに、今日「反文化的」と称されているいっさいのものとは対照的に秩序、社会的慣習、質素および単調さを代表するものとなった。最終的に、資本主義の発展によってプロレタリアは、資本家としての経済的役割を担うことなく、ブルジョワまがいの生活様式を採用することが可能になった。これこそ、まさにわれわれが「ブルジョワ化（embourgeoisement）」という名称で呼んできたものなのである。

だが、もしバビット〔米国の小説家、シンクレア・ルイス（一八八五―一九五一）の同名の小説の主人公。教養の乏しい俗物的実業家〕のようなブルジョワが現代文化で話題になる中心人物であったとすれば、現代の政治―経済的議論の中心人物は資本家としてのブルジョワである。ブルジョワとは、生産手段を資本化し、賃金を得る代わりに市場で販売される財貨を生産する労働者を雇う者を意味した。販売から得られる収入が賃金を含めた生産費用を上回る限りにおいて、資本家としてのブルジョワの第一の目的である利潤の存在が引き合いに出される。この社会的役割の長所――創造的企業家としてのブルジョワ――を賞賛する者もいれば、反対に、この社会的役割の短所――寄生的搾取者としてのブルジョワ――を非難する者もいた。しかし、賞賛者も非難者もともに、ブルジョワ、つまりこの資本家としてのブルジョワが近代の経済生活の主要な原動力である、と認める点では一般に一致している。一九世紀以降については全員が、一六世紀以降については多くの者が、そしてそれ以前についてさえ少数の者が、ずっとそうであったと認めているのである。

## 一九世紀的定義

ちょうど「ブルジョワ」という概念が、貴族／土地所有者と農民／職人との間の中間階層を意味してきたように、ブルジョワ時代あるいはブルジョワ社会は、二つの方向で、すなわち、過去との関連では封建制を超えた進歩的なものとして、また未来との関連では社会主義を約束するもの（あるいは社会主義を脅かすもの）として定義されるようになった。このような定義の仕方自体が一九世紀の現象であった。一九世紀とは、ブルジョワが勝ち誇った世紀、つまり概念的にも現実的にもブルジョワにとって典型的な歴史的時期だと当時考えられていたし、それ以来ほとんどの人が絶えずそう考えてきた。世界の工場であり、白人の責務の中心地である太陽の沈まない国、責任能力があり、学問も盛況で、文明的な国――このようなビクトリア時代のイギリスほど、われわれの集団意識にブルジョワ文明をうまく表象させるものはあるだろうか。

このように、ブルジョワの現実――その文化的および政治経済的現実――はわれわれの誰もがよく知っているものであり、一九世紀のイデオロギー上の三大潮流である保守主義、自由主義、マルクス主義は、著しく類似したやり方でこれを説明してきた。ブルジョワの概念を構成するにあたってこれら三者は、その職業上の機能（初期においては普通商人、しかし後には賃労働者の雇用者であり生産手段の所有者、だが何よりも商品生産者としての労働者の雇用者）、その経済的原動力（利潤動機と資本蓄積欲求）、その文化的特徴（慎重さ、合理性、自己の利益の追求）において一致する傾向があった。一九世紀に中心概念をめぐってこのような合意が形成されたということで、われわれの誰もが引き続き、何の躊躇もなく、ほとんど論議せずにそれを使用してきたと思われるであろう。しかし、ラブルースはわれわれに、一致した定義は得られないと言い、したがって経済的現実をもっと詳細に検討し、研究領域をできるだけ広げるよう勧告している。しかも、ラブルースは一九五五年にこの勧告を行ったのであるが、私の印象では、世界の学会が彼の挑戦を受けて立ったとは思えない。これはなぜだろう。そこで五つのコンテクストに注目してみよう。それらは歴史家やその他の社会科学者の研究であるが、そのなかでのブルジョワ（ジー）(bourgeois (ie)) という概念の使われ方は、著者自身に対してではなくとも、読者の多くに不快感を与えるものであった。おそらくこの不快感を分析することによって、概念と現実とをいっそう適切に一致させる手がかりが見出されるであろう。

1．歴史家たちは、「ブルジョワジーの貴族化」と呼ばれる現象を説明することがよくある。例えば、これは一七世紀にオランダ北部七州で起こったことだと主張する歴史家もいる［★4］。旧体制《アンシャン・レジーム》下のフランスで官職の買収によって生み出された「法服貴族」制度は、事実上この概念の制度化であった。それは確かに、トーマス・マンが『ブッデンブローク家の人々』のなかで描いたことであった。そこで描かれているのは、富裕な名門の一族の社会的行動様式における典型的な変転過程、つまり大企業家となり、自己の経済基盤を揺るぎないものにした後に文芸の庇護者となり、最後には、今日でいう退廃的放蕩者あるいは快楽主義的理想主義的逃避者になってしまう過程である。

ここでわれわれは何に触れようとしているのだろうか。それは、ブルジョワがある理由で、人生のある瞬間に、自分の文化的生活様式ならびに自分の政治経済的役割を放棄し、「貴族的」役割――それは一九世紀以降は必ずしも貴族の肩書をもっている者の役割に限らず、たんに旧い富豪の役割をも含む――を志向するようになった、と思われることである。この現象の伝統的で定型的な象徴は、〈ブルジョワ的工場所有者／都市居住者〉から〈貴族的土地所有者／地方居住者〉への移行を示す、領地の獲得であった。

では、なぜブルジョワはそうしなければならないのか。答えは明白である。社会的地位の点においても近代世界の文化論的観点においても、ブルジョワであるより貴族である方がどういうわけか「恵まれている」、もしくは望ましい境遇にあることは、――一一世紀から今日に至るまで――つねに真実であったからだ。ところで、これは、二つの理由から明らかに注目に値する。一つには、現在そして――一九世紀以来、いや一六世紀以来、あるいはおそらくもっと以前から――これまで、政治―経済的過程で原動力としての機能を果たす人物はブルジョワである、とわれわれは誰からも絶えず聞かされている。それなのになぜ彼らは、主役の座を降りて、いままでより古めかしい社会の舞台の脇役をつとめたがるのだろうか。二つには、いわゆる封建制や封建秩序は、そのイデオロギー的表現のなかで貴族を賞賛したのに対し、資本主義はほかならぬブルジョワを讃える別のイデオロギーを生み出した。この新しいイデオロギーは、少なくとも資本主義世界経済の中心部では少なくとも一五〇—二〇〇年間支配的である。にも関わらず、ブッデンブローク現象〔トーマス・マンが『ブッデンブローク家の人々』(一九〇一)で描いたブルジョワ一族の衰退〕が急速に進行している。また、イギリスでは今日なお、一代貴族は名誉と考えられている。

2. 現代思想において重要な論争的概念——マルクス主義の文献によく見られるが、けっしてこれの専有物ではない——は、歴史的役割の「ブルジョワによる裏切り」という概念である。実際この概念は、ある国ぐに、あまり「発展して」いない国ぐにでは、現地《ローカル》(または民族《ナショナル》)ブルジョワジーが土地所有者や金利生活者、つまり「貴族」になるために、自己の「通常果たす」、あるいは期待されている経済的役割を果たさずに、それに背いてきた、という事実をさしている。しかし、それはたんに個人史から見たブルジョワの貴族化にとどまるものではない。それは、ブルジョワの集団的貴族化なのである。言うなればそれは、一種の一国《ナショナル》的歴史におけるこの転換の時機の問題である。発展段階論の暗黙の想定によれば、ブルジョワジーは歴史のある時点で国家機構を引き継ぎ、いわゆる「ブルジョワ国家」を創造し、国を工業化し、それによって相当量の資本を集団として蓄積せねばならない——つまりイギリスが辿ったと推測される歴史的道程に従わねばならないのである。そうした時期を経た後であれば、一個人としてのブルジョワが「貴族化」しているかどうかはさほど重要ではないだろう。だがそういう時期を経ていないのであれば、〔貴族への〕こうした個人的移行は、国民《ナショナル》規模の集団的転換をより困難なものにする(不可能にさえする)。この種の分析は、二〇世紀における主要な政治戦略の基礎となっている。第三インターナショナルの政党およびその後継者は、いわゆる「二段階民族《ナショナル》革命論」を正当化するものとしてそれを用いた。この理論では、社会主義政党は、プロレタリア革命（第二段階の革命）の遂行に責任を負うだけでなく、ブルジョワ革命（第一段階の革命）の遂行においても重責を果たすことになる。言い換えれば、第一段階は歴史的「必然」であるが、問題の民族《ナショナル》ブルジョワジーがその歴史的役割を「裏切っ」てしまってる以上、それに代わってこの役割を果たす責任がプロレタリアートの肩にかかってくるというのである。

ところで、〔二段階民族《ナショナル》革命論という〕この考え方全体は二重の意味で興味深い。一方の社会階級たるプロレタリアートは、自らに課せられた義務、ならびにもう一方の社会階級たるブルジョワジーの歴史的任務（その内容が何であろうと）遂行の社会的可能性を担っている、という考えがまず興味を引く（ちなみに私が注目しているのは、この戦略が、レーニンによって、あるいは少なくとも彼の祝福をうけて打ち出されたものであるにも関わらず、多分に道徳主義《モラリズム》の臭いがし、マルクスとエンゲルスが空想的社会主義を非難する理由もこの道徳主義にあった、ということである）。しかし、「裏切り」という考えは、ブルジョワジー自身の視点から考えてみると、いっそう興味深い。なぜ民族《ナショナル》ブルジョワジーは自分の歴史的役割を「裏切ら」ねばならないのか。彼らはたぶん、その役割を果たすことによって生じるあらゆる利益をわがものにできるというのに。それに、保守主義者、自由主義者、マルクス主義者の誰もが、資本家としてのブルジョワはつねに自己の利益を追求することを認めているのに、彼らが自己の利益を顧みていないように思われるのは、いったいどうしてなのか。これはたんなる謎ではなく、自己矛盾した主張であるように見える。自己の歴史的役割を「裏切った」と言われている民族《ナショナル》ブルジョワジーの数は量的には少ないどころか非常に多い――それどころか圧倒的多数にのぼっている――という事実が、この考えを輪をかけて奇妙なものにしている。

3．「ブルジョワジーの貴族化」という用語は、主として一六世紀から一八世紀にかけてのヨーロッパ諸国の状況に適用される傾向があり、「ブルジョワジーの裏切り」という用語は二〇世紀の非ヨーロッパ地域における状況に用いられる傾向があった。だが、一九世紀末から二〇世紀にかけての北アメリカおよび西ヨーロッパの状況に主として適用されてきた、ある第三の用語がある。一九三二年にバーリーとミーンズは一冊の有名な書物を著したが、そのなかで彼らは、現代企業の構造を歴史的に眺めてみると、ある傾向、つまり「所有と経営の分離」と呼ぶべき傾向が存在する、と指摘した[★5]。この用語で彼らが表現しようとしたのは、法律上の企業所有者が同時にその経営者でもあった状況から、法律上の所有者が多数分散して存在し、ほとんど貨幣資本の投資家にしかすぎないものになっている一方で、経営者は経済的決定の全実権を握りながら必ずしも企業の部分的所有者でさえなく、形の上では賃金によって雇用される従業員（employee）になっている、という状況（すなわち近代株式会社）への変化である。いまや誰もが認めているように、この二〇世紀的現実は、自由主義者やマルクス主義者がブルジョワの経済的役割について一九世紀に描いたものとは一致しないのである。

このような法人企業形態の出現は、たんに企業最上層部の構造を変えただけではなかった。それは一つの新しい社会的階層をまるごと生み出した。一九世紀のマルクスの予言では、資本が集中するにつれて階級の両極化はますます進行し、ついには（ごくわずかの）ブルジョワジーと（圧倒的多数の）プロレタリアートだけになるだろう、ということであった。それによって彼が実際に言いたかったのは、資本主義の発展のうちに、二つの大きな社会的グループ、つまり小規模ではあるが独立自営の農民と都市の手工業者は、二重のプロセスを経て消滅してしまうだろうということ、すなわち、少数の者が企業家（つまりブルジョワ）になり、ほとんどの者が賃労働者（つまりプロレタリア）になるということであった。自由主義者のなかでこれに類似した予言を行っているものはほとんどいなかったが、社会に関する説明ということに限れば、マルクス自身の予言のなかに自由主義的主張と矛盾するところは何もなかった。カーライルのような保守主義者たちさえ、マルクスの予言は本質的に正しいと考えていたし、またそのような考え自体に身震いしたのであった。

実際、マルクスは正しかったのであり、これら二つの社会的カテゴリーに属する成員の数はここ一五〇年の間に世界規模で激減した。しかし、第二次世界大戦以来、社会学者が注目してきたことは、これら二つの階層の消滅が新しい階層の出現と手を携えて進行したという、いまでは周知の事実となっていることがらである。「旧い中産階級」が消滅していくにつれて、「新しい中産階級」が出現してきたということが言われ始めた［★6］。新しい中産階級によって意味されるのは、主として給与で雇われた専門職からなる肥大化しつつある階層のことであり、彼らは、大学で受けた技能訓練のおかげで、経営者あるいはそれに準ずる地位――最初は「技術者」、後には法律や健康管理の専門職、マーケティングの専門家、情報処理専門家《コンピューターアナリスト》など――を企業組織のなかで占めるに至ったのである。

ここで二つのことに注目すべきである。まず一つは言語上の混乱である。これら「新しい中産階級」は（一一世紀におけるような）「中間階層」と考えられているが、今日では、「ブルジョワジー」、「資本家」あるいは「最高経営者」と「プロレタリア」あるいは「労働者」との間に位置するものである。一一世紀のブルジョワジーは中産階層であったが、二〇世紀の用語法によれば、ブルジョワジーという言葉は、多くの者がいまなお三つの識別可能な階層に言及する状況にあっては、その最上階層を描写するのに使われる。この混乱は一九六〇年代にさらにひどいものとなったが、それは、「新しい中産階級」を「新しい労働者階級」と呼びあらためることによって三つの階層を二つに減らそうとしたためであった［★7］。このように名称の変更が奨励されたのは主として政治的意図によるものであったが、しかし、これには現実の変化というもう一つ別の側面があった。つまり、熟練労働者と給与で雇われたこれら専門職との間の生活様式および所得水準の格差がしだいに狭まってきたのである。

第二に、この「新しい中産階級」を一九世紀的な分析カテゴリーで説明するのは大変困難だ、ということがあった。彼らは、「ブルジョワ」であることのいくつかの基準にかなっていた。彼らが「裕福」で、投資できる貨幣を多少保有し(それほど多額ではなく、しかも主として株券や債券で)、経済的にも政治的にも自己の利益を追求していたことは確かである。しかし、(財産に基づく収入よりも)主として現在の労働報酬に基づいて生活を営む限りにおいて彼らは賃労働者に類似した傾向を示していたし、またその限りで「プロレタリア的」であった。また、彼らのしばしばきわめて快楽主義的な生活様式は、ブルジョワ文化と結びついたピューリタン的束縛を重視するものではなく、その限りにおいて彼らは「貴族的」であった。

4. 「新しい中産階級」に類似したものが第三世界にも存在した。第二次世界大戦後、第三世界の国ぐにが次々と独立していくにつれて、分析家たちはきわめて重要な階層の出現に注目し始めた――それは政府によって雇用された高学歴の幹部《カードル》であり、彼らは高い所得水準のために大半の同国人と比較して非常に裕福であった。アフリカでは、他の種類の「富裕」者は事実上存在しないためにこうした幹部が顕著に目立っているが、そこでは、彼らを呼ぶのに「官僚ブルジョワジー(administrative bourgeoisie)」という新しい概念が創り出された。官僚ブルジョワジーは、生活様式と社会的価値の点においては、まったく伝統的な意味で「ブルジョワ的」であった。これがたいていの体制の支持基盤となっていたことは、一党支配のアフリカ諸国家は「ブルジョワジー独裁」、正確には官僚ブルジョワジー独裁である、とファノンが主張したことからもうかがえる[★8]。だが当然のことながら、こうした高級官僚層《シビル・サーバント》は、企業家、賃労働者の雇用者、革新者、リスクを請け負う者、利潤を極大化する者というブルジョワの伝統的な経済的役割を何か果たすという意味では、どう見てもブルジョワ的ではなかった。

だがそう言ってしまうと正確ではない。官僚ブルジョワも、しばしばこうした古典的な経済上の役割を果たすことはあった。しかし彼らは、そのことで讃えられることはなく、むしろ「腐敗・汚職」のゆえに非難を浴びたのである。

5．最後に、ブルジョワおよび／あるいは中産階級の概念が、混乱を招きはするが中心的役割を果たすようになってきた五つ目の領域がある。それは、近代世界における国家構造を分析する領域である。いま一度、保守主義、自由主義、マルクス主義のいずれの学説を見ても、資本主義の出現は、国家機構の政治的支配と何らかの形で関連し緊密に結びついている、と考えられていた。資本主義経済はブルジョワ国家を必然的に伴うとするマルクス主義者の主張は、「国家とは支配階級の執行委員会である」[★9]という定義によってもっとも簡潔に要約される見解である。ホイッグ的歴史解釈の核心は、人間解放に向かう運動は経済的および政治的領域で同時並行的に進行するということにあった。レッセ・フェールは、代議制民主主義か、あるいは少なくとも議会によるルールの制定を伴うものであった。そして、保守主義者の不満の種が金銭的絆《きずな》の普及と（何よりもまず国家構造の水準における）伝統的諸制度の衰退との深いつながりにあるのでないとすれば、不満はいったい何に対してだったのか。保守主義者が《王政復古》について語る場合、彼らが復興に懸命になったのは君主制と貴族的特権であった。

しかし、かたくなに異議を唱えているいくつかの説にも耳を傾ける必要がある。勝ち誇ったブルジョワの王国たるビクトリア朝イギリスでは、その勝利に酔いしれていたちょうどそのときに、ウォルター・バジョットが、近代国家および資本主義システムの存続・繁栄を可能にする諸条件を維持するにあたって、君主制が果たすことになる永続的で本質的な役割について検討した[★10]。マックス・ヴェーバーは、資本主義文明の発達にとって不可避的過程だと彼が考えた世界の官僚化は、政治システムの上層レベルにあっては不可能だ、と主張した[★11]。また、ジョセフ・シュンペーターは、実際にはブルジョワジーがバジョットの警告に傾聴できない以上、支配機構は不可避的に崩壊するにちがいない、と主張した。ブルジョワジーは支配を強く要求することによって自らの死滅を引き起こすだろう、というのである[★12]。三人とも、ブルジョワ経済とブルジョワ国家は見かけほど単純には同一視できないことを主張していたのである。

マルクス主義の陣営では、国家および（ブルジョワ）国家の階級的基盤についての理論は、ここ三〇年来もっとも論議を呼んだ問題の一つであり、このことはニコス・プーランツァスとラルフ・ミリバンドとの論争においてもっとも顕著に現れている。「国家の相対的自立性」という言葉が、表面的には広く支持される決まり文句となった。この言葉が[★13]、「ブルジョワジー」とか「中産階級」にはあまりにも多くの種類が今日認められるため、そのうちのどれか一つがマルクス主義の定義に見られるように直接国家を支配していると論じるのは難しい、という事実を語っているのでないとすれば、それは何を語っているのか。また、それら多様なブルジョワジーが結合して単一の階級あるいは集団を形成するとも思われない。

## ブルジョワ概念の再考

このようにブルジョワという概念は、中世に出現して以来旧体制《アンシャン・レジーム》のヨーロッパにおいて、ついで一九世紀産業主義のヨーロッパにおいて、諸々の変貌を経ながら現在に至っているわけであるが、二〇世紀の世界について語る場合にこれを明確な意味で用いるのは困難なように思われる。近代世界の歴史的発展を説明するのにブルジョワ概念を導きの糸として用いることは、なお難しいであろう。だが、この概念を完全に捨てる覚悟をもつ者は誰もいないように思われる。ブルジョワジー、でなければ中産階級の概念を欠いた近代世界の本格的な歴史的解釈を私は知らない。それもそのはずで、主人公なしに物語を語るのは困難なのである。それでも、概念が現実にどうしてもうまく適合しないとなれば——しかもこの現実についてのあらゆる主要なイデオロギー的解釈と概念が競合している状況にあるとなれば——、この概念を見直し、実際にその本質的特徴であるものを再評価すべき時機であろう。

私は、思想史のもう一つの興味深い例に注目することから始めたい。プロレタリアート——賃労働者と呼んでもよいが——はたんに歴史的に古くから存在しているのではなく、実際には時を経て創造されたものである、ということはわれわれの誰もがはっきり意識している。かつては、世界の労働者の大部分は農村の農業生産者であって、所得をさまざまな形態で受け取っていたのであるが、ただ賃金形態で所得を受け取ることはほとんどなかった。今日では、世界の労働力の大部分(しかもかつてないほどの)が都市に存在しており、その多くが所得を賃金形態で取得している。この変化を「プロレタリア化」と呼ぶ者もいるし、「労働者階級の形成」と呼ぶ者もいる[★14]。この過程を論じた理論は数多く見られる。つまり、これは多くの研究の主題なのである。

同様にわれわれはそれほどはっきりと意識しているわけではほとんどないが、次のことにも気づいている。それは、(何らかの定義によって)ブルジョワと呼びうる人びとの比率が以前よりも今日の方がはるかに高くなっており、おそらくは一一世紀から、確かなところでは一六世紀から、疑いもなく着実に上昇してきていることである。にも関わらず、私の知る限りでは、「ブルジョワ化」を「プロレタリア化」と相並行した過程として語る者は、実際、誰一人としていない。また、ブルジョワジーの形成に関する書物を著す者もいない。むしろ人びとは、どちらかといえば「ブルジョワによる征服(les bourgeois conquerants)」に関する書物を著そうとする[★15]。あたかもブルジョワジーは所与のものであり、それゆえに貴族政治、国家、労働者といった他のものに影響を与えているかのようである。ブルジョワジーは起源をもたず、ゼウスの頭から完全に成熟した形で現れ出たように思われている。

われわれはこのような明白な急場の救い神《デウス・エクス・マキナ》――昔からそうであり続けた真の救いの神――を嗅ぎとらねばならない。というのも、ブルジョワジー／中産階級という概念の唯一もっとも重要な使用目的は、近代世界の始源を説明することにあったからである。神話が語られる場合と同じように、昔々、封建制が、すなわち非商業的な、特化されていない経済が存在した。領主が存在し、農民が存在した。市場を通じて生産や交易を行う都市住民も（ただの偶然だったのだろうか?）わずかながら存在した。そこへ中産階級が出現し、金銭取引の領域を拡大させ、それによって近代世界の驚異を解き放った。あるいは、本質的には同じ考えであるが、少し違った言い回しをすれば、ブルジョワジーはたんに（経済の舞台に）現れただけでなく引き続き（政治の舞台にも）登場し、旧来の支配的な貴族政治を打倒した。こうした神話にあっては、ブルジョワジー／中産階級は、神話が意味をもつために所与のものであらねばならない。このブルジョワジーの歴史的形成を分析するならば、神話の説明の首尾一貫性は疑問に付されることになるだろう。したがって、この分析はこれまで行われてこなかったし、たとえ行われていたとしても不十分なものであった。

中世末の都市住民という実在した行為者を、いまだ吟味されていない本質的要素であるブルジョワ、近代世界の征服者としてのブルジョワに転化させることが、ブルジョワの心性またはイデオロギーについての神秘化と手を携えて進行している。このブルジョワは「個人主義者」ということになっている。いま一度、保守主義者、自由主義者ならびにマルクス主義者たちの一致した見解に注目してみよう。これら三つの学派がともに主張してきたことは、過去の時代（とくにマルクス主義者にとっては未来の時代）とは異なり、自分自身に、しかも自分自身だけに関心を抱く主要な社会的行為者、つまり企業家としてのブルジョワが存在している、というものである。彼は社会的献身の念を抱かず、社会的拘束をまったく（あるいはほとんど）知らず、つねにベンサム的快楽計算を追求しているのである。一九世紀の自由主義者たちは、これを自由の実践と定義し、もし各人が全身全霊を込めてこの快楽計算を実践するならば、各人の利益になるようにいささか神秘的に作用するであろう、と主張した。存在するのは得をする者だけであり、損をする者は一人もいない、というのである。一九世紀の保守主義者とマルクス主義者は、この自由主義者の無頓着さに道徳的恐怖感と社会学的な懐疑を抱くことで、互いに結びついていた。自由主義者にとって「自由」の実践や人間進歩の源泉であったものは、彼らの目には「無政府状態」へ行き着くもの、それ自体としてはさしあたり好ましからざるものであり、長い目で見れば社会を結束させている社会的紐帯を分断する傾向をもつものとして映った。

近代思想には強い「個人主義的」特徴が見られ、その影響力は一九世紀に極みに達した、ということを否定するつもりはないし、また、近代世界における重要な社会的行為者による意義ある社会的行動のなかに、思想のこうした特徴が——原因および結果として——反映されていることに異議を唱えるつもりもない。私が注意を呼びかけたいのは、これまでなされてきた論理的飛躍に対してである。つまり、個人主義を近代社会、ブルジョワ文明、資本主義世界経済の一つの重要な社会的現実とみなすことから、その唯一重要な社会的現実とみなすことへの飛躍に対してである。ことはそう単純ではなかったのである。

根本的問題は、資本主義が機能する仕方についてわれわれが抱くイメージにある。資本主義は生産要素——労働、資本、商品——の自由なフローを要求するという理由から、資本主義に必要なものは、あるいは少なくとも資本家が望むものは完全に自由なフローである、とわれわれは想定してしまう。ところが、実際に資本主義が必要とし、資本家が望むものは、部分的に自由なフローなのである。資本主義は需要と供給の「法則」に基づく市場メカニズムを通じて機能するという理由から、資本主義が必要としたり資本家が望んだりするものは完全競争の市場だ、とわれわれは想定してしまうが、必要とされ望まれるのは、〔都合よく〕利用できると同時に制限もできる市場であり、競争と独占が適度に混じり合って併存している経済である。資本主義は個人主義的行動に対して報酬が与えられるシステムであるという理由から、資本主義が必要としました資本家が望むのは各人の個人主義的動機に基づく行動だ、と想定してしまうが、実際に必要とされ望まれるのは、ブルジョワとプロレタリアの双方が、その心性の一部として反個人主義的な社会的適応性を相当程度併せもっていることである。資本主義は所有権という法律的基礎のうえに構築されたシステムであるという理由から、資本主義が必要としました資本家が望むのは、所有権は神聖不可侵であるべきで私的所有権はこれまで以上に社会的相互作用の領域に拡大していくことだ、と想定してしまうが、現実には、資本主義の全史は私的所有権の着実な衰退の歴史ではあっても拡大の歴史ではない。資本主義は資本家たちが純粋に経済的根拠に基づいて経済的決定を行う権利をつねに主張するシステムであるという理由から、彼らは自分たちの決定に政治的干渉がなされるのを実際極度に嫌悪する、と想定してしまうが、彼らは終始一貫して、国家機構を利用することを切望したのであり政治的優越の考えを歓迎したのである。

## 際限なき蓄積

要するに、われわれのブルジョワ概念で誤っていたのは、資本主義の歴史的現実をあべこべに（誤読ではないとしても）解読していたことである。もし資本主義が何ものかであるとすれば、それは、資本の際限なき蓄積の論理に基づいたシステムである。この際限のなさこそが、資本主義のプロメテウス的精神として賛美され、あるいは非難されてきたのである［★16］。この際限のなさこそが、エミール・デュルケームにとっては、その永続的な代償としてのアノミー〔社会的規範の崩壊した状態〕を生み出すのである［★17］。この際限のなさからわれわれすべてが逃避しようとしている、とエーリッヒ・フロムは主張している［★18］。

マックス・ヴェーバーが、プロテスタントの倫理と資本主義の精神との必然的関連を分析しようと試みたさい、彼は予定説というカルヴィニズム神学の社会的合意を説明した〔★19〕。もし神が全能であっても、少数の者しか救われないとすれば、人間は自分がこの少数者のなかに含まれることを保証するために何もできないだろう。というのも、もしそうしたことができるとすれば、彼らは神の意志を決定することになるであろうし、そうなると、神は全能ではなくなってしまうだろうからだ。しかしこれは、論理的にはまったく申し分ないが心理的にはとうてい受け入れることができない、とヴェーバーは指摘した。というのも、心理的には、どんな行為もみな運命づけられている以上は許される、という推論がこの論理からなされるであろうからだ。あるいは、あらゆる行為は救済という唯一真正な目的に比べれば取るに足らないという理由から、人はまったく意気消沈し、その結果消極的になるであろうからだ。心理的なもの〔a psychologic〕と衝突する論理は存続しえないし、変更を被らざるをえない、とヴェーバーは主張した。カルヴィニズムの場合がそうであった。カルヴァン主義者は、予定説の原理のうえに、予知の可能性を、あるいは少なくとも否定的な予知の可能性をつけ加えた。われわれは自らの行為によって神の御業に影響を及ぼすことはできないけれども、ある種の否定的ないし罪深い行為は恩寵が得られない徴《しる》しとして役立った。心理的にはこれで万事問題はなかった。われわれは、ある適切な仕方で行動するよう駆り立てられることになった。というのも、そうしないなら、神がわれわれを見捨ててしまったという確かな徴《しる》しになるからであった。

私は資本主義的エートスの論理と心理とを分別しつつ、ヴェーバーと同様の分析を行いたいと思う。もしこの実践〔資本主義的エートスの実践〕の主目的が資本の際限なき蓄積であるとすれば、永久的労苦と自己否定が論理的にはつねに必要となる。賃金鉄則と同様に利潤鉄則が存在する。放縦に浪費される一ペニーは、投資の過程から、したがってさらなる資本蓄積の過程から放逐された一ペニーなのである。だが、利潤鉄則は論理的に厳格であるとはいえ、心理的には受け入れ難いものである。個人的な報酬が何もないならば、資本家、企業家、ブルジョワたることの利点は何なのか。何の利点もないであろうこと、誰もそれらになろうとしないであろうことは明らかである。しかし依然として、論理的にはいま見てきたことが要求される。そうすると、当然のことながら、論理が変更されなければならない。さもなくば、このシステムはけっして機能しないであろう。ところが、明らかにそれは、相当な期間機能し続けているのである。

全能の神―予定説の組み合わせが予知によって変更された（そして最終的には切り崩された）のとちょうど同じように、蓄積／節約という組み合わせは地代によって変更された（そして最終的には切り崩された）。周知のごとく、地代は古典派経済学者（その最後の人物であるマルクスも含めて）によって利潤の真の対立物として説明された。だが、地代はそのようなものではない。それは利潤の権化なのである。古典派経済学者は、地代から利潤へと向かう歴史的進化を観察したのであるが、この歴史的進化は、ブルジョワジーが貴族政治を打倒するというわれわれの歴史的神話に作り変えられた。しかし実際には、これは二つの点で間違っている。この時間的変化は短期的なものではあっても長期的なものではない。しかも、継起する順序が逆なのである。どの資本家も利潤を地代に変えようとするからである。このことは、すべての「ブルジョワ」の第一の目的は「貴族」になることである、と言い換えることができる。これは短期についての話であって、長期持続について述べたものではない。

「地代」とは何か。厳密に経済学的な意味では、地代は、ある具体的な時空的（spatio-temporal）現実の支配に由来するが、どう見ても、その所有者の創造物であるとも彼の自己労働（たとえ企業家としての労働でさえ）の産物であるとも言えない所得のことである。仮に私が幸運にも川の浅瀬付近に土地を所有していて、そこを通るのに通行料を課すとすれば、私は地代を受け取っていることになる。もし仮に、他の人たちが自分たちの利益のために私の土地で働いたり、あるいは私の建物で生活したりすることを私が許可し、彼らから支払いを受け取るならば、私は金利生活者と呼ばれる。事実、一八世紀のフランスでは、金利生活者は、「自己の所得に基づいて高尚な生活を送っているブルジョワ」、つまり事業や職業を忌避しているブルジョワ、と記録では定義されている[★20]。

さて、このいずれの場合にも、地代をもたらすことになった有利な条件を獲得するにあたり、自分は何も行わなかった、というのはまったくの真実とは言えない。私はある種の所有権を獲得できただけの先見の明、あるいは幸運を持ち合わせていたのであり、そのおかげで私は合法的に地代を獲得できるのである。こうした所有権獲得の基礎となった「労働」は二つの特徴を備えている。この労働は、現在にではなく過去に行われたものであった（事実、それはしばしば遠い過去つまり先祖によって行われた）。そしてそれは政治的権威による神聖化を要求するのであって、これなしには、現在において貨幣を獲得できないのである。したがって、地代＝過去であり、地代＝政治権力なのである。

地代は現存の財産所有者に役立つ。それは現在の労働によって財産を獲得しようとする者には役立たない。それゆえ地代はつねに挑戦にさらされている。さらに地代は、政治的に保証されているがゆえに、つねに政治的挑戦にもさらされている。しかし成功をおさめた挑戦者は、結果的には財産を獲得することになる。彼がそうするや否や、彼の利害は地代の合法性を擁護するように命ずるのである。

地代は真に競争的な市場で得られる以上の利潤率を創出するメカニズムである。川の渡航の例に立ち帰ってみよう。橋を架けることができるほど川幅が狭まっているところが一ヶ所しかない川があるとする。〔利用にあたって〕さまざまな選択肢が存在する。国家は、あらゆる土地は潜在的には私有地であって、川幅がもっとも狭まった地点の両岸にある二つの向かい合った土地を偶然所有している者は、私有の橋を架け私的な通行料を課すことができる、と公布できるだろう。渡航可能な箇所が一つしかないという前提に立てば、この人物は独占権をもつことになり、川の渡航が商業ルートに含まれているあらゆる商品連鎖から剰余価値の相当部分を得る手段として、高額な通行料を課すこともできるであろう。あるいは両岸が公有地である、と国家が公布することもできるであろう。その場合、さらに二つの理想的な形の可能性が示されることになる。一つは、国家が国庫で橋を建設し、通行料はまったく課さないか、あるいは費用回収的料金を課す場合である。この場合、そうした商品連鎖からは剰余価値は何ら得られないだろう。もう一つは、両岸は公有であり、小船舶所有者を競争させて物財の河川渡航輸送に利用されるべきだ、と国家が公表する場合である。この場合には、激しい競争のため、こうしたサービス価格は小船舶所有者が低い利潤率に甘んじなければならないほど低落し、かくて河川渡航の商品連鎖から彼らが得る剰余価値は最小限しか認められなくなる。

## 地代と独占

この例において、地代がいかに独占利潤と同じもの、あるいはほぼ同じものに見えるか、に注目すべきである。独占とは、周知のごとく、競争が不在のゆえに取引当事者が高い利潤を、あるいはこう言ってもよいだろうが、独占部門が商品連鎖全体――独占部門はその一部をなしている――において生ずる剰余価値の大きな割合を獲得できる状態のことである。ある企業が時空的に特定の種類の経済取引を独占する状態に近づけば近づくほど、それだけ利潤率が高くなる、というのはまったく明白であり、事実自明のことである。そして、市場の状態が完全競争に近づけば近づくほど、それだけ利潤率も低下する。実際のところ、完全競争と低い利潤率とのこうした関係自体が、歴史上、自由企業システムをイデオロギー的に正当化する理由の一つとなっている。残念ながら、資本主義においてこれまで自由な企業〔活動〕が広範囲にわたって実現したためしはない。その理由はまさに、資本家たちが資本を、それも可能な限り多くの資本を蓄積しようとして、利潤、それも最大利潤を追求するからにほかならない。彼らはそうすることに動機づけられているのみならず、独占的地位を求めることを構造的にも余儀なくされているのであり、そうした地位に立つと、彼らは利潤極大化を、持続的に可能ならしめる主要機関たる国家を介して追求するよう駆り立てられるのである。

したがって、私が提示しようとしている世界は逆さまであることがわかるだろう。資本家が望んでいるのは、競争ではなく独占である。彼らは、利潤ではなく地代による資本蓄積を求める。彼らがなりたいと願っているのは、ブルジョワではなく貴族である。歴史を通じて、つまり一六世紀から今日に至るまで、資本主義世界経済における資本主義の論理は深化し拡大してきているため、独占の減少ではなく増大が、地代の増大と利潤の減少が、貴族階級の増大とブルジョワジーの減少が見られるのである。

ああ、もうたくさんだ！　お利口ぶった話も度がすぎる！　と言われるだろう。それは、われわれが知っている世界認識像でも、われわれが研究してきた歴史的過去についてのもっともな解釈でもないように思われる、と。然り、あなたの言うとおりである。というのも、私は物語の半分を省いてしまっているからである。資本主義は静止状態にはない。それは歴史的システムである。それは自己の内的論理と内的矛盾によって発展してきた。換言すれば、資本主義には循環的リズム（cyclical rythmes）だけでなく長期的趨勢（secular trends）も存在するのである。ゆえに、とりわけわれわれの研究対象たるブルジョワについて、こうした長期的趨勢に目を向けてみよう。いやむしろ、われわれがブルジョワ化という呼称を与えている長期的過程に注目してみよう。この過程は、多少とも次のように機能するはずである。

資本主義の論理は、禁欲的ピューリタン、つまりクリスマスさえ惜しむスクルージ〔英国の作家チャールズ・ディケンズ（一八一二―一八七〇）の小説『クリスマス・キャロル』に登場する守銭奴〕のような人物を要求する。資本主義の心理学的論理は貨幣が権力の尺度となるよりも〔神の〕恩寵の尺度となる世界であるが、それは富の誇示、したがって「顕示的消費」を要求する。システムがこのような矛盾を内包して機能する仕方は、この二つの推力を世代間にまたがる連続した現象へと、すなわちブッデンブローク現象へと転換させることになる。成功した企業家が集まれば、そこには必ずブッデンブローク型の企業家が集まっている。したがって、一七世紀末のオランダでは、ブルジョワジーの貴族化の例が見られた。これが茶番劇として繰り返されると、それはブルジョワジーの歴史的役割の裏切りと呼ばれる。これは、例えば、二〇世紀のエジプトにおいて見られた。

これは、たんに消費者としてのブルジョワという問題にとどまらなかった。彼の貴族的スタイルを好む傾向は、企業家としての彼の独自の機能の様式にも見出すことができる。一九世紀に入りかなり時が経つまで(今日なおその残存物は見られるが)、資本主義的企業は、労使関係に関しては、中世の荘園をモデルに構成されていた。企業の所有者は、父親のような人物として立ち現れ、従業員に気を配り、彼らに住まいを当てがい、一種の社会保障計画を提供し、彼らの仕事ぶりだけでなく彼らの全行動の道徳面にも関与した。しかし、時とともに、資本は集中化の傾向を示してきた。これは、独占を追求し競争者を排除してきたことの結果であった。その過程は、絶えず準独占体を破壊しようとするあらゆる反対潮流のために緩慢なものとならざるをえない。けれども、企業構造はだんだん拡大してゆき、所有と経営の分離——家族主義的経営の終焉、法人企業の成長、新しい中産階級の興隆——を引き起こした。周辺、とくに半周辺地域の弱小国家によく見られるように、「企業」が名目上私有されているというよりも事実上国家所有のところでは、新しい中産階級はその大部分が官僚ブルジョワジーの形態をとる。この過程が進行するにつれて、法律上の所有者の役割は中心的位置からだんだんと退いてゆき、最終的には痕跡をとどめる程度のものとなる。

俸給ブルジョワジー(salaried bourgeoisie)であるこの新しい中産階級を、われわれはどのように概念化すべきだろうか。生活様式または消費という軸線に沿って見れば、もしくは(こう言ってよければ)剰余価値の取得者であるという事実に即せば、彼らは明らかにブルジョワである。だが、彼らはブルジョワではないのであり、資本や所有権の軸線に沿って見ればなおさらそうである。つまり彼らは、「古典的な」ブルジョワほどには、利潤を地代に変えたり自己を貴族化したりすることができないのである。彼らは、現在において獲得される有利な条件に基づいて生活するのであって、過去から受け継いだ特権に基づいて生活するのではない。さらに言えば、彼らは現在の所得（利潤）を未来の所得（地代）に転換させることはできない。つまり、彼らには、いつか将来自分の子供たちが生活の糧にする過去となることは不可能なのである。現在に生きるのは彼らだけではない。彼らの子供も、さらにその子供もそうせねばならないのである。ブルジョワ化の中心的内容はこうである――貴族化（財産のあるあらゆる古典的ブルジョワのもっとも好んだ夢）の可能性の終わり、未来のための過去を構築することの終わり、現在に生きることの宣告。

これがどれほど、われわれが伝統的にプロレタリア化という言葉で意味してきたことと極似している――類似しているのであって同一ではない――か、をよく考えてみよう。プロレタリアとは通例、もはや農民（小規模な土地保有者）でも手工業者（小規模な機械保有者）でもない労働者のことである。プロレタリアとは、市場に供するものが自己の労働力しかなく、依拠できる財産（つまり過去）を何ももたない者のことである。彼は現在の取得に頼って生活する。私が描いているブルジョワもまた、もはや資本を支配しておらず（したがって過去をもたず）、現在の取得に依拠して生活をする。しかしプロレタリアとは顕著な違いが一つ見られる。それはブルジョワの方がはるかに恵まれた生活をしていることである。この違いは、もはや生産手段の支配とはまったく、あるいはほとんど関係がないように思われる。それでもともかく、ブルジョワ化の所産たるブルジョワは、プロレタリア化の所産たるプロレタリアによって創出された剰余価値を取得するのである。ゆえに、もし両者の相違が生産手段の支配にないとすれば、ブルジョワが支配していてプロレタリアが支配していないものがまだ何かあるにちがいない。

この時点で、近年現れてきたもう一つの準概念である人的資本に注目してみよう。人的資本は、これらの新型のブルジョワが豊富に所有しているのに対し、プロレタリアは所有していないものである。では、人的資本はどこで獲得されるのか。答えはよく知られている。それは教育制度においてである。教育制度の主要な、それ自らが公言する機能は、人びとを新しい中産階級の成員になるように訓練すること、つまり現行システムの機能的経済的な構成単位である公的および私的企業の専門家、技術者、管理者になるように人びとを訓練することである。

世界の教育制度は、実際に人的資本を形成するのだろうか、言い換えれば、経済的に見ていくぶん高額な報酬に値する難度の高い特殊技術を身につけた人材を、それは養成するのだろうか。われわれの教育制度の最上層部分はこの線に沿ったことを行う（だがその場合でさえ、ほんの一部にすぎない）が、その大部分は、むしろ新しい中産階級として出現するであろう人びとの社会化、養育そして選別を行う機能を果たすと言ってよいであろう。では、新しい中産階級はいかに選別されるのか。ここでも答えは周知のごとくである。まったくの馬鹿者はいわゆる博士号をとることは決してない（少なくともそうしたことは稀だと言われている）という点で、それが優秀さでより分けられるのは明らかである。だが、優秀な（少なくとも新しい中産階級の一員になる程度の優秀さを備えている）人びとはあまりに多い（あまり稀少ではない）ために、選別は結局、少々独断的にならざるをえない。

くじ運にまかせるのを好む者は誰もいない。それはあまりにも不確かにすぎる。たいていの人びとは、恣意的な選別を避けるためならどんなことでもするものである。彼らは、くじを引き当てることを確実にするために、つまり特権への接近を確実にするために、現在もっている影響力を行使する。現在優位にある者ほど大きな影響力をもっている。新しい中産階級が自分の子供に提供できる唯一のものは、彼らがもはや過去を残してやれない

（少なくともそうすることがますます困難になってきている）以上、「より恵まれた」教育機関への特権化された接近だけなのである。

政治闘争の中心的領域が、もっとも広い意味で定義される、教育に関するゲームのルールであることは驚くにあたらない。というのも、いまやわれわれは国家に立ち帰っているからである。確かに国家は、過去性を与えたり、特権を手厚く保護したり、地代を合法化したりすることを、ますます禁じられてきている。すなわち、資本主義がその歴史的軌道を進むに従って、財産の重要性はいままで以上に希薄化しつつあるのであるが、だからといって、国家が後景に退いてしまったというわけでは決してない。国家は名誉の称号によって過去性を与える代わりに、能力主義《メリトクラシー》によって現在性を与えることができる。結局われわれは、専門的で俸給を受け取る無産のブルジョワジーのなかに、「才能に門戸が開かれている職業」を見出すことができる。とはいえそれは、あまりに多くの才能が巷に溢れているので、誰かが才能ある者とない者の決定を下さねばならない、という限りにおいてである。そしてこの決定は、差異の少ない範囲のなかでなされる場合は、政治的決定である。

かくして、われわれが描いてきた像は次のように要約できる。実際のところブルジョワジーは、時間経過とともに、資本主義の枠内で発展してきた。しかし現在のブルジョワジーは、その名称を生み出すもとになった中世の商人とほとんど類似点がなく、また今日、歴史社会科学で一般に定義されているようなブルジョワ概念のもとになった一九世紀の資本主義的産業家ともまったくと言ってよいほど類似していない。われわれは偶発的なものに心を奪われて、現在生きているイデオロギーに意図的に気を逸《そら》されてきた。にも関わらず、剰余価値の取得者としてのブルジョワが資本主義という劇の主人公であることは真実である。だがブルジョワは、つねに経済領域の俳優であると同様に政治領域の俳優でもある。言い換えれば、資本主義は、それだけが経済領域を政治領域から自立させたという点で独自な種類の史的システムである、とする議論は、資本主義擁護にはきわめて有効であるとはいえ、現実の大きな見誤りであるように私には思われる。
以上によって、私は二一世紀についての最後の論点へと辿り着いた。能力主義的システムというブルジョワ的特権の最後の権化に伴う問題――言ってみればブルジョワジーの立場からから見た問題――は、その基盤がもっとも薄いという理由で、〔ブルジョワジーの利益を〕(大いに守れるどころか)ほとんど守れないということである。被抑圧者は、生まれのよい者たちに支配され、また彼らに報酬を与えることを甘受するであろう。しかし、自分たちの方が賢いんだという主張(しかも疑わしい主張)しかない者たちに支配され、彼らに報酬を与えるというのは、甘受できる範囲を超えている。そうしたベールはより容易に突き破ることができる。かくて、搾取はもっと透けて見えてくるようになる。自分たちの怒りをなだめてくれるツァーリも父親のような産業家も持たない労働者たちは、搾取や身の上にふりかかる不幸についての狭い利害に基づく説明に磨きをかけることをいとわなくなる。これはすでにバジョットやシュンペーターが語っていたことである。バジョットはまだ、ビクトリア女王が妙技を見せて〔ブルジョワジーを保守して〕くれるだろうという希望をもっていた。シュンペーターは、もっと後にロンドンではなくウィーンに生まれ、ハーバード大学で教鞭をとり、一部始終を目にしていたが、この点ではずっと悲観的であった。彼は、いったんブルジョワジーの貴族化がもはや不可能となれば、ブルジョワ的特権はあまり長続きできないことを知っていたのである。

(奥西達也　訳)

※このテキストは、*New Left Review*, no.167, 1988に掲載された。

## 原注

★1 G. Matoré, *Le Vocabulaire et la société médiévale*, Paris 1985, p.292.

★2 G. Duby, *Les Trois Ordres ou L'imaginaire du féodalisme*, Paris 1978.

★3 M. Canard, 'Essai de sémantique: Le mot "bourgeois"', *Revue de philosophie française et de litterature*, XXVII, p.33.

★4 D. J. Roorda, 'The Ruling Classes in Holland in the Seventeenth Century', in J. S. Bromley and E. H. Kossman eds, *Britain and the Netherlands*, II, Gröningen 1964, p.119; and idem, "Party and Faction", *Acta Historiae Nederlandica*, II, 1967, pp.196–7.

★5 A. Berle and G. Means, *The Modern Corporation and Private Property*, New York 1932.〔北島忠男訳『近代株式会社と私有財産』文雅堂銀行研究社、一九五八年〕

★6 注目すべき例として次のものを参照。C. Wright Mills, *White Collar*, New York 1951.〔杉政孝訳『ホワイト・カラー――中流階級の生活探求』東京創元社、一九五七年〕

★7 例えば次のものを参照。A Gorz, *Stratégie ouvrière et nèocapitalisme*, Paris 1964.〔小林正明・堀口牧子訳『労働者戦略と新資本主義』合同出版、一九七〇年〕

★8 F. Fanon, *The Wretched of the Earth*, New York 1964, pp.121–63.〔浦野衣子・鈴木道彦訳『フランツ・ファノン著作集第三巻、地に呪われたる者』みすず書房、一九六九年〕

★9 K. Marx, F. Engels, *The Communist Manifesto*〔1848〕, New York 1948.〔服部文男訳『共産党宣言』新日本出版社、一九八九年〕

★10 W. Bagehot, *The English Constitution*〔1867〕, London 1964.〔辻清明編『世界の名著七二』中央公論社、一九八〇年のなかに『イギリス憲政論』として所収〕

★11 M. Weber, *Economy and Society*〔1922〕III, New York 1968, e. g. pp.1403–5.〔中村貞二・山田高生訳『ウェーバー政治・社会論集』河出書房新社、一九七〇年〕

★12 J. Schumpeter, *Capitalism, Socialism and Democracy*, New York 1942, Ch.12.〔中山伊知郎・東畑清一訳『資本主義・社会主義・民主主義』改訂版、全三巻、東洋経済新報社、一九六二年〕

★13 R. Miliband, *The State in Capitalist Society*, London 1969.〔田口富久治訳『現代資本主義国家論――西欧権力体系の一分析』未來社、一九七〇年〕; N. Poulantzas, *Political Power and Social Class* [1968], NLB, London 1973.〔田口富久治・山岸紘一訳『資本主義国家の構造』全二分冊、未來社、一九七八―八一年〕および*New Left Review*, nos.58, 59, 82, 95における論争を参照。

★14 E. P. Thompson, *The Making of the English Working Class*, revised edn, London 1968.

★15 C. Morazé, *Les Bourgeois Conquérants*, Paris 1957.

★16 D. Landes, *Prometheus Unbound*, Cambridge 1969.

★17 E. Durkheim, *Suicide* [1897], Glencoe 1951.〔宮島喬訳『自殺論』中央公論社、一九八五年〕

★18 E. Fromm, *Escape from Freedom*, New York 1941.〔日高六朗訳『自由からの逃走』東京創元社、一九五一年〕

★19 M. Weber, *The Protestant Ethic and the Spirit of Capitalism* [1904–5], London 1930.〔大塚久雄訳『プロテスタンティズムの倫理と資本主義の精神』岩波書店、一九八九年〕

★20 G. V. Taylor, 'The Paris Bourse on the Eve of the Revolution', *American Historical Review*, LXVII, 4, July 1961, p.954. また以下のものも参照。N. Vovelle and D. Roche, 'Bourgeois, Rentiers and Property Owners: Elements for Defining a Social Category at the End of the Eighteenth Century', in J. Kaplow, ed., *New Perspectives and the French Revolution: Readings in Historical Sociology*, New York 1965.; and R. Forster 'The Middle Class in Western Europe: An Essay', in J. Schneider, ed., *Wirtschaftskräften und Wirtschaftswege: Beitrage zur Wirtschaftsgeschichte*, 1978.

第10章

# 階級闘争から階級なき闘争へ？

Etienne Balibar
エティエンヌ・バリバール

「マルクス主義はどこへ向かうのか？」という、この会議への参加者に提起された問題の形式そのものをまず検討しよう。マルクス主義の方向性のみならず、その運命や将来性についても疑問が生じていることを、この問題設定は前提としている。「カール・マルクスの教義の歴史的運命」と題する有名な論文のなかで、一九一三年にレーニンは、パリ・コミューンを転換点とする普遍的な歴史の時期区分を提案している。この出来事を契機に、歴史の「外見上の混沌」のなかで、それによってはっきりと見通しを立て方向をとらせるような「法則」が明らかになった、というのである。それこそまさに、マルクスがパリ・コミューンの時期に定式化した、階級闘争の法則に他ならない。そしてレーニンの目にはこの法則の妥当性があまりに顕著であったために、「歴史の弁証法とは、理論におけるマルクス主義の勝利が、敵に対してさえ自らをマルクス主義者と偽装させるほどのものである」と断言できる、と彼は確信したのである。つまり、マルクス主義が支配的な「世界観」となったのである。その後、数十年にわたって社会主義革命は、何百万という人びとにこうした確信を植えつけただけであった（こうした人びとのすべてが愚か者、野心家であったわけではない）。逆説的ではあるが、マルクス主義が公式の教義になっている国のイデオロギー官僚の圧倒的総体を別にすれば（しかし、彼ら自身がそれを信じているのかどうか、問うこともできよう）、今日、このような確信は、新自由主義の理論家——彼らにとっては、ちっぽけな「福祉国家」の社会政策のほんの断片でさえすでに「マルクス主義」の現れなのである——の作文のなかにしか見当らないであろう。他の人びとの目には、むしろマルクス主義の衰退が圧倒的な印象として映るだろう。しかし、〔レーニンの時代と〕同じく確信といっても、〔マルクス主義の衰退という〕この新しい正統性には、いったいどれだけの価値があるというのであろうか。

私は直接この問題に決着をつけようとは思わない。というのも、この問題は誤って提起されているからである。むしろわれわれにとっては、（ラカンの言うように）絶えざる「予想された確信の断定」によって隠蔽された矛盾をはっきりさせ、いくぶん展開させてみることが重要と思われる。つまり、せいぜいのところ、論争の移転に期待したいのである。しかし、まずは方法についての若干の検討から始めなければならない。

まず第一に、「マルクス主義はどこへ向かうのか」という問題に対して、理論としてのマルクス主義は、それ自体としては積極的な回答をもたらすことはできない。このことは私の基本的な考え方の要点であり、われわれがマルクス主義にその展開の一般的傾向を決定するように要請した場合でさえ、あてはまる。なぜなら、このような要請は、マルクス主義がそれ自身の展開「方向」についての認識をもっていることを前提としているからである。われわれがマルクス主義に要請できるのは——マルクス主義がそれを行ってきたとはとうてい言えないが——、マルクス主義が社会運動に「導入」されたことが、それ自身の教義の歴史へ与えた影響、および「物質的力」としてマルクス主義が投入されてきた歴史的状況へ与えた影響を検討せよ、ということである。われわれは、マルクス主義がそれ自身で、その概念的弁証法の帰結を、またマルクス主義が「世界的に実現する」という「現実の」弁証法の帰結を熟知している、などとはとうてい信じることができない。この問題についてわれわれは、哲学的な意味でしか、すなわち事前に存在するルール抜きにしか（リオタール）、考察することができない。さらに、あらゆる省察は、それが探求しようとするプロセスに「内在する」限り、その対象の究明には適切でない、ということには変わりがないのである。

第二にわれわれは、非常に一般的ではあるが異議を唱え難い弁証法のテーゼを、（理論として、イデオロギーとして、組織形態として、争点として）存在している限りでのマルクス主義に直接適用することができる。「存在するものはすべて死滅を免れることはできない」（エンゲルスが「ヘーゲルの哲学体系」に適用した、ゲーテの『ファウスト』からの引用）、というのがそのテーゼである。したがってマルクス主義は、その存在している形態がいかなるものであろうと、遅かれ早かれ必然的に――その理論としての形態も含めて――消滅しなければならないのである。マルクス主義がどこかへ向かうとすれば、それ自身の崩壊に向かうしかない。しかし、私はここで別のテーゼ（スピノザのそれ）をつけ加えよう。「滅び方にもいくつかの道がある」というのがそれである。いくつかの滅び方は、跡を残さない、純然たる消滅である。しかし別の滅び方は鋳直しや交替や革命であり、たとえそれとは反対の姿態をとることになろうと、何らかのものは存続する、という滅び方である。事後的に（後から振り返ることによってのみ）、マルクス主義がいかなる堅実さをもっていたかを、その滅び方から知ることができるのである。しかし、「消滅」の過程がすでに進行中であり、しかもかなり進んでいるという仮定を立てるならば――そのように仮定させるいくつかの指標がある――、状況の論理と知的介入が本領を発揮する。すなわち、われわれは勇気をもって実践的・理論的な核心的意味（消滅過程のゆくえはこの意味次第である）を明らかにし、それを一定の方向に発展させることができるのである。

第三の考察は、マルクス主義の歴史的インパクトの検討である。いまやその理論的精緻化、実践的展開、その制度化、「危機」というサイクルを完了したかに見えるマルクス主義は、驚くべき矛盾を見せており、それは二重の意味で矛盾に満ちている。

一方では、どの時期に生じたかを正確に指摘することはできないが（たぶんいくつかの共産党において「プロレタリアート独裁」の目標が放棄された――この放棄はある意味では遅すぎたし、別の意味では早すぎた――時期であろう）、マルクス主義による革命の「予言」とその革命的「綱領」が、そのようなものとしては、以下の理由によりけっして実現されない、ということが明白になったのである。つまり、それはたんに、こうした予言や綱領が依拠していた「諸条件」――つまり階級闘争と資本主義とのある特定の布置――がもはや存在せず、資本主義がこの条件を、さらにはマルクス主義自体をも「越えて」しまった、という理由による。しかしながら、この乗り越えの様式を慎重に分析してみさえすれば、この乗り越え自体が部分的には（本質的な部分としてさえ）マルクス主義の有効性の間接的な帰結である、ということを無視できなくなるだろう。つまり、二〇世紀における資本主義の「再構築」は、ある程度までは、ソビエト型革命（マルクス主義の正統な、あるいは正統とみなされた継承者）の挑戦、とりわけ労働運動および民族《ナショナル》な解放闘争の内部へのソビエト型革命の影響といった挑戦に対する回答であり、反撃であった。それゆえマルクス主義は、それ自身の将来的予言の乗り越えに関与してきたのである。

他方では、マルクス主義（あるいはある特定のマルクス主義――とはいえアプリオリには両者の系譜関係を否定することはできない）は、「社会主義革命」および「社会主義建設」において実現されたと確信し、そのように宣言してきたのである。〔社会主義から共産主義への〕移行の理論と展望が経験した、そしていまだに経験している困難〔変更〕がどのようなものであるにせよ、「実現された社会主義」の社会は、自分たちを公式的に「階級のない」社会、少なくとも「階級闘争のない」社会として理解するために、マルクス主義を指針としてきたのである。マルクス主義の何らかの要素が不可逆的に現実の制度に具体化したのは、何よりまずこうした規範的な形態においてであった。とはいえ、もしこのような階級闘争なき社会が、第二次世界大戦以降、決して政治的に停滞的な歴史なき社会にならなかったとすれば、それはとりわけ、もっとも古典的なタイプの階級闘争（労働者の闘争）、あるいは（中国やポーランドのような）革命的階級闘争——これは党＝国家独占体に抵抗する民主主義的運動と密接に交じりあっていた——さえもが、これらの社会において周期的に先鋭的な形で起こったからである。ここに新たな逆説が見られる。すなわち、社会の問題設定としてのマルクス主義が、つねにそれ自身の「成就」に先行して現れるのである。

だからこそマルクス主義は、歴史としての現在の社会的分割や社会的構成にきわめて特異な仕方で介入する。すなわち、一方でマルクス主義に対する態度が依然として現代世界を「分割している」ように見えるが、しかし他方で、階級闘争——マルクス主義は階級闘争を解明する「法則」ないし原理たろうとしている——はいまだかつて正当な地位を与えられてこなかったように見えるのである。

という次第で、この中心的なテーマに入ることにしよう。このテーマをできるだけ簡潔に定式化するとすれば、次のように言うことができる。きわめて明白なことだが、マルクス主義のアイデンティティは、マルクス主義による階級および階級闘争の定義、さらにその分析の射程と妥当性に完全に依存している。この分析ぬきには、社会的なるものの種別的理論化としても歴史への政治「戦略」の接合としても、マルクス主義は存在しない。逆に言えば、階級闘争が社会的変容を解明する原理である限り、すなわち、階級闘争が歴史の運動の唯一の「決定要因」または「原動力」ではないにしても、少なくともいかなる政治によっても消し去ることのできないような非和解的で普遍的な敵対関係である限り、マルクス主義のある要素を無視することはできないのである。階級闘争の記述やその傾向的「法則」にいかなる修正が施されたとしても、そのように言いうるのである。

しかし、まさにこの点に関して論争が生じ、また、この点についてマルクス主義の論証は不明確であったのである。マルクス主義が一見したところ一貫したまとまりをもったかたまりへと練り上げた諸概念のうちのあるものは、革命概念、とりわけ危機概念のように、極端なまでに陳腐化してしまった。他方、階級闘争概念は、少なくとも「資本主義」諸国では舞台から退却してしまった。それは、階級闘争の重要性を強調する人びとが、しだいに複雑化する社会的複合体に対してますます影響力をもたなくなっているためであろうし、またそれと同時に、大多数の人びとの実践において、そしてもっとも重要な政治的布置において階級自体がその可視的なアイデンティティを喪失してしまっているためであろう。したがって、この階級アイデンティティはしだいに神話のような姿態をとるに至った。すなわちそれは、理論によってでっち上げられ、組織(とりわけ労働者の党)のイデオロギーによって現実の歴史に投影された神話であり、さまざまな社会集団によって多かれ少なかれ完全に「内面化された」神話なのである(これらの社会集団は、この神話のおかげで、自分たちを——今日では大幅に時代遅れになってしまった条件において——諸権利と諸要求の担い手として自己確認できたのである)。しかし階級が神話的なアイデンティティしかもっていないとすれば、階級闘争はどうすれば現実性を失わないでいられるのであろうか。

確かにこのような主張をさまざまな仕方で表明することができる。そのうちのもっとも激しい議論は、過去二世紀の歴史を書き変えることによって、二つ(あるいは三つ)の敵対的階級への社会の両極化という考えがつねに神話であって、それゆえこの両極化説の唯一の妥当性は政治的想像に関する歴史学と心理学に関わるものでしかない、ということを立証しようとする。

とはいえ、階級対立図式は一九世紀末の「産業社会」の現実に少なくとも近似的に照応していた、と譲歩することもできるであろう。ところがいまでは、この階級対立図式は、以下のような一連の変化の結果、もはや現実に照応しないし、またしなくなっている。すなわち、一方での賃労働関係の一般化や労働の知性化、第三次産業の発展——これは「プロレタリアート」の消滅を意味する——、他方での所有機能と経営機能の分離過程の完成や、経済に対する社会的（すなわち国家的）コントロールの拡大——これは「ブルジョワジー」の解体を意味する——という変化がそれである。「中間階級」や「小ブルジョワジー」、「官僚層」、「新しい勤労者層」（これらはマルクス主義が絶えず解明しそこなってきた難問である）が勤労者層の大半を占めるに至り、労働者と資本家的経営者の典型的人物を脇に押しやるとともに（たとえ労働力の搾取や金融資本が消滅してはいないとしても）、階級および階級闘争は政治的神話に、そしてマルクス主義は神話になる、というのである。

しかしながら一部の人びとは、（経済学者が一九三〇年代と比較するほどの）世界経済危機の下で、マルクス主義が搾取や階級闘争と関連づける一連の社会現象——大規模な貧困化や失業、資本制生産の古びた「中核」の急速な脱工業化、すなわち通貨・金融投機の過熱と軌を一にした資本破壊——が見られた時期（一九七〇年代および八〇年代）に階級の消滅を宣言する、などというのは大ウソではないか、といぶかった。他方では、それと同時に、マルクス主義にまったく染まっていない人の目にさえ、「階級的」色彩の強い政策——この政策の明白な緊急のねらいは、もはや一般的利害（すなわち集団的利益または社会的利益）ではなく、企業経営の健全性や経済戦争、「人的資本」の収益性や人間の可動性などである——として理解されるべき、中央政府の政策が実行されたのである。このような政策の実行は階級闘争に現実味を与えないであろうか、というのである。

しかしながら、ここで欠落しているのは（S・ド・ブリュノフが正しく指摘しているように）、社会的なもの、政治的なもの、理論的なものの間の接合関係である。この欠落のために、階級対立の可視性が不透明なものに変換しているのである。おそらく新自由主義と新保守主義の政策は、統治不能性や国際関係の不安定性やそれ固有のポピュリズム（および倫理主義）に内包される矛盾などに埋没する傾向にある。しかし新自由主義と新保守主義の政策は、労働運動の制度形態や組織された階級闘争を解体し、それらの正統性を否定することを通して、否定的な意味で疑うべくもない成功をおさめたのである。言い換えれば、労働運動や階級闘争を解体する試みが徹底的かつ執拗なものであるということは、〔階級および階級闘争の〕神話がいまなお抵抗を続けていることを示唆するものであろう。しかし、労働運動が数十年に及ぶ組織や経験や理論的論争の蓄積をもっていたにも関わらず、新保守主義の成功が大部分の資本主義中枢において生じたのである。ところで、最近数年の典型的な労働者闘争のうちでもっとも激しくもっとも主要であったものの多くは、イギリスの炭坑のストライキ、フランスの鉄鋼所労働者および鉄道労働者の闘争のように、その産業部門だけに関わる（すなわち「同職組合主義的な《コーポラティブ》」）防衛的な闘争として、労働者全体の将来にとってあまり意味のない、降伏前の名誉の戦闘のように見えたのである。だがそれと時を同じくして、社会的対立は一連のさまざまな形態をとっていた。そのうちのいくつかのものは、制度的安定性を欠くにも関わらず、あるいはそうであるがゆえに、ずっと重要な意義を有しているように思われる。このことは、世代間の紛争、環境を侵害するテクノロジーの脅威に関連した対立、「民族的な《エスニック》」対立（あるいは「宗教的な」対立）、慢性的な戦争状態、国家枠を超えた《トランスナショナル》テロリズムの慢性化、等々にまで当てはまるのである。

おそらくこのような対立は、「階級の消滅」のもっともラディカルな形態なのかもしれない。しかしそれは、社会経済的闘争およびそれが表現している諸利害の純然たる消失なのではない。それが示しているのはむしろ、社会経済的な諸闘争が政治的中心性を喪失し、多様な形態の社会的対立のネットワークのなかに再吸収されていることである。そこにおいては、対立が至るところに存在するにも関わらず、諸闘争はいかなる階層化にも従わないし、社会の「二大陣営」への可視的分割にも、状況と変化を決定するいかなる「最終審級」にも従わず、また技術的な制約やイデオロギー的情熱や国家の利害といった偶発的な産物を別とすれば、変容のいかなるベクトルにも従わない。要するにこれは、「マルクス的」というよりも「ホッブス的」な状況を示しているのであり、最近の政治哲学の展開はこのような状況を反映しているのである。

このような状況を検討するには、マルクス主義の理論的命題の妥当性についての判断を停止するのではなく、マルクス主義の概念や歴史的形態を分析する次元と、綱領ないしスローガンを考察する次元とを明確に区別することが必要である。というのも、この両者の混同が、マルクス主義の議論に実践的真理という資格を前もって付与することによって、自己の議論の普遍性と客観性に対するマルクス主義の認識に絶えず影響を与えてきた、と考える十分な理由があるからである。それゆえ、このような混同を解消することは、「純粋」理論へと逃げ込むことを意味しない。それはむしろ、理論と実践の接合関係を考えるための、十分条件ではないにせよ、その必要条件なのである。なぜなら、理論と実践の接合関係は、思弁的な経験主義ではなく戦略的創意に依存しているからである。

いまや私は、階級闘争概念を批判的に検討することを通して、このような研究のためのいくつかの要素を定式化するつもりである。まず第一に、マルクスによって提起された階級概念のいくつかの両義的な性格（その影響はマルクス主義のその後の全展開を通じて存続した）を取り上げよう。第二に、実際のところ階級闘争の単純な形態とは合致しないような、階級闘争のある側面を理論に統合する可能性を検討しよう。理論化には還元不可能な、すなわち理論化と両立しないような——したがって理論化の真の内的限界（こう言ってよければ、マルクス主義にひそむ人間学的な内的限界）を規定しているような——、社会過程と社会関係をマルクス主義の立場からどのように解明できるか、ということが検討されるべきであろう。このような社会過程や社会関係として、例えば「知性の機械化」や性的抑圧関係、ナショナリズムや人種主義のいくつかの側面などがある。

## 階級に関する「マルクス主義的理論」

私にとって重要なのは、ここでもまた、「史的唯物論」の基本概念を要約することではない。むしろ、私が主張したいのは以下のことである。つまり、字義どおりにとるならば（体系としてというよりも理論的経験として捉えるならば）、マルクス自身の作品においても、階級闘争の分析においてある両義性が存在する。この両義性のために、階級分析は、実践的状況への投入にとって必要な「自由度＝ゲーム」を供給することができたのである。以下で私は、よく知られている議論や私が別のところで述べた議論について簡単に触れることにしよう。

まずわれわれが注目すべきは、次のような事実である。すなわち、一方でのマルクスの「歴史的・政治的」著作における階級闘争の姿態と、他方での『資本論』におけるそれとの間には、きわめて大きな不一致が存在するのである。

前者は当然ながら、彼の他のすべてのテクストよりも、それが執筆された状況に影響されている。前者の著作が描写している「絵《タブロー》」は、基本的な歴史図式（ほとんどヨーロッパ史に還元された）の、経験的歴史の偶発性への適用のように思われ、絶えず予測と事後的な訂正との間で動揺している。この適用は、あるときは「労働貴族」といった有名なテーマのように概念的構築物を必要とし、またあるときはボナパルティズム論（これによりブルジョワジーはそれ自体では、階級として政治権力を行使できない、とされる）によって提起された思考のように、深刻な論理的困難を生み出した。しかしまた同時に、この歴史図式の適用は、革命的・反革命的危機が、階級的表象の解体現象や社会の敵対陣営への分極化現象を劇的な一連の事件の継起のなかに凝縮している、という考えのように、きわめて複雑な「具体的なもの」の弁証法を際立たせる。結局のところ、このような分析は、戦略的と呼びうるような歴史の見方、すなわち、それ独自のアイデンティティや社会的機能や排他的な政治的利害を備えた集合的勢力の構成と対立として歴史を表象する仕方を、決して疑問に付すことなどないのである。こうした勢力の構成と対立を、『共産党宣言』は「潜在的ないし公然たる内乱」と呼んでいる。こうして、諸階級を歴史の物質的、イデオロギー的な行為者として人格化することが可能となったのである。このような人格化はもちろん、それが一方を他方に対立させるという意味での基本的な対称関係を含んでいたのである。

しかしながら、『資本論』の分析に本質的に欠けているのが（またその「論理」と根本的に両立し難いものが）、まさにこの対称関係なのである。なるほど階級闘争に統合されてはいるが、しかし根本的な非対称関係を含んでいるような過程を、『資本論』は説明している。『資本論』の観点からすれば、対立する諸階級は決して「直面し」てなどいない、とさえ言える。実際、ブルジョワないし資本家（この二重の呼び名が提起する問題については後に見るであろう）は、そこでは一つの社会集団としてではなく、資本およびそのさまざまな機能の「人格化」ないし「マスク」、「担い手」としてのみ登場するのである。資本主義的「階級の諸分派」（企業家や金融業者、商人）が社会学的一貫性を獲得し始めるのは、資本家の内部でその機能が対立するときでしかない（あるいは彼らが、システムの「外部」として考えられている土地所有や、前資本主義的諸階級の利害に直面するときでしかない）。逆に、生産および再生産過程において、明白な具体的現実（「集合的労働者」、「労働力」）としてのプロレタリアートは、最初から資本―貨幣と直面して登場する。強い意味において『資本論』に存在しているのは、二つないし三つ、さらには四つの階級ではなく、唯一プロレタリア的労働者階級でしかない、と言えるのである。労働者階級の存在は、資本の価値増殖条件や資本蓄積の帰結であると同時に、これらの自動的な運動が絶えず突き当たる障害となってもいるのである。

したがって、二つの「基本的階級」の非対称関係（あるものの人格的不在が他のものの現前に対応する。逆も真なり）が階級闘争の考えと矛盾しないというだけではなく、――闘争が、搾取条件の生産および再生産にたんにつけ加えられているのではなく、そのなかでつねにすでに行われている限り――この闘争の根本的構造の直接的表現として、この非対称関係が現れるのである（「もし物事の本質がその外見と合致するならば、あらゆる科学は無用であろう」とマルクスも書いている）。

しかしそれでも、「マルクス主義」がこの（『共産党宣言』と『資本論』の）二つの観点の統一である、ということに変わりはない（あるいは次のように明確化することもできよう。すなわち、階級の経済的定義ならびにその経済的人格化と、他方でのその政治的定義との、同一の歴史劇における統一なのである）。図式化して述べるならば、『資本論』と『共産党宣言』の異なった視点の統一は、労働の問題を権力のそれと結びつける表出と表象との一連の関係によって、また矛盾の発展の論理によって保証されているように見えるのである。

ここでわれわれは、さらに、マルクスが（『資本論』のマルクスが）プロレタリアートの存在条件そのもののなかで矛盾の起源を考察した、そのやり方を詳細に検討しなければならない。すなわち、賃労働者の生産的労働だけによって完全に支配された一つの生活形態の堪え難い性格と、この同一の労働のさらなる搾取に完全に依存せざるをえない経済形態の絶対的制約とが、ある時にそこにおいて結合される、そのような「具体的」歴史状況としてプロレタリアートの存在条件を考察する仕方である。

大雑把に要約してみよう。『資本論』の分析は、「形式」と「内容」とを、そう言ってよければ普遍性の契機と特殊性の契機とを接合している。形式（普遍的なるもの）、それは資本の自動運動であり、資本の姿態変換とその蓄積との無限の過程である。それに対し特定の内容とは、賃労働者の労働力（商品として売買される）への「人間的素材」の転換、剰余価値生産過程における労働力の利用、社会全体のレベルでのその再生産、これらの一連の諸契機である。その歴史的次元において考慮すれば（あるいはあらゆる社会が資本主義的「論理」を被っている限りで、これらの社会の歴史のなかで課される傾向として）、このような諸契機の一連のつながりが、労働者のプロレタリア化をなしていると言えるのである。しかし、資本の自動運動が、見たところその継続そのものから（危機の存在にも関わらず）直接の統一を引き出しているのに対して、プロレタリア化が統一の観念の下で考察されうるのは、少なくとも三つのタイプの外的に異なった社会現象（そう言ってよければ三つの「歴史」）を接合させる条件があってのことなのである。
（1）まず第一に、資本による剰余価値の抽出と領有としての、商品形態における、いわゆる搾取の契機がある。すなわち、所与の歴史的条件における労働力の再生産に対応した必要労働と、技術的発展に対応した生産手段に転換可能な剰余労働との間の量的差である。この差と生産的領有が生じうるためには、安定した法的形態（賃金契約）と永続的な力関係（技術的制約、および、労働者の、また経営者の団結、「賃労働関係のノルム」を課する国家の調整的介入、これらがこの関係に関与するようになる）とが同時に必要なのである。
（2）次に、私が支配と名づけたい契機がある。それは、生産そのものにおいて確立し、労働者の労働時間の非常に微細な「毛穴」にまで浸透し、最初は資本の支配の下への労働のたんなる形式的包摂を通じて、次に分業や（労働の）断片化、機械化、集約化を通じて、価値増殖の要請の下への労働の実質的包摂に至るような社会関係のことである。肉体労働と精神労働との分業に、つまり、労働者の知識（熟練）の奪取やその科学的布置への統合（労働者の自律性に対立させて知識を利用するために）に決定的役割を付与しなければならないのは、まさにこのためなのである。またこれと関連して、生産の「知的権力」の発展（技術やプログラム化、計画）と労働力そのものへの資本主義的形態の反作用——労働力は、物理的、倫理的、知的慣習において（家族や学校、社会医療によって）調整され、定期的に修理されなければならない（もちろん抵抗がないわけではない）——とを研究しなければならないのも、このためなのである。
（3）最後に、雇用と失業の周期的（マルクスの言う吸引と排出）性格によって表現される不安定性と労働者間の競争という契機がある（ド・ブリュノフの表現によれば、さまざまな形態における「特殊プロレタリア的なリスク」）。マルクスは、この競争において、資本主義的社会関係の必然性を示している。労働者の組合への組織化や、資本自身が労働者階級の一部を安定化させることに見出す利益によって、この必然性は疑問を付されうるのであるが、しかし、それはけっして完全には除去することのできないものであり、結局はつねに新たに課されることになる（とりわけ恐慌と、その解決の資本主義的戦略とにおいて）。マルクスはこの必然性を、さまざまな形態の「産業予備軍」および「相対的過剰人口」（植民地化、男と女と子供との競争的雇用条件、移民などを含む）に、すなわち「人口法則」——資本主義の全史を通じて、プロレタリア化の当初からの暴力を永続させている——に直接関連づけている。

ここにプロレタリア化の三つの側面があり、それは同じくプロレタリアートの再生産の三つの局面をなしてもいるのである。別のところで（Balibar, 1985）指摘しておいたように、それは「大衆」と「階級」との暗黙の弁証法を含んでいる。すなわち、歴史的に不均質な（多様な特性を刻印された）大衆（あるいは人びと）の、〔単数不定冠詞の〕労働者階級への、あるいは〔単数定冠詞の〕労働者階級なるものの継起的布置への永続的変換であり、階級の状態に固有な「大衆化」諸形態（「大衆の労働」、「大衆文化」、「大衆運動」）の平行的発展なのである。

マルクスの説明を特徴づけているもの、それは、状況に応じたヴァリエーションを伴うものの論理的に一貫していると同時に経験的にも妥当する単一の理念型へと、この三つの契機を統一させる、ということである（「de te fabula narratur（人ごとではないのだぞ）」とマルクスはドイツの労働者に向けて書いている）。同様にこの統一化は、資本の運動の統一に対応するものとして現れるのであり、前者は後者の別の顔を表しているのである。したがってこの統一化は、価値形態の普遍的拡張として、「資本の論理」を具体的に考察しうるための必要条件なのである。商品形態があらゆる社会的生産および社会的流通を支配するのは、労働力がことごとく商品となっているときだけである。しかし、労働力がことごとく商品となるのは、プロレタリア化のさまざまな側面が（マルクスが語るところでは、物質的生産そのものと同じ「捲揚機」の効果によって）単一の過程へと統一されるときだけなのである。

しかしこれは即座に歴史的困難（これは異論の多い経験的・思弁的定式化によってしか取り除きえない）に直面することになる。つまり、ほとんど例外なく、生産における分業の傾向は脱熟練化、労働者の均質化に向かい、無差別で相互に交換可能な「単純労働」を一般化させる（これは価値実体としての「抽象的」労働をいわば現実において存在させることになる）、というような定式化がそれである。そしてこれは、資本主義の「歴史法則」の（そしてこの生産様式の矛盾の）意味そのものに関わる深刻な曖昧さに行き着くことになるのである。われわれは、こうした曖昧さが階級のマルクス主義的表象のまっただなかにも存在していることを後で見るであろう。

しかしわれわれは、もう少しマルクスによって提起されたプロレタリア化の叙述に注意してみよう。一言で言えば、私は、経済的なるものと政治的なるものという古典的カテゴリーについての叙述の両義性を理解してもらいたいのである。この両義性は、たんにわれわれにとってだけのものではなく、マルクスその人にとってのものでもある。結局のところ、私がその「形態」と呼んだものか、それとも「内容」と呼んだものか、そのいずれを優先させるかによって、『資本論』の分析の二つの読み方がつねに可能なのである。こうして同一のテクストから、「階級に関する経済理論」と「階級に関する政治理論」が生まれることになる。

最初の、「階級の経済理論」の観点からすれば、プロレタリア化のあらゆる契機（これらの諸契機のそのまた諸契機は一八世紀から一九世紀の、とりわけイギリスの社会史の細部にまで遡る）は、価値と価値増殖、資本蓄積の循環においてあらかじめ決定されている。そしてこの循環は、たんに社会的制約のみならず、労働者階級に割り当てられた実践の隠された本質をもなしている。おそらくこの本質は、マルクスがわれわれに語るところによると、「物神」、すなわち歴史的な社会的諸関係の、客観性という幻想的空間への投影であり、最終的には真の本質（「究極の」現実である人間労働）の疎外された形態である。しかし、この基礎への遡及は、「形態」の発展過程を経済主義的に読解することをけっして禁じるものではなく、逆にこの読解を乗り越え難い地平として課するのである。なぜなら、労働一般というカテゴリーと商品（あるいは価値）との関連づけは古典派経済学そのものの原理だからである。したがって、価値の抽出方法とそれが引き起こす抵抗、これらの叙述のなかに遍在する政治的な対立性（機械化や強制的都市化へのストや反乱から、労働者組織による圧力を通じた労働立法や国家の社会政策に至るまで）は、それだけで価値があるのではなく、経済的論理（あるいは「経済的」形態へと疎外された労働の論理）の矛盾の表現としてのみ価値がある、とされるのである。

しかし形態の代わりに、内容（形態とは内容の、偶発性を刻印された「傾向的な」帰結でしかない）を優先させるや否や、こうした読解は逆転しうる。この場合、階級闘争は経済的形態の表現などではなく、経済的形態の相対的一貫性の原因（状況と力関係の偶発性の下に置かれているために、必然的に変わりやすい）となる。そのためには、「労働」という同一の名称の下に、人間学的本質ではなく、社会的、物質的実践の複合体を理解するだけで十分である。この複合体は、制度的な場（生産や企業、工場）における諸実践の結合にしか由来しないし、また西洋社会のある歴史的特例（産業革命による熟練解体や都市化などの時代）における諸実践の結合にしか由来していない。

マルクスの分析を字義どおり読むならば、以下のことは明白である。つまり、そこにあるのは、諸形態のあらかじめ決定された連鎖ではなく、搾取および支配の戦略と抵抗の戦略という敵対的な戦略に基づくゲームなのである。しかも、これらの戦略はその効果によって絶えずずらされ、また絶えず更新される（戦略の効果とは、とりわけ制度的成果のことである。最初の「社会国家」の表明としての労働時間立法を研究することが決定的に重要なのはこのためであり、この立法を契機に（労働力の）形式的な包摂から実質的なそれへの移行、絶対的剰余価値から相対的剰余価値への、さらには外延的搾取から内包的搾取への移行が歴史的に進行したのである）。このようにして、階級闘争は、政治的基礎――ネグリが言うように、労働そのものと同様「自己同一的」でない「不安定な」基礎――となるのであり、この基礎を背景として（それ自体としては、いかなる自律性ももたない）経済のさまざまな姿態が現れる。

それでもやはり二つの読解は、上述した形態一般および内容一般についてと同じように、逆転しうる。そしてこのことは、マルクスの企図の曖昧さも示している。つまり一方では、彼の意図は、生産における敵対を示すことによる、また、力関係と政治の遍在を示すことによる「政治経済学の批判」であった（これとは逆に自由主義イデオロギーは、コンフリクトを国家と「権力」の領域に割り当てることで、合理的計算の支配、見えざる手によって保証された一般的利害の支配を想定することができた）。またそれと同時に、彼の意図は、法と主権と契約の純粋領域としての政治の限界を告発することでもあった（この限界は外的なものというより、むしろ内的なものである。というのも、政治的諸勢力が「物質的」利害を表明する経済的勢力として登場するのは、内部からだからである）。

このように、二つの読解は逆転しうるがゆえに不安定である。こうした不安定さは、マルクス自身においても至るところで、分析の遺漏という形で現れている（とりわけ、『資本論』の草稿の終わりの部分で、リカードに刺激された、所得分配による社会階級の経済主義的な擬似定義がそれである。さらに、自らの「絶対的な歴史的限界」につきあたった資本主義の崩壊という終末論的見通しも、そのような不安定さの現れである）。結局のところ、経済主義と政治主義との間の動揺が、資本制的生産様式の矛盾概念に絶えず影響を与えているのである。こうして、矛盾についての二つの見方が可能になる。一方で矛盾は、以下のことに関わる。つまり、ある段階を超えてしまうと、資本制的生産関係の経済的成果はその対立物に転化するしかない（それは、労働生産性の「発展条件」からその「桎梏」になるしかなく、恐慌と革命をもたらす）。あるいは他方では、この矛盾はそもそもの起源から変わることのない事実に関わっている。つまり、人間労働力は、商品の状態への還元が不可能なものであるため、その抵抗はますます強く、また組織されたものとなり、結局システムの転覆へと至る（これこそまさに階級闘争の意味するものである）。「否定の否定」としての「搾取者の搾取」というマルクスの有名な言明がこのように二つの意味で理解されるのは、驚くべきことである。

しかし、このような動揺を、動揺したままにしておくことはできない。というのも、理論が理解され適用されるには、それをある一点に固定させなければならないからである。マルクスその人において——またとりわけその継承者において——このような機能を果たしているのが、経済における政治の内在性および経済の歴史性という、一般的な理念としての弁証法の理念なのである。まさにこの弁証法において、（理論および実践にとって決定的な意義をもった）対立物の統一として、革命的プロレタリアートという理念——経済的対象性と政治的主体性の「究極的な」一致を示している——が登場する。このような弁証法的理念の前提は、マルクス自身においてもはっきりと存在しており、これこそ、私がマルクスの思弁的経験主義と呼んだものである。換言すれば、このような弁証法的理念が表現しているのは、「経済的」階級としての労働者階級と、「政治的主体」としてのプロレタリアートとの理念的同一性《アイデンティティ》なのである。階級闘争の戦略的表象において、このような同一性はすべての階級に妥当しないであろうか、と問うことは有益であろう。しかし、われわれとしては、労働者階級のみがそれ自体として同一性を享受することができることを承認しなければならない。そのためにこそ、労働者階級は「普遍的階級」と考えられるのである。それとは逆に、「ブルジョワジーは、それ自体としては支配することができない」という啓発的な考えからすれば、労働者階級以外の諸階級は普遍的階級への途上にとどまっている。ところがプロレタリアートは、それ自体として革命的でありえ、また必然的にそうなのである。

もちろん、こうした根本的な統一性に影響を与え、同一性の契機を時間的に延期させるようなズレや障害——「意識の遅れ」や労働者階級の職業間の、あるいは国民的《ナショナル》な「分割」、「帝国主義の手先」——について長々と論じることもできよう。極端な場合、ローザ・ルクセンブルクのように、プロレタリアートの階級的同一性《アイデンティティ》は、革命的行為そのもののなかにしか現実には存在しない、とさえ考えられる。しかし、このようなことを詳細に論じたとしても、それは以下のような同一性の原理を再確認させることにしかならない。つまり、資本主義発展によって生み出された労働者階級の客観的統一と、その状態のラディカルな否定性に原則的に由来する労働者階級の主観的統一との関連のなかに、すでにこの同一性の原理が潜在的に含まれているのである（主観的統一がラディカルな否定性に由来するというのは、この統一が、労働者階級の利害およびその存在そのものと、資本主義発展――ラディカルな否定性はその産物である――との両立不可能性に由来するということである）。換言すれば、労働者階級の客観的個別性――社会的分業におけるその位置ゆえに、労働者階級に「属する」あらゆる諸個人はこの性格を帯びている――と、社会変革の自律的プロジェ――労働者階級自身の直接的利害の防衛と搾取の終焉（すなわち「階級の存在しない社会」、社会主義ないし共産主義）を考えうるものとし、組織可能なものとする唯一のもの――との関連のなかに、この同一性の原理はあらかじめ含まれているのである。

こうして、マルクス主義が階級闘争の歴史規定的な性格を説明する仕方と、それが階級自身（とりわけプロレタリアート）の主観的および客観的な二重の同一性を説明する仕方との間に、相互依存的な前提条件が存在しているように思われるのである。また同じく、マルクス主義が歴史的変容の方向を説明する仕方と、ドラマの俳優として歴史の舞台へと登場する階級の存続ならびにその持続的同一性を説明する仕方との間にも、相互依存的な前提条件が存在しているのである。

こうした循環論法的な諸前提は、上述したように、マルクス自身においても見られる。つまり、革命的主体とは被搾取状態に潜在しているラディカルな否定性のたんなる自覚でしかない、という考え方に、この前提が含まれているのである。また、こうした被搾取状態は、それぞれの程度と段階に違いはあるものの、ことごとく唯一の論理に照応した統一的なプロレタリア化の過程を示している、という考え方に、この前提が含まれている。このような条件のもとで、非妥協的な敵対という構造的な思考が階級関係の単純化という歴史的虚構へと絶えず投影されていたとしても、何も驚くべきことではない。この歴史的虚構の大団円で、（搾取か、しからずんば解放か、という）人類史的冒険の決定的な賭が、「白日のもとに」、「世界的な規模で」示されることになるのである。

しかし、これまで述べてきたような循環を断ち切るためには、また、理論的分析の要素と、マルクス主義の矛盾に満ちた統一性のなかに混入された千年王国的イデオロギーの要素とを切り離すためには、プロレタリア化のさまざまな側面の間の経験的ズレを、構造的ズレ（一時的なものではなく、「史的システムとしての資本主義（ウォーラーステイン）」の具体的条件に内在する）として捉えるだけで十分である。例えばブルジョワジー（エンゲルスやカウツキーが考えたものとは逆に、それは「表層的階級」などではありえない）の社会的機能は、資本の経済的機能の「担い手」としての機能には還元されない。換言すれば、「ブルジョワジー」と「資本家階級」とは、その支配的分派に関してさえ、交換可能な同一人格の名称なのではない。厄介な問題ではあるが、結局のところ、革命的（ないし反革命的）イデオロギーは、歴史的に一義的で普遍的な自意識の別名なのではなく、状況と文化形態、特定の制度の産物なのである。

マルクス主義のあらゆる修正と歪曲が、歴史的経験においても、またそれと同時に歴史家や社会学者の仕事においても明らかになり、当初のマルクス主義理論の真の解体へと至った。だからといって、それはマルクス主義の分析原理の純然たる放棄をもたらしたと言えるだろうか。むしろ、マルクス主義理論の改訂の可能性を開示したのではなかったか、と考えるべきであろう。このような改訂の可能性のもとでは、資本主義発展を「階級対立の単純化」（「それ自体」のなかに階級なき社会への必然性を胚胎している）として想像するようなイデオロギー的前提が、いったん根底的に批判されるや否や、階級および階級闘争の概念は、あらかじめ決定された目標をもたない変容過程、換言すれば、社会階級のアイデンティティの絶えざる変容を意味するようになるのである。したがってマルクス主義は、（アイデンティティと神話的存続を付与された登場人物として理解された）階級、その消滅という想定を熟考したうえで、再検討しなければならない。要するに、重要なのは「階級なき階級闘争」という、歴史的であると同時に構造的でもある仮説を鍛え上げることなのである。

## 「マルクスを超えるマルクス」

階級闘争の「経済的」解釈と「政治的」なそれとの間でのマルクス主義の動揺について、少し再論することにしよう。二つの解釈は歴史的な複雑さを縮減し、還元主義的に扱ってしまう。これらの解釈の特徴は今日ではよく知られているが、それぞれは少なくともある程度、他方の真実を映し出してもいる。

ある共産主義の系譜（レーニンからグラムシ、毛沢東、アルチュセールなどに至る）が明らかにしているように、「正統な」マルクス主義の経済主義的進歩主義は、搾取関係の再生産において国家が果たしている役割を無視している。こうした搾取関係の再生産には、国家機構体系への労働者階級の代表組織の統合――グラムシによればブルジョワジーのヘゲモニーへの従属――が対応しているのである。他方、その帝国主義分析によって、こうした共産主義の系譜は、このような（国家への労働者組織の）統合を国際分業に由来する被搾取者の孤立化のせいだとした。しかし「権力の獲得」や「政治の優越」を主意主義的に強調したために、こうした批判は、社会主義国において、社会民主主義的労働運動が発展していた諸国におけるよりも民主主義的でない国家装置を再構築した。つまり、こうした国家装置のなかでは、階級そのものに代わって支配政党が、生産力主義およびナショナリズムと結託するのが見られたのである。

「全体主義論」とは逆に、私はあれこれの出来合いの論理からこのような現象を考察するのではなく、この現象をマルクスの学説の難点と対置させることで、何らかの教訓を引き出したい。私自身の目的のために、ネグリからその素晴らしい表現を借用すれば、このような対置を通して、われわれは「マルクスを超える」マルクスの考えを支持できることを示したい。

マルクスにおいて、経済的なるものと政治的なるものの理解について曖昧さがあるからといって、彼が行った断絶を無視することはできない。ある意味でこの曖昧さは、この断絶の代償でしかないのである。賃労働関係の領域は「私的な」領域などではなく、近代社会における政治的諸形態の直接的構成要素であるということを明らかにすることで、マルクスはたんに法や権力、「世論」(「公的な」オピニオン)の領域として政治的空間を捉える自由主義的表象との決定的断絶を行っただけではない。もちろんこの場合、彼は(後に不可逆的なものであることが判明する)国家の社会的変容を予想していたことになる。しかしそれと同時に、生産における対立を政治的に——権威主義的方法によってであれ、契約的方法によってであれ——除去したり、あるいは資本主義において利害の安定した均衡、社会勢力間での「権力の共有」を達成したりするのは不可能であることを示すことによって、彼は本質的に「自由で平等な」諸個人の共同体を構築しようとする国家(とりわけ国民の国家《ナショナル・ステイト》)の企図を粉砕したのである。この点に関しては、一九世紀および二〇世紀の(「社会主義国家」を含んだ)あらゆる「社会国家」が、たんに国民の国家《ナショナル・ステイト》であるだけでなく国民主義的《ナショナリスト》国家である、ということを指摘しておきたい。

　この意味でマルクスは、社会集団および諸個人をお互いに束ねているものは、良質な公共財、すなわち法的秩序ではなく、つねに発展しつつあるコンフリクトであるという逆説的な考察に対して、歴史的な基礎を与えたのである。それゆえ、まさに「経済的」概念においてさえ(あるいはとりわけ、経済的概念として)、階級闘争と階級はつねにもっぱら政治的な概念であったのであるが、これは同時に、形式的な政治の観念を潜在的に訂正するものでもあった。しかし、経済主義や「オーソドクスな」進歩主義によってと同様、革命的国家主義によっても、こうした断絶や訂正は隠蔽され、また多かれ少なかれ、完全に廃棄されることになった。つまり、階級闘争概念は、組織化のテクニックと国家の独裁のためのステレオタイプ化された口実となる。まさにこのために、階級アイデンティティと組織化の実態、および国家の変容の歴史的関係をより詳細に検討しなければならないのである。

　そこで、まず第一に私は、一九世紀および二〇世紀に現れた、相対的に自立した「プロレタリア的アイデンテイテイ」を、客観的なイデオロギー的産物として理解しなければならない、と提案したい。もちろんこのイデオロギー的産物は「神話」などではないし、少なくともそれに還元されはしない（いわんや、個人主義が「この神話の本質」をなしているのではない。というのも、個人主義にしてからが、とりわけ市場経済と近代国家とに有機的に結びついたイデオロギー的産物だからである）。同様に、自己自身を「労働者階級」として同一化し、またかかるものとして承認されるようなある勢力の、政治的舞台への登場（いかにその行動や統一、分裂が不規則に行われようと）を神話に還元することはできないのである。この階級の政治的登場をぬきにしては、社会問題の執拗さ、国家の変容における労働者階級の役割は理解しえないであろう。

それに対して、歴史家の仕事はわれわれに以下のような考察を強いる。つまり、このようなイデオロギー的産物は、まったく自然発生的なものではなく、自立的、不変的なものなどではないということである。この帰結は、労働者の実践と組織形態との永続的弁証法から生じており、この弁証法に介入するのは、たんに「生活様式」や「労働条件」、「経済状況」だけでなく、国家という枠組みのなかで国民的《ナショナル》政治がとっている諸形態——例えば普通選挙や国民的《ナショナル》統合、戦争、教育と宗教との分離などの問題——なのである。要するにこのような弁証法とは、つねに重層的に決定された弁証法なのであり、相対的に個別化されたある階級は、諸制度のネットワークのなかで、それが他の階級と取り結ぶ関係によってのみ、この弁証法において形成されるのである。

こうした視点の転換は、歴史的にはっきりと観察されているような以下の主張を導く。すなわち、多かれ少なかれ均質的な社会学的状態のみに基づいて「労働者階級」が存在しているのではなく、労働者の運動が存在するところでのみそれは存在しているのである。さらにまた、労働運動が存在するのは労働者の組織——党や労働組合、労働センター、協同組合——が存在するところでしかないのである。

説明が困難であり興味深くもなるのが、まさにこの点である。まさに「階級主体」という理念化された表象の基礎にあるあべこべの還元主義によって、それぞれ労働運動を労働者組織と同一視したり、（相対的なものではあれ）階級の統一性を労働運動と同一視したりしてはならない。労働運動、労働者組織、階級という三つのタームの間ではつねに必然的にズレが生じており、このズレが、階級闘争から現実の社会的、政治的歴史を作り出す諸矛盾の起源なのである。このように労働者組織、とりわけ階級政党が、たんに労働運動の全体を「代表＝表象」していなかったばかりでなく、むしろこの組織は規則的にこの全体と衝突していたのである。それというのも、その代表性＝表象は、産業革命のある段階で中心的な位置を占めた「集合的」労働者の特定諸分派の理想化に基づいていたからでもあるが、それと同時に、その代表性＝表象が国家との政治的妥協のある形態に対応していたからでもある。こうして、既存の階級実践と組織形態に対立して労働運動が再構築されなければならないような場面がつねに生じたのである。それゆえに、分裂とイデオロギー対立（修正主義と革命的断絶）、「自然発生性」対「規律」の古典的でもあり、つねに再生してもいるジレンマは、突発的な出来事などではなく、運動、組織、階級という関係の内実そのものを表しているのである。

他方、労働運動は、（工場や家族、住環境、エスニックな連帯などの労働者をめぐる空間内で展開されている）生活条件および労働条件に関連した階級実践のすべてを、換言すれば、労働者の社会性の形態を示しているのでもなく、包含してもいない。しかし、労働運動が階級実践のすべてを包摂できないのは、意識の遅れによってなどではない。それは、搾取によって彼らに課される制約が暴力的でありながらも、（この搾取形態の多様性自体については言うまでもなく）プロレタリア化された諸個人を特徴づけている利害と生活形態、言説が還元不可能なほど多様なためなのである。労働運動が階級実践を包摂するのではなく、逆に、階級実践――職業的慣習、抵抗の集団的戦略、文化的象徴――が、あらゆる場合において、運動（ストライキ、要求、反乱）と組織にその団結力を付与してきたのである。

さらに話を進めることにしよう。歴史上、相対的に持続的に「階級」を創出してきた実践と運動、組織の間に永続的なズレが存在しているというだけではなく、これら三つの項目のそれぞれについて本質的な不純さが存在している。階級組織のどれ一つとして（とりわけ大衆政党のどれ一つとして）――それが労働者主義的イデオロギーを発展させた場合でさえ――、純粋に労働者の組織であったことなどないのである。逆に、それはつねに、「前衛的な」特定の労働者分派と知識人集団（外部から参画したものであれ、内部から引き出されたものであれ、「有機的知識人」としての知識人）との、多分に矛盾に満ちた融合によって構成されている。同じように、重要な社会運動のどれ一つとして――たとえそれが際立ったプロレタリア的特徴を有していたとしても――、もっぱら反資本主義的な要求や目標だけに基づいていたのではなく、つねに反資本主義的目標と、民主主義的、もちろん国民的《ナショナル》、あるいは反戦的、広い意味での文化的な目標との結合に基づいている。さらに同じように、階級的実践や抵抗、社会的ユートピアに関わる基本的な連帯は、つねに職業的連帯であると同時に、状況と歴史的契機に応じて、世代、性、国籍《ナショナリティ》、都市あるいは農村の近隣関係、軍隊生活（一九一四年以降のヨーロッパにおける労働運動の形態は「昔なじみの戦友」としての経験をぬきにしては理解できないであろう）に基づく連帯でもあったのである。

この意味で、歴史がわれわれに示すところによると、社会的諸関係はそれ自体として完結した諸階級の間で確立されるのではなく、（労働者階級を含んだ）諸階級を横断しているのであり、換言すれば、階級闘争が階級それ自身のなかで展開されているのである。さらにまた、国家が、その制度や媒介および行政といった機能、さらに理念、その言説を通じて、つねにすでに階級の構成に関与しているのである。

このことは、まず第一に「ブルジョワジー」について妥当するが、とりわけすべての古典的マルクス主義がつまずいたのもこの点である。すなわち、（支配階級に奉仕する中立的な道具として理解されていようと、寄生的な官僚制として理解されていようと）国家装置を「市民社会」の外部にある機構ないし「機械」と考える古典的マルクス主義の観念は、自由主義イデオロギーから受け継がれているものであり、一般的利害という観念に対抗するために単純に逆転された観念なのである。こうした観念が、国家の階級構成的役割について考察することをマルクス主義に禁じたのである。

要するに、あらゆる「ブルジョワジー」は、強い意味において国家のブルジョワジーであると言えよう。つまりブルジョワ階級は、経済的に支配的な階級になった後で国家権力を掌握するのではなく、逆にそれが経済的に、また社会的、文化的に支配的になるのは、権力を掌握するために自らを変容させ多様化させることを通じて――あるいは国家の機能を保証している社会集団（軍隊や知識人）と融合することで――国家機構を発展させ、利用し、管理する限りにおいてなのである。これは、拡大解釈されたグラムシのヘゲモニー論が示唆するものである。したがって、狭義での資本家階級が存在するのではなく、一見したところ「基本的な社会関係」の外側に位置する別の社会集団――知識人や公務員、エグゼクティブ、地主など――と傾向的に結合する限りでのみ階級を構成するような、さまざまなタイプの諸資本家が存在しているのである。近代政治史のほとんどがこうした「結合」の盛衰を映し出している。しかし、だからといって、ブルジョワジーが、資本の存在ないし資本主義的経営者から独立に構成されるなどというわけではない。国家の不断の媒介なしには、資本家自身の統一、その利害対立の調停、「社会的」機能（搾取可能な労働者を自由に利用するために資本家が保証しなければならない）の実行といったことは不可能なのである（したがって国家の媒介なしには、資本家は――つねにそうなるとは限らないが――国家の「管理者」へと自身を変容させたり、国家の管理や利用に関わる非資本主義ブルジョワジーと結合することもできないであろう）。

極端な言い方をすれば、歴史上のブルジョワジーは、（多分に暴力的な形をとる）自らの変容という代償を払うことで、新たな国家形態を定期的に創出してきたのである。同じように、例えば、金融資本の利益と経営者機能との矛盾は「ケインズ主義的」国家によってしか調整されなかったのである。労働力再生産に関するブルジョワジーのヘゲモニーを一九世紀の温情主義《パターナリズム》から二〇世紀の社会政策へと発展させることで、この同じ国家は、「構造的諸形態」（アグリエッタ）を提供したのである。こうして、ブルジョワ階級の内部に存在する、収入や生活様式、権力、名望、これらに関する大きな不平等、さらにまた資本所有と経営的・技術的管理（「テクノ・ストラクチャー」と呼ばれるもの）との分裂、さらに私的所有と公的所有の変動、このような要因がときとして支配階級自身のなかで副次的な矛盾をもたらすものの、少なくとも政治的領域が効果的にその調整機能を引き受けている限りは、ブルジョワ階級の構成そのものについてはほとんど危険にさらされなかった、ということを説明できるのである。

しかしブルジョワジーにあてはまることは――別の仕方であるとはいえ、また、正統なマルクス主義に照らしてみればいくぶん逆説的な仕方であるとはいえ――、被搾取階級にもあてはまる。国家が「被搾取階級のなかに」存在していると考えたくないならば、この被搾取階級もまた国家のなかに存在しているのである。マルクスによって分析されたプロレタリア化の三つの側面は資本主義的社会構成体のなかに傾向的に存在している、とつねに考えることができるが、しかし、近代の開始（「原始的蓄積」の時期）以来、この三つの側面は、国家の媒介がなかったならばお互いに接合されえなかったのである。つまりそれは、たんに「警察国家」ないし「抑圧装置」によって行われた、社会秩序の外的保証という意味だけでなく、内的な対立に満ちた媒介という意味でもそうなのである。実際、国家の媒介は、プロレタリア化のそれぞれの契機にとって必要であった（基準賃金や労働権の制定、労働力の輸出入政策の決定、したがって労働者階級を領土のなかに囲い込み、利用する政策）。とりわけ国家の媒介は、これらの契機のそれぞれの変化をある一定の時期において接合するために必要であった（労働市場、失業、社会保障、保険・医療、教育、職業訓練等々についての管理が存在しないならば、絶えず再生産され、市場に供給される「労働力商品」は存在しないであろう）。要するに、国家がなければ、労働力は商品にならないのである。同時に、暴動や危機（恐慌）、あるいはこの両者の結合において見られるように、商品規定への労働力の還元不可能性が絶えず国家に対し変容への圧力をかけるのである。

社会国家の発展とともに、最初から存在していた国家介入は、より有機的で官僚化された形態、つまり計画へと統合された形態をとるようになっただけである。すなわち、この計画のもとで、少なくとも国内的レベルで、人口移動、貨幣・金融および商品流通を結合させようと試みるのである。しかし同時に、社会国家とそれが含む社会関係のシステムは、階級闘争にとっての、あるいは「危機の」経済的・政治的な複合的帰結にとっての争点となり、直接的な闘技場《アリーナ》になった。生産関係の国家化（アンリ・ルフェーブルは「国家的生産様式」とまで規定している）が、以下のような賃労働関係の他の変容と結びついているために、社会国家はなおさらのこと、階級闘争の闘技場になる。賃労働関係の変容としては、大部分の社会的職業への賃労働制度の形式的一般化、学校教育に対する職業選択の直接的依存の高まり（したがって、学校制度がもはやたんに階級的不平等を再生産するばかりでなく、階級的不平等を新たに生み出すという事実）、直接賃金（「労働」と「熟練・資格」に従って個人に支払われる賃金）の間接賃金（集合的な賃金、すなわち「必要」や「境遇」に応じて集団的に決定される賃金）への傾向的変化、「不生産的な」仕事（サービス業、商業、科学研究、生涯教育、情報・通信など）の細分化と機械化等がある。こうした細分化や機械化は、一般化された経済の枠組みのなかで、逆に不生産的な仕事を、国家や私的資本によって投下された資本の価値増殖過程へと転化させる。以上のようなすべての変容は、自由主義の死――むしろその二度めの死――とその政治的神話への変容を意味している。というのも、国家化と商品化とは密接不可分のものになっているからである。

しかし、こうした説明は、どんなに正確に行ったとしても、明らかな欠落を含んでいる。すなわち、けっして副次的ではない「忘却」があり、この忘却を放棄しておくならば、あらゆる分析および、とりわけ分析から政治的帰結を引き出そうとするあらゆる試みを誤らせることになろう。つまり、私は暗黙のうちに（マルクス自身も「社会構成体」について語るさいにはほとんどつねにそうであった、ということを言っておかねばならない）、国民的《ナショナル》な枠組みのなかで議論していたのであり、階級闘争と階級形成の場が国民的《ナショナル》な空間であるということを認めていたのである。言い換えれば、私はむしろ、資本主義的社会諸関係が国民的《ナショナル》な枠組み（国民国家《ネイション・ステイト》のそれ）と同時に世界的枠組みのなかで展開している、という事実を軽視してきたのである。

こうした欠落をいかに修復すべきであろうか。ここでは「国際的《インターナショナル》な」生産・コミュニケーション関係に言及するだけでは不十分であろう。われわれに必要なのは、階級闘争の布置状況が依存している経済的・政治的諸過程の「本来的に国家枠を超えた《トランスナショナル》」性格を、より的確に表現する概念なのである。私は当面ブローデルとウォーラーステインから――ただし、世界経済の構造による国民形成の一方的決定（あるいはその逆の決定）の主張については判断を保留したうえで――資本主義「世界経済」の概念を援用することにしよう。本質的部分に論点を限定するために、これまでの説明に二つの修正をつけ加えたい。そうすることによって、古典的マルクス主義が実際に無視してきた（帝国主義の問題を提示したときでさえ、古典的マルクス主義は無視してきた）、階級対立を構成している矛盾を解明することができるであろう。

資本主義のなかに「世界経済」を認めるや否や、世界ブルジョワジーのようなものが存在しているかどうかを解明する、という問題が必然的に提起されることになる。われわれはここで、第一の矛盾に直面する。つまりここで言う矛盾とは、たんにブルジョワジーが、多分に国民的《ナショナル》帰属と一致する利害対立によって世界的な規模でつねに分割されている、という意味ではない（というのも結局、民族《ナショナル》ブルジョワジー内部での利害対立もまたつねに存在しているからである）。世界ブルジョワジーはこれよりずっと強い意味において世界的対立のなかにあるのである。

近代資本主義の最初から、価値増殖の空間はつねに世界空間であった。ブローデルが説明しているように、貨幣利潤に基づく経済は、（マルクスが示しているように）たんにその「前史」や「原始的蓄積」の諸段階においてだけでなく、その発展の全行程において、諸国家間での、あるいはむしろ異なった文明間、異なった生産様式間における貨幣や商品の流通を前提しているのである。商品と貨幣の流通はしだいに濃密になり、特定の社会集団によって担われるようになる。そして次には、この流通が、ますます多数の「製品」や「需要」に照応する、生産拠点の特化をもたらす。ウォーラーステインは、この商品・貨幣流通が、中心部の賃労働関係に、あるいは周辺部の非賃労働的な資本主義的関係にあらゆる生産部門を吸収するに至る、詳細な歴史描写をはじめて行った。この吸収過程は、市場経済による非市場経済の暴力的支配を、また中心部による周辺部の暴力的支配を意味している。こうした枠組みのなかで、国民国家《ネイション・ステイト》は安定した個別的単位となり、そのなかでもっとも古いものが政治経済の新たな中心の登場を妨害したのである。この意味で、あらゆる生産が世界市場向けに組織されるのは産業革命以後のことであるとはいえ、帝国主義はつねに資本主義そのものと同時代的に存在している、と結論することができる。

ところが、資本家の社会的機能に傾向的な逆転が見られる。資本家は最初から、「国家枠を超えた《トランスナショナル》」集団を構成していた（金融資本家、あるいは支配国と被支配国の間の仲介業者はつねにそうであった）。世界的規模の支配力をもつものは、長期にわたり、自らのまわりに他の「ブルジョワ」的集団を首尾よく集結させ、国家権力を掌握し、ナショナリズムを発展させる、と言えよう（〔成立の〕順序が逆でない限り、国家は、世界政治闘争の闘技場におけるその地位を維持するために、資本主義的ブルジョワジーの形成過程を促進するのである）。ブルジョワジーの対内的な社会機能と、対外的競争へのブルジョワジーの参加は、それぞれ相互補完的であった。しかし（暫定的ではあれ）、結局のところ、当初から存在していた矛盾の激化が見られる。すなわち、大企業は多国籍企業となり、基本的な工業過程は世界中に分散し、労働力移動は活発になっている。換言すれば、世界化しているのはたんに商業資本だけでなく、生産資本そのものなのである。それに応じて、金融の流通と貨幣の再生産が、直接に世界的な次元で行われるようになる（これはやがて証券市場とメイン・バンクの間のコンピューターによる相互連結〔オンライン化〕によって、「リアル・

タイム」で、「先取りされた」時間でさえ、行われるようになるであろう）。

ところが、世界国家も、単一の国際通貨も存在しえない。資本の国際化は、けっして統一された社会的・政治的「ヘゲモニー」をもたらしたのではなかった。この資本の国際化はせいぜいのところ、資本家や国家や経済政策や情報ネットワークをよりいっそう自身の戦略に従属させることによって、また絶えず国家の経済的・軍事的機能を統合することによって、世界的優位を確保しようとする、一部の民族《ナショナル》ブルジョワジーの伝統的な試みをもたらしただけだった（これは、いわゆる「超大国」の出現であり、私が別のところで、E・P・トムソンに応えて超帝国主義の登場として描き出そうとしたものである）（バリバール、一九八二年）。矛盾に満ちた試みによって、国民国家《ネイション・ステイト》の特徴の一部をより大きい規模で再創出しようとする場合（実際の唯一の例はヨーロッパである）も含めて、このような民族《ナショナル》ブルジョワジーの戦略は一国《ナショナル》レベル的なものでしかない。こうした戦略は、国民国家《ネイション・ステイト》による独占から多少とも完全に脱した政治形態の出現——現代に特徴的な形態であるが、まだほとんど輪郭が描かれていない——と混同されるべきではないのである。

ブルジョワジーの社会的（あるいは「ヘゲモニックな」）機能は、少なくとも現在の形態においては、一国的または準一国的な諸制度と結びついている。パターナリズムの古い構造の現代版（例えば、私的あるいは公的な国際的人道主義団体）は、福祉国家が引き受ける社会的コンフリクトの調整《レギュラシオン》という任務のほんの一部しか果たしていないのである。貨幣の流れや人口の移動の計画化についても事情は同じであり、「一国レベルを超える《シュプラナショナル》」諸制度の増加にも関わらず、これらを世界的規模で組織したり遂行したりすることはできない。したがって、少なくとも傾向的には、資本の国際化はブルジョワジーの高いレベルの統合にではなく、むしろ彼らの相対的な分解に帰着するように思われる。低開発国や「新興工業諸国」の資本家階級は、もはや国内市場、または植民地主義的・保護主義的国家によって保護された「社会的」ブルジョワジー、すなわち「ヘゲモニーを有する」ブルジョワジーへと自己を組織することができない。「古くからの工業諸国」の資本家階級も——そのなかでもっとも強大な工業国のそれでさえ——、世界的な規模の社会的コンフリクトを調整することができないのである。社会主義国の国家ブルジョワジーについて言えば、世界市場と超帝国主義のダイナミズムへの自国経済の統合があまりにも急激なために、「近代化する」ことを通じて、本来の資本家階級に転化することを余儀なくされている。だがこうした事実そのもののために、社会主義国の国家ブルジョワジーのヘゲモニー（革命的な事件が彼らに付与した正統性の程度に応じて、彼らのヘゲモニーは抑圧的なものになったり、イデオロギー的なものになったりする）と彼らの統一が危険にさらされているのである。

次に第二の訂正をしなければならない。資本の国際化は当初から、単純化できない多様な形態の搾取戦略および支配戦略を伴ってきた。ヘゲモニーの諸形態はこのような戦略に直接依存しているのである。サルトルの表現を借りれば、あらゆる歴史上のブルジョワジーは、彼らが搾取戦略を「作る」以上に、彼らが発展させた搾取戦略によって「作り上げられる」のである。というのも、あらゆる搾取戦略は、技術や金融、超過労働の制限といった生産的結合に関連した経済政策と、住民の管理および制度的規制に関する社会政策との接合を表しているからである。しかし、資本主義の発展は、当初からの搾取様式の多様性を消し去ることはできない。それどころか、資本主義の発展は、いわば新たな技術的上部構造と「新しいタイプの」企業を絶えずつけ加えることで、この多様性を増加させる。R・リナールのような研究者に示唆されて、私が別のところで指摘しておいたように、資本制的生産過程を特徴づけるものはたんなる搾取ではなく、超過搾取への絶えざる傾向である。これなくしては、利潤率の傾向的低下（一定の生産的結合の下での「収益減少」、すなわち搾取のコストの上昇）を打ち消す手段が存在しないのである。しかし、超過搾取は、一般的には搾取の合理的組織そのものとは両立しえない。例えば、超過搾取が、労働者大衆を非常に低い生活水準、資格水準に押し止めておくことを意味していたり、あるいは、（すでに労働力の再生産とその利用の有機的条件となっている）労働保護立法や民主主義的権利の欠如——アパルトヘイトの場合のようには、市民権の純然たる全否定とまではいかなくとも——を意味していたりする場合がそうである。

それゆえに、世界経済における中心と周辺の（流動的な）区別はまた、搾取戦略の地理的および政治文化的な配分に照応しているのである。発展の幻想（それによれば、不平等とは徐々に解消されるべき、たんなる遅れを表すにすぎない）とは逆に、世界経済における資本の価値増殖は、実際には歴史上のあらゆる搾取形態が同時に利用されているということを示している。すなわち、より「原始的な」形態（モロッコやトルコの絨毯製造における子供の不払い労働）から、より「現代的な」形態（情報化がもっとも進んだ産業における職務の再編）に至るまで、また、より暴力的な形態（ブラジルの砂糖プランテーションの農業労働者）から、より文明化された形態（労使の団体協約、経営参加、国家と組合の協調など）に至るまで、搾取形態は実にさまざまである。（文化的、政治的、技術的に見て）ほとんどお互いに両立し難いこうした搾取形態は、分離されたままでなければならない。あるいはむしろ、「二重社会」の形成を避けるために、こうした搾取形態が分離されなければならないのである。二重社会では、互いに非同時代的ないくつかの社会ブロックが暴力的な形で対立し合うことになるからである。ウォーラーステインが半周辺という用語に付与した意味を少し歪めることになるが、われわれはここで、彼の「半周辺」概念が、同一の国家的空間における非同時代的な搾取諸形態の、状況に応じた接合状態にまさに照応する、と指摘することができよう。このような接合が長期的に（数世紀にわたって）持続することもありうる。しかしそれはつねに不安定である（だからこそ、半周辺はおそらくわれわれが伝統的に政治と呼んでいるものの特権的な場になるのである）。

しかし、このような接合は、労働力の国際的移動や資本輸出、失業輸出政策のせいで——社会的国民国家となった「古くからの」国民国家《ネイション・ステイト》においても——、一般化しつつあると言えないだろうか。ところで、二重社会には二重のプロレタリアが存在する。つまり、この二重社会は古典的意味でのプロレタリアートをもっていないのである。例えばクロード・メイヤスーのような研究者の分析――彼にとって、南アフリカのアパルトヘイトは全体的状況のパラダイムを表している――に従うかどうかに関わらず、搾取戦略および搾取様式の多様性が、少なくとも傾向的には、労働力の二つの再生産様式への主要な世界的分割と合致している、ということを認めないわけにはいかない。一方の労働力は、資本制的生産様式に統合され、大量消費や学校教育の普及、さまざまな形態の間接賃金、および（不完全で不安定なものであるとはいえ）失業保険を享受している（実際、こうした労働力再生産の特徴は、すべて力関係に依存している。したがって、制度的ではあるが固定的なものではない）。もう一つは、労働力再生産のすべてないしは一部（とりわけ世代的再生産）を、前資本制的生産様式（より正確に言えば、資本主義によって支配＝解体された、非賃労働に基づく生産様式）に委ねる。後者の労働力再生産様式は「絶対的過剰人口」現象、すなわち労働力の破壊的搾取、人種主義といった現象と直接につながっている。

今日、労働力のこの二つの再生産様式はかなりの程度において、同一の国民的構成体のなかに存在している。しかも、この両者の境界線ははっきりと固定されているわけではない。一方では新しい貧困が広がり、他方では「権利の平等」への要求が高まっている。しかし、それでも傾向的には、この二つのプロレタリアートの一方が、他方のプロレタリアートの搾取によって再生産されていることに変わりはない（このように言ったからといって、それぞれのプロレタリアートが支配されているということを妨げはしない）。経済危機の段階（もちろん誰にとって、またどのような意味で危機が存在するのか、を問わなければならない）は、労働者階級の再編に至るどころか、地理的のみならず民族的《エスニック》・世代的・性的な障壁を設けることによって、プロレタリア化のさまざまな様態をますます徹底的に分断するようになる。したがって、世界経済は階級闘争の真の闘技場であるにも関わらず、世界プロレタリアートは、世界ブルジョワジーが存在しない以上に（「理念において」以外には）存在していないのである。

以上の議論を総括することによって、暫定的な結論を引き出すことにしよう。私が展開した説明は、マルクス主義者が長期にわたり万難を排して擁護してきたものよりもはるかに複雑である。単純化のプログラムがマルクス主義の歴史観に（およびその目的論に）本質的に内在していたとすれば、以上のような私の描写はマルクス主義的ではなく、マルクス主義を放棄するものである、ということになろう。しかしながら、われわれが検討したように、こうした単純化のプログラムは――なるほどマルクス理論において遍在していて、彼がけっして放棄しなかったものであるが――、事態の一面しか表していない。一九六〇年代および七〇年代における「歴史主義的」マルクス主義と「構造主義的」マルクス主義の激しい論争を記憶している人びとに私がここで提案したいのは、決定的な争点は構造と歴史を対立させることにあるのではなく、目的論（主観主義的および客観主義的なそれ）と構造主義的歴史とを対置させることにある、ということだ。だからこそ私は、歴史についてのより有効な手がかりを得るために、少なくとも本来のマルクス主義の構造主義的概念のいくつかを使用し、その成果を展開しようとしたのである。

　このような考え方において、古典的マルクス主義の本質的な点が修正された。すなわち、たとえ傾向的にという条件をつけたとしても、社会諸階級間の固定された区分など存在しないのである。敵対関係についての考察を、二大陣営という軍事的ならびに宗教的メタファーから（それゆえ、「内乱」かそれとも「合意」か、という二者択一から）引き離さなければならない。階級闘争は、表象の水準においてであれ、物理的にであれ、例外的にしか内戦の形態をとらない（階級闘争が内乱の形態をとるのは、とりわけ階級闘争が民族的《エスニック》ないし宗教的対立によって重層的に決定されているとき、あるいはそれが国家間の戦争と結びついている場合である）。むしろ、階級闘争は多くの他の形態をとり、階級闘争の多様性はアプリオリに限定することはできない。このような階級闘争の他の形態が、内乱と同じく重要である。この章で述べてきたように、階級闘争には単一の本質など存在しないという理由のために、このように言うことができるのである（それゆえ、私はとりわけ、依然として古典的マルクス主義と同じメタファーで捉えられている、「塹壕戦」と「陣地戦」というグラムシの区別に不満を感じるのである）。階級は、対象としても主体としても、社会的な超個人性（個人的特性を超越したもの）（super-individualités）ではないということ、言い換えれば、階級はカースト制ではないということをはっきりと確認しよう。つまり構造としても歴史としても、諸階級は相互に重なり合っており、少なくとも部分的には複雑に入り組んでいるのである。ブルジョワ化されたプロレタリアの存在が必然的であるのと同じように、プロレタリア化されたブルジョワの存在も必然的なのである。このような諸階級の重なり合いは、物質的な分割なしには起こりえない。別の言葉で言えば、相対的に均質的な階級アイデンティティは、事前の決定の結果ではなく、状況の結果なのである。

とはいえ、階級の個別化を状況、すなわち政治的偶発性のせいにしたからといって、敵対関係を消去することにはならない。「二大陣営」のメタファー（これは、明らかに、国家と市民社会は別々の領域を構成するという見方と結びついており、換言すれば、政治と経済の間にマルクスが持ち込んだ革命的断絶にも関わらず、マルクスの思想に残存する自由主義の残滓と密接に結びついている）を拒絶するからといって、われわれは社会的連続性や単純な「階層化」や「社会的流動性の一般化」を支持することはできない。部分的に独立し、また部分的に対立した諸過程へのプロレタリア化の断片化は、プロレタリア化の廃棄に通じるのではない。現代社会の市民はかつてないほどに、仕事の労苦、自律性、従属、生活の安全、死の尊厳、消費、教育訓練（したがって情報伝達）に関して、平等ではなくなっている。こうした市民権のさまざまな社会的次元は、かつてないほど、権力や意思決定の領域（行政や経済、国際関係、平和と戦争に関する意思決定）における集合的不平等と関連しているのである。こうした不平等のすべては、間接的な形で、商品形態の普遍化や資本蓄積の「無限の」過程と結びついている。同様にこの不平等は、政治的疎外の再生産に結びつけられ、また国家が社会的コンフリクトを調整するという回路を通じて、階級闘争の諸形態自体が大衆の無力化をもたらしてしまうような事態と関連しているのである。

これこそダブルバインド〔二重拘束〕と呼びうるものであり、そこでは、商品による商品の生産（「非物質的な」商品を含む）と国家による社会化が、個人的実践または集団的実践を包摂している。すなわち、搾取への抵抗が搾取を拡大させ、安全と自律への要求が支配と集団的不安定（少なくとも「危機」の時期には）を促進するのである。ただし、こうした循環はそのまま実現されるわけではない、ということを忘れるべきではない。反対にこの循環は、経済一般の論理に還元しえない予測し難い運動、すなわちこの循環自らが作り出した国内的および国際的秩序を破壊するような運動の影響の下で、絶えずずらされるのである。したがって、この循環は決定論ではない。政治的形態がいかなるものであれ、大衆的反逆や革命が存在しないわけではないのである。

要するに、「階級の消滅」、階級アイデンティティないしその実体の喪失は、現実であると同時に幻想でもある。それが現実であるのは以下の理由による。すなわち、各ローカルな制度諸形態――その下でほぼ一世紀の間、一方では労働運動が、他方ではブルジョワ国家が相対的に国民的《ナショナル》なプロレタリアートおよびブルジョワジーを統一してきたところの諸制度――を解体することによって、現実における敵対関係の普遍化が普遍的階級という神話を解消させるにまで至ったのである。しかしまた、「階級の消滅」が幻想というのは以下の理由のためである。すなわち、階級の「実体的」なアイデンティティは、社会的行為者としての諸階級の実践の副次的結果でしかなかったからである。またこの観点からすれば、何も新しいことはなく、このような意味での「階級」を失ったところでわれわれとしては何も失いはしなかったからである。現在の「危機」は、階級闘争の特定の表象形態の危機であり、階級闘争の特定の実践形態の危機なのである。このようなものとして現在の危機は、大きな歴史的分岐点となっている。しかし危機は敵対関係そのものの消滅ではない。換言すれば、危機は階級闘争の一連の敵対的形態の消滅などではないのである。

このような危機理論の長所は、たぶんそれによってわれわれが、いまや搾取なき社会への移行の問題を、あるいは資本主義との断絶の問題を、資本制的生産様式の限界という問題から切り離して考えることができるということにある。たとえこうした限界が存在するとしても（しかしそれは疑わしい。というのもわれわれが見てきたように、労働者の社会的統合形態と彼らのプロレタリア化との弁証法、技術革新と超過労働の強化との弁証法が不断に働いているからである）、そのような資本制的生産様式の限界は、革命的な断絶とは直接的な関連をもっていない。こうした革命的断絶は、階級関係そのものの不安定化によって切り開かれた政治的チャンスからしか、すなわち経済・国家複合体の不安定化からしか生じえないからである。つまり誰にとって、いかなる意味で「危機」が存在するか、を認識する課題が、あらためて提起されなければならないのである。

過去の革命はつねに、同時に、社会的不平等、市民的権利の要求、国民国家《ネイション・ステイト》の歴史的盛衰などに密接に依存していた。革命は、「共同体」を構成しようとする近代国家の意図と、現存する排除のさまざまな形態との矛盾によって引き起こされてきたのである。経済と政治に関するマルクスの批判のもっとも根底的で革命的な側面の一つは、われわれが見てきたように、まさにマルクスの批判が、人間社会を一般的利害のうえにではなく、敵対関係の調整《レギュラシオン》のうえに基礎づけているという点にある。すでに指摘しておいたように、なるほどマルクスの人間学は、労働を人間や社会関係の「本質」として、すなわちそれだけで敵対関係を規定している根底的実践として捉えたのである。こうした還元なしには、自由と私有財産とを同一視する自由主義的イデオロギーの根底的な検討はなされなかったであろう。しかし、もはや今日では、労働や分業が消滅したなどと想定しなくとも、こうした自由主義的イデオロギーを免れることが可能だろう（それどころか、労働や分業は新たな活動——従来は、「生産」ではなく、「消費」に属していた活動も含めて——に絶えず侵入しているのである）。確かなことは、分業〔＝労働の分割〕が、当然ながら、別の種類の分割と混じりあうことなく、重なり合っていることである（その効果は抽象的なレベルでしか分離できない)。例えば、「民族的な《エスニック》」コンフリクト(より正確に言えば人種主義の効果)もまた普遍的である。少なくともある文明においては、性別に由来する敵対関係も普遍的である(それはあらゆる組織、社会集団のすべての制度のなかに、F・デュルーの分析に従えば労働者階級の制度のなかにも含まれている)。階級闘争は、社会的実践のすべてを包括する一つの規定的構造(しかし唯一のものではない)として理解することができるし、またそのように理解しなければならない。言い換えれば、階級闘争が必然的に別の諸構造の普遍性と共鳴するのは、まさにそれがあらゆる実践を包括しているからである。重層的決定が非決定の同義語でないのと同様に、ここで言う普遍性とは単一性の同義語ではありえない。

われわれはここで、マルクス主義と呼ばれているものからしだいに離れつつあるのかもしれない。しかしこのように、敵対関係の普遍性というテーゼを定式化することによって、われわれはまた、マルクス主義の問題設定のなかで決して無視できない諸契機の重要性をクローズアップできるのである。今日、階級とナショナリズムの問題の接合関係ほど、このことをよく示しているものはないように思われる。すなわち、自由主義的民主主義の形態であろうとまた権威主義的ポピュリズムの形態であろうと、ナショナリズムが経済的個人主義とも、国家による計画とも、あるいはむしろこの二つのさまざまな組み合わせとも完全に両立しうることが明らかとなった。ナショナリズムこそは、生活様式とこのような個別的なイデオロギーを、唯一の支配的イデオロギーにおいて統一するカギである。つまり、こうした支配的イデオロギーは長期にわたり持続し、「被支配的」集団に課し、経済「法則」の中断の影響を政治的に相殺することができるのである。他方、ナショナリズムなしには、ブルジョワジーは経済においても国家においても構成されえなかったであろう。システム論の用語を援用すれば、国民的《ナショナル》・国民主義的《ナショナリスト》国家は現代史において「複雑性を縮減する」主要なものとなったのである。だからナショナリズムは、「全体的な」世界観になる傾向をもっているのである(また、全体的世界観が公式化される至るところで、あるいはそれが否定されるところでさえ、ナショナリズムは出現するのである）。

しかし先に私が示唆しておいたように、あちらこちらで見られる一国レベルを超えた《シュプラナショナル》ナショナリズム（「ヨーロッパ」や「西側」、「社会主義共同体」、「第三世界」などを念頭に置いている）が同一の全体化に至ったようには見えない。むしろ、ナショナリズムとの絶えざる対決を通して発展してきた、階級および階級闘争に関わる社会主義的イデオロギーが、歴史的な模倣衝動《ミメティシズム》の効果によって、結局のところナショナリズムをまねるに至った、と断言せざるをえないのである。社会主義イデオロギーは、たんに（民族的な《エスニック》前提をもった）国家の基準に代えて階級の基準（すなわち階級的出自の基準）を援用することで、すなわち、社会的実践の総合《ジンテーゼ》という形で（「階級国家」の展望へと、これらの実践を融合させることで）「複雑性を縮減するもの」となったのである。こうしたものが現在の状況の複合性である。つまり、ナショナリズムの危機が、ナショナリズムの過剰およびその拡大再生産にまで進行しないためには、社会というものの表象の場《シャン》において、階級闘争の審級が、まさに還元不可能な他者として（それとはまったく別のものとして）登場しなければならないのである。したがって、階級あるいは階級闘争のイデオロギーは――いかなる名称で表現されようとも――、この模倣衝動から逃れ出ることによってその自律性を再構築しなければならない。そのとき、「マルクス主義はどこへ向かうか」という質問に対して、次のように答えることができる。このパラドックスと、そのあらゆる意味において格闘しない限り、どこへも向かわないのである、と。

（須田文明　訳）

※このテキストは、《Hannah Arendt Memorial Symposium in Political Philosophy》, New School for Social Research, New York, 15 et 16 avril, 1987 に提出された。

## 参考文献


Michel Aglietta, *Régulation et crises du capitalisme, l'expérience des Etats-Unis*, Calmann-Lévy, 1976.〔若森・山田・大田・海老塚訳『資本主義のレギュラシオン理論』大村書店〕

Louis Althusser, *Réponse a John Lewis*, Maspero, 1973.〔西川長夫訳『歴史・階級・人間』福村出版〕

———, *Positions*, Editions sociales, 1976.〔西川長夫訳『自己批判』福村出版〕

Etienne Balibar, *Cinq études du matérialisme historique*, Maspero, 1974.〔今村仁司訳『史的唯物論研究』新評論〕

———, Marx et sa critique de la politique（en coll. avec A. Tosel et C. Luporini）, Maspero, 1979.

———, Articles《Classes》et《Lutte des classes》, *Dictionnaire critique du marxisme*（dir. G. LABICA）, PUF, 1982.

———,《Sur le concept de la division du travail manuel et intellectuel》, in J. Belkhir et al., *L'Intellectuel, l'intelligentsia et les manuels*, Anthropos, 1983.

———,《L'idée d'une politique de classe chez Marx》, in *Marx en perspective*（édité par B. Chavance）, Editions de l'EHESS, Paris, 1985.

———,《Aprés l'autre Mai》, in *La Gauche, le pouvoir, le socialisme, Hommage à Nicos Poulantzas,* PUF, Paris, 1983.

———,《Longue marche pour la paix》, in E. P. Thompson et al., *L'Exterminisme. Armement nucléaier et pacifisme*, PUF, 1982.

Christian Baudelot, Roger Establet, *L'Ecole capitaliste en France*, Maspero, 1971.

Christian Baudelot, Roger Establet, Jacques Toiser, *Qui travaille pour qui?*, Maspero, 1979.

Daniel Berrtaux, *Destins personnels et structure de classe* , PUF, 1977.

Jacques Bidet, *Que faire du capital? Matériaux pour une refondation*, Méridiens-Klincksieck,1985.〔今村・竹永・海老塚・山田訳『資本論をどう読むか』法政大学出版局〕

Pierre Bourdieu, *La Reproduction. Eléments pour une théorie du systéme d'enseignement*, Ed. de Minuit, 1970.〔宮島喬訳『再生産』藤原書店〕

Fernand Braudel, *Civilisation matérielle. Economie et capitalisme*, xv–xviii' siecles, 3 vol., Armand Colin, 1979.〔村上光彦訳

『日常性の構造』みすず書房、山本淳一訳『交換のはたらき』みすず書房〕
Suzanne de Brunhoff, *Etat et capital*, PUG-Maspero, 1976. *L'Heure du marché*, PUF, 1986.
Biagio De Giovanni, *La teoria politica delle classi nel《Capitale》*, De Donato, Bari, 1976.
Marcel Drach, *La Famille des ouvriers: mythe ou politique?*, these de 3e cycle, Université Paris-VII, 1982.
Friedrich Engels（en coll. avec Karl Kautsky),《Notwendige und überflussige Gesellschaftsklassen》(1881), M. E. W. Band 19, p.287sv.〔『マルクス＝エンゲルス全集』第19巻、大月書店〕
Roger Establet, *L'Ecole est-elle rentable?*, PUF, 1987.
François Ewald, *L'Etat-providence*, Grasset, 1986.
John Foster, *Class Struggle and the Industrial Revolution*, Methuen, Londres, 1977.
Michel Foucault, *Surveiller et punir. Naissance de la prison*, Gallimard, 1975.〔田村俶訳『監獄の誕生』新潮社〕
Michel Freyssenet, *La Division capitaliste du travail*, Savelli, Paris, 1977.
Jean-Paul de Gaudenar, *La movilisation générale*, Editions du Champ urbain, Paris, 1979.
Paul Gilroy, *There Ain't No Black in the Union Jack*, Hutchinson, Londres, 1987.
Eric Hobsbawm, *Industry and Empire*（The Pelican Economic History of Britain, vol.3), Penguin Books, 1968.〔浜林正夫ほか訳『産業と帝国』未來社〕
Ernesto Laclau et Chantal Mouffe, *Hegemony and Socialist Strategy. Towards a Radical Democratic Politics*, Verso, Londres, 1985.〔山崎カヲル・石澤武訳『ポスト・マルクス主義と政治』大村書店〕
Henri Lefebvre, *De l'Etat*, vol.3, Le Mode de production étatique, UGE, 10/18, 1977.
Jacques Le Goff, *Du silence à la parole. Droit du travail, société, Etat*（*1830–985*）, Calligrammes, Quimper, 1985.
Robert Linhart, *Le Sucre et la faim*, Editions de Minuit,1980.
Jean-François Lyotard, *Le différend*, Editions de Minuit, 1983.
Karl Marx, *Le Capital, Livre I*, nouvelle traduction française de la 4e édition allemande de J. P. Lefebvre, Editions sociales, 1983.〔長谷部文雄訳『資本論』全13分冊、青木文庫〕
Claude Meillassoux, *Femmes, greniers et capitaux*, Maspero, 1975.〔川田順造・原口武彦訳『家族制共同体の理論』筑摩書

房〕
Stanley Moore, *Three Tactics, The Background in Marx*, Monthly Review Press, New York, 1963.〔城塚登訳『三つの戦術』岩波書店〕
Jean-Louis Moynot, *Au milieu de gué CGT, syndicalisme et democratie de masse*, PUF, 1982.
Antonio, Negri, *La Classe ouvriere contre l'Etat*, Galilée, 1978.
Gérard Noiriel, *Longwy. Immigrés et prolétaires*, PUF, 1984.
———, *Les ouvriers dans la société française*, Seuil, 1986.
Karl Polanyi, *La Grande transformation*（1944）, trad. fr. Gallimard, 1983.〔吉沢・野口・長尾・杉村訳『大転換』東洋経済新報社〕
Nicos Poulantzas, *Les Classes sociales dans le capitalisme aufourd'hui*, Seuil, 1974.
Adam Przeworski,《Proletariat into a class: The Process of Class formation from Karl Kautsky's *The Class Struggle* to Recent Controversies》, *Politics and Society*, vol.7, no.4, 1977.
Peter Schöttler, *Naissance des Bourses du travail. Un appareil idéologique d'état à la fin du xix' siecle*, PUF, 1985.
Gareth Stedman Jones, *Languages of class*, Cambridge University Press, 1983.
Göran Therborn,《L'analisi di classe nel monde attuale: il marxismo come scienza sociale》, *Storia del Marxismo*, IV, einaudi, 1982.
Edward P. Thompson,《Eighteenth-Century English Society: Class Struggle without Classes?》, *Social History*, vol.3, no.2, mai 1978.
———, *The Making of the English Working Class*, Pelican Books, 1968（trad. fr. Gallimard, 1988）.
Alain Touraine, Michel Wieviorka, *Le Mouvement ouvrier*, Fayard, 1984.
*Travail*（révue de l'Aerot, dir. par Robert Linhart), 13 numéros parus (64, rue de la Folie-Méricourt, 75011 Paris）.
Bruno Trentin, *Da sfruttati a produttori., Lotte operaie e sviluppo capitalistico dal miracolo economico alla crisi*, De Donato, Bari, 1977.
Michel Verret, *L'Espace Ouvrier*（L'Ouvrier français, I）, Armand Colin, 1979.

Jean-Marie Vincent, *Critique de Critique de travail. Le fairs et l'agir*, PUF, 1987.
Immanuel Wallerstein, *The Modern World-System*, 2 vol. parus, Academic Press, 1974 et 1980（tr. fr. Flammarion).〔川北稔訳『近代世界システム』Ⅰ、Ⅱ、岩波書店。川北稔訳『近代世界システム』名古屋大学出版会〕
——, *The Capitalist world-economy. Essays*, Cambridge University Press et Edition de le Maison des sciences de l'Homme, 1979.〔藤瀬・麻沼・金井訳『資本主義世界経済』Ⅰ、名古屋大学出版会。日南田静眞監訳『資本主義世界経済』Ⅱ、名古屋大学出版会〕
——, *Le Capitalisme historique*, La Découverte, 1985.〔川北稔訳『史的システムとしての資本主義』岩波書店〕

# 第Ⅳ部

# 社会的コンフリクトの軸心移動

第11章

# 独立後ブラック・アフリカにおける社会的抗争《コンフリクト》
## ——人種と身分集団の概念の再考

イマニュエル・ウォーラーステイン
Immanuel Wallerstein

### 理論的混乱

南アフリカ、合衆国、イギリスで「人種間の緊張」と呼ばれるものが存在することは、誰でも「知っている」。ある人びとは、これがラテン・アメリカの地域、カリブ海域、南アジアと東南アジアの諸国でも存在していると考えている。しかし、ブラック・アフリカの独立国家で「人種間の緊張」のようなものが見出されるのだろうか。これとは逆に、ブラック・アフリカには「部族主義《トライバリズム》」が存在することは誰でも「知っている」。「部族主義」はアフリカだけの現象なのだろうか、それとも工業化された資本主義国家にも見られる現象なのだろうか。

まず概念上の難しさに伴う問題がある。ふだん学術用語として使用されている社会階層や社会集団のカテゴリーは、多様で重複しており、明確さを欠いている。階級、カースト、国籍《ナショナリティ》、市民権、エスニック集団、部族、宗派、党派、世代、身分《エステイト》、人種《レイス》といった用語がある。が、これらに標準的な定義はなく、まったく不都合である。

これらの用語を互いに関連づけようと試みる者さえ、ほとんどいない。

有名な試みの一つに、マックス・ヴェーバーのものがある。彼は、階級、身分集団《ステイタス・グループ》(Stand)、党派の三つの基本的カテゴリーを区別している(Weber 1968, pp.302–7, 385–98, 926–40 参照)。ヴェーバーのカテゴリー化における問題点の一つは、それが論理的に厳密さを欠くということではなく、いろいろな点でさまざまな実例から構成されていることにある。彼はその実例を、主として一九世紀ヨーロッパ、中世ヨーロッパ、古典古代から引いてきている。ヴェーバーにとってはそれでよかったかもしれないが、二〇世紀の非ヨーロッパ世界の経験的現実を扱う者にとっては、ヴェーバーの区分のなかにふさわしい対応例を見出すことは難しい。ヴェーバーは、階級については、多かれ少なかれマルクス主義の伝統に立脚して、経済システムへの関わり方が同一であるような人間集団としてそれを定義している。党派については、権力の配分と行使に影響を与えるべく団体結社《コーポレイト・グループ》として互いに結びついた人びとの集団がこれにあたる、としている。しかし、身分集団はといえば、いろいろな点で残余カテゴリーなのである。もちろん、積極的な基準がないわけでもなさそうである。それによれば、身分集団は、人間がそのもとに生まれ落ちる原初的《プライモーディアル》[★1]集団であり、打算的、目標志向的結合に基礎を置かない忠誠心によって結び合わされたと考えられる擬制的家族である。それは、伝統的な特権の保持あるいはその欠如によって彩られた集団であり、名誉、威信のランク、それに何よりも生活様式(しばしば同一の職業を含んだ)を共有してはいるが、必ずしも同一の所得水準や同一の階級の成員たることを要しない集団である[★2]。

国民《ネイション》、つまりわれわれが「国民主義的《ナショナリスト》」感情を覚える国民《ネイション》には、この身分集団の定義がそっくりあてはまらないだろうか。どうもあてはまるようだ。しかし、身分集団の概念の使用にあたって普通まず念頭に浮かぶのは、国民的《ナショナル》帰属ということではない。ヴェーバーの概念はもともと中世の身分《エステイト》から発想を得ており、現代アフリカに適用するにはいささか限界がある。近代アフリカについての文献は、むしろ、「部族」および／ないし「エスニック集団」について記述したものが多数を占めている。大多数の著者は、身分集団をさすもっとも意義のある経験的事例として「エスニック集団」を捉えている。それがヴェーバーの概念の趣旨にかなうものであることは、疑いないところである。人種という用語も頻繁に使用されている。けれどもそれは、大多数の著者に見られる支配的傾向としては、身分集団との関係が明らかにされていない。人種は、アフリカ研究のなかでは、何よりもヨーロッパ系の白人とこの大陸の土着の黒人との対立に関連して使用されている（いくつかの地域では、第三のカテゴリーとして、インド亜大陸から移り住んできた者やその子孫がいる）。しかし、この用語が土着の黒人人口の内部の多様性を区別するために用いられることはまずない。

では、人種とエスニック集団は、互いに異なる二つの現象なのだろうか、それとも同じ主題の二つの変形なのだろうか。そこで、まず経験的現実を記述し、次にそこからでてくる理論的帰結を考察しよう。用語の混乱［★3］を考えるならば、その方が、経験的現実を説明する理論的枠組みを前もって提示するよりもずっと望ましいだろう。

## 経験的データ——何種類の身分集団があるのか

植民地以前のアフリカは、複合的で階層制的な社会を数多く含んでいた。分節《セグメンタリー》社会とはまったく異なるこのグループが、アフリカ全土の面積の、また人口の何パーセントを占めていたかを算定したものはまだ誰もいないが、最低に見積もってもきっとその三分の二はあっただろう。これらのいくつかの国家には「身分《エステイト》」（すなわち、貴族・平民・職人・奴隷等の世襲身分を有する人びとのカテゴリー）があった。またいくつかの国家には「エスニック集団」（すなわち、祖先を異にするとみなされることを示す別々の名称をもつ人びとのカテゴリー）があった。これらは通常、征服という状況の結果であった[★4]。多くの国家には、このほかに「非市民」または「よそ者」という公式に認められたカテゴリーがあった(Skinner 1963 参照)。最後に、非階層制的社会でさえ、通常、人類学者がしばしば「氏族《クラン》」と呼ぶ、あの擬制的な血族集団を創出する特有の分類法や、世代すなわち「年齢の組み」に従って、人びとを区分した[★5]。

植民地支配の確立は、すぐにはこれらのカテゴリーに何一つ変更を加えはしなかった。しかし、少なくとも一つの新しいカテゴリーを押しつけた。すなわち、植民地国籍がそれである。これは二重、三重のこともあった(例えば、ナイジェリア人、英領西アフリカ人、大英帝国人というように)。

それに加えて、多くの場合、宗教的カテゴリーが植民地支配下での新しい特徴となった。キリスト教徒は、「部族」[★6]と「領域」[★7]の双方の内部で重要な下位集団として現れた。イスラム教はほとんどどこでもヨーロッパの植民地支配よりも前から存在していたけれども、おそらく多くの地域では、キリスト教徒と勢力を競うなかでイスラム教徒としての自覚が深まっていったのであろう。いくつかの地域におけるイスラム教の急速な広がりは、そのことを示しているように見える(Hodgkin 1962 および Froelich 1962, ch.3 参照)。そして、どこにおいても新しい「エスニック集団」が誕生した[★8]。最後に、人種は、政治的諸権利や職業配分や所得を説明する、植民地世界でもっとも重要なカテゴリーであった[★9]。

国民主義《ナショナリスト》運動の高揚と独立の到来は、さらにそのほかのカテゴリーを生み出した。領域的な帰属意識《アイデンティフィケイション》、すなわちナショナリズムが広まり、重要なものとなった。このような領域的帰属意識に加えて、しばしば部族主義と呼ばれるエスニック的帰属意識への新たな傾倒が起こった。エリザベス・コルソンは、次のように述べている。

おそらく多くの青年は、アフリカの独立に参加したその時点で、自分たちのエスニックな伝統へのあからさまな忠誠心を自覚した。……アフリカにおいて、自分自身の言語や文化を発展させるのに並々ならぬ熱意をもち、国内の他の集団の言語や文化に優位が与えられるような事態は自分たちにとって脅威だと考えてきたのは、学校教師、知識人であった（Colson 1967, p.205）。

教育を受けた階級が独立後に陥った経済的困窮は、この「部族主義」に向かう傾向をさらに助長した（Wallerstein 1971 参照）。最後に、ナショナリズムは汎アフリカ主義をも含んでいた。つまり、「ヨーロッパ人」に対して「アフリカ人」というカテゴリーが生まれたのである。当初、この二分法は肌の色と結びついていたらしい。しかし、一九五八年を境に、概念としてのアフリカは、多くの場合、北アフリカ（アラブ・アフリカ）を含むようになり始めた（しかし、まだ北部、東部、南部アフリカの白人居住者を含んでいなかった［★10］）。

独立はまた、もう一つの重要な変数をつけ加えた。より大きな精神的共同体における第一級の成員としての地位、つまり市民権のかなり厳格な法的定義がそれである。この概念によって引かれる境界線は、植民地化以前のアフリカと異なるばかりか、植民地時代のものとも異なっていた。例えば、植民地時代、ナイジェリア人は、住居を移せば、黄金海岸の選挙に投票する資格が得られた。というのは、どちらの領土も英領西アフリカの一部を構成し、個人は英国国民《サブジェクト》となっていたからである。しかし、独立後は、植民地時代の英連邦の行政単位がしばしば国民的《ナショナル》目標の単位として存続したとはいえ、政治家や官吏の多くが独立初期に思い知らされたように、もはや英連邦の成員であるというだけで、個々の領域単位——いまや主権を有する国民国家《ネイション・ステイト》となった——への平等な参加権を付与されることはなくなった。

文献を一瞥すれば、アフリカにおいては、国の政治的分裂のさいに重要な要素として登場する下位集団に土着の人口が区分されていないような独立国は一つも存在しないことが明らかである。言い換えれば、「部族」あるいはエスニック集団への帰属は、政治的な集団化ないし派閥、または立場に結びつき、多くの場合、職業上のカテゴリー、そして、確実に職業の配分に結びついているのである。外国人ジャーナリストがこれに関して論評するとき、アフリカの政治家はしばしばかかる分析の信憑性を否定する。しかし、外部の観察者の矛盾した主張と同様に、この否定も、分析的な目的というよりはイデオロギー的な目的に奉仕している。かくして、アフリカ諸国におけるエスニック的―政治的対立関係に関する周知の長ったらしいリストができ上がることになる（例えば、ケニアのキクユ人対ルオ人、ザンビアのベンバ人対ロージー人、ソマリアのサブ人対サマアレ人）。いずれの事例においても、対立を防止しようとする政府や国民主義的《ナショナリスト》政治運動の側の当然の努力が幾度となく払われてきたが、諸個人は、政治的目標に向け「部族」の線に沿って整列させられ、また動員させられてきたのである（Rothschild 1969; Rotberg 1967; Lewis 1958 参照）。

これらのいわゆる部族的区分が、いくつかの特別な要因によって強化された国もある。例えば、エチオピアでは、アムハラ人あるいはアムハラ―ティグレ人とエリトレア人の区分は、多少ともキリスト教徒とイスラム教徒の宗教的区分に一致しており、当事者たちはこのことを十二分に自覚している。何よりも、このような対立は背後に長い歴史的伝統を有していたのである（Jesman 1963 参照）。

西アフリカ沿岸づたいにアフリカ中央部にかけて位置する七つの隣接した諸国（コートジボアール、ガーナ、トーゴ、ダホメ〔ベニンの旧称〕、ナイジェリア、カメルーン、中央アフリカ共和国）を通って、連続した一本の直線を引くことができる。この線の南北に住む民族《ピープル》は、互いに正反対の傾向をもった一連の特徴を備えている。土質ではサバンナの土 対 森林土というように異なっており、そして、このそれぞれに対応して二つの大きな文化群がある。宗教では、イスラム教徒／精霊信仰者《アミニスト》 対 キリスト教徒／精霊信仰者。より近代的でない教育 対 より近代的な教育。これは主として植民地時代、南半分においてより多くのキリスト教伝導者がいたことによる（Milcent 1967

モーリタニア
マリ
ニジェール
チャド
スーダン
ナイジェリア
カメルーン
中央アフリカ
共和国
ガーナ
ダホメ
コートジボアール
トーゴ

また Schwartz 1968 参照)。同じような線は、ウガンダのより教育の遅れた非バンツー系の北部と、より教育の進んだ(そしてキリスト教化された)バンツー系の南部の間にも引くことができよう(Hopkins 1967 また Edel 1965 参照)。

さらに北の、いわゆるスーダン・ベルトでは、これに類似した線が、モーリタニア、マリ、ニジェール、チャド、スーダンを通って引けるであろう。モーリタニア、チャド、スーダンの北部では、民族《ピープル》は明るい肌をしており、アラブ化していてイスラム教徒である。南の方では、肌の色は浅黒く、キリスト教徒/精霊信仰者である。ただ、マリとニジェールでは、南の方でもイスラム教徒である。スーダンを除くこれらすべての国では、北部に住む人たちはより遊牧民的で、低い教育しか受けていないと言えそうである。モーリタニアとスーダンでは、北部の人たちが過半数を占め、権力を握っている。マリ、ニジェール、チャドでは、それが逆転している(Watson 1963; Paques 1967; Shepherd 1966 参照)。スーダン・ベルト諸国におけるこの文化的差異が肌の色の違いと重なり合っているために、この区分は、ときには「人種的な」ものとして語られることがある。

さらに、もう一つの注目すべき国家群がある。植民地以前の時代に政治的統一体として存在していた国家で、そのまま植民地および独立後の時代を生き延び、植民地以前の明確な「部族」階層化を存続させているものである。それはザンジバル(アラブ人とアフローシラージ人)、ルワンダ(ツチ人とフツ人)、ブルンディ(ツチ人とフツ人)、マダガスカル(メリナ人とその他)である。これらすべての事例で(ただしブルンディは除く)、植民地以前の多数者であった下位の階層が、現在、政治的な最高の地位に就いている(Lofchie 1963; Kuper 1970; Ziegler 1967; Kent 1962 参照)。これと似たような植民地以前の階層システムが、植民地時代と独立後のもっと大きな政治的単位の内部にまたがって存続していた場合、政治的な結果ははるかに曖昧なものとなっている(ナイジェリアとカメルーンにおけるフラニ族の領地、ウガンダとタンガニーカのヒマ王国)。

自治と独立を達成したのち、自分の「故国」へ帰ったアフリカ人の「帰還者」は多数にのぼった。旧帝国は、周知のように、民族《ピープル》の移動に寛大であった。このことは、人員の最適利用という目的にかなっていた。これに反して、新生の国民国家《ネイション・ステイト》は、権利が市民としての地位に伴って発生することを厳密に示そうと努めた。

この圧迫を最初に感じたのは、政治家の連中であった。独立が近づくにつれ、フランス西アフリカ人とかイギリス東アフリカ人のカテゴリーは消滅へと向かった。オートボルタで政治的キャリアを積んでいたマリ人や、ケニアで同様の立場にいたウガンダ人は、本拠地に帰った方が得策であると悟った。このようにして新しい政治的現実がはっきり認識されたことのほかに、いろいろなカテゴリーにわたる人びとの公然たる、またはなかば公然たる追放があった。コートジボアール、ニジェール、その他からのダホメ人（そしてトーゴ人）の追放、ガーナからのナイジェリア人およびトーゴ人の追放、ザイールからのマリ人の追放がそれである。このいずれの事例においても、追放をうけた者は、失業が増大する時期に貨幣経済に地歩を占めていた人たちであった。当該集団は、突然、自分たちがアフリカ人というよりは外国人として規定されていることに気づいた。まして、非アフリカ人としてのカテゴリーに入る者にとっては、いっそう衝撃的であった。たとえ公式の市民権を取得していても、彼らは追放をうけたのである。ザンジバルからのアラブ人、ケニアからのアジア人、ガーナからの散発的なレバノン人の追放が、その例である。これまでのところ、ブラック・アフリカにおけるヨーロッパ人の大規模な追放は起きていないが、一時期、ザイールからのベルギー人の一斉退去があった。

これまでアフリカの状況について素描してきたのは、次の一点を強調するためである。すなわち、エスニック集団、宗教集団、人種、カーストといった考えられるさまざまな身分集団の間には、有用な区別など一つも存在しないということ、これである。それらはすべて、ただ一つの主題が形を変えたものでしかない。それらは、現在の経済・政治情勢より以前に神話的に存在していた類縁性による民族《ピープル》のグループ分けであり、そして階級的あるいはイデオロギー的観点から規定された人びとの団結に優先する結束を主張するのである。部族主義についてアキウォウォ(Akiwowo 1964, p.162)が言うように、身分集団とは、「国家建設の過程で生じてくる不本意な結果に対してなされる一連の定型的な反応――適応的な調整作用と言ってもよいが――なのである」。あるいは、もっと率直なスキナーの表現によれば(Skinner 1967, p.173)、身分集団の中心的な機能は、「その環境内で価値があるとみなされるすべての財やサービスの獲得をめざして、他者と競争できるような社会的・文化的・政治的諸統一体に民族《ピープル》を組織させること」なのである。

この機能が身分集団という概念に固有のものである限りは、定義上、身分集団は、何らかのもっと大きな社会――身分集団がその一部を構成するような――より優位にたつものとして存在することはできない。たとえ、その身分集団が一つの社会システム以上に組織化されている、もしくはそのようなものとして存在していると主張する場合においてもである[★11]。フリード(Fried 1967, p.15)が「部族」について注意深く述べていることは、あらゆる身分集団についてもあてはまる。

非常に限定された意味で、たいていの部族は二次的な現象のように見える。これは、相対的に高度に組織化された社会が、これよりもずっと単純な社会の間に出現した場合に、おそらくそれに刺激された過程によって生じたものであろう。このことを実証することができれば、部族主義は、進化における必要な前段階というよりは、複合的な政治構造の生成に対する反作用とみなすことも不可能ではない。

近代世界の状況下では、身分集団は、国民国家《ネイション・ステイト》のなかで、公式には非合法な根拠に基づき権力や財・サービスの配分を要求する集合的主張にほかならないのである。

## 階級と身分集団の関係

では、このような身分集団の主張は、階級的団結の主張といかなる関係にあるのだろうか。マルクスは、階級の概念を使用するにあたって、即自的《アン・ジッヒ》と対自的《フュア・ジッヒ》を識別していた。ヴェーバーも次のように述べたとき、この区別を繰り返している。「したがってあらゆる階級は、おそらく数えきれないほどの形をとって現れるある『階級行動』の担い手ではありえようが、必ずしもそうであるとは限らない。いずれにせよ、階級そのものは集団〔共同体《ゲマインシャフト》〕ではない」(Weber 1968, p.930〔浜田朗訳『権力と支配』二二二ページ〕)。

階級が必ずしもつねに対自的でないのはなぜだろうか。実際、なぜごく稀にしか対自的とはならないのだろうか。あるいは別の問いかたをすれば、歴史を通じて今日に至るまで、アフリカおよび全世界中で、身分集団意識がこれほど広範かつ強力な政治力であった理由を、われわれはどのようにして説明できるだろうか。これは虚偽の意識であると答えることは、ただ質問を論理的に一歩後退させるだけである。というのも、その場合には、大部分の民族《ピープル》がほとんどつねに虚偽の意識を示すのはなぜなのかと問わねばならないだろうからである。

ヴェーバーは、この点を説明しうる理論をもっていた。彼は、次のように述べる。

> 「身分的」構成〔英訳では身分による階層化《ストラティフィケイション》〕の優勢をもたらす一般的な経済的条件については、ごく一般的に次のごとく言えるにすぎない。財貨の獲得や財貨の分配がある程度安定していることは、身分的構成には好都合であるが、これに反してどのような技術的衝撃や経済的変容も身分的構成に脅威を及ぼし、「階級的地位」を前面に押し出すのである、と。むきだしの「階級的地位」が優越した意義をもつ時代や国々は、おおむね技術的・経済的な変容の時代なのであるが、これに反し経済的変革過程の緩慢化はただ

ちに「身分的」構成の台頭をきたし、社会的「名誉」の意義を回復させるのである（Weber 1968, p.938〔浜島朗訳『権力と支配』二二七ページ〕）。

このヴェーバーの説明は、非常に単純なように見える。階級意識を進歩と社会変動の相関現象とみなし、身分による階層化を後退的な力の表現としている。しかし、これは一種の俗流マルクス主義である。たとえこの原理に大筋で賛成できたとしても、歴史的現実のもっと小さな変化の予測にはあまり役立たない。しかも、近代的な経済的推進力が身分集団の衣装をまとっている場合もあり（Favret 1967 参照）、また、階級意識のなかに伝統的な特権を維持する機構が見出される場合もあるが（Geertz 1967 参照）、ヴェーバーの理論はその理由について説明していないのである。

ファヴレ（Favret 1967, p.73）は、アルジェリアにおけるベルベル人の反乱についての議論のなかで、われわれに一つの手がかりを与えてくれている。

〔アルジェリアでは〕原初的集団は、自分たちの古い風習を知らず、その意味では存在しないのも同然であって、ただ反作用として存在しているにすぎない。伝統的な政治的現象を収集することに乗り気な人類学者は、それゆえに、これらを素朴に解釈するという途方もない誤ちを犯す危険性がある。というのも、そういう集団をとりまく状況は、今日では逆転しているからだ。一九世紀の分節部族の子孫たちにとっては、選択はもはや、中央政府と協調するか、それとも反抗を組織するかという目標の間にあるのではない。なぜなら、今後は前者の選択しかありえないからである。この低開発の農業セクターの農民にとっては、選択――あるいは運命――は、この目標を達成する手段をどうするかにある。逆説的なことだが、反抗はその手段の一つなのだ。

ファヴレは、われわれに、身分集団への帰属化に基づく要求を、その状況下で行為者がとる知的観点から見るよりも、このような要求が社会システムにおいて実際に果たす機能の観点から見るように要請している。モアマンは、タイの一部族たるルー人についての分析のなかで、これと似たようなことを訴えている。彼は、ルー人についての三つの鋭い質問――何がルー人なのか、なぜルー人なのか、いつルー人なのか――を提起し、次のように結論している。

エスニックな帰属意識の願望は、現に生きている人間のエスニックな各集団を、遠い歴史につらなる無数の世代との共同事業に駆り立てようとする、大いなる潜在能力を備えている。この願望はここでは普遍的に見られるようだ。それゆえに、社会科学者は、こうした願望がどのように利用されているかを記述し分析すべきであって、それをたんなる説明に利用する――現地の者はそのようにする――べきではない。……エスニックなカテゴリーが、対象となる人間的属性についての格好の主題になるようなことはめったにないようだ(Moerman 1967, p.167)。

もしそうなら、おそらくわれわれは、ヴェーバーの階級、身分集団、党派の三者を、三つの異なった相交差する集団としてではなく、同一の本質の三つの異なった存在形態として捉え直すことができよう。この場合、どんな条件のもとで身分による階層化が階級意識よりも優勢となるのかというヴェーバーの問題は、どんな条件のもとで社会階層が階級、身分集団、党派として現れるのかという問題に変化する。このように考えるならば、集団の相次ぐ実体化において集団の境界線が重なり合う――そうすれば逆に、外面的に異なる衣装をまとうことにはならない――だろうことは言うまでもない。いやむしろ、どんな時代でも、どんな社会構造においても、互いに関係をもちながら対立しあう一定の集団群が存在する、ということになる。

ロドルフォ・スタベンハーゲンによって提唱されているアプローチは、身分集団を社会階級の「化石」として捉えるというものである。彼は次のように論じている。

階層化〔身分集団〕はたいてい、階級関係によって表現される特定の社会的生産関係が、しばしば法的な手段により、間違いなく主観的に、いわゆる社会的に固定化されたものである。この社会的固定化には、他の二次的、付随的諸要因（例えば宗教的、エスニック的）も入り込む。それらは、階層化を強化し、同時に、その経済的基盤との結びつきからそれを「解放」する機能、換言すれば、経済的基盤が変わったとしても階層化の強さを保持する機能を担っている。したがって階層化は、既存の経済システムの正当化もしくは合理化として、すなわちイデオロギーとして考えることができる。社会的上部構造のあらゆる現象と同様に、この階層化は、それを生み出した諸条件が変化したときにさえも自らを維持する慣性の性質を備えている。階級間の関係が部分的に変化すると……階層化は、もともとその基礎となっていた階級関係の化石となる……〔さらに〕二つのタイプにグループ分けされた集団（支配的階級と上位の階層）は、特定の歴史的状況に応じて、一定期間共存し、社会構造のなかに包み込まれることがありうるように思われる。しかし、遅かれ早かれ、現在の階級システムにもっとよく照応した新しい階層化システムが現れるのである（Stavenhagen 1962, pp.99–101）。

スタベンハーゲンは、その後の分析で、中央アメリカのデータを用いて、植民地状況において二つのカーストに似た下位の身分集団〔インディオ〔原住民〕とラディノ〔インディオと白人の混血〕〕がどのようにして出現し、包み込まれ、彼が階級明確化と呼ぶさまざまな圧力にも耐えて生き延びることができたのか、を詳しく描写している。彼は、二つの従属形態、すなわち、植民地的形態〔エスニック的差別と政治的服従に基礎を置く〕と階級的形態〔労働関係に基礎を置く〕が並んで成長し、平行した等級システムを反映していた、と主張している。独立後、経済発展にも関わらず、インディオとラディノの二分法は、「社会の成員の価値観のなかに深く植えつけられ」、社会構造のなかで「本質的に保守的な力」として残存した。「過去の状況を反映しながら……〔この二分法は〕新しい階級関係の発展を制約するものとして機能した」(Stavenhagen 1963, p.94)。この説明では、現在の階層化はやはり過去の化石であるが、しかしたんなる階級関係の化石そのものではない。

もう一つのアプローチは、階級や身分への帰属を社会のさまざまな成員に対して開かれた選択として捉えるものであろう。ピーター・カーステンスのものが、これにあたる。一つはカーステンス(Carstens 1970)、もう一つはアレン(Allen 1970)による最近の論文では、農村部の土地で働くアフリカ人は「労働者階級」の一員たる「農民」、すなわち技術的には自営の換金作物栽培の農民でありながら自分の労働力を売る者と考えられるべきだ、という点で意見が一致している。しかし、アレンが換金作物の栽培と賃労働とを交互に行う型を強調することに関心をもっている[★12]のに対して、カーステンスは、農民階級組織の身分集団機構、あるいは彼が「農民身分システム」と呼ぶものを説明することの方に関心がある。

カーステンスは、「部族へのささやかな忠誠の維持あるいは復興は、人間が威信や尊敬をかち得るために利用できる手段である」(Carstens 1970, p.9)と論ずることから始める。彼は、われわれに次のようなことを想起させる。「農民階級を生み出す隠れた力をもたらした同じ制度が、また農民身分システムを創り出したのである。例えば……地方の農民から見ても、支配階級から見ても、一般に認められ、威信と尊敬をかち得るためのもっとも確実な方法は、外部から押しつけられた教育的および宗教的制度に参加することである」(Carstens 1970, p.10)。それゆえ、「自分たちの内部の身分システムを操作することによってのみ、彼らはより高い階級に位置する他の身分システムに接近することができる。かくて身分操作の戦略は、階級間の境界を越えるための最良の手段と見られるのである」(Carstens 1970, p.8)。

身分集団による階層化がいかに強固であるかは、この点に照らして見ることができる。身分的名誉は、ヴェーバーの記述した後退的な力、すなわち過去に功績を立てた人が現代の市場における優位を維持するために用いるメカニズムであるだけではない。それは、システム内で上の方にのぼろうと努力する者がその目的を達成するのに用いるメカニズムでもある(それゆえ、高いエスニック意識と教育とは相関関係にある。この点はコルソンが注意を喚起しているところである)。このような二つの重要な集団(過去に功績を立てた人、およびシステム内で上の方にのぼろうと努力する者)が頼りにしていることを考えれば、身分集団のイデオロギー的優位性は容易に理解することができる。このヴェール(あるいはこの現実と言っても同じことだが)を維持しようとする諸要素の結合を打破するには、異常な組織的状況を必要とするのだ。

ヴェーバーは間違っていた。階級意識は、技術変化や社会の変容が起きているときに前面に踊り出てくるのではない。あらゆる近代史は、これが偽りであることを立証している。階級意識が前面に踊り出てくるのは、はるかにまれなる事態としての「革命的」状況下においてでしかない。階級意識は、「革命的」状況のイデオロギー的表現であるとともに、そのイデオロギー的支柱でもある。この意味で、基本的なマルクス主義の概念上の直観は正しかった。

## アフリカのデータの再分析

それでは、以上の理論的補足説明を踏まえて、現代の独立したアフリカの経験的現実に戻ろう。独立したブラック・アフリカは、今日、国際連合の成員たる一連の国民国家《ネイション・ステイト》より成っている。だが、それらはほとんどどれ一つとして、相対的に自律的で集中化した行政機構や経済、文化を有しているといった意味での国民的《ナショナル》社会とみなすことができない。これらすべての国家は、世界社会システムの一部であって、たいてい特定の旧帝国の経済的ネットワークにすっかり統合されている。その経済的外形は基本的に類似している。人口の大多数は農地で働き、世界市場向けの作物と生存維持のための食糧を生産している。だが、彼らのほとんどは、土地所有者から賃金を受け取っているか、あるいはやむなく現金を稼がざるをえない状況下にありながらも自営しているか（経済的には農業を他の賃仕事に雇われる代わりくらいに思っている）のどちらかの意味で、労働者《ワーカー》である。また、都市部で労働者《レイバラー》として働く者もいるが、これらもしばしば都市と農村を環流する人口移動パターンの一部をなしている。

それぞれの国には、たいてい政府のために働くが、教育を受けていて自分の富をいくらかでも財産に変えようと努めている官僚階級が存在する。あらゆる場合、官僚階級として圧倒的な割合を占める（一つないしいくつかの）特定の集団があり、また、都市労働者として圧倒的な割合を占める別の集団がある。さらに、ほとんどどこでも、高い身分を保持し技術職を占める白人集団がいる。彼らの威信のランクは、植民地支配当時からほとんど変わっていない。現地での白人のこの高いランクは、世界経済システムに占めるその国の地位を反映している。このシステムの内部で、その国は「不等価交換」［★13］の影響を受けて「プロレタリア」国家となっているのだ。

公式の主権に表現されている限りでの政治的自治によって、現地のエリートあるいはエリート集団は、その国の教育制度の急速な拡大により、世界システムにおける上方階層への移動を追求できるようになった。だが、世界システムの点から見て個別的に機能することも、集合的には正常に機能しないものである。世界システムの機能は、国家レベルにおける十分な雇用機会を提供しない。このことは、エリート集団に、自分たちの方を利し他者を締め出す基準を追求させた。個々の区分線は、細部では恣意的であり可変的である。ある場所では、この区分はエスニック的な線に沿ったものであり、別のところでは、宗教的な線に沿っていたり人種的な線に沿っていたりする。だが、ほとんどの場合、これらすべてのあるはっきりとしない組み合わせの形をとっている。

これらの身分集団間の緊張は、階級的欲求不満の表現、それも無益で自滅的な表現である。これは、現代アフリカの政治と社会生活では日常茶飯事となっている。たいてい社会科学者よりも世間一般の感覚に近いものをもつジャーナリストたちは、ブラック・アフリカについて書くとき、この現象を「部族主義」と呼ぶ傾向がある。部族、あるいはエスニック間の抗争は、スーダンやナイジェリアの内戦が何よりも雄弁に証言するように、きわめて現実的なことである。これは、抗争に関わっている人びとがエスニック(あるいはそれに相当する身分集団)カテゴリーによる分析を共通の動機としているという意味で、エスニック間の抗争なのである。さらに彼らは、たいてい強烈なエスニック的忠誠心をあらわにしている。それにも関わらず、エスニックの「現実」の背後には、表層からあまり遠くないところに階級間の抗争が横たわっている。このことから、私は率直かつ経験的に検証可能な次の命題を提起したい(もっとも、決定的な検証がなされたというわけではないが)。身分集団間の差異と相関関係にある(あるいは一致する)階級間の差異が、社会的状況の変化の結果として消滅するようであれば、身分集団の抗争も結局は消滅する(他のものにとって代わられることは疑いない)。階級への忠誠は革命的危機以外には現れ難いようだが、身分集団への忠誠は拘束力があり情緒的である。だが、分析者の視点からは、これもまた変化しうるものなのである。仮に社会がエスニック的に「統合」されるようなことがあっても、階級間の敵対は弱まりはしない。実際は、その反対である。身分集団への帰属化のネットワークの機能の一つは、階級差の現実を覆い隠すことにある。しかし、個々の階級間の敵対ないし差異が減少したり消滅するならば、その程度に応じて身分集団間の敵対（差異さえ）も減少し消滅してゆくのである。

## 人種概念の有効性

ブラック・アフリカでは人びとは「エスニック」の抗争について語り、合衆国や南アフリカでは「人種」の抗争について語る。ある国ぐにではもっとも顕著に見られ、他の国ぐに（例えばブラック・アフリカの国ぐに）ではそうでないような身分集団を描写するために、人種という特別な言葉を用いることには、どんな意味があるのだろうか。各国の事例を別々の論理的に区別されたものとみなすならば、意味はないだろう。なぜなら、身分集団による階層化は、各国で同一の目的に奉仕しているからである。

しかし、国ぐにの事例は、分離したものでも、論理的に別個のものでもない。それらは世界システムの一部なのである。国内システムのなかの身分と威信は、すでに今日のブラック・アフリカにおけるヨーロッパ白人移民の役割を論じたさいに触れたように、世界システム内の地位やランクと無縁ではありえない。国内的な身分集団と並んで国際的な身分集団がある。われわれの言う人種とは、本質的にはこのような国際的な身分集団のことである。白人と非白人の間には基本的な区分がある（もちろん、非白人にもいろいろな種類があり、カテゴリー化は時と場所によって異なる。一つのグループ分けは肌の色によるが、これは実際にあまり広く普及しているわけではない。もう一つのより一般的なグループ分けは大陸によるものであるが、ただ、アラブ人はしばしば別個に数えられることを主張している）。

この国際的二分法の観点からすれば、肌の色は問題ではない。「白人」と「非白人」は、肌の色とはほとんど関係がない。「黒人とは何だい。だいいち、彼が何色をしているというんだ」とジャン・ジュネは尋ねている。

明るい肌をした北スーダンのアラブ人と浅黒い肌色の南スーダンのナイロート人の抗争が人種的抗争であることを、多くの人の例にもれずアフリカ人が否定するとき、彼らは偽善的になっているのではない。彼らは、人種という用語を特定の国際的な社会的緊張を表現するために留保しているのである。スーダンでの抗争は実在のものであり、身分集団間の抗争として現れていないわけではない。しかしこれは、外見的には似ているものの、合衆国での黒人と白人、南アフリカでのアフリカ人とヨーロッパ人の間の抗争とは、政治的に異なっているのだ。この政治的差異は、世界システムのなかで、そして世界システムに対して意味をもっている。

人種は、現代世界において唯一の国際的な身分集団のカテゴリーである。これは、少なくとも八世紀以来、宗教が果たしてきた役割にとって代わっている。肌の色よりも、この世界システムのなかでのランクが、身分集団の成員を規定している。かくして、トリニダードにおいては、政府がアメリカ帝国主義の手先として働いているという理由で、全員黒人の政府に対する「ブラック・パワー」運動が存在しうるのである。また、ケベックの分離主義者は、自分自身を北アメリカの「白い黒ん坊」と呼ぶ。そして、汎アフリカ主義は北アフリカの白い肌のアラブ人を含むが、南アフリカの白い肌のアフリカーナを除外する。さらに、キプロスとユーゴスラビアは三大陸会議（アジア、アフリカ、ラテン・アメリカ）に招待されるが、イスラエルと日本は除外される。身分集団カテゴリーとしての人種は、国際的な階級のカテゴリーの、プロレタリア的国民《ネイション》のカテゴリーの、不鮮明な集団表象にほかならないのである。それゆえ、人種主義《レイシズム》は、たんに既存の国際社会構造を維持する行為であるにすぎず、人種差別《レイシャル・ディスクリミネイション》の新しい表現ではない。人種主義と人種差別は別個の現象だというのではない。人種主義は、明らかにその戦略の兵器庫の一部として、主要な武器として、確かに差別を利用する。しかし、直接的な意味で、人種主義が差別なしに存在しうるようなさまざまな状況もある。ことによると、人種主義なき差別すらありうるかもしれない。もっとも、これはありそうもないようだが。重要なのは、これらの概念が社会組織の異なったレベルにおける行為を表示している、ということである。人種主義は世界の舞台の内部での行為をさし、差別は相対的に小規模な社会組織の内部での行為をさすのである。

## まとめ

要約すると、私の主要な論点は、身分集団《ステイタス・グループ》が（党派と同様に）階級の不鮮明な集団表象だということである。不鮮明な（それゆえに不正確な）身分集団は、たいていの社会状況において、多くの違った要素の利益に奉仕する。社会的抗争が先鋭化するにつれて、身分集団はしだいに階級に近づく。この点で、われわれは「階級意識」という現象を目にすることができる。しかし、この漸近線にけっして達することはない。実際、漸近線のまわりに磁場があって、それが近づいてくる曲線を押しやろうとするかのようである。最後に、人種は、現代世界における身分集団の特定の形態であり、世界社会システムにおけるランクを示している。この意味で、今日、ブラック・アフリカの独立諸国家には人種的緊張が存在しない。しかし、国民的《ナショナル》アイデンティティの表現の一つは、これが達成されるにつれ、国際的身分集団の意識を高め、あるいは人種的帰属意識《アイデンティフィケイション》を高めていくであろう。そして、それは、人が国際的階級意識の漸近線に近づくとき、はじめて克服され乗り越えられていくであろう。

（岡田光正　訳）

※このテキストは最初、*Les Cahiers du CEDAF* (Mo.8, 1971, seriel: Sociologie), revue du Centre d'études et de documentations africaines (CEDAF, Place Royale, 7, 1000 Bruxelles) に掲載された。

## 原注

★1　シルズによってつけ加えられた用語法による(Shils 1957, pp.130–45 参照)。シルズにとって原初的《プライモーディアル》特性は、たんなる「相互作用の関数」にとどまらず、「意味深長で血縁的《リレイショナル》」なものである。その意味深長さ(p.142)は、「言いようのないもの」である(Geertz 1963 参照)。

★2　ヴェーバーの定義は名誉に重きを置いている(Weber 1968, p.932〔浜島朗訳『権力と支配』二二六—七ページ〕)。「多くの場合無定形な種類の共同体をなすとはいえ、身分集団(Stände)は階級と異なり通常は共同体である。純粋経済的に決定された『階級的地位』とは反対に、積極的であると消極的であるとを問わず、『名誉』という特殊な社会的評価に制約された人びとの境遇のあらゆる典型的要素を、われわれは『身分的地位』と呼ぶことにしたい。……持てる者も持たざる者も同じ身分に所属することはでき、しばしば同じ身分に所属するのであって、しかも非常に顕著な結果をともなうことがある。……身分的名誉は内容的にいって、普通なによりも、この社会に仲間入りしようとするすべての人びとにたいし、特殊な性質をもった生活様式を要求するところに表れている」。

★3　フランス語による文献は、さらに混乱してさえいる。というのは、多くの著者は、フランス語の人種《レイス》を、論者が英語で「部族《トライブ》」を用いる場合にも使用しているからである。

★4　ジャン・シュレ—カナル(Jean Suret-Canale 1969, p.112)は、この現象はともに征服という状況から生起しているが、しかし何らかのはっきりしない理由で、ある地域は他の地域よりも同化が急速に進行した、と論じている。「部族のなかで階級的対立がほとんど存在しないままである限り……国家という上部構造は出現しない。……奴隷制の拡大と部族貴族制の創出とともに階級的対立が発達したところでは、さまざまな種類の国家が……出現する。これらの国家の創出が他の部族集団の支配と編入、および新しい文化的・言語的統一という国家としての枠組みを含む場合、部族組織の痕跡は多かれ少なかれ消え失せる。……例えば、ズールーランドで。……階級への分割は、部族間抗争の外観を残すこともありうる。これは、東アフリカの大湖地域の首長国(ルワンダ、ブルンディ等)の場合である。ここでは、征服者である遊牧のツチ人は貴族を構成し、土着の農民フツ人を支配した」。

★5　ホートン(Horton 1971)におけるこのような非階層制的社会組織についての優れた議論を参照せよ。

★6　Busia 1951 参照。ブシアは、アシャンティ人内部の、キリスト教徒と非キリスト教徒の分裂の原因と結果について、かなり詳しく描写している。

★7 ウガンダが主な事例である。ここでは、政治はある程度、宗教的な三分法、プロテスタント、カトリック、ムスリムに従って結晶化した。

★8 私はこれをWallerstein 1960で論じた。

★9 この点は、ジョルジュ・バランディエとフランツ・ファノンの著作の全篇を通じて論じられている。

★10 なぜこれがそうなったのか、そしてこの「アフリカ人であること」の肌の色によらない定義の結果が何であったかについては、Wallerstein 1967で論じた。

★11 Weber 1968, p.939〔浜島朗訳『権力と支配』、二三九—二四〇ページ〕参照。『階級』、『身分集団』および『党派』にかんし、いま少し一般的に言っておきたい。すなわち、それらはそれらを包括する組織、とくに政治的共同行為をかならず前提とし、その内部で自己の本領を発揮するのであるが、だからといって、それらが個々の政治共同体の枠に拘束されているということにはならない。それどころか結社形成が……政治団体の枠をはみでるということは、従来とてもごくありふれたことがらであった。……ただその場合、結社形成の目標はかならずしも新たな国際的・政治的支配、つまり地域支配の樹立ではなくて、多くは現存する支配に影響力を及ぼすということなのである。」ただし、世界システムにおける国民国家《ネイション・ステイト》への忠誠を身分集団意識の現れとみなす限りにおいて、と私はつけ加えておこう。

★12 「賃金取得者は生活水準と雇用の変動を経験する一方で、農民生産者は生活水準と労働の強度の変動を経験する。しかし、賃金取得者の生活水準の低下や失業の増大は、労働を農民生産へと戻す動きを生み出すが、これはまた農民生産の資源が生活の保障として存在することから生まれるのである」(Allen 1970)。同様の議論については、Arrighi 1969を参照されたい。英語版は、"Labour Supplies in Historical Perspective: A Study of the Proletarianization of the African Peasantry in Rhodesia" in Giovanni Arrighi and John S. Saul, *Essays on the Political Economy of Africa* (Monthly Review Press, New York 1973), pp.180–234.

★13 この概念の精緻化とその社会的結果についての説明に関しては、Emanuel 1969を参照せよ。

Akiwowo, Akinsola A., 1964, 'The Sociology of Nigerian Tribalism', *Phylon*, vol.251, no.2, pp.155–63.

Allen, V. L., 1970, 'The Meaning and Differentiation of the Working Class in Tropical Africa', paper presented at the Seventh World Congress of Sociology, Varna, Bulgaria (13–19 September).

Arrighi, Giovanni, 1969, 'L'offertà di lavoro in una perspettiva storica', in *Sviluppo economico e sovrastrutture in Africa*, pp.89–162, Einaudi, Turin.

Arrighi, Giovanni and John S. Saul, 1973, *Essays On the Political Economy of Africa*, Monthly Review Press, New York.

Busia, K. A., 1951, *The Position of the Chief in the Modern Political System of Ashanti*, Oxford University Press, London.

Carstens, Peter, 1970, 'Problems of Peasantry and Social Class in Southern Africa', paper presented at the Seventh World Congress of Sociology, Varna, Bulgaria (13–19 September).

Colson, Elizabeth, 1967, 'Contemporary Tribes and the Development of Nationalism', in June Helm, ed., *Essays on the Problem of Tribe*, pp.201–6. Proceedings of the 1967 Annual Spring Meeting of the American Ethnological Society.

Edel, May, 1965, 'African Tribalism: Some Reflections on Uganda', *Political Science Quarterly*, vol.80, no.3, pp.357–72.

Emanuel, Arghiri, 1969, *L'Echange inégal*, Maspero, Paris.

Favret, Jeanne, 1967, 'Le Traditionalisme par excès de modernité', *Archives européennes de sociologie*, vol.8, no.1, pp.71–93.

Fried, Morton H., 1967, 'On the Concept of "Tribe" and "Tribal Society".' in June Helm ed., *Essays on the Problem of Tribe*, pp.3–20. Proceedings of 1967 Annual Spring Meeting of the American Ethnological Society.

Froelich, J.-C., 1962. *Les Musulmans d'Afrique Noire*, Editions de l'Orante, Paris.

Geertz, Clifford, 1963, 'The Integrative Revolution, Primordial Sentiments and Civil Politics in the New States', in C. Geertz, ed., *Old Societies and New States*, pp.105–57, Free Press, Glencoe.

———, 1967, 'Politics Past, Politics Present', *Archives européennes de sociologie*, vol.8, no.1, pp.1–14.

Hodgkin, Thomas, 1962, 'Islam and National Movements in West Africa', *Journal of African History*, vol.3, no.1, pp.323–7.

Hopkins, Terence K., 1967, 'Politics in Uganda: the Buganda Question', in J. Butler and A. A. Castagno, Jr, eds, *Transition in*

*African Politics*, Boston University Papers on Africa, pp.251–90, Praeger, New York.

Horton, Robin, 1971, 'Stateless Societies in the History of West Africa', in J. F. A. Ajayi and M. Crowder, eds, *A History of West Africa* (2 vols), vol.1, Longmans, London.

Jesman, Czeslaw, 1963, *The Ethiopian Paradox*, Oxford University Press, London.

Kent, Raymond K., 1962, *From Madagascar to the Malagasy Republic*, Praeger, New York.

Kuper, Leo, 1970, 'Continuities and Discontinuities in Race Relations: Evolutionary or Revolutionary Change', *Cahiers d'études africaines*, vol.10, no.3 (39), pp.361–83.

Lewis, I. M., 1958, 'Modern Political Movements in Somaliland', *Africa*, vol.28, no.3, pp.244–61; vol.28, no.4, pp.344–63.

Lofchie, Michael, 1963, 'Party Conflict in Zanzibar', *Journal of Modern African Studies*, vol.1, no.2, pp.185–207.

Milcent, Ernest, 1967, 'Tribalisme et vie politique dans les Etats du Bénin', *Revue française d'études politiques africaines*, vol.18, pp.37–53.

Moerman, Michael, I967, 'Being Lue: Uses and Abuses of Ethnic Identification', in June Helm, ed., *Essays on the Problem of Tribe*, pp.153–69. Proceedings of 1967 Annual Spring Meeting of the American Ethnological Society.

Paques, Viviana, 1967, 'Alcuni problemi umani posti dallo sviluppo economico e sociale: il case della Repubblica del Ciad', *Il nuovo osservatore*, vol.8, no.63, pp.580–4.

Rotberg, Rovert I., 1967, 'Tribalism and Politics in Zambia', *Africa Report*, vol.121, no.9, pp.29–35.

Rothschild, Donald, 1969, 'Ethnic Inequalities in Kenya', *Journal of Modern African Studies*, vol.7, no.4, pp.689–711.

Schwarz, Walter, 1968, *Nigeria*, Pall Mall Press, London.

Shepherd, George W., Jr, 1966, 'National Integration and the Southern Sudan', *Journal of Modern African Studies*, vol.4, no.2, pp.193–212

Shils, Edward, 1957, 'Primordial, Personal, Sacred and Civil Ties', *British Journal of Sociology*, vol.8, no.2, pp.130–45.

Skinner, Elliott P., 1963, 'Strangers in West African Societies', *Africa*, vol.33, no.4, pp.307–20.

———, 1967, 'Group Dynamics in the Politics of Changing Societies: The Problem of "Tribal" Politics in Africa', in June Helm, ed., *Essays on the Problem of Tribe*, pp.170–85. Proceedings of 1967 Annual Spring Meeting of the American

Ethnological Society.

Stavenhagen, Rodolfo, 1962, 'Estratificación social y estructura de clases（un ensayo de interpretación)', *Ciencias politicas y sociales*, vol.8, no.27, pp.73–102.

———, 1963, 'Clases, colonialismo y aculturación: ensayo sobre un sistema de relaciones interétnicas en Mesoamérica', *América Latina*, vol.6, no.4, pp.103–63.

Suret-Canale, Jean, 1969, 'Tribus, classes, nations', *La nouvelle revue internationale*, vol.130, pp.110–24.

Wallerstein, Immanuel, 1960, 'Ethnicity and National Integration in West Africa', *Cahiers d'études africaines*, vol.3, pp.129–39.

———, 1967, *Africa: The Politics of Unity*, Random House, New York.

———, 1971, 'The Range of Choice: Constraints on the Politics of Governments of Contemporary African Independent States', in Michael F. Lochie, ed., *The State of the Nations*, pp.19–33, University of California Press, Berkeley.

Waston, J. H. A., 1963, 'Mauritania: Problems and Prospects', *Africa Report*, vol.8, no.2, pp.3–6.

Weber, Max, 1968, *Economy and Society*（3 vols), Bedminster Press, New York.〔浜島朗訳『権力と支配』みすず書房、一九五四年〕

Ziegler, Jean, 1967, 'Structures ethniques et partis politiques au Burundi', *Revue française d'études politiques africaines*, no.18, pp.54–68.

第12章

# 「階級の人種主義」

Etienne Balibar

エティエンヌ・バリバール

人種主義の学問的分析は、人種主義理論の研究をもっぱらの対象としていながら、他方で「社会学的な」人種主義が大衆的な現象となっている、と指摘している。つまり、労働者階級における人種主義の発展——社会党や共産党の活動家にとっては本来ありえないように思われるのだが——は、大衆に内在するかのような傾向の帰結とされるのである。ところが、制度的な人種主義が、「大衆(masse)」という社会心理学的カテゴリーの構成そのものに投影されている。それゆえ、諸階級から大衆へとずらすことで、もっぱら後者を人種主義の主体であると同時に対象として立ち現せるような転移過程を分析しなければならないのである。

ある社会階級が、(そのアイデンティティからして、とまでは言わなくとも)その立場やイデオロギーからして、人種主義的な態度や行動へのあらかじめの親和性をもっている、などと言うことができるであろうか。この問題に関して最初は思弁的に、後にさまざまな経験的指標を持ち出して論争されたのは、何よりもナチズムの勃興についてであった[★1]。ところが、その結論はまったく逆説的なものである。というのも、「小ブルジョワジー」に顕著であったとはされたものの、嫌疑を受けなかった社会階級はほとんどなかったからである。しかしこの「小ブルジョワジー」概念は非常に曖昧なものであって、階級（相互に排他的な人口部分への社会の分裂として考えられている）を分析するさいのアポリアを表している。つまり、政治的責任が帰されるべき原因をめぐるあらゆる問題と同様、問いを転換しなければならないのである。すなわち、日常生活に侵入する人種主義の基礎（あるいは人種主義を担う運動の基礎）を小ブルジョワジーの性格のなかに探し求めるのではなく、むしろ人種主義の発展がどのようにしてさまざまな物質的状態から「小ブルジョワ」大衆を登場させるのかを理解しようとしなければならないのである。このように、人種主義の階級的基礎という拙劣に提起された問いに代えて、われわれとしてはより決定的で複雑な問い（最初の問いはこれをいくぶん隠蔽すべく提示されている）を立てることにしよう。すなわち、国民主義《ナショナリズム》を補足するものとしての人種主義と、社会における階級コンフリクトの還元不可能性との間の関係をめぐる問題がそれである。われわれは、人種主義の発展がどのように階級的コンフリクトをずらしているのか、あるいはむしろ、「人種主義的」社会関係によってこのコンフリクトがつねにすでにどのように変容されているのか、を自問しなければならないであろう。また逆に、階級闘争に対するナショナリストの対案がもっぱら人種主義の形態をとるという事実が、どのように階級闘争の非妥協的な性格の指標として考えうるのか、を問わねばならないであろう。もちろん、だからといって、階級の条件（物質的存在条件や労働条件のみならずイデオロギー的伝統や政治への実践的諸関係から成っている）がいかに社会における人種主義の効果——「行動への移行」の頻度と形態、それを表す言説、戦闘的人種主義への参加——を規定しているのかを所与の状況のなかで検証することは重要ではない、などと言っているのではない。

階級闘争による人種主義の不断の重層的決定の軌跡は、ナショナリズムによる決定と同様に人種主義の歴史を普遍的に貫いており、何よりもその幻想と実践の中心的意味と関連している。このことだけでも、われわれはここで、「近代」を論じる社会学者にとってなじみ深い次のような一般性よりもずっと具体的で重要なある決定を扱っている、ということを指摘するのに十分である。つまり、人種主義のなかに（あるいはナショナリズム／人種主義という対概念のなかに）、（「閉鎖的」で「階層化された」社会と「開かれた」「流動的な」社会という古びた二項対立に従って）近代社会を特徴づけている個人主義や平等主義の逆説的表現を見るだけでは、また個人主義への防衛的反応という「共同体的」社会秩序へのノスタルジーを見るだけでは、まったく不十分なのである[★2]。つまるところ個人主義は、（労働者間の競争も含む）市場競争の具体的形態のなかでしか成立せず、また、諸個人から成る組織との不安定な均衡においてしか、階級闘争の制約の下でしか成立しないのである。さらに平等主義が存在しうるのは、政治的民主主義や「福祉国家」（それらが存在するとして）の矛盾に満ちた形態のなかでしかなく、また存在条件の両極化、文化的分断、修正主義的あるいは革命的ユートピアといった矛盾に満ちた形態のなかでしかないのである。こうした諸決定こそが、人種主義に、たんなる人類学的様態ではなく「経済的」次元を与えているのである。

ところが、人種主義と階級闘争の関係の歴史的形態の多様性が問題を投げかけている。反ユダヤ主義が「ユダヤ・マネー」を標的にした安っぽい「反資本主義」へと発展していく仕方から、移民カテゴリーが今日、人種主義的傷痕《スティグマ》と階級への憎悪を結びつけている手法に至るまで、両者の関係は多様である。これらの歴史的形態の布置は（それぞれに対応する諸状況と同様）還元不可能なものであり、そのために、人種主義と階級闘争との間のたんなる「表出」関係（あるいはもちろん代替関係）を定義することは不可能である。

主として一八七〇年から一九四五年に至る（それはヨーロッパのブルジョワ国家と組織されたプロレタリア国際主義との対立の決定的な期間であった、ということを指摘しておこう）エセ反資本主義としての反ユダヤ主義の策略のなかに、われわれはプロレタリアートの反乱に対するスケープ・ゴートの供出やプロレタリアートの分断の利用だけを見るのではないし、また、抽象的社会システムの欠点を、その「責任者」の想像上での人格化によって投影的に表象する事態だけを見るのでもない（もちろんこのメカニズムは人種主義の機能にとって本質的なものであろうが［★3］）。つまりわれわれはそこに、それぞれを相互のメタファーとする二つの歴史物語の「融合」を見出すのである。すなわち、「キリスト教ヨーロッパ」という失われた統一を犠牲にしての国民《ネイション》形成の物語を、また他方で、国民的《ナショナル》独立と資本主義的経済関係の国際化（これには、階級闘争の国際化が付随する危険がある）とのコンフリクトという物語を見出すのである。ユダヤ人は一般に、すべての国民《ネイション》に対して内的に排除されていながら神学的憎悪の対象となることによって、否定的に「キリスト教的民族《ピープル》」を統一すべき博愛の証しとなるのであるが、彼らが想像上で「資本のコスモポリタニズム」（これは失われた統一の軌跡を再活性化することにより、あらゆる国民的独立に脅威を与える）と同一視されるのは、このような理由によるのである［★4］。

ところが、反移民的人種主義が階級の状態と民族的（ethnique）出自との最大限の同一化を実現するとき、様相は一変する（こうした実現の現実的基礎は、――あるときは大量の、またあるときは周辺的な、しかし決して消えることのない、地域間でのあるいは国家間での、また大陸間での――労働者階級の可動性のなかにつねに存在していた。そしてこの可動性こそ彼らの特殊プロレタリア的な特性の一つなのである）。人種主義はこうした同一化を、矛盾した社会的諸機能の混合物と結びつける。こうして北部アフリカのマグレブ人によるフランス社会の「侵略」とか、失業をもたらす移民といった話題が、イスラム教徒の首長の石油資金（「われわれの」企業を買収し、「われわれの」住居やリゾート地を買いつける）の話題と関連づけられるのである。このことは、なぜアルジェリア人やチュニジア人、あるいはモロッコ人が一般的に「アラブ人」と呼ばれなければならないかを部分的に説明してくれる（もちろんこの記号が言説の真の変換装置として、こうした話題とテロリズムやイスラムなどの話題とを結合させる、ということも忘れるべきではない）。しかしながら、これとは別の布置状況（言葉の価値逆転に由来する布置を含む）も忘れてはならない。例えば、たぶん日本のナショナリズムによって一九二〇年代に発明されたであろう「プロレタリア的国民《ネイション》」［★5］という話題が、いずれにしてもナチズムの出現において決定的な役割を演じることになったのである。近年のその復活を考察するにあたって、われわれとしてはこのことを見逃してはなるまい。

こうした布置状況の複合性は同時に、「階級意識」に対抗させるための人種主義の利用という考えを純粋かつ単純に受け入れることがなぜできないか、を説明してくれる（階級意識は階級条件から自然に発生するわけではなく、それは人種主義によって妨害され歪曲され、ねじ曲げられる限りで発生するのである）。たとえわれわれが、不可欠な作業仮説として、「階級」と「人種」が歴史の近代的表象の核心にある永続的な弁証法の相対立する両極を構成しているということを承認するとしても、そのように言いうるのである。労働運動やその理論家における人種主義の道具主義的、権謀術数的見方（こうした見方の代償がいかに高くつくものであったかをわれわれは知っている。このことを予見した最初の一人として、ウィルヘルム・ライヒの貢献には大きなものがある）が、人種主義のなかにかかる階級条件の「反映」を見出した機械論的見方と同様に、労働者階級とその組織におけるナショナリズムの現前に目をふさがせる役割を演じていたのである。換言すれば、こうした見方は、ナショナリズムと階級的イデオロギー（人種主義に対する大衆闘争――もちろん同様に資本主義への革命的闘い――が依拠すべき）との間の内的コンフリクトに目をふさがせる役割を演じていたのである。次に、「階級の人種主義」の歴史的側面のいくつかを論じることによって、この内的コンフリクトの展開を明らかにすることにしたい。

人種主義に関する多数の歴史家（ポリアコフ、ミシェル・ドゥシェ、マドレーヌ・レベリュ、コレット・ギョーマン、さらに近代奴隷制に関してエリク・ウィリアムズなど）が以下のことを強調している。すなわち、軽蔑と差別の言説へと供され、また人間を「優越した人間」と「劣等な人間」とに分割するのに奉仕する、そのようなものとしての人種主義の近代的概念は、当初、国民的《ナショナル》な（または民族的《エスニック》な）意味ではなく、階級の意味、あるいはむしろ――社会階級の不平等を生まれたままの不平等として表象することが重要であったということから――カースト制的な意味をもっていたというのである［★6］。こうした観点からすると、この人種主義概念は二重の起源をもっていることになる。つまり一方では、優越した「人種」としての世襲貴族という特権階級的表象である（それは結局のところ、すでにその支配があやういものとなっていた特権階級が、自らの政治的特権を正統化し、その血統の（疑わしい）継続性を理想化するさいの神話である）。他方では、奴隷取引の下に置かれた、つねにすでに従属させられ、自立した文明を築きえない劣等な「人種」という、従属させられた人びとの奴隷制度的表象である。それゆえ、血と皮膚の色、混血といった言説が生じるのである。後になってはじめて人種概念は「民族化（ethnicisée）」とされ、国民主義的《ナショナリスト》複合体（その後のあいつぐ変容の出発点であった）に統合されることになったのである。こうして、当初から歴史の人種主義的表象が階級闘争と関連している、という事実が明らかになる。しかし、人種概念の発展の仕方、「階級の人種主義」の最初の登場以来のナショナリズムの影響、つまりナショナリズムによる人種主義の政治的決定をわれわれが検討するときにしか、この事実はその完全な価値をもたないのである。

　ところで、特権階級は最初から、「人種」というカテゴリーのもとで考えられ表象されたわけではない。例えばフランスでは、（「青い血」の神話や世襲貴族の「フランク」起源あるいは「ゲルマン」起源の神話のように）事後的な言説［★7］――その機能は圧倒的に防衛的なものであった――が重要である。つまり、絶対君主が封建領主を犠牲にして国家を集権化し、その中枢部にブルジョワ出身の新しい行政・財務官僚を「創出」し始め、こうして国民国家《ネイション・ステイト》の構築に決定的な段階を導いたときに、このような言説が発展しているのである。もっと興味深いのは、ポリアコフが分析しているように、古典主義時代のスペインの例である。レコンキスタ以降のユダヤ人迫害は不可避的に国家宗教としてのカトリックの構成に貢献したが、この迫害は同時に「多民族」文化（これに対抗してヒスパニア化、あるいはむしろカスティリア化が実行された）の痕跡でもあったのである。したがって、この多民族文化の痕跡はヨーロッパナショナリズムのこのような原型の形成と緊密に結びついている。しかしこの痕跡は、「純血法（limpieza de sangre）」の制定に至るや（ヨーロッパやアメリカの人種主義の言説はこれを引き継いでいる）、いっそう両義的な意味を帯びることになった。つまり、モール人やユダヤ人との先天的混血を否認することで、「人種（raza）」の遺伝的定義（およびそれに付随する、純血であるか否かの審問手続き）は結局国内の特権階級を孤立させると同時に、「スペイン人」全員に虚構の貴族身分を与え、彼らを「傑出した人びと」にするのに貢献したのである。それと同時に彼らは、恐怖とジェノサイド、奴隷制、強制的教化によって巨大な植民帝国を征服し、支配したのである。こうした典型的な軌跡のなかで階級の人種主義はすでに国民主義的《ナショナリスト》な人種主義に変容しているのであるが、だからといって消滅したわけではない［★8］。

しかし、われわれの問題にとっていっそう決定的なのは、一九世紀前半以来目撃されている価値逆転である。今日の分析家が「自己言及的」人種主義——言説を支配する集団を人種の地位にまで高めることから始まる——と名づけるものの原型を成すのが、特権階級的人種主義である。それゆえこの場合、植民地における帝国主義の子孫が問題となる。インドにおけるイギリス人やアフリカにおけるフランス人は、たとえその家柄やその利害関心、立ち居振る舞いが卑俗なものであろうとも、すべて近代的貴族へと格上げされる。このような特権階級的人種主義は、植民地国家におけるその機能という点でしかないとはいえ、すでに資本の本源的蓄積と間接的に関連している。産業革命は、まさに資本主義に固有な階級関係を創出すると同時に、ブルジョワ時代の新しい人種主義を出現させた（歴史的に言うところの最初の「新人種主義」）。この「新しい人種主義」は、搾取された（社会国家の開始以前では超過搾取されてさえいた）人びとと政治的に脅威を与える人びとという、その二重の地位においてプロレタリアートを対象として選び出したのである。

とりわけルイ・シュヴァリエは、人種主義の意味作用の広がりについて詳細に述べている［★9］。つまり、「労働者という人種」に関連して、人種観念はその歴史的・神学的含意から離れて、社会学および心理学、架空の生物学、「社会体」の病理学の混合物へと転移したのである。読者はここで、推理・探偵文学の、また医学ものや慈善主義的な文学の、つまりあらゆる文学のテーマを思い浮べるかもしれない（このテーマは主要な劇的原動力の一つであり、社会的「リアリズム」の政治的なカギの一つである）。つまり、ここにおいて、今日に至る社会集団の人種主義化のあらゆる手続きに特徴的な諸側面が、はじめて同一の言説に凝縮されたのである。すなわちそれは、物質的かつ精神的な惨状の側面であり、犯罪や先天的な悪徳（アルコール中毒や麻薬常習など）、肉体的道徳的欠損、身体的不潔、性的放縦、人間性に「退化」の脅威をもたらすような特定の病気の側面である。ところで、このテーマは以下のような特徴的なヴァリアントを伴うものであった。つまり、労働者自身が退化した人種を成していたり、あるいは労働者の存在そのものや彼らとの接触、労働者の条件が、市民あるいは国民《ネイション》という「人種」にとっての退化の温床となる、というものである。こうしたテーマを通して「労働階級（classes laborieuses）」と「危険な階級」との幻想的同一化、すなわち社会経済的カテゴリーと人類学的、道徳的カテゴリーとの融合が構成される。こうした融合は媒体として、あらゆる形態の社会学的（および精神医学的）決定論の一因になるが、それはダーウィン的進化論や比較解剖学、精神病者の心理学などから擬似科学的保証をとりつけること、とりわけ治安制度や社会管理制度の緊密なネットワークに供されることによってである［★10］。

　ところで階級の人種主義は、今日に至るまで不均等発展をとげてきた根本的な歴史過程から切り離すことができない。ここでは私は言及するだけにとどめよう。階級の人種主義はまず第一に、国民国家《ネイション・ステイト》の構成に関わる決定的な政治的問題と関連している。「ブルジョワ革命」とりわけフランス革命は、その急進的な法的平等主義によって不可逆的な形で大衆の政治的権利の問題を提起したが、これがその後の一世紀半に及ぶ社会闘争の中心問題となったのである。個人間の生まれつきの差異という考えは、想像し難いとまでは言わなくとも、法的にも倫理的にも矛盾に満ちたものとなった。しかしながら、この考えはまだ長い間政治的に不可欠であった。というのも、（安定した社会秩序や私有財産、「エリート」の権力にとって）「危険な階級」は、長い間暴力と法によって政治的「能力」から排除され、都市の周辺部に囲い込まれなければならなかったからである。つまるところ、彼らには完成された正常な人間としての資格が先天的に「欠如している」ということを示すことで（あるいは自ら納得することで）、彼らに市民権を拒否することが長期にわたって重要であったのである。したがって二つの人間学が衝突することになった（私は二つの「人間主義」を強調しておいた）。すなわち、生まれつき平等という人間学と遺伝的不平等（これは社会的対立を再び自然化させるのに役立つ）のそれである。

ところで、当初からこうした作用は国民的《ナショナル》イデオロギーによって重層的に決定されていた。ディズレイリ（別のところではアングロ・サクソンの「優れた人種」よりも「ユダヤ人の優秀性」を唱える、驚くべき帝国主義的理論家である［★11］）は、現代国家の問題が同一の社会構成体のなかでの「二つの国民《ネイション》」への傾向的分裂にある、と示すことで、このことをうまく要約している。彼はそうすることによって、また、階級闘争の急進的組織化に直面した支配階級が選択すべき手段を示したのである。すなわち、まず最初は「悲惨な人びと」の大衆を分割すること（とりわけ真の国民的《ナショナル》性格という資格や健康、道徳、人種的完璧さといった資格――これらは工業的病理の正反対のものである――を農民や「伝統的」手工業者に付与することによって）であり、次に、危険性や遺伝的特性の指標を総体としての「労働階級」から外国人とりわけ移民や植民地人へと移転させる、という手段であった。それと同時に、普通選挙の導入は、「市民」と「臣民」との断絶を国民的帰属《ナショナリティ》の境界へと移すことになったのである。しかしこの過程には、実際、権利について特徴的な遅れがつねに観察される（帝国の空間全体を正確に考慮に入れない限り、国民《ネイション》が制度的な分断や先天的なアパルトヘイトを被ってはいないフランスのような国においてさえ、そうである）。つまり民衆階級に対する「階級の人種主義」が執拗に存続しているのである（民衆階級はとりわけ人種主義的スティグマを被りやすいと同時に、人種主義についての彼ら自身の態度もきわめて両義的なものである）。このためにわれわれは、階級の人種主義のもう一つの執拗な側面に注目しなければならないのである。

要するに私は、肉体労働の制度的人種主義化と適切に名づけられるべきものについて言おうとしている。われわれは、階級社会そのものと同じくらい古い起源を、この人種主義化について容易に発見できるであろう。奴隷制ギリシャの哲学エリートにおいて労働や肉体労働者への軽蔑が行われるさいのやり方と、肉体的強靭さは必要とするものの知性やイニシアチブ精神などは要しない、骨の折れる汚れた繰り返しの仕事に対するある特定の諸個人の適性について、一九〇九年にテーラーが書いているそのやり方との間には、肉体労働の制度的人種主義化という点に関して重要な違いはないのである（テーラーの『科学的管理の原理』における「牛のような人間」について見られるように、逆説的に同じ人間がまた「系統的な怠け」への根強い傾向を付与されており、それゆえに自らの性質に従って労働するためには主人（監督者）が彼らに必要とされる［★12］）。しかしながら、ここで産業革命と資本主義的賃労働とは、あるズレを生じさせることになる。いまや軽蔑の対象となり、他方で恐怖感を醸し出しているのは、もはや純粋で単純な手作業労働などではないのである（逆に家父長制的《パターナリスト》な、古風なイデオロギーのなかで、こうした純粋手作業労働が「職人」という形で理論的に理想化されているのが見られる）。軽蔑の対象となるのは、むしろ肉体労働である。より正確に言えば、「機械の付属品」となり、いままでになく物理的な、と同時に象徴的な暴力の下に置かれた機械化された肉体労働なのである（ところでよく知られているように、こうした暴力は、産業革命の新たな段階に至っても消滅せず、むしろ「近代化された」「知能化された」形態の下で、また多くの生産部門においては「古びた」形態の下で永続することになる）。

こうした過程は人間の身体の地位（あるいは身体の人間的地位）を修正することになる。すなわち、この過程は身体人間《オム・コール》を創出するのであり、彼らの身体は、分離可能な機能や行為へと断片化され、支配され、利用される身体機械になる。彼らの身体はその全き状態を破壊されると同時に、その「有用な」器官が物神化され、退化させられ、肥大化されることになる。ところでこうした過程は、あらゆる暴力と同様、抵抗や罪悪感と不可分のものである。つまり「標準」労働量は、いったん闘争がその制限を設定した後になってはじめて与えられ、労働者の身体から抽出されうるのである。そのさい規則となるのが超過搾取であり、有機体の傾向的破壊（「退化」としてメタファー化される）、つまり労働の知的機能の過剰な抑圧である。これらは労働者にとって耐え難い過程であるが、しかしそれ以上に、労働者の主人にとってもイデオロギー的、幻影的装置がなければ「受け入れることができ」ないのである。つまり、身体人間が存在するとすれば、それは身体のない人間が存在しているということを意味している。また、身体人間が断片化され損なわれた身体をもった人間（たとえその知性との「分断」でしかないとしても）であるとすれば、それは、人類に与えられた脅威に備えるために、それぞれの一方の個人にある種の「超身体」を付与し、他方の個人においてはスポーツと過剰の男らしさを発達させなければならない、ということを意味しているのである［★13］。

こうした歴史的状況、特定の社会諸関係だけが、身体の美学化の過程（したがって物神的な様式でのその性的意味付与《セクシュアリザシオン》）を完全に理解させてくれる。身体の美学化過程は、人種的劣等の「肉体的特徴」のスティグマ化やあるいは優越人種の「人間類型」の理想化を引き起こすことで、あらゆるヴァリアントの近代的人種主義を特徴づけている。こうした歴史的状況および社会諸関係は、また人種主義理論の歴史における生物学の援用の真の意味作用を照らし出してくれる。その援用は、科学的発見の影響などとはほとんど見るべき関係はなく、むしろ身体的幻影のメタファーと理想化とに関わっているのである。さらに、（学問的）生物学だけではなく他の多くの理論的言説が、身体の可視性、その有り様や態度、手足、象徴的な諸器官の可視性に接合されるやいなや、この機能を演じることができる。新人種主義に関して、また知的労働の細分化の最近の形態に対する新人種主義の関係について別のところで定式化された仮説に従って、ここでは、知的能力の「肉体化」、したがってその人種主義化について言及するだけで、これ以上の探求は別の機会に譲るのが適当であろう。こうした人種主義化については今日、IQの道具的利用から、意志決定に関わる「中間指導者層《カードル》」や知的あるいはスポーツの「エリート」の美学化に至るまで、目にすることができるのである[★14]。

しかし、階級の人種主義の構成においてはもう一つ別の決定的側面が存在する。つまり労働者階級は、定義からして不正確な「境界」を有する、不均質であると同時に流動的な人びとである。というのも、こうした境界は、労働過程や資本の運動の絶えざる変容に依存しているからである。特権階級的カースト、さらにはブルジョワジーの指導的分派とも異なり、労働者階級は社会的カーストではない。しかしながら、階級の人種主義（ましてや移民のケースにおけるように、階級の国民主義的《ナショナリスト》人種主義）は、少なくとも労働者階級の一部については、カースト制による閉鎖に等しいものをもたらしている。良きにつけ悪しきにつけ以下のことが言える。階級の人種主義は、プロレタリア化への流れにおける可能な限り完全な開放性と、「社会的流動性」の秩序における可能な限り完全な閉鎖とを結びつけるのである。

別の方向から検討しよう。資本蓄積の論理は、この点について矛盾した二つの側面をもっている。すなわち、一方では、労働市場での競争を保証するという形で、また、「産業予備軍」へと新しい労働力を不断に吸引したり相対的過剰人口を維持したりするという形で、資本蓄積の論理は生活・労働条件を永久に流動化させ、不安定化させる。そして他方では、労働者を仕事に向けて「教育」し企業に「縛りつける」ために（また「家父長的」な政治へゲモニーと労働者の「家族主義」との間の調和したメカニズムを機能させるために）、この論理は長期間にわたって（いく世代にもわたって）労働者集団を安定化させていく。つまり、一方では、もっぱら賃労働関係と関連づけて見た場合、階級条件は祖先や子孫との見るべき関係はない。結局、「階級帰属」という考えさえ実際上の意味作用をもたず、階級の現状だけがまず第一に重要なのである。ところが他方では、少なくとも労働者の一部は労働者の子弟でなければならず、社会的世襲が創出されなければならない［★15］。しかし実際は、この世襲と並んで同じように増大するのが（労働者の）抵抗能力であり組織化の能力なのである。

　こうした矛盾した要請から、人口政策や移民政策、都市の隔離政策が生じることになる。より一般的にはこれらの政策は、D・ベルトーの表現によるところの「人類経済学的（anthroponomiques）」実践［★16］であり、家父長制的（これ自身、国民主義的プロパガンダと密接に関連している）であると同時に規律的（すなわち未開の大衆に対する「社会的闘い」という側面と、この大衆の全的意味での「文明化」という側面に関連している）でもあるような二重の側面をもって、一九世紀中葉から経営者および国家によって行われている。今日では、このような二つの側面の完全な例証は、「郊外生活者」と「ゲットーの住民」に対する社会治安的な取り扱いに見出される。現在の人種主義複合体《コンプレクス・ラシスト》が（出生率や過疎化、過剰人口、「混血」、都市化、住宅、公衆衛生、失業といった一連の含意とともに）「人口問題」に接ぎ木されるとしても、また（不当な表現であるが）「移民の」第二世代の問題に集中するとしても、何も偶然ではない。つまり、この第二世代が第一世代（適切に言うところの「移民労働者」）の後を引き継ぐであろうか――この場合、階級的要求と文化的要求とを結合させることで、より強力に社会的闘争性を発展させるというリスクを伴うことになるが――、それとも、この世代が下層プロレタリア化と労働者的条件からの「閉め出し」との間の不安定な状態にあって、「脱落した」諸個人の総体を増大させることになるのだろうか、ということについて知ることが重要となるのである。すなわち、以下のことが、支配階級の側からしても、また同時に民衆的諸階級の側からしても、階級の人種主義の焦点となっているのである。それは、集団として資本主義的搾取へと運命づけられている人びと、あるいは、経済過程によるシステムの直接的管理から引き離されていながらも（あるいは単純に、大量の失業によって、旧来の管理が無効になっていながらも）、搾取のための予備軍として維持されなければならないような人びとを、一般的な記号で一括することである。それはまた、定まった場所をもっていない人びとを世代から世代へと

「彼らの場所に」維持することであり、したがって、彼らは血統をもたねばならないということになるのである。同時にそれは、放浪と社会的世襲という矛盾した要請、すなわち、いく世代にもわたる馴化と抵抗する能力の解除という要請を想像のうちに統合する、ということでもある。

もしこうした検討が正当であるなら、労働者階級の「自己人種主義化《オート・ラシザシオン》」――私は躊躇することなくこう名づけたい――のそれ自体矛盾した側面に光を当てることができる。つまりここには、言及されるべき社会的経験やイデオロギー諸形態のすべての広がりがあると思われる。すなわち、一方では、民族的《エスニック》ないし国民的《ナショナル》起源をもった象徴への労働者集団の組織化から、他方では労働者主義――その中心的基準は、階級的出自（したがって、労働者の家族制度、つまり家族だけが「個人」と「その階級」の間に設定するつながり）および労働の超過搾取（したがって、労働のみが付与しうる男らしさ）である――が、「労働者人種」という表象を「階級意識の観点から」再生産するさいのそのやり方に至るまでの広がり、がそれである[★17]。なるほど労働者主義のラディカルな諸形態は、少なくともフランスでは、労働者自身というよりも、労働者階級を「代表し」たいと欲する知識人や政治装置（プルードンから共産党に至るまで）に関わることである。しかしそれでも、こうしたラディカルな形態は、獲得した地位や闘争の伝統を維持するために、またブルジョワ社会に向けて階級の人種主義の意味作用を投げ返すために、閉じた「団体」を構成しがちである、ということと関連している。搾取条件から逃れたいという欲求と、彼らがさらされている軽蔑の拒否という、労働者主義を特徴づけている曖昧性は、こうした反動的な起源に由来している。正確に言うと、こうした両義性がもっともはっきりするのは、ナショナリズムや外国人嫌いに対する労働者主義の関係において他はない。公定ナショナリズムを実際に拒否する限りで（それを拒否するときにのみ）、労働者は階級闘争の変質に対する政治的オルタナティブを大枠において提示する。しかし、彼らが外国人に対して恐怖や恨み、絶望、無視を投げかける限り、彼らはいわば労働者間の競争を闘っているというだけでなく、より本質的に、彼らは自分自身の搾取される条件から距離を置こうとしているのである。つまりこのような場合、労働者が憎悪しているのは、プロレタリアとしての、あるいはプロレタリア化の巨大な機構に投じられる恐れのあるものとしての、彼ら自身ということになる。

要約すれば、ナショナリズムと人種主義との間に不断の相補的決定が存在しているのと同様に、「階級の人種主義」と「エスニックな人種主義」との間にも相補的決定が存在するのであり、この二つの決定は独立したものではないのである。いわばそれぞれが、他方の領域において、その制約の下で効果を生み出している。ところで、こうした重層的決定を概略的に描くことで（また、この重層的決定がどのように人種主義の具体的な現れ方やその理論的言説の構成を説明しているかを示そうとしたことで）、われわれは、われわれの当初の問いに回答を与えることができたであろうか。むしろ、われわれは問いを再定式化したにすぎない。別のところで人種主義を構成する（ナショナリズムに対する）過剰と名づけたものが、同時に階級闘争の側の欠如の徴候として現れるのである。しかし、この過剰が、ナショナリズムが階級闘争に対抗して構成されるという事実に対応している（それは階級闘争のダイナミズムを利用しさえする）としても、またこの欠如が、階級闘争がナショナリズムによって抑制されるという事実に対応しているとしても、過剰と欠如とは相殺し合わない。むしろ、それらは相乗効果をもつ傾向にある。ナショナリズムが、まず第一に国家と社会との統一を想像し追求するための手段であるかどうか（次にこの統一は階級闘争の矛盾にぶつかることになるのだが）、あるいは、それはまず何よりも、階級闘争が国民的《ナショナル》統一を妨害することへの反応であるかどうか、こうしたことを決定するのは本質的には重要なことではない。むしろ逆に、以下のことを考察することが決定的となる。すなわち、国家と国民《ネイション》との間の還元不可能な断絶と、際限なく再生してくる階級対立とが同時に立ち現れる歴史の場《シャン》のなかで、あるときは他の形態（言語ナショナリズム）と競合しながら、またあるときはそれらと結合して、ナショナリズムが必然的に人種主義の形態をとるということ、また、それはこうして永久的な前方への逃走のなかへ置かれているということ、を考察することである。たとえ人種主義が個人の意識のなかで潜在的なものに、あるいは周辺的なものにとどまっているとしても、すでにそれは語の二重の意味で、ナショナリズムの階級闘争への接合を裏切るような、ナショナリズムの内的過剰となっているのである。このようにして、人種主義のパラドックスが無限に更新されることになる。すなわち、一方では、国民国家《ネイション・ステイト》において諸個人は、「自分たちのなかに」(類似した人びとのなかに)あるがゆえに、生まれつき「自分たちのもとに」ある、というように国民国家《ネイション・ステイト》を退行的に想像し、この国家を住みにくいものにする。他方では、「外部の」敵に対して統一された共同体を産出しようとするが、それは、「内部に」敵がいることを絶えず発見すること、共同体自身の分割の幻覚的精緻化でしかないような記号と敵とを同一化することを通じて行われる。このような社会は、言葉の本来の意味で政治的に疎外された社会である。しかし、現代のすべての社会は、程度の差はあれ、自分自身の政治的疎外と格闘しているのではないだろうか。

(須田文明　訳)

※本稿は、一九八七年五月に、ナポリ大学の東洋研究所で、Clara Galliniにより組織されたセミナー"Gli Estranei-Seminario di studi su razzismo e antirazzismo negli anni '80"での報告を修正したものである。

原注

★1　以下を参照せよ。Pierre Ayçoberry, *La Question nazie. Essai sur les interprétations du national-socialisme*, Paris, Seuil, 1979.

★2　カール・ポパーによる理論化を参照せよ。*La Société ouverte et ses ennemis*, Seuil, 1979.〔武田弘道訳『自由社会の哲学とその論敵』世界思想社〕（フランス語の翻訳版は非常に不正確である）。また、より最近のものとしては以下を参照せよ。Louis Dumont, *Essais sur l'individualisme. Une perspective anthropologique sur l'idéologie moderne*, Seuil, 1983.

★3　資本の人格化、したがって社会関係の人格化は、「資本家」の容貌そのものから始まる。しかし資本家だけでは、情動的な反応を引き起こすには十分ではない。まさにこのために、「過剰」の論理に従って、他の現実的かつ想像的な特徴（風俗、血統――「二〇〇家族」――、外国起源、秘密の戦略、人種的陰謀――ユダヤ人の「世界支配」の目論見――、等々）がこれに蓄積されるのである。ユダヤ人のケースに示唆されているように、こうした人格化が、貨幣のフェティシズムの精緻化と平行して行われているということは、明らかに偶然ではない。〔訳者から。英訳者の注によると、フランスの富のほとんどは二〇〇家族により所有されており、彼らが政治的権力を行使するためにそれを用いている、という考えが、一九三〇年代に流行していたという〕

★4　以下の事実により、事情はいっそう複雑なものとなった。すなわち、このようにして、「キリスト教」ヨーロッパの失われた統一――「ヨーロッパ文明の起源」という神話的な布置――が、人種の登録という状況のなかで表象されたのであるが、それはまさに、この同じヨーロッパが、「世界を文明化しよう」と企てたとき、すなわち、諸国民間の激しい競争を通じて世界を自らの支配下に置こうと企てたときでもあったのである。

★5　Benedict Anderson, *Imagined Communities*, Verso, London, 1983, pp.92–3.〔白石隆・白石さや訳『想像の共同体』リブロポート、一六六ページ〕

★6　L. Poliakov, *Histoire de l'antisémitisme*, nouv. édition (Le Livre de poche Pluriel); M. Duchet, M. Reberioux, 《Préhistoire et histoire du racisme》, in *Racisme et société*, sous la direction de P. de Comarmond et Cl. Duchet, Paris, Maspero, 1969; C. Guillaumin, *L'idéologie raciste. Genèse et langage actuel*, Mouton, Paris-La Haye, 1972;《Caractères spécifique de l'idéologie raciste》, *Cahiers internationaux de sociologie*, vol.LIII, 1972;《Les ambiguités de la catégorie taxinomique "race"》, in L. Poliakov (éd), *Hommes et bêtes. entretiens sur le racisme* (I), Mouton, Paris-La Haye, 1975; Eric Williams, *Capitalism and Slavery*, Chapel Hill, 1944.

★7　この言説こそが、フランスにおいて、国家の構成（すなわち「封建制」）のなかで貴族が占めた有機的な位置とは逆に、「三つの身分」というイデオロギー、すなわち根本的に神学的でかつ法的、顕著なイデオロギーにとって代わったのである。

★8 L. Poliakov, op. cit., tome, 1, p.95sv.

★9 Louis Chevalier, *Classes Lavorieuses et classes dangereuses à Paris pendant la première moitié du 19e siècle*, rééd. Le Livre de poche Pluriel, Paris, 1984.

★10 G. Netchine, 《L'individuel et collectif dans les représentations psychologiques de la diversité des étres humains au XIX'siecle》, in L. Poliakov, L. Murard et P. Zylberman, *Le Petit Travailleur infatigable ou le prolétaire régénéré. Villes-usines, habitat et infinités au XIX' siecle*, éditions Recherches, Fontenay-sous-Bois,1965.

★11 以下を参照。H. Arendt, Antisemitism, 1re partie de The Origins of Totalitarianism, Harcourt, Brace and World, New York, 1968, p.68sv.〔ハンナ・アーレント、大久保和郎訳『全体主義の起源』、第1部「反ユダヤ主義」みすず書房〕L. Poliakov, *Histoire de l'antisemitisme*, op. cit., vol.II, p.176sv.; Karl Polanyi, *La Grande Transformation*, trad. fr., Gallimard, 1983, appendice XI:《Disraeli, les "Deux Nations" et le problème des races de couleur》.〔吉沢・野口・長尾・杉村訳『大転換』東洋経済新報社〕

★12 Frederic W. Taylor, *La Direction scientifique des entreprises*, trad. fr., s. d., éditions Marabout.〔テーラー『科学的管理法』産業能率短期大学出版部〕、リナールによる注釈も参照せよ。Robert Linhart, *Lenin, les paysans, Taylor*, Le Seuil, Paris, 1967. また、Benjamin Coriat, *L'Atelier et le chronomètre*, Christian Bourgois, Paris, 1979. さらに、私自身の以下の研究を参照せよ。"Sur le concept de la division du travail manuel et intellectuel" in Jean Belkhir et al., *L'Intellectuel, l'intelligentsia et les manuels*, Anthropos, Paris, 1983.

★13 明らかに、アリストテレスとその同時代人から現代的奴隷取引（その対象たる超性差別主義化が、このことを十分に示している）に至るまで、奴隷の「獣的性格」がつねに問題となっている。ところが、工業革命は新たなパラドクスを生み出しているのである。労働者の「獣的」身体は、ますます動物ではなくなり、よりいっそう技術化され、したがって人間化されている。「動物的性格」が示されるのは、人類の人間以下化というよりも、むしろ、（認知科学および選別技術、さらに、それに対応した教育技術により「客観化された」身体および知性という点で）人類の「超人間化」においてなのであり、いずれにしても両者の可逆性においてなのである。ところで、動物的性格という幻想はとりわけ労働者に結びつけられるが、それは、彼の「異邦人的」地位が、同時に「別の男」、「ライバル」という属性を彼に付与するからである。

★14 本書第1章の「『新人種主義』は存在するか?」、第3章「人種主義と国民主義」を参照せよ。

★15 個人的系譜という意味のみならず、「人口」という意味においても、同類婚的世襲が行われる傾向にある。さらに、(見習い期間や就学期間、職業訓練を通じた)ノウハウの伝達という意味のみならず、制度や主観的同一化のなかで構成された「集合的倫理」という意味においても、こうした同類婚的世襲が行われる傾向があるのである。すでに引用した著作以外に、以下を参照せよ。J. P. de Gaudemar, *La Movilisation générale*, Editions du Champ urbain, Paris, 1979.

★16 Daniel Bertaux, *Destins personnels et structure de classe*, PUF, 1977.

★17 G. Noiriel, Longwy, *Immigrés et prolétaires, 1880–1980*, PUF, 1985; J. Fremontier, *La Vie en bleu. Voyage en culture ouvrièr*, Fayard, 1980; Francoise Duroux, *La Famille des Ouvriers: mythe ou politique?* thèse de 3e cycle, université Paris-7, 1982.

第13章

# 人種主義と危機

エティエンヌ・バリバール

*Etienne Balibar*

今日フランスでは、人種主義の蔓延は、一般的に危機の現象として、すなわち、経済的のみならず政治的、倫理的また文化的な危機の不可避的で厄介な帰結である、と考えられている。このような評価のなかには、議論の余地のない要素と並んで、口実やいくぶん偏った誤解が交じりあっている。つまりここでは、危機概念そのものの曖昧さが、争点をぼかすために威力を発揮しているのである[★1]。驚くべきことに、われわれはまたもや、次のような循環に直面している。「人種主義の蔓延」、その「突然の深刻化」、影響力を増しつつある右翼政党の綱領への人種主義の取り込み、さらにより一般的に政治の言説への人種主義の具体化、という循環がそれである。こうした循環は明らかに、人びとに危機を認めさせるような際立った特徴をなしている。つまり、こうした特徴は、かつてのナチズムの隆盛、反ユダヤ主義やナショナリズムの大「爆発」と同様、社会関係に深刻な影響を与え、歴史の成り行きの不確実性を示す大危機を人びとに気づかせるのである。機械的な説明(その典型:経済危機ゆえの失業→失業ゆえの労働者間での競争激化→敵意、外国人排斥、人種差別)や神秘的な説明(その典型:危機ゆえのデカダンスの不安、人種主義にその表現を見出しているような「不合理なもの」への大衆の誘惑）をいったん取り払ってみると、次のような異論の余地のない連関が現れる。すなわち、イギリスにおいて、一九七〇年代以降、地域社会の対立を促進し、ナショナリズムを高揚させ、「サッチャリズム」による「パウエル主義」の復活をもたらし、有色人種を犯罪の温床と決めつけるような激しいプロパガンダを伴った、法と秩序の抑圧的な政策の導入を行わせたのは、とりもなおさず製造業の衰退や都市の貧困化、福祉国家の解体、帝国の衰退なのであった[★2]。そしてフランス社会もまた、一九八〇年代初頭以来、まさにイギリスと同じ道を辿っているように思われるが、人種主義的犯罪や警官の「不祥事」の増加[★3]、市民権へのアクセスを制限する提案、国民戦線の台頭などはその前触れであろう。ある人たちが語るように、フランス社会はまだ躊躇しているように見えるが、まさに同一の瀬戸際に立っていると言えるのである。

人種主義の事実やそれを体現した暴力行為は、社会的危機の積極的な構成要因となっており、したがって、危機の発展にも影響を与えていることは議論するまでもない。失業や都市化、就学といった問題、さらに政治制度の役割（例えば選挙権の問題）、移民への嫌悪から構成される強迫観念《コンプレクス》、移民自身（および彼らの子供たち）の防衛的な反応、「フランス人のアイデンティティ」についての反ユダヤ主義的考え方のなかで増大する敵対関係——これらの間の関連がますます密接なものになっているのである。結局、この関連は必然的な成り行きとさえ見える。それは、緊急避難政策や恐怖政治の専門家を暗躍させ、それに応じて国民集団のあらゆる部分を、この問題について検閲や自粛を行うように導くものである。つまり、歴史上の事例に照らして、よりいっそう悪いことが起こるのでは、と心配するがゆえに、また、人種主義を深刻にしないためにも、沈黙する方がよいだろう、というわけだ。要するに、その結果を統制できないという恐れがあるために、その原因を除去する方がよいというのである（出生または意思によって「同化しうるもの」はすべて「同化」させても構わないから、その存在そのものが「拒否反応」を引き起こすような「外国人集団」を国もとに送り返すこと、と理解せよ)。

原因と結果についてよりもむしろ、実のところ、特定の状況における危機と人種主義との相互作用について語らねばならない。つまり、社会的危機を人種主義的危機として特徴づけ、特定化し、また、所与の社会構成体の一定の時期に出現する「危機の人種主義」の特徴について検討しなければならないのである。前に、口実と誤解と私が呼んだものを避けるチャンスがあるとすれば、それはこうすることによってなのである。しかし、人種主義がより可視的になったからといって、それが無から、あるいは取るに足りぬ些細なことから生じるということにはならない。アメリカ社会のような他の社会にとって自明のことが、実のところフランス社会でもあてはまるのである。つまり人種主義は、国民的《ナショナル》アイデンティティと呼ばれるものと一体化した、長期持続的な物質的諸構造(物理的、社会政治的な構造がそれに含まれる)に根をおろしているのである。したがって、たとえ人種主義が動揺や転換傾向を被ろうとも、それが舞台や舞台裏から退場したりすることは決してないのである。

しかし、当初は認められなかったような断絶が生じている。潜在的な構造の存在を考慮して、また自由主義国家の公式のヒューマニズムに登録された検閲制度とこの構造との間の相克を考慮して、公然たる人種主義を、私は人種主義の行為への移行(言説から「個人的な」暴力への、さらに個人的暴力から組織的な運動——すなわち排除や差別の制度化をもたらすようなレベル——への段階的推移)と呼ぶことを提案したいが、このような公然たる人種主義が担い手と目標を変えている。そして、特定の状況の分析にとって何より重要なのがこの移動なのである。つまり、その言語、その目標、その拡大の勢いという点について、人種主義がまず知識人の行為であるか、あるいは民衆のそれであるか、または伝統的な意味での小ブルジョワジー(小所有者)の、または勤労者(すなわち工場労働者)のそれであるか、が重要なのである。また、それがまずユダヤ人かアラブ人、それとも「外国人」一般をねらったものであるのか、ということも重要である。というのも、人種主義が法律上の外国人に集中しているということ、またそれが社会体の純化という幻想を、「偽フランス人」、すなわち国民の癌になっていると言われている外国人集団の根絶への熱狂を助長しているからである。もちろん、危機の人種主義は、前例のない、起源のないまったく新しいものなどではない。しかしそれは、不寛容の境界線（「寛容の境界線」によって犠牲者自身に一般的に投影されている）を越えてしまっている。そしてそれは、新しい諸社会層、諸階級（あるいはむしろ新しい社会層のなかでますます増えつつある諸個人）の舞台への登場であり、彼らの行為への移行である。彼らは都市の隣人関係のみならず労働においても、また性的関係や家族の関係や政治においても、つまりますます多様化する状況において「人種主義化」の態度を導入しているのである。

それどころか、その極端な形態においてヒトラーの例や、また「小白人」と並んで植民地主義やアメリカの人種隔離の例が示しているように、もし人種主義イデオロギーが本質的に階級横断的（たんに階級を超越するという意味のみならず、階級の連帯を積極的に否定するという意味で）であるならば、危機の人種主義化がある状況を特徴づけていることになる。すなわちそこでは、階級的区分が、「外国人」に対する傾向的に異なった態度を決定することをやめ、敵意への暗黙の加担と排除への社会的「合意」に席を譲っているのである。少なくともこの場合、階級区分を相対化するような合意の決定的要因が生じているのである。

こうした展望のなかで、われわれとしては――とくに新しい点を主張するわけではなくとも――、現在のフランス社会においてある限界点がすでに超えられてしまった、ということを示すいくつかの指標を提案することができる。

まずはじめに、移民現象コンプレクスの形成について考察しよう。それによってわれわれは、移民という名称のもとに示される異質な人びとが拒絶や攻撃にさらされているという、たんなる事実を理解するだけではない。むしろ（それを解決するためにいかなる方法が提案されていようと）「移民現象という問題が存在する」、「移民の存在は問題を引き起こす」といったタイプの主張が新たに受け入れられる可能性――それは一般的に受け入れられつつあるようである――についても理解できるのである。つまり、こうした主張そのものは、結局あらゆる社会「問題」を「移民」の存在という事実に起因する問題に転化させるものである。あるいは、少なくとも移民の存在により悪化するとされる問題――失業や住環境、社会保障、就学、公衆衛生、風紀、犯罪などが問題とされる――へと、あらゆる社会「問題」を転化させるものである。したがってそれは、移民の削減、もし可能であればその抑制――当然のことながら、実際には、より「厄介な人びと」、より「受け入れられない人びと」、「同化しにくい人びと」を手始めとしてできる限り多くの移民を追放することになる――が社会問題の解決を可能にする、あるいは単純にその解決の障害を取り除く、という考えを広めるものなのである。このテーゼに専門的に反論することはせずに[★4]、われわれとしてはここで、厄介な最初のパラドックスを取り扱うことにしよう。すなわち、「移民」の社会問題、あるいは移民に大きく影響する社会問題が特定化しにくいものであるほど、(間接的な形ではあれ)よりいっそう彼らの存在そのものに問題の責任が帰せられるのである。さらに、このパラドックスは決定的な新しい帰結をもたらす。つまり、一連のさまざまな問題に移民が関係するとされることで(あるいは移民に責任があるとされることで)、移民は同一の「問題」、同一の「危機」の別の側面でしかないと考えられることになるのである。ここでわれわれは、今日、人種主義の本質的な特徴の一つが再生産されるさいの具体的な形態に触れることになる。すなわち人種主義は、人種あるいは最近のその派生語からなる一連の意味作用を刻印された単一の原因の下へと、「社会病理」のすべての側面を一括することができるのである。

しかしことはそれだけにとどまらない。移民と移民現象というカテゴリーそのものが、第二のパラドックスを隠してしまうのである。これらは、統一すると同時に差異化するカテゴリーである。これらのカテゴリーは、その地理的出自や各自の歴史(したがって文化と生活様式)、国民空間への参入条件やその法的地位をまったく異にするような「住民(population)」を、ある単一の状態ないし類型へと同化してしまう。こうして、多くのアメリカ人は中国人や日本人、ベトナム人、あるいはフィリピン人を指示したり識別したりすることができず(彼らはすべて東洋人《スランツ》なのである)、またプエルトリコ人とメキシコ人とを区別することができない(彼らはすべてチカーノである)。それと同じように、フランス人もまた、アルジェリア人やチュニジア人、モロッコ人、トルコ人をほとんどの場合区別することができない(彼らはすべて「アラブ人」で、これはすでに人種差別的常套句をなしており、ブニュール〔北アフリカ黒人への差別語〕、ラトン〔アラブ人への差別語〕という、いわば侮辱へとつながるような総称である)。より一般的に言えば、「移民」はエスニックな基準と階級的な基準とを結合するような合成的カテゴリーであり、そこに外国人が無差別におし込まれる。しかし、移民というカテゴリーに入れられるのは、すべての外国人でもなければただ外国人だけなのでもない[★5]。実際それは、外見上「中立的な」外国人の全体を区別することをまさに可能にするものであるが、言うまでもなく、この区別は曖昧なものである。例えば、パリではポルトガル人はスペイン人よりもより「移民的」であろうが、アラブ人あるいは黒人ほどにはそうではない。もちろんイギリス人やドイツ人は移民的ではなかろう。ギリシャ人はおそらく移民的であろう。スペイン人労働者は「移民的」であろうが、スペイン人資本家やアルジェリア人資本家はそうではないであろう。こうしてわれわれは、上述の統一化する側面から現実に分離不可能な、このカテゴリーの差異化する側面に直面することになる。この場合、先に見てきたような外的な差異化だけではなく、内的差異化が存在することになる。というのも、統一は、無限に多様な種別のなかで、ただちに通用するためにだけ提起されるからである。言説のなかで定式化され行動へと発展するような、「移民現象」の日常的詭弁(これは、——間違えてはいけないし、また引っかかってもいけない——名誉に関わる問題ともなっている)が存在している。例えば、「アラブ人が嫌いだ」という人でも「アルジェリア人の友人」を自慢するかもしれない。アラブ人は「同化されない」(イスラム教や、植民地主義の遺産などを見よ）と考える人が、黒人あるいはイタリア人は同化されうると主張するかもしれない、などといった具合である。そしてあらゆる詭弁と同様に、これもアポリアをもっている。この詭弁は定義からして階層的であるが、その階層化の基準（「宗教的」、「国民的《ナショナル》」、「文化的」、「心理学的」、「生物学的」な階層化基準）の不統一に絶えずつまずき、またその不統一から養分を汲み取ってもいるのである。こうした論争は、優越性や危険性についての、見つかるはずもない基準を探し求めて行われる。まさにこの見つかるはずのない基準に照らして、黒人やユダヤ人、アラブ人、地中海沿岸地域の人びと、アジア人は、「彼ら自身にふさわしい」場所——すなわち「彼らをどうすべきか」、「彼らをいかに扱うか」、彼らの前で「いかに振る舞うか」を知ることができるような想像上の場所——を当てがわれる、というのである。

このように、移民現象のカテゴリーは、言説や行動を構成するだけではなく、さらにいっそう重要なことに、人種主義者に対し、すなわち人種主義者としての個人と集団に対し、思考の幻想、つまり、認識され探求されるべき「対象」の幻想（これこそ「自己意識」の根本的なバネとなっているものである）を提供するのである。この文章を記述し終わって、私はそれが曖昧であることに気づいた。というのも、ここにあるのは思考の幻想ではなく、むしろ幻想的な対象についての実行的な思考なのであるから。すなわち、分類する者は思考し、思考する者は存在しているのである。この場合、分類する者は集合的に存在している。あるいはむしろ——もう一度訂正しなければならないとすれば——、分類する者は、集合体がその構成員の同質性に基づいているという幻想を実践的に存在させているのである。この二重の実行性の効果を考慮しなかったために、しばしば、反人種主義そのものが次のような幻想で自分を欺くことになったのである。すなわち、人種主義には思考が欠如しているが、それは厳密な意味で少数者の熱狂であるという幻想、あるいは、人種主義を退却させるには思考させることや熟考させることだけで十分である、という幻想がそれである。思考様式を変革するという、何よりも困難なことが問題となっているというのに。
このようにわれわれとしては、現在のフランスにおいて「移民現象」がとりわけ人種の名称になったことを発見する。しかし、「移民」が人種主義的な類型への個人の分類を可能にすることを主要な特徴とするのと同じように、この移民現象という名称は新しいものではあるが機能的には古い呼称と同じである、ということをわれわれは発見するのである。この点で想起されるのは、植民地主義的人種主義が、すでに特徴的にも、たんにその自然発生的な言説においてのみならずその制度、その行政的実践においても、統一化と差異化の論弁を本質的な機能としていた、ということである。それは「原住民（indigène）」［★6］という驚くべき一般的カテゴリーを作り出し、同時にヒエラルキーと差別（「トンキン人」や「アンナン人」、「アラブ人」、「ベルベル人」など）を基礎づける、明確であるかのような擬似的な歴史的規準によって、このるつぼのまっただなかに「民族的な（ethnique）」（「民族（ethnie）」概念そのものの語源）下位分類を増加させたのである。ナチズムも同じことを行っている。すなわち下位人類を「ユダヤ人」と「スラブ人」に分類し、さらにそれらを下位分類し、ドイツ人自身に血統分類学の妄想を植えつけたのである。

移民現象という総称的カテゴリーの形成によってもたらされた結果は、これだけにとどまらない。同一の国家という枠組みのなかに歴史的に集められた人びとの不可分の統一を国民主義的言説が高らかにうたいあげるまさにそのときに、多かれ少なかれ辱められた外部の地位に閉じ込められ、あるいはそこへと締め出されるようなフランス国籍の個人を、このカテゴリーは包摂しようとする。このことは実際、帰化やフランス国土での出生によりフランス国籍を与えられているにも関わらず、アンティル諸島の黒人や、もちろん「外国出身の」多数のフランス人の場合にもあてはまるのである。こうしてわれわれは実践と理論との矛盾に行き着くが、そのいくつかはこっけいなようにも思われる。例えば、ニューカレドニアの独立主義者のカナク人は、理論上は

「自国」のフランスへの統合を攻撃するフランス国民《ネイション》であるが、「本国」のカナク人は——独立主義者であろうとなかろうと——黒人の移民でしかないのである。ある（右派の）リベラルな議員が、移民現象は「フランスにとっての好機である」［★7］という見解を披露したとき、「スタジバウ」［Stasi という名のアラビア語化］という見下したあだ名をつけられることになった。この点でもっとも重要な現象は、保守的な見解（こうした見解の範囲を確定することはかえって危険であろう）が、フランス生まれのアルジェリア人の子供たちを「移民第二世代」とか「第二世代の移民」として指示するその執拗さである。子供たちがすでにその一部をなしているにも関わらず、フランス社会への彼らの「統合の可能性」について長々と論じるのである（その議論は統合概念すなわち事実上の歴史的社会的総体への帰属の概念と、あらかじめあらゆる対立から保護されているとされる神話的な「国民《ネイション》類型」への順応の概念とを系統的に混同することによって行われる）。

このようにして、われわれは、すでに予告しておいた第二のパラドックスに到達する。すなわち、移民現象のカテゴリーによって指示される住民が現実に「移民的」であることが少なければ少ないほど、つまり、身分や社会的機能においてだけでなく慣習や文化の点でも外国人であることが少なければ少ないほど、彼らはよりいっそう外国人集団として名指しされるのである［★8］。もちろんこのパラドックスにおいては、人種についてはっきりした理論が提示されていようがいまいが、人種主義の特徴的性格、すなわち血統原理の適用が見出される。混血に対する固定観念、多民族的・多文化的国民《ネイション》（となること）に対する固定観念は、とりわけフランス社会そのものの変容に対する一部の人びとの抵抗に他ならず、すでに完成した変容の、すなわちフランス自身の歴史の否認に他ならない、とさえ考えられる。あらゆる社会階級、とりわけ、つい最近まで、主として変革勢力を代表していたような階級に属する広範な人びとのなかで、こうした抵抗や否認が見られるという事実そのものが、まさに深刻な危機の徴候として考えられなければならないのである。

さらにこのことは、われわれに第二の危機の徴候を確認させる。フランス社会の政治史を考慮に入れると、この徴候は移民現象コンプレクスの形成と同じくらい重要である、と私は考えているし、より正確には、この形成と不可分であると考えている。これら二つを相互に区別することができると考える者は、虚構的な歴史しか構成できない。つまり、私は民衆的な人種主義、とりわけ労働者階級の人種主義の拡大について語りたいのである。集団的暴力の事例からよりも、むしろ選挙結果の動向やとりわけ移民労働者の職場要求闘争の孤立化から、ここ数年来こうした徴候を指摘することができる。

ここで、まずいくつかの注意をしておかなければならないが、それとて結局のところ、この現象がもたらす帰結の重大さを強調するものでしかない。まず第一に、あらゆるアンケート調査が示しているように、たとえどんな「指標」をとっていようとも（この指標は民衆的人種主義を過大評価する傾向をもちながら、他方で、政治的言説のコツに長けた「教養ある」諸個人の否認戦略を見落としてしまう、という事実を考慮すれば）、ある階級による人種主義について一般的に語るということは意味がない。実際こうした論じ方は、人種主義的な論理を帯びた投影的な表明なのである。これに対して、労働や余暇、近隣関係、親類縁者関係、兵役といった階級の条件や地位に特徴的な、所与の状況における人種主義的な態度や行為の頻度について検討することが重要である。またそれはとりわけ、人種主義的傾向への抵抗ないしそれへの埋没を示している組織された実践の後退あるいは進展を、その時代の文脈において評価するということである。

第二に、ここでは、「エリート」や支配階級の人種主義、また知識人の人種主義よりも、民衆の人種主義（あるいは「民衆大衆（masses populaires）」の人種主義）の問題の方が重要視されているが、このことは、これらが相互に分離できることを意味していないし、後者がそれ自体として、前者より有害であるということを意味するものでもない。むしろこのことは、被搾取階級、とりわけ労働者階級に固有な反人種主義の制度諸形態の解体と平行して進行する人種主義の大衆化そのものが、人種主義が「支配的になる」うえで容易に後戻りできないような臨界線を成している、ということを意味しているのである。結局、歴史的な経験（反ファシズムや植民地主義的戦争への抵抗が、この場合重要である）の示すところによれば、労働者階級は、反人種主義の創出において何ら特別の位置を占めてはいないにしても、人種主義的プロパガンダへの抵抗を通じて、あるいは人種主義的政策と事実上両立しえない政治綱領に同意することを通じて、反人種主義の発展とその有効性のためのかけがえのない基礎を形成していたのである。

第三に、人種主義の、労働者階級内部における（あるいは労働者階級への）拡大に目を奪われて、先行する現象とその根の深さを決して過小評価するようなことがあってはならない。フランスの例だけをとっても、労働者の外国人嫌いは決して新しいものではないし、これがイタリア人からポーランド人、ユダヤ人、アラブ人などへと次から次へと向けられてきたということは、誰もが知っている。この外国人嫌いは、構造的な移民現象という単純な事実や労働市場での競争（フランスは一世紀にわたる労働力輸入国なのである）と関連しているよりも、むしろ、経営者と国家が労働者の階層化を組織したそのやり方に関連している。つまり、経営者と国家は最近でも、国籍を獲得した「フランス人」に熟練を要する仕事や管理職を優先的に与え、未熟練の仕事を移民労働者に割り当てた。すなわち彼らは、豊富な未熟練労働者を必要とするような産業化モデル（未熟練労働力はもっぱら移民に頼ることによって供給された）を選択したのである（こうした戦略は今日でも続いている。「密入国」の問題を考えよ［★9］）。このようにフランスの労働者の人種主義は、熟練に関連した特権、および搾取と超過搾取の差異に有機的に関連していたのである。しかし、ここには一義的な因果関係はない。その証拠として、フランス労働運動史において移民活動家のインターナショナリズムが果たした決定的な役割をあげることができる。しかしそれでも、たとえどんなにわずかで脆いものであったにせよ、こうした特権的地位の防衛が労働者階級の諸組織（全盛期の共産党、およびその地方細胞、労働組合、文化団体といった「伝動ベルト」）におけるナショナリズムの動きと平行して進行した、ということは疑いえないのである。

したがって、二重性を帯びた問題が提起されることになる。すなわち、大量生産からオートメーションへと発展した産業革命は、労働者の労働の大規模な脱熟練化をもたらし、移民と「フランス国民《ネイション》」（とくに女性や若い失業者）を搾取とプロレタリア化の同一の形態において接近させ、フランスの労働者階級に対し集団的な「上方への可動性」の見込みを突然停止させたのである。このような場合、こうした不安定化は労働者階級の決定的な分裂として現れるのか、あるいはそれとも、その闘争の急進化となって現れるのであろうか。さらに、同一の問題ではあるが、より先鋭な問題が提起される。しのびよる経済危機が、製造業の衰退の諸現象、およびそれに伴う古い帝国主義的権力の衰退と共に、雇用や生活水準、社会的地位（これらは階級闘争のなかで獲得され、政治的「合意」や社会的「公正」の構成要素とまでなっている）の相対的な安定性を疑問に付してしまうのではないか、という問題である。

われわれはここでジレンマの核心に触れることになる。つまり、こうした「再プロレタリア化」は、必然的に階級的実践と階級意識を転換させるのであろうか。もしそうであれば、それはいかなる方向にであろうか。労働者階級についての歴史家が示しているように、労働者階級は、ヘゲモニックな社会集団（例えば企業の熟練労働者など）を中心として理想と組織形態の緊密なネットワークを構築することで、自立化してきているのである。同時にこうした自立化は、つねに両義的なものである。というのも、ヘゲモニックな集団は、「国民的《ナショナル》集合体」の正統な構成要素として自らを承認させることができるし、社会的特権と市民権を獲得できるからである［★10］。思考様式およびコミュニケーション様式の「人種主義化」に行き着くか、あるいは集合的な文化における潜在的人種主義を克服できるか（それは必然的にある自己批判を前提している）、こうしたジレンマが政治的な生か死かという試金石の様相を帯びているのは、まさにとりわけ労働者階級においてなのである。だからこそ、人種主義の高揚に直面した左翼の脆さの問題、左翼が人種主義に与える譲歩の問題、左翼が人種主義に活動の余地を与えているという問題、が決定的となる。少なくともフランスでは、政治的に強力な「左翼」は、社会主義や共産主義の思想のまわりでしか存在しなかった。それゆえ、プロレタリア的であろうとするイデオロギーや組織の危機から何が生まれてこようとしているのか、を知ることが、とりわけ重要となるのである。自らの政治的伝統の国民主義《ナショナリスト》的側面に根をおろしているフランス共産主義の人種主義的偏向を軽視するならば、また、それを自然の成り行きのように単純に考えるならば、「脱スターリン主義化」の口実はもっとも深刻な政治的誤謬をもたらすことになろう。この人種主義的偏向は、フランス共産主義をファシスト的組織との大衆迎合的な競合に引きずり込むかもしれないし、あるいは、フランス共産主義の歴史的衰退や、国民戦線の勢力圏への民衆階級の一部の取り込みを促進するかもしれないのである[★11]。

こうした傾向は、たんに危機の深刻化の条件の一部をなしているだけではない。それはまた、社会的権利や市民権についてのあらゆる問題が特権として歪められたり、こうした権利が一部の「生まれながらの」受益者に与えられたり、保護されたりするということをもたらしている。権利というものは実行的に行使されるものである。それに対し特権とは、たいていの場合、想像上のものである（だからこそ被搾取階級に特権が一般的に与えられうるのである）。権利とは、それを享受し、あるいは要求する人びとの数（と力）の拡大によって質的におのずから増加するものである。逆に特権は、できる限り制限的であるような排他性を防衛することでのみ保証される。こうして、なぜ危機的状況が民衆階級のなかで、生存の「保証」に関する不確実性（ときとしてこれはパニックに至る）と集合的「アイデンティティ」に関する不確実性を結合させるのか、がよりよく理解できるように思われる。上述の移民現象コンプレクスの形成は、こうした不確実性の原因であると同時に結果でもある。同じことは、組織された労働者階級の傾向的解体についてもあてはまる。しかし、経済的社会的利益の擁護が、特権の言葉によってではなく権利の言葉で表現されてきたような、そうした政治的伝統は、むしろ組織された労働者階級を核にして形成されてきたのである。こうした〔移民現象コンプレクスの形成と、労働者階級組織の解体という〕二つの現象は、相互に促進し合っているのである。この二つの現象が政治的に錯綜するようになるとき、人種主義的危機と危機の人種主義が生じるのである。

（須田文明　訳）

※本章は一九八五年に、Maison des sciences de l'homme で報告された原稿に修正を加えたものである。

## 原注

★1　「危機とは、いかなる危機なのか」と、正当にもある論者は指摘した。いかなる「システム」、いかなる傾向、いかなる指標によって、という観点から、「誰にとって」「危機」が存在するのかということを検討せずには、歴史的状況を分析するに当たって、こうしたカテゴリーを用いることはできない、とこの人は言いたかったのである（以下を参照。S. Amin et al., *La Crise, quelle crise? Dynamique de la crise mondiale*, Maspero, 1982.）。

★2　以下を参照せよ。Kristin Couper and Ulysses Santamaria, "Grande-Bretagne: la banlieue est au centre", *Cahiers de Banlieues 89: Citoyenneté et métissage*, supplément au no.11 de *Murs, murs*, décemble, 1985; Paul Gilroy, *There Ain't No Black in the Union Jack. The Cultural Politics of Race and Nation*, Hutchinson, Londres, 1987.

★3　犯罪と（警官によってなされた犯罪である）「失態」とのますます増大する対称性は、非常に重要な現象である。というのも、これこそが、人種主義の歴史、とりわけナチズムの歴史における古典的な状況に通じるものだからである。このことは、「違法行為」についてフーコーによって提起された問題の妥当性を（もしそれが必要だとして）確証するものであろう。人種主義と制度との関係についての検討という枠組みにおけるあらゆる問題、つまるところ、「社会」と「国家」における人種主義という問題については、別のところで論じなければならない。以下を参照せよ。K. Couper et U. Santamaria, "Violence et légitimité dans la rue", *Le Genre humain*, no.11, La Société face au racisme, automne–hiver 1984–1985.

★4 移民は、社会保障の財源を圧迫してなどおらず、むしろそれを潤わせている。彼らの大規模な強制退去は、新たな雇用を創出することにはならないばかりか、ある経済部門を混乱させることになろう。移民による犯罪行為への加担は、「フランス人」のそれよりも急速に増大しているわけではない。

★5 ここでは、ウォーラースティンによりすでに引用されている、黒人に対するジャン・ジュネの疑問を援用することにしよう（「黒人とは何だい。だいいち、彼が何色をしているというんだ」）。移民とは何であるのか、まずもって、彼らはどこで生まれたというのだろうか、と。

★6 原理的に、植民地空間のどこであろうと、「その地で生まれた」から現地人である、というのは驚くべきことであろう。フランスに入植した植民地出身のアフリカ人は、「現地人」のままであるが、フランスのフランス人は現地人ではない！ のである。植民科学による民族（ethnie）概念の構成については、以下を参照。J.-L. Amselle, E. M'Bokolo, *Au cœur de l'ethnie*, La Découverte, 1985. フランス首相（J・シラク）は最近、次のように表明している。「カナク人は存在しない。それは諸民族（ethnies）のモザイクである」。

★7 Bernard Stasi, *L'Immigration: une chance pour la France*, R. Laffont, 1984.

★8 しかも、（R. Gallissot の表現を借りれば）「フランス・アルジェリアの混合」について、どんな仮説が提出されようとも、そうなのである。*Misère de l'antiracisme*, Editions de L'Arcantère, Paris 1985, p.93sv. また、以下を参照せよ。Juliette Minces, *La Génération suivante*, Flammarion, Paris 1986.

★9 とりわけ、以下を参照せよ。*Travail*（ＡＥＲＯＴ編）誌の「移民」特集（no.7 1985）。Albano Cordeiro, *L'Immigration*, La Découverte / Maspero, 1983; Benjamin Coriat, *L'Atelier et le chronomètre*, Christian Bourgois, Paris, 1979.

★10 以下を参照せよ。Gérard Noiriel の二冊の書物。*Longwy. Immigrés et prolétaires*, PUF, 1984; *Les Ouvriers dans la société française, 19–20 siècle*, Seuil, 1986. Zeev Sternhell によるような便利な書物。*La Droite révolutionnaire*, Seuil, 1978; *Ni droite ni gauche*, Seuil, 1983. ただし、これらは、純粋な思想史にとどまっており、以下のような根本的な事実

を隠蔽している。つまり、ドレフュス主義のなかで、組織的な労働運動が果たした役割(「ゲード派」に対する「ジョレス派」の勝利)のために――たとえそれが、労働者階級における外国人嫌いを妨げることはできなかったとしても――、少なくとも四分の三世紀にわたって、外国人嫌いを反資本主義の代用品として理論化するような事態が妨害されてきたのである。

★11 以下を参照せよ。E. Balibar, "De Charonne à Vitry", *Le Nouvel Observateur*, 9 Avril, 1981.

# あとがき

Immanuel Wallerstein
イマニュエル・ウォーラーステイン

エティエンヌ・バリバールが本書の序文で述べているように、われわれは、現代の人種主義の独自的性格は何かといった問題に関する活発な論争に寄与することを望んだ。これまでの諸章を読み返してみて思うことは、われわれがこの問題にはたしてどれほどうまく取り組んでこられただろうかということである。

まず第一に、「現代の」という用語のもつ多義性がある。もし「現代の」ということがわずか数十年の長さの期間、例えば一九四五年以降の時期をさすとすれば、現在の状況には何ら（あるいはほとんどと言っていいくらい）特別な面は見られない、ということをわれわれは立証しようと努力してきたつもりである。そしてその場合、われわれは多くの解説者や政治家と意見を異にしている。だが、もし「現代の」というのが「近代世界の」ということを表現する言い方であるとすれば、そして、然りと言っていいならば、その場合には、――少なくともここではそう主張しているのだが――われわれは近代世界の「人種主義《レイシズム》」と、それ以前の時代の多様で歴史的な外国人嫌い《ゼノフォービア》とをはっきりと区別している。

これまでの論稿を通じて、われわれが一貫して、いやそれどころか繰り返し強調してきたテーマは二つある。第一に、われわれは、多様な共同体に全員が属し、その「価値観」を共有し、それへの「忠誠心」を表明し、それによって自分たちの「社会的アイデンティティ」を規定されているが、このような共同体はすべて、ことごとく歴史的な構築体《コンストラクト》である。しかももっと大切なことは、それらが絶え間なく再構築を経験する歴史的構築体《コンストラクト》だということである。とはいっても、それらが中身のない無意味なものとかはかない存在だというわけではない。そうでは断じてない！　だが、これらの価値観、忠誠心、アイデンティティはけっして原初的なものではない。事実がそうである以上、それらの構造とか数世紀にわたるそれらの発展についてのどのような歴史的記述も、主として今日のイデオロギーを反映するものとならざるをえないのである。

第二に、特殊主義的アイデンティティ――それが国民主義的《ナショナリスト》なものであれ、文化的、宗教的、エスニック的、あるいは社会的なものであれ――に正反対の概念ないし理念として、普遍主義を提示することが慣例となっている。しかし、この二律背反的理解は、問題の正確な立て方でないどころか人を欺くものですらあるように思われる。もっとよく調べれば、普遍主義と特殊主義というこの二つのイデオロギーは、相互作用のなかで存在し相互作用のなかで自らを規定している、ということに気がつく。そして、両者があたかも同じコインの両面のように見え始める、といってもよいくらいである。

この二つの主張には、それでもなお人を当惑させるものがある。いわゆる近代社会についてのヒューマニズムの教義が、今日に至るまで長い間、まさにその正反対のことを説いてきたという意味で、驚きの念を禁じえない。われわれは、自分たちの古臭くなった伝統の基礎にある偏狭な中世風の見方と、近代世界のリベラルで偏見にとらわれない精神との対比を論じるのが、当たり前のようになっている。そして、自分たちが暮らしている世界――それは憎悪と抑圧にいまだに満ちあふれている世界である――のひどく残酷な現実を前にして身震いするので、それだけ激しくこの学童向けの神話的通念にしがみつくことになる。

それでは、われわれはどこにいるのだろうか。実際には、二つのありうべき結論のどちらかが存在するにすぎない。人種主義、性差別主義、狂信的愛国主義《ショービニズム》は、人類に生得的な悪であるのか、それとも、所与の史的システムによって育まれた悪であり、したがって歴史的な変化をこうむりやすいものなのだろうか。実際には、このどちらかである。もしわれわれが後者の説をとるとしても、それでもなお底抜けの楽天家たるべき理由は何も見あたらない。それとはまるで正反対なのだ！　われわれは本書のなかで、人種《レイス》、国民《ネイション》、階級《クラス》といった概念そのものに「固有の」曖昧さについて述べたが、この曖昧さは識別しにくいだけでなく、それ以上に克服し難いものなのである。

バリバールと私はそれぞれ別々に、これまでの論稿においてこれらの曖昧さを分析しようと試みてきた。だから私は、本書を通じて企てたさまざまな解体《デコンストラクション》・構築をここで繰り返したり、また、われわれの確認する複雑な謎を解明すべくこれまでに提起した主要な主張点を繰り返し述べるつもりはない。

ここではむしろ、バリバールと私の間にあるとみられる、若干の見解の相違について論じておいた方がよいように思う。実際に、それらは微細な違いでしかないことがわかるはずである。バリバールは、私の著述に対して向けられたさまざまな批判に加担していないというが、それでも彼は、私が「経済主義」に傾きすぎていると非難している。彼自身は、資本主義世界経済における普遍主義と特殊主義との混同は支配的イデオロギーの産物、言い換えれば、被支配者層によって広く受け入れられているイデオロギーの産物である、という事実をより重視する、と述べている。曖昧さのこうした内面化、人口の大多数のこうした社会化が、彼にとっては、われわれの陥っている当惑を生む主要な一要素なのである。ある程度まで、バリバールはもちろん正しい。実際、誰もこのことを否定することはできないであろう。「社会構成体」、「社会」、「史的システム」といった用語そのものは、たんに公然たる暴力によってではなく、その成員の自発的な支持によって結合している一つの構造を必ず含意しているのである。さらに、われわれの大部分が、現在の史的システムについて基本的な見方を共有しているとしても、皮肉屋、疑い深い人、反抗者は、どこであろうとつねにいるものである。明らかに、バリバールがこのことに同意しないわけはないだろう。したがって、「中間指導者層《カードル》」という小集団の見方と、人口の大多数のそれとを区別することが有益だと思われる。彼らは、現在の史的システムのイデオロギー的構築物《コンストラクト》に同じ姿勢で関わりあっているとは思えないのである。

普遍主義とは、むしろ中間指導者層《カードル》とシステムとのつながりの強化を主としてねらった信念体系(belief-system)である、と主張したい。これはたんに技術的効果の問題ではない。それはまた、システムにとってきわめて有益だと中間指導者層《カードル》が認める、ほかならぬ人種主義と性差別主義の影響力を制限する手段でもある。というのは、性差別主義と人種主義は、行きすぎると、システムにとって危険となる恐れがあるからだ。したがって普遍主義は、システムを内部から掘り崩す可能性のあるニヒリズム(例えばナチズムによって公然と示されたような)に歯止めをかける装置なのである。なるほど、種々の特殊主義の名において、政権の座についている者に異議を唱えることをいとわない他の中間指導者層《カードル》、いわば第二集団がつねに存在する。だが、一般にイデオロギーとしての普遍主義は、その反対の特殊主義よりも、中間指導者層《カードル》の長期の利益にかなっているのである。

私は、さまざまな労働者階層の態度が中間指導者層《カードル》のそれの裏返しでしかない、と主張しているのではない。とはいえ、両者は実際に正反対の方向に向かう傾向があるように見える。特殊主義的な立場——階級としてであれ、国民《ネイション》、人種としてであれ——をとることによって、労働者階層は、普遍主義による破壊行為に対する自衛本能を表明しているのだ。この普遍主義は、永続的不平等と物質的・社会的両極化の双方に基礎を置いたシステムの内部では、おのずから偽善的なものとならざるをえないのである。

以上のことから、第二の微細な違いが生じてくる。バリバールは、おそらく長期的趨勢としてみた場合を除いて、世界ブルジョワジーの存在をあまり認めたくない、という。そして、私がやや抽象的すぎるグローバルなモデルを使用することによって具体的な特質を考慮に入れそこなっている、と示唆している。そこで、どうしても反論しておきたいことがある。それは、ブルジョワジーは世界レベルにおいてしか存在しえないということ、また、ブルジョワジーであるからにはどんな共同体にも忠実ではいられないし、マモン〔富・強欲の化身〕以外の神は崇拝できなくなる、ということである。

確かに私は誇張しているが、たいした誇張ではない。確かにブルジョワジーは国民主義者《ナショナリスト》であり、愛国者ですらある。確かに、ブルジョワジーはすべてそのエスニック的帰属を利用しはする。しかし……である。彼らが国民主義者《ナショナリスト》であるのは、一般にそうすることが彼らの利益にかなっているからなのだ。独立闘争のさなかにスペインの圧政者に武器を売却した、アムステルダムの善良な市民の例を忘れてはいけない。本当の大資本家は、自国が有利な投資の場としての魅力を失っていくならば、自己の資本を他国に輸出することすらためらうものではない、ということを忘れてはいけない。〔ブルジョワジー以外の〕普通の人びとがその集団のなかで他人により忠実な態度を通すのは、ことによると、ただ彼らには術策を講ずる余地があまりないからかもしれない。しかし、事実は依然としてそのとおりなのだ。つまり、国民《ネイション》や人種、さらには階級ですら、この資本主義世界経済における被抑圧者のための避難所として役立っているのである。そして、この事実こそ、これらの観念が相変わらずこれほど人気を得ていることの理由なのである。また、労働者階層が、これらの外観上は互に相容れない特殊主義の間を、こんなにすばやく立ち回ることができるのも、同じ理由による。ある避難所がつかの間でも役に立たなくなれば、彼らはすぐに別の避難所を探し求めるのである。

第三の批判は、私が「社会的要因」の重要性を無視し、分業の重要性に過度に眩惑されている、というものである。私は無罪であると反論したい。私の見解は本質的には次のようなものである。すなわち、資本主義世界経済の内部の分業はある種の外的制約を構成し、生き残りの限界を規定する、ということである。バリバールが「社会的要因」と呼ぶものは、際限なき資本蓄積以外の目標を追求できるように、こうした制約を打破しようとする人びとの努力、とりわけ普通の人びとの努力にほかならないのである。

普通の人びととは、資本蓄積の追求につきものの行きすぎをときたま、いやそれどころかしばしば規制することができる。しかし、彼らはまだシステムの破壊に成功したことはなく、したがって、その制約への服従からまだ解放されてはいない。反システム運動の全歴史はこのようなものであり、その歴史もまた曖昧なものである。諸運動の「地域枠を超えた」連合を生み出す可能性に関して私が過度に楽観的な見方をしている、とバリバールが言うのは、正鵠を得ているかもしれない。だがいずれにせよ、私の楽観主義は抑制された控え目なものである。

以上の三つの反論は結局、一つのものに行き着くように思う。バリバールの目から見れば、確かにやや「決定論的」すぎる面が私にはあるかもしれない。それゆえ、この点について私自身の立場を説明しておいた方がいいように思う。決定論の擁護者と自由意志の擁護者との間での、哲学者(少なくとも西欧の哲学者)の長年にわたる論争は、ブローデルの言う社会的時間の多様性の視角から分析する必要のある主題であるように思われる。

ある史的システムが正常に機能しているときは(資本主義世界経済も含めて、どんなシステムであっても)、定義上ほとんど、それは圧倒的に決定されたものとして作用するように思われる。行動に対する制約がないとしたら、システムという用語はいったい何を意味するのだろうか。仮にこれらの制約が作動しないとしたら、それはシステムとは言えず、急速に崩壊していくであろう。しかし、あらゆる史的システムは、その矛盾の論理の作用を通してやがては終焉を迎えることになる。その時点で、システムは「危機《クライシス》」に陥り「過渡」期に突入する。そして、これはプリゴジンが「分岐点《バイファーケーション》」と呼んだもの、つまり、わずかの圧力によって非常に大きなゆらぎが発生しうるような、きわめて不安定な状況をもたらす。言い換えれば、それは自由意志が支配する状況なのである。変化の結果を予測することがほとんど不可能なのは、まさしくこうした理由による。

それゆえ、われわれが資本主義世界経済の内部における階級、国民《ネイション》、人種の役割を分析し、それらを概念と実在の両面から論じるときには、固有の曖昧さについてきわめて慎重に話すことになる。このことは、それらが歴史的な構築物だということを意味しているのである。確かに、〔反システム運動のような〕あらゆる種類の抵抗があるとはいえ、われわれはむしろメカニズム、制約、制限を強調することから始める必要がある。一方、われわれは「システムの終焉」を迎えており（実際この長い時期にわれわれはもうすでに突入している）、したがって、ありうべき飛躍について、少なくとも今日の時点で構想可能なユートピアについて、思いをめぐらす必要がある。

ここで、普遍主義と人種主義／性差別主義が、総合《ジンテーゼ》の前段階にある、定立《テーゼ》と反定立《アンチテーゼ》の関係ではないことを思い起こすのは、むだではないように思われる。それらはむしろ不可分の組み合わせであって、そのなかには、支配と解放という二つの像が含まれているのである。そして、歴史はわれわれにそのような問題設定を乗り越えるよう要求しているのだ。われわれは、まさにこの知的勇気を堅持しつつ、われわれに固有の曖昧さを理解するという、かの古くからの課題に絶えず立ち戻らねばならないように思う。なぜなら、結局、史的システムの構成要素であるわれわれ自身が、この史的システムの産物だからである。

（岡田光正　訳）

解説

# 資本主義世界経済と国民、人種主義、移民現象

## ――『人種・国民・階級』唯学書房版に寄せて

若森章孝
Fumitaka Wakamori

### 1　問題の所在――国民的アイデンティティとは何なのか

「われわれは日本人である」、「われわれはフランス人である」、「われわれは中国人である」といった「国民」の存在とその国民的アイデンティティ[★1]は、われわれが生まれながらに属する、伝統や歴史、共通の文化に由来する共同体であり、説明を要しない自明の存在のように思われている。しかし、モノ、情報、カネ、ヒトが国境を越えて大量に移動するグローバル資本主義のもとで、これらさまざまな国民的アイデンティティは平和的に共存するのではなく、むしろかつてよりも「われわれ」と「他の人びと」を分断する境界線となり、異質な他者を排除する「共同体」を構成しているように見える。国民はどのように創出されたか、そもそも住民あるいは民衆はいかにして国民に組み込まれたのか、われわれは国民的アイデンティティを相対化しそれを解体できるのか、という問いが提起されているのである。

グローバル化に対応するために諸国民国家を超える地域的次元で経済的・政治的統合をめざすEUでは、グローバル化やEU経済統合の深化・拡大が加盟国にもたらした、失業やワーキングプア（働く貧民層）の増加、通貨安定のための社会保障費の削減といった「社会的なもの」の危機は、経済的・社会的な困難と不安のすべてを移民の存在のせいにする「移民現象」を生み出している。移民現象とは、失業や貧困、社会保障、公衆衛生、犯罪、風紀、就学といったあらゆる社会問題を移民（または外国人集団）の存在に起因する問題に転化させることである。この考え方によれば、社会問題の解決は、移民を削減するか、国境の外に移民を追放することである。例えば人口約六一〇〇万人のイギリスでは、社会主義体制の解体後にEU加盟を果たした東欧諸国から多くの労働者（ポーランドから約一〇〇万人の労働者）を受け入れているが、二〇〇八年秋の金融危機以降、低賃金で勤勉に働く東欧からの高技能の外国人労働者の存在がイギリス人の雇用を奪っているという人種主義的言説が広がり（町田2013：一六六―一七二ページ）、キャメロン政権は移民数の削減表明を余儀なくされ、東欧からの労働市場への参入を制限する法律の制定や失業保険・医療などの社会的サービスから移民を排除する移民法の厳格化を計画している。また、移民の排除を綱領に掲げる人種主義的政党がEU各国で選挙民の支持を拡大しつつある。ますます猛威をふるう移民現象の影響を受けて、ドイツのメルケル首相をはじめとするヨーロッパ主要国の中道右派の政治指導者は多文化市民権を国民統合にとって有害なものとして制限し、イスラム世界からの移民の受け入れを抑制する方針を表明している。EUと人材の自由移動の協定を結んでいるスイスでも、すでに二〇一〇年一一月、犯罪歴のある外国人の国外追放を認める憲法改正が国民投票で可決されているが、新たに二〇一四年二月九日に実施した国民投票で移民の受け入れに上限を設ける提案が、雇用機会を奪われることへの国民の不安を反映して賛成多数で可決された。高水準の福祉国家を築いている北欧諸国でも、二〇一一年七月二二日にノルウェーで起きてヨーロッパを驚愕させた、移民受け入れを進めた労働党への制裁を訴えた銃乱射事件に見られるように、移民排除の熱狂は深刻である。「人種」の別称としての移民の排斥運動がヨーロッパ全体に拡大しているのである。

このような人種主義としての移民現象は、ヨーロッパとくらべて失業率が比較的低いオーストラリア（二〇一四年一月の失業率　ＥＵ：一二％、オーストラリア：六％）でも、白人中間層の「パラノイア・ナショナリズム」または「不満のナショナリズム」として出現している。パラノイア・ナショナリズムとは、ガッサン・ハージによれば、グローバル資本主義のもとで質の高い安定した雇用を失って新たに周辺化した人びとが移民や難民の存在に国民的アイデンティティへの脅威を見出し、この脅威を憂慮することを通して自分が国民の一員であることを回復するという感覚の広がりである（ハージ　２００８）。非正規労働者が約四〇％（二〇一二年の総務省調査によれば、労働者全体の三八・二％、約二〇四三万人）に達し、ワーキングプアが若者の間で増加している日本においては、多くの日本人が「負け組」になる不安を抱き、彼らにとって「日本人であること」という感覚（国民的アイデンティティ）が最後の拠り所のように受け止められている（塩原　２０１０）。パラノイア・ナショナリズムは近年の日本では、在日コーリアンを標的にしたヘイトスピーチという形で出現していると考えられる。

しかし、「われわれ」と「他の人びと」を分断する境界線としての国民的アイデンティティがもっとも敵対的な形態をとって出現するのは、戦争や内戦や民族紛争においてである。その近年の端的な例は二〇世紀末にＥＵの周辺で起きた旧ユーゴスラビア紛争（一九九一年のスロベニア、クロアチア独立から一九九二―九五年のボスニア・ヘルツェゴビナ内戦を経て、一九九九年のコソボ紛争とＮＡＴＯ空爆に至る内戦）である。旧ユーゴ紛争では、同じ国民を形成し、同じ言語（セルボ＝クロアチア語）を話していた人びとが分裂して異なる「民族集団 ethnic group」として敵対し合い、それぞれが国民的アイデンティティをより小さな規模で再構築しようとした。ボスニア・ヘルツェゴビナ内戦では、連携したカトリック教徒のクロアチア人、イスラム教徒のムスリマンと正教徒のセルビア人との間で殺し合いが行われた。同じ国民を形成していた人びとをかつての同胞殺しへと駆り立てる「民族」あるいは国民的アイデンティティとは、いったい何なのだろうか。

自由や平等、利己心、階級関係に基づく近代世界が、一見するとそれとは対照的なさまざまな「共同体community」、とりわけ、国民（nation）や人種（race）やエスニック集団（民族集団）といった共同体を、不可避的としか言いようがない仕方で生み出している。別の言葉で言えば、市場経済のグローバル化傾向と不可分な諸個人の同質化原理（自由、平等、機会均等）は、ナショナリズムや人種主義、性差別主義といった排斥と差別のシステムを解消させるのではなく、むしろそのような共同体的同一性と排斥の原理による集団間の抗争を強めているのである。「共同体から市民社会へ」、「伝統から近代へ」、「身分から契約へ」という歴史の直線的な進歩を強調する啓蒙主義的歴史観とそれに基づく近代性把握が、根底的に問われている。

## 2 資本主義世界経済と「国民」、人種主義の創出

ベネディクト・アンダーソンは「歴史家の客観的な目には国民が近代的現象としてみえるのにナショナリストの主観的な目には国民が古い存在にみえる」（アンダーソン 1987：一五ページ）というパラドックスを指摘しているが、人種および人種主義も近代的現象なのに前近代的な現象のように見えるというパラドックスを内包している。諸個人の自由・平等と階級対立に基づく近代世界が国民や人種という排他的な共同体をなぜ、どのようにして創出するかを理論的に解明することなしに、このパラドックスから抜け出すことはできない。しかし、ナショナリズムについての理論家も伝統的マルクス主義も、しばしば暴力や排斥や差別を伴うナショナリティ（排他的な国民的同一性）や人種主義（排他的な種的同一性）といった共同体的アイデンティティがなぜ近代世界のただな

かで不可避的に生まれるかについて、説得的な説明を与えることができなかった。このような近代世界のパラドックスを解き明かすロジックは、今日まで未開拓なままである(若森 1999)。

伝統的マルクス主義が国民の創出を解明できないのは、それが「理念としての資本主義」を想定しているからである。古典派経済学の代表者スミスも、彼を批判したマルクスも、それ以後のほとんどの経済学も、権力や独占によって制約を受けない「自由な」販売者と購買者、および、資本家と同等な人格を有する「自由な」賃労働者の普遍的確立を議論の前提条件として想定したうえで、近代社会の歴史的特質とその運動法則を研究してきた。つまり、私的所有、社会的分業、労働者と労働実現条件との分離が世界全体に広がりつくしたという「理念としての資本主義 ideal capitalism」の想定の下で、近代世界の構造と発展が研究されてきた。この想定の特徴は、「前」近代的諸関係の解消と資本主義の進化過程の到達点をいわば「仮想現実」として想定したうえで、近代世界に「固有な」規定性や運動法則を描写することである。マルクスの『資本論』はこのような想定の下で「近代社会の経済的運動法則」を解明しようとした古典的研究であり、資本主義認識に欠かすことのできない論点と分析視角をいまなお提供し続けている。しかし、「理念としての資本主義」の想定は、一九世紀の「競争的資本主義」を資本主義の典型ないし標準的形態として理解し、不自由な売買/労働者/生産者の存在を、標準からの逸脱であり資本主義の進化によってやがては消滅するものとして理解するきらいがある。その結果、「理念としての資本主義」は、人格的な支配・依存関係の社会と商品の自由な販売者と購買者の関係に基づく近代世界を抽象的に比較することによって、資本主義の歴史的優越性とその進歩性を理念的に強調するきらいがある。

「理念としての資本主義」の想定は、なぜ一九世紀の「競争的資本主義」を標準形態として特権化し、資本主義社会としての近代世界を歴史における進歩として描き出すことに結果するのだろうか。それは、「理念としての資本主義」が共同体と自由な販売者・購買者・賃労働者との関係を、対照的で異質なものとして理解しているからである。言い換えれば、「理念としての資本主義」の想定の下では、近代世界がなぜ、どのように、各種の共同体および自由・平等の理念とは異質な規範やイデオロギーを不可避的に生み出すか、を説明できないのである。

・資本主義的社会構成体がなぜ国民的形態をとるのか？
・近代世界はなぜ、自由や平等という規範とは異質な、人種差別主義という規範を生み出すのか？
・近代世界はなぜ、日本人やフランス人という人種（種的同一性）を創出するのか？
・近代世界において、人種主義とナショナリズムはどのような関連をもっているのか？
・際限なき資本蓄積は、どうして自由な賃労働者の搾取と不自由な労働者の搾取の双方に継続的に依存するのか？
・階級的コンフリクトと人種主義・ナショナリズムはどのような関連にあるのか？

このような問題群を解き明かすロジックを発見するためには、「理念としての資本主義」から「史的システムとしての資本主義 historical capitalism」に移る必要がある（本書：一三九ページ）。史的システムとしての資本主義は何よりも、何らかの「完成した資本主義」を想定して資本主義の構造と運動法則を研究するのではなく、資本主義の進化におけるプロレタリア化のプロセスの動態に注目するアプローチである。このアプローチを代表するウォーラーステインにとって、説明されるべき問題は、不自由な労働の自由な賃労働への転換というプロレタリア化のテンポがどうしてかくも緩慢なのかということである。「驚くべきは、いかにプロレタリア化が進行したかではなく、いかにそれが進行しなかったか、ということなのだ。というのは、この歴史的システムにはつとに四〇〇年を越える歴史があるにもかかわらず、完全にプロレタリア化された労働力というのは、今日の資本主義的「世界経済」においても、なお五〇パーセントにも達しているとは到底いえないからである」（ウォーラーステイン　1985：二〇ページ）。ここに、史的システムとしての資本主義の構造と動態を解くカギがある。

ウォーラーステインの資本主義世界経済は「単一の進化しつつある史的システム」であって、中核／半周辺／周辺の垂直的分業から成る世界経済とその政治的上部構造としての国家間システムとから構成される。原動力としての際限なき資本蓄積、その主要な達成メカニズムとしての万物の商品化、世界的生産の絶対的増加、垂直的分業の外延的・内包的拡大に基礎を置く資本主義世界経済は、このシステムの三つの矛盾、経済と政治の矛盾、資本と労働の矛盾、世界的生産と世界的需要の矛盾を短期的および中長期的に解決していくにつれて進化・変容する。具体的には、世界的生産が世界的需要を超過することによって周期的（短期的）に経済的停滞が生じるが、世界的需要を増加させるには、非賃労働による生産を賃労働による生産に転換することで、世界の労働者の購買力を上昇させる必要がある。非賃労働の賃労働への転換によって、世界労働力に占める自由な賃労働者の比率が高まることを、ウォーラーステインは「プロレタリア化」と呼ぶが、問題はこのようなプロレタリア化の進行が賃金をコストと見る資本家の意思に反していることである。しかし、労働者の要求をしぶしぶ受け入れる形でひとたびプロレタリア化が進むならば、中長期的には資本主義世界経済の再編成が行われる。世界システムの外部から新たな非賃労働を取り込むこと、中核地域から半周辺および周辺に労働集約的な生産工程を移転すること、中核で技術革新と資本集約的生産工程を促進すること、このようなシステムの再編成にもっとも適合的な地域が新たな中核に、そしてもっとも不適応な地域が周辺になること、などがそれである。だが、プロレタリア化の進展によるシステムの矛盾の中長期的解決はそのたびに、世界の労働力の完全な賃労働者化にしだいに接近するものである。それゆえ、プロレタリア化の進行を五〇〇年から六〇〇年という時間的次元で見るならば、それは究極的には中核／半周辺／周辺の垂直的分業の基礎条件を掘り崩し、史的システムとしての資本主義を危機に陥れるのである。資本主義世界経済は、始めと終わりをもつという意味で、「史的」システムである。

史的システムとしての資本主義の視点からの国民の創出論は、一九七四年に刊行された『近代世界システム』のなかで提起された。ウォーラーステインはこのなかで、国民と国民的文化の創出を、資本主義世界経済の「一地域」の指導的集団または社会層の地域的支配を正当化するへゲモニー機能あるいはイデオロギー装置として説明する。

「帝国の政治機構が職業と結びついた文化を生みだしがちなのに対し、『世界経済』の政治機構は地理的な位置関係を基準にした文化をつくりあげる傾向がある。というのは、『世界経済』のなかでは、どの集団にとっても、まず掌握しうる政治権力というのが地方的な権力、すなわち各国の国家機構そのものだったからである。文化の均質化が進むと指導的な集団には有利だから、彼らは文化的・国民的一体感を生み出すように圧力をかけるのである」（ウォーラーステイン　１９８１Ⅱ：二八二ページ）。

このように各国の国家機構または地方的権力を掌握した支配的集団にとって、「文化的・国民的一体感」としての国民的文化を生み出すことは、対内的な内紛を抑え連帯を確保するうえでも、世界システムの上位にある支配階層による抑圧に対して人びとを国民として動員するうえでも、決定的な意義をもっている。「一地域で支配権を握っている社会層が、その下の階層に萌芽的な階級意識が芽生えて脅威に晒された場合、地域文化の重要性を強調することがその地域の内紛を抑え、外部勢力に対抗するための連帯感を生みだすことになる。そのうえ、ここにいう地域の支配的社会層が、世界システム上の支配階層によって抑圧されていると感じ始めると、彼らには地域の一体感 local identity をつくりだそうとする動機が二重に存在することになる」（ウォーラーステイン　１９８１Ⅱ：二八八ページ）。この場合、「地域の一体感」の核になるのは社会的産物としての言語や宗教の均質性である。注意すべきは、これらの社会的創造物は常識的には伝統とみなされているが、実際には「発明された伝統」であり、意外と歴史の浅いものである［★2］。

ウォーラーステインは一九九〇年に公刊されたバリバールとの共著『人種・国民・階級』（本書）のなかで、国民（ナショナリズム）にくわえて人種（人種主義）およびエスニック集団（民族集団）が資本主義世界経済の基本的な構造的特徴と密接に関連していることを論じる。一般に、人種は身体的特徴を備えた遺伝的カテゴリーとして、国民は国境と結びついた政治的カテゴリーとして、エスニック集団は文化的カテゴリーとして考えられているが、これらは資本主義世界経済によって歴史的に構築された「民族性 peoplehood」の三つの基本形態として把握されることになる。「『人種《レイス》』概念は、世界経済における垂直的分業、すなわち中核—周辺の対立と関係がある。『国民《ネイション》』概念は、この史的システムの政治的上部構造、すなわち国家間《インターステイト》システムを形成し、かつそれから派生する主権国家と関係がある。『エスニック集団』の概念は、資本蓄積において非賃労働の広範な要素を維持することを可能にするような世帯《ハウスホールド》構造の創出と関係がある」（本書：一二四ページ）。詳しく説明することはしないが、人種の概念が中核—周辺の対立とそこでの優劣関係を表現する思想であり、国民の概念が国家間システムから派生する諸主権国家において指導的集団が作り出す地域的文化的一体感を表現するのに対し、エスニック集団の概念は、世界的労働力の階層的編成とそれを人種主義によって正当化することに関係がある。

ウォーラーステインの議論の力点は、資本主義世界経済のなかでこの世帯とそれが属する共同体がどのようにエスニック化され、世界的労働力の再生産においていかなる機能的意義をもっているか、に置かれている。世帯はすべての諸個人がそれに属することによって自分の生活の再生産を行う制度（institution）であるが、構成員数、境界、配置などの点で伸縮性に富むこの制度は、再生産費以下の低賃金に甘んじる半プロレタリア的労働力の伸縮的な供給と再生産において決定的な役割を演じる（本書：第6章「資本主義世界経済における世帯構造と労働力の形成」を参照）。長期的に見るならば、世帯には二つの重要な特徴がある。第一に、世帯は多様な源泉（賃金、市場取引、賃貸料、譲渡所得、等々）に由来する長期的所得の大小によって序列化される。例えば、高賃金の労働者が属するプロレタリア化した世帯は、低賃金労働者が属する半プロレタリア的な世帯よりも、職業上の地位が高いのである。これは世帯の職業上のヒエラルキー（階級的次元）である。第二に、「あらゆる世帯はまた、『エスニック』な次元を有するものとして分類可能である。『エスニックな次元』という用語で言いたいのは、ただ、人種（あるいは皮膚の色）・言語・宗教・祖先の母国等々といった（生物学的であれ文化的であれ）『属性として備わっている』と考えられる特徴によって、どんな形の帰属意識や自己帰属化も社会的に規定されている、という点である。重要なのは、今日のどんな国家においても、住民をこうした『エスニック』な次元によって分類しようとしていることである」（ウォーラーステイン　１９９３：二二二―二二三ページ）。ウォーラーステインによれば、世帯の職業上の地位と世帯のエスニック的地位との間には、密接な相関関係がある。というのは、価値観、宗教、言語、日常生活の特定の様式といった、エスニック集団にその「属性として備わっている」とみなされる特徴、つまりエスニック集団の「文化」が、職業上のヒエラルキーのなかでその集団にふさわしい役割を果たせるように子供を社会化＝教育するからである。各エスニック集団はいわば、それ固有の「労働力の教育・訓練装置」を内蔵しているのである（ウォーラーステイン　１９８５：一〇七ページ）。例えば、エスニシティ上の地位の低い世帯に生まれた子供は、年長者の教示どおりに、所得の低い特定種類の職業を当たり前のこととして受け入れる。つまり、職業上の地位とエスニック上の地位が重なり合うことによって、「労働力のエスニック化」（ウォーラーステイン　１９９３：二二八ページ）、あるいは「職業上のカテゴリーのエスニック化」（本書：二三一ページ）と呼ぶことのできる事態が生じているのである。

労働力のエスニック化によって、世界の労働力はエスニック集団別に編成されるようになるが、ウォーラーステインはそこに三つの意義を確認する（本書：五四ページ、ウォーラーステイン1985：一〇六―一〇七ページ）。第一に、職業上のランクに照応するあらゆる種類の労働力の十分な供給が保証される。とりわけ、資本主義世界経済は低い賃金の半プロレタリア的労働力を、必要な地域で必要なときに必要なだけ確保することができる。第二に、エスニック集団の「文化」に内蔵された労働力の訓練装置のおかげで、経済的に報われることの少ない労働力を再生産する世帯という「共同体」が絶えず再創出される。第三に、「文化」や「伝統」によって、資本主義世界経済の著しい不平等が正当化される。なぜなら、職業上のヒエラルキーのなかで各エスニック集団がそれぞれ違った地位を占めていることが、システムとしての資本主義自体のせいではなく、集団の文化的特徴または文化的遺産から説明されるからである。これが、ウォーラーステインの言う人種主義であって、次のように定義される。「要するに人種主義とは、労働者の階層化ときわめて不公平な分配とを正当化するためのイデオロギー装置であった。それはまた、エスニック集団と労働力配置の高い相関性を一貫して維持する効果をもつ一連の習慣と結びついたイデオロギー的主張のことである。各エスニック集団の遺伝学的および（または）永く続いてきた『文化的』特徴こそが、資本主義というこの経済構造のなかで各集団がそれぞれ違った位置を占めている主要な原因だというのが、このイデオロギー的主張の柱である。しかし、実際には、ふつうある集団が特定の経済活動にかんして他の集団より『優れている』という信念〔これも文化の一要素である――若森〕が成立するのは、その集団の労働力としての位置づけが決まってしまった後のことであって、それ以前のことではなかったのである」（ウォーラーステイン1985：一〇八―一〇九ページ）。ここで注目すべきことは、「文化的」な特徴または差異によって、近代世界の理念上の平等とは異質な経済上の集団的不平等が理論的に正当化されることである。人種主義のイデオロギーによれば、エスニック的な地位の低い人びとは、教育によって理論上は克服可能な「文化的遺産」――例えば、合理的思考に向かない、労働倫理に欠ける、職業上の地位向上を望まないという出自集団の文化的特徴――のせいで、低い職業的地位に置かれていることになる。その結果、集団的不平等の問題はつねに過渡期的なものとして位置づけられ、問題の真の解決は将来に先送りされてしまうのである。（ウォーラーステイン 1993：一二七ページ）。それゆえ、「人種主義は、資本主義世界経済のイデオロギー的制約〔法の前での平等と機会均等――若森〕のなかで大規模な集団的不平等という現実を、唯一受容できる形で正当化するものなのである」（同上書：一二六ページ）。

## 3 国民形態のもとでのナショナリズムと人種主義の接合

バリバールに独自な史的システムとしての資本主義とは、それぞれが各国の歴史的状況における複雑な諸契機によって重層的に決定される国民化とプロレタリア化の動態的過程のことである。ここで興味深いのは、社会構成体の国民化（nationalisation）と国民国家形態の出現を貨幣流通やプロレタリア化や資本蓄積のロジックから、つまり理念としての資本主義の展開から演繹的に導出できないことを洞察したバリバールが、国民形態の出現をブローデルとウォーラーステインの史的システムとしての資本主義に基づいて説明していることである（本書：一三九ページ）。すなわち、国民化と国民国家は、何の区別もない抽象的な「世界市場」においてではなく、中核／半周辺／周辺として階層的に編成される「世界経済」のなかで中核諸地域が周辺地域にたいする支配権を争う手段として一五世紀中頃に形成され、ついで戦争と植民地化を通じて諸国家間システムとして確立・波及していくのである。

しかし、社会構成体の国民化と政治形態の国民国家化がひとたび確立するならば、バリバールの場合、世界経済が唯一の社会単位であるウォーラーステインとは逆に、国民や国民国家といった国民形態（nation form）が資本主義の動態と変化にとって特権的な枠組みを構成するようになる。その主要な理由は二つある。

第一に、国民国家の前提とその介入なしに、階級形成と労働力のプロレタリア化は不可能だからである。というのは、資本蓄積の対立的で不均質な影響によって、資本と労働が対立しているだけではなく、ブルジョワジーとプロレタリアートのそれぞれの内部が分断され階層化されているからである。国家の介入による諸利害の調整によってはじめて「資本家階級」が形成されるという意味で、バリバールによればすべてのブルジョワジーは本質的に「国家ブルジョワジー」である（本書：二二、一四一、二五九ページ）。さらに、資本蓄積とそれにたいする抵抗がもたらす相互にズレているプロレタリア化の三つの側面、すなわち、労働力売買の条件（賃金、労働時間の長さ、剰余労働の存在）、資本の下への労働の形式的および実質的包摂（機械化と熟練の解体）、労働市場と労働力再生産の条件（労働者間の競争、失業、移民、社会保障）の媒介的統一がマクロ的に確保されないならば、労働力のプロレタリア化と再生産は不可能であるにも関わらず、この統一を確保する「構造的諸形態」［★3］の創出は自動的ではなく、国家の介入によってはじめて保証される（本書：二四五―二六一ページ）。「国家がなければ、労働力は商品にならないのである」（本書：二六〇ページ）。言い換えれば、プロレタリア化の諸契機の統一性確保による「労働者階級」の形成も国民国家の介入に依存するのである。逆に言えば、世界経済の場には、諸階級の闘争を抑制することによって階級形成を保証する政治形態が存在していないのである（本書：第10章「階級闘争から階級なき闘争へ？」を参照）。

第二に、「いかなる国民《ネイション》も生まれながらにそのエスニック的基礎を備えているのではない。そうではなく、諸社会構成体が国民化《ナショナライズド》するのに応じて、諸社会構成体に包摂されている住民――諸社会構成体の間に分けられ、かつそれらによって支配される住民――が『エスニック化』するのである。言い換えれば、諸社会構成体の国民化《ナショナライズド》に応じて、そこに包摂されている住民は過去においても将来においても、あたかも彼らが自然的共同体を形成し、個人的および社会的条件を超越するような起源・文化・利害の同一性を自然に備えているかのように表現／上演《リプレゼンテイド》されるのである」（本書：一四九ページ）。これが国民国家による「虚構的エスニシティ」（本書：一四九ページ）の創出であって、国民的共同体という「想像の共同体」（アンダーソン）にはこの「民族」という虚構のエスニシティ（民族性）が不可欠である。というのは、これを欠くならば、国民共同体という理念はたんなる観念または恣意的抽象として現れるだけだからである。バリバールによれば、国民国家が虚構のエスニシティを作り出すうえで、人種と言語の補完的関係の役割が決定的に重要である。すなわち、学校による言語共同体（国民言語）の創出と血統関係の想像上の拡大による人種共同体（種的同一性）の表現／上演とによって、国民的共同体が歴史的に構築されると同時に、それは虚構のエスニシティとして自然化（naturalisation）されてしまうのである（本書：第５章「国民形態」を参照）。

　詳しく説明する余裕はないが、バリバールの議論の核心は実はこれからである。「人種主義と国民主義《ナショナリズム》」（本書：第３章）は、人種主義とナショナリズムの歴史的相補性を明らかにすることによって、ナショナリズムの定義の核にある除去できない曖昧さを分析したものだが、これは植村邦彦氏（植村　１９９６、１９９９ａ）が指摘するように、これまで別々の文脈で研究されてきた人種主義とナショナリズムの関連を検討した最初の本格的な研究である。日本人やフランス人といった国民という想像の共同体と排他的な人種共同体の同時発生を議論したバリバールの研究は、酒井直樹氏によって注目され、氏の『死産される日本語・日本人』（酒井　１９９６）の主要論点の一つとして継承・発展されている。また、プロレタリア化の進行とともに、労働者を「退化した人種」として分類する「階級の人種主義」、あるいは肉体労働を軽蔑の対象とする「肉体労働の制度的人種主義化」が発生することについては、バリバール自身が詳しく分析している（本書：第12章「階級の人種主義」を参照）。

## 4 ウォーラーステインとバリバールの比較

ウォーラーステインとバリバールの議論は、階層的に編成された世界経済（中核／半周辺／周辺の垂直的分業、世界の労働力のエスニック別階層化）か、国民的社会構成体（「国民」という共同体の創出とそこにおけるプロレタリア化の複雑な展開）かというように、主たる分析単位が大きくズレているにも関わらず、両者の強調点、いくつかの結論、資本主義認識にはかなりの共通点がある。歴史や社会の複雑な変化を単純化ないし目的論化する自由主義およびその影響を受けているマルクス主義に対する批判、資本主義が「共同体」および共同体的アイデンティティという、資本と労働の対立とは別のロジックをもつ排除と差別の装置を創出するという認識、近代の対等・平等原理に違反するこの排除および差別を理論的に正当化するイデオロギー装置が「文化」や「伝統」として議論される言説であるという指摘、そして、従来の近代性理解を刷新するような以上のような認識は「理念としての資本主義」から「史的システムとしての資本主義」に視軸を移すことによって可能になるという主張――以上が、強調しておきたい両者の共通点である。

しかし、両者の違いも重要である。ウォーラーステインが資本主義世界経済における国民、人種、エスニック集団の相違を強調するのに対し、バリバールは、国民と人種とエスニシティの複雑な接合関係、あるいはナショナリズムと人種主義の歴史的相補性を強調する。また、ウォーラーステインが人種主義のうちに各エスニック集団の文化的特徴による差別という「反普遍主義」を見るのに対し、バリバールはそこに「人間主義」という普遍主義（例えば、人間性／動物性という普遍主義的言説）による差別を見る。あるいは、ウォーラーステインによれば、世界経済の客観的な階級関係は各国家のなかの多数のエスニック集団の身分意識（共同体的アイデンティティ）によって具体的に表現されるのに対し、バリバールによれば、人種主義のようなアイデンティティは階級構造を表現するものではない（本書：二三ページ）。

ここで、このような相違が両者の問題意識の相違から生じることを内在的に理解することができる。ウォーラーステインにとって、世界の労働力のエスニック集団別編成とその再生産が決定的に重要である。それゆえ彼は、近代世界がエスニック集団という「共同体」を創出・再創出することに注目する。彼には社会の「国民化」という論点は存在しない。バリバールにとって、エスニック集団の形成は主たる関心ではない。彼は、近代世界のなかで「虚構のエスニシティ」を有する国民という共同体がどのように創出されるかに関心をもつ。すなわち彼の議論によれば、階層化された労働力の商品化と再生産は、国民的社会構成体のなかの国家の介入や支配階級の「社会的機能」の媒介を通じてのみ歴史的に確保されうるのである。ウォーラーステインにおけるエスニック集団の創出の議論とバリバールにおける国民の創出のそれは、お互いに理論的に見合うだけの重要性を有している、と言うことができる。要するに「ウォーラーステインの議論が少数集団《マイノリティ》のエスニック化をうまく説明できるのに対し、私〔バリバール〕の議論は多数集団《マジョリティ》のエスニック化をよりよく捉えている」（本書：二一〇ページ）のである。

## 5　国民的アイデンティティを超えられるか

われわれが属している近代世界の共同体、とくに国民や民族という「想像の共同体」を超えることはきわめて困難な課題であるが、本書は二つの手がかりを与えている。

第一は、国民、ナショナリズム、人種といった「共同体」の概念が、伝統的なものではなく一般に考えられているよりもずっと歴史の浅いものであり、「われわれ」と「他の人びと」との境界線が絶え間なく再定義＝再構築されてきた歴史的な構築体であって、固有の曖昧さをもっていることである。バリバールやウォーラーステインが試みているように、この固有の曖昧さを問うことは国民的アイデンティティを超える手がかりになる。例えば、植村（1999b）は、「日本人」と「他の人びと」の間に区分線を引くことは単純明快な理論的作業ではなく不可避的に曖昧さを伴うものであり、文化・言語・帰属社会・民族性・国籍の組み合わせにはさまざまなケースがありうることを指摘し、「純粋な日本人」のイメージと「純粋な外国人」のイメージとの間にあるのは一本の境界線ではなく、多様な段階を含んだ連続体であることを主張している［★4］。国民という想像の共同体が曖昧であるという認識は、住民または民衆が国民に回収されるありかたを相対化し、民衆が別の仕方で社会を形成しうる可能性を開くことに通じているのである。

第二は、バリバールが本書の第5章「国民形態」において、国民という形態によって創設される共同体の形態は民族 people という想像上の共同体であることを論じ、根本問題を「民族《ピープル》を創出すること……民衆《ピープル》が絶えず自己自身を国民的《ナショナル》共同体として創出すること」と定式化し、この問題を「民衆《ピープル》を民族《ピープル》にするものは何か」というルソーの言い回しで表現していることである。つまり、バリバールは事実上 People を二つの意味で、民衆という意味と国民の想像の共同体としての民族という意味で使っているのである。この People の二つの意味の区別は、バリバールが二〇〇一年に刊行した『ヨーロッパ市民とは誰か』のなかでより詳しく展開されている。「国民化のプロセスは、対立の場そのものであるが、二つの民衆＝民族の観念が互いに関係している場でもある。これは、ギリシャ哲学とそれに続く政治哲学の全歴史が、エートスとデモスという語で示していることである。帰属と縁戚関係の想像上の共同体としての『民族』と、代表と決断と権利の集団的主体としての『民衆』である」（バリバール 2007：三二一―三三ページ）。国民化のプロセスを、民衆が主体性を失わない下からの社会形成と国民国家による民族という想像の共同体の創出との対抗、および後者による前者の回収として理解することによって、虚構のエスニシティとしての国民の閉鎖性を超える民衆形成の次元が切り開かれる。バリバールは「ヨーロッパ民衆」という観念を新しい民衆の姿として提起し、この観念に具体的な意味を与えるものとして、国籍＝市民権の関係を打破するヨーロッパ市民権を提唱する（同上書：三五ページ）。今日の東アジアにおいても、孫歌（2013）が指摘するように、日本や中国や韓国の民衆は国民＝民族という国民国家のもとでの「想像の共同体」を超え、人種主義的な序列的価値観に基づく優越感を克服し、「民衆のアジア」（民衆のレベルにおける東アジアの連帯）を想像力によって本物にしていく努力が求められている、と言えよう。

注

★1　国民的アイデンティティとは、世界経済の一地域で権力を握った指導的集団が創出する地域的一体感であり、この一体感の核になるのが「発明された伝統」としての文化や言語や「人種」の同一性である。この地域的一体感を、ウォーラーステインは資本主義世界経済によって創出される民族性（人種、ナショナリズム、エスニック集団）として、バリバールは「民族」という「虚構のエスニシティ」の創出として、より具体的にはナショナリズムと人種主義の接合として認識している。

★2　ウォーラーステインが注意を喚起しているように、「実際、いついかなる時点でも、伝統的とみなされるものの多くは、一般に考えられているよりもずっと歴史の浅いものである。本質的には、社会的地位の低下の脅威に晒された人びとの、自己保存の本能が投影されたにすぎないことも多いのである。……必要とあれば、『伝統』ほど急に現れ、みるみる発達するものはない、というのが現実なのだ」（ウォーラーステイン　1981 Ⅱ：二九三ページ）。

★3　構造的諸形態の概念は、レギュラシオン理論を提唱したアグリエッタによって展開された。アグリエッタ『増補新版　資本主義のレギュラシオン理論』第3章「賃労働者階級の存在条件の変容」を参照されたい。

★4　福岡安則は、「日本人」を構成する諸要素として、「純粋な日本人／日系一世など／海外成長日本人／帰化者／

日系三世あるいは中国残留孤児／民族教育を受けていない在日韓国・朝鮮人の若者たち／アイヌ民族／純粋な非日本人としての外国人」の八類型を想定し、それぞれの「血統／文化／国籍」の組み合わせについて検討し、「純粋な日本人のイメージ」と「純粋な外国人＝非日本人のイメージ」との間にあるのは一本の「区分線＝境界線」ではなく、「多様な段階を含んだ、一つのスペクトル的連続体」だ、ということを明らかにしている（福岡　１９９３：一三ページ）。

## 参考文献


M・アグリエッタ（２０００）『増補新版　資本主義のレギュラシオン理論』若森／山田／大田／海老塚訳、大村書店
B・アンダーソン（１９８７）『想像の共同体』白石隆／白石さや訳、リブロポート
植村邦彦（１９９６）「差別と排斥のシステムの解剖学」『月刊フォーラム』６月号
――――（１９９９a）「ナショナリズムと人種主義」若森章孝／松岡利道編（１９９９）
――――（１９９９b）『価値意識としての「国民的アイデンティティ」』関西大学経済・政治研究所　研究双書　第１０９冊
――――（２００１）『「近代」を支える思想』ナカニシヤ出版
I・ウォーラーステイン（１９８１）『近代社会システム　I、II』川北稔訳、岩波書店
――――（１９８５）『史的システムとしての資本主義』川北稔訳、岩波書店
――――（１９８７a）『資本主義世界経済I　中核と周辺の不平等』藤瀬／麻沼／金井訳、名古屋大学出版会
――――（１９８７b）『資本主義世界経済II　階級・エスニシティの不平等、国際政治』日南田靜眞監訳、名古屋大学出版会
――――（１９９１）『世界経済の政治学』田中／伊豫谷／内藤訳、同文舘出版
――――（１９９３）『脱＝社会科学』本田健吉／高橋章監訳、藤原書店
姜尚中（１９９６）『オリエンタリズムの彼方へ』岩波書店

酒井直樹（1996）『死産される日本語・日本人』新曜社
酒井直樹ほか編（1996）『ナショナリティの脱構築』柏書房
塩原良和（2010）『変革する多文化主義へ』法政大学出版局
孫歌（2013）「東アジアをいかに考えるか」『現代思想』12月号、vol.41-17
冨山一郎（1991）『近代日本社会と「沖縄人」』日本経済評論社
G・ハージ（2008）『希望の分配メカニズム』塩原良和訳、御茶の水書房
E・バリバール（2000）『市民権の哲学』松葉祥一訳、青土社
――（2007）『ヨーロッパ市民とは誰か』松葉祥一／亀井大輔訳、平凡社
福岡安則（1993）『在日韓国・朝鮮人』中央公論社
町田幸彦（2013）『世界の壊れ方』未來社
若森章孝（1999）「近代性の再把握と歴史的資本主義の仮説」若森章孝／松岡利道編（1999）
若森章孝／松岡利道編（1999）『歴史としての資本主義』青木書店

# 訳者あとがき

この本は、Etienne Balibar et Immanuel Wallerstein, *Race, nation, classe: Les identités ambiguës*, Editions La Découverte, 1990 を全訳したものである。ただし、ウォーラーステインが執筆している章は、彼の指示に従って英語のオリジナル論文（*Race, Nation, Class: Ambiguous Identities*, Verso, 1991に収録）から邦訳した。その結果、この本の各章の見出しの一部や論述の細部は、原書とはいくぶん異なっている。また、人種／民族／国民／階級について本格的に論じた研究としてこの本がいかに注目されているかの傍証でもあるが、この本の第1章、第7章、第11章はそれぞれ、『現代思想』（大西間雅一郎訳、一九九三年三月号）、『資本主義世界経済Ⅱ』の第一八章と第一〇章（日南田靜眞監訳、名古屋大学出版会、一九八七年）において訳されている。訳出作業にあたっては、これらの邦訳文献を参考にさせていただいた。

二〇世紀末の今日、ソ連・東欧の「社会主義から市場経済への移行」によって、また一部の発展途上国の新興工業経済地域（ＮＩＥｓ）化によって、資本主義と市場の論理が地球上に広がれば広がるほど、人びとはますますナショナリズムや人種主義やエスニシティ（民族的同一性）といった共同体的アイデンティティを強く求める傾向にある。つまり、自由や平等、利己心、階級関係に基づく近代社会の運動が、一見するとそれとは対照的なさまざまな「共同体」、とりわけ国民（nation）や人種（race）や民族（people）といった共同体（community）を、必然的としか言いようがない仕方で生み出している。別の言葉で言えば、市場経済の普遍化傾向と不可分な普遍主義のイデオロギー（機会均等、法の前の平等、要するに同一性志向）は、ナショナリズムや人種主義、性差別主義といった排除と差別のイデオロギーを駆逐するのではなく、むしろそのような特殊化・差異化の原理による抗争を強めているのである。「共同体から市民社会へ」、「身分から契約へ」という自由主義的歴史認識とそれに基づく近代世界像が、根底的に問われている。本書は、このような近・現代社会のパラドックス――資本主義が共同体を消滅させるのではなく、逆に各種の共同体的アイデンティティを創出するというパラドックス――を解明することによって、広くかつ長らくパラダイムとして共有されている、一九世紀以来の近代世界認識を変革しようとするものである。

利益社会（ゲゼルシャフト）が共同体（ゲマインシャフト）を生み出すという近代世界のパラドックスは、自由・平等・等価の社会関係が搾取と支配の社会関係に転変するというパラドックスを解明した『資本論』のロジックでは解くことができない。というのも、「理念としての資本主義」のロジックでは、あるいは世界市場という抽象的で無差別なロジックでは、資本主義的社会構成体がなぜ国民的形態（国民的構成体）をとるかが説明できないからである。それゆえ、資本主義世界経済（世界システム）の次元を強調するウォーラーステインにとってばかりか、各社会構成体の次元を強調するバリバールにとっても、社会（社会構成体）の国民化（nationalisation）は、中核／半周辺／周辺／システムの外部／から構成される「史的システムとしての資本主義」の次元における国家間システムや植民地化や戦争を通じて説明されるのである。

しかし、理念としての資本主義から史的システムとしての資本主義に分析対象を移すだけでは、まだ問題の手掛かりを得たにすぎない。なぜなら、国民（ナショナリズム）、人種（人種主義）、民族といった共同体は単独で存在することがなく、具体的な歴史状況のなかで他の共同体との複雑な接合関係にあるために、それぞれが本質的に曖昧な複合体として存在しているからである。それゆえ、国民や人種や民族といったアイデンティティの本質的な曖昧性、言い換えれば、これらのアイデンティティを定義することの困難性の由来がまず明らかにされねばならない。例えば、「ナショナリズムを定義することがなぜこれほど困難なのか」という問題を史的システムとしての資本主義の複雑性と関連させて追求するのが、本書の大きな特徴である。

さらに、国民や人種や民族の本質的な曖昧性、複雑性を明らかにすることは、これらを近代社会自体によって創出された歴史的構築物として認識することでもある。ベネディクト・アンダーソンが、バリバールも本書で度々言及している『想像の共同体』のなかで指摘しているように、国民が近代の歴史的構築物であることは歴史家にとって自明である。だが、国民というつねに人種主義を伴う「共同体」がなぜ近代世界の真ん中で不可避的に生まれるかについて説明することは、きわめて困難である。というのも、国民は超歴史的な「共同体」として現れるからである。本書の言葉で言えば、歴史的構築物が国民的な「過去性＝過去の記憶（pastness）」として、しかも言語（国民語）や血統によって自然化（naturalisation）されたものとして現れるからである。それゆえ本書のライトモチーフは、このような過去性を表現する国民や人種や民族といった「共同体」を解体・構築することである。バリバールとウォーラーステインは、本書を通じて、国民やナショナリズムがなぜ近代的現象であるのか、あるいは、近代世界のなかに国民やナショナリズムを生むどのような必然性があるかについて、おそらくこれまでのどの議論よりも深いところまで考察していると思われる。

とはいえ、史的システムとしての資本主義が各種の共同体を創出するロジックの構成は、ウォーラーステインとバリバールは同じでない。両者の違いについてはバリバールによる序文を、また両者のロジックの構成をはっきり知るためには第4章と第5章を読んでいただきたい。簡単に言えば、ウォーラーステインは、国民、人種、エスニシティを民族(people)を構築する三つの歴史的様式として理解したうえで、国民、人種、エスニシティの成立を、それぞれ、資本主義世界経済の上部構造である国家間システム、中核/半周辺/周辺という垂直的分業構造、労働力の階層的構造との機能的関連で説明する。他方バリバールは、国民が「虚構的エスニシティ」という想像の共同体としての「民族」を創出するロジックを解明するうえで、言語共同体(国民言語)と人種(人種共同体)、さらにイデオロギー装置としての学校と家族が果たす決定的な役割を強調する。いずれにせよ彼らは、国民やナショナリズムや人種主義という近代的現象が超歴史的なものとして「自然化」するロジックを明らかにしようとするのである。

ところで、誰しもがわかったつもりでいる「階級」や階級的アイデンティティに曖昧性はないだろうか。生産手段の所有・非所有に基づく敵対的社会関係として定義すれば、階級はわかったことになるだろうか。否である。ウォーラーステインにとってもバリバールにとっても、「理念としての資本主義」という無差別の抽象レベルでは、階級および階級闘争を議論することができない。階級を議論できる場は、ウォーラーステインにとっては史的システムとしての「資本主義世界経済」であり、バリバールにとっては資本主義的社会構成体である。即自的階級/対自的階級というマルクスの議論を継承するウォーラーステインによれば、即自的階級(世界ブルジョワジーと世界プロレタリアートの対立)は資本主義世界経済における無際限の蓄積と万物の商品化によって規定されるが、対自的階級(自覚された階級意識)は国民という政治的単位で形成されるがゆえに、階級闘争はナショナリズムや人種主義やエスニシティ(民族集団)と分かち難く接合している。他方、「強制プラス同意」というグラムシのヘゲモニー論を批判的に継承するバリバールによれば、資本主義世界経済のレベルにはヘゲモニーの形成を保証する世界国家や世界貨幣のような制度が存在していない以上、世界ブルジョワジーという概念はリアリティに欠ける。バリバールは、グラムシのヘゲモニー概念を、「労働力の商品化の諸条件、すなわち、労働力の利用条件（労働過程）と労働力の再生産条件（教育や社会保障制度を含む）――レギュラシオン学派の言う賃労働関係――を編成する支配階級の能力」として再定義することによって、支配階級が労働力商品化の諸条件を編成する能力は国家の媒介をつねに必要とする、ということを強調する。つまり、資本主義的社会構成体の凝集性は、労働力の商品化の諸条件に対する国民国家の介入なしには確保されえないのである。それゆえバリバールによれば、階級形成および階級闘争は何よりも国民的構成体のレベルで分析されねばならないことになる。階級としてのブルジョワジーはつねに「国家ブルジョワジー」なのである。このように、バリバールとウォーラーステインの分析対象の相違（社会構成体か、世界資本主義経済か）がいちばん際立つのが階級論であるが、忘れてはならないのは、両者がともに、階級は純粋な現象ではなく（例えば、「階級のナショナリズム的人種主義」のように）人種主義やナショナリズムのような近代の他の創出物と絡み合って現象する複合体であることをいつも強調していることである。

バリバール、ウォーラーステインの以上のような近代世界像変革の作業は、人種、国民、民族、階級といったアイデンティティおよびそれを表す既成概念の解体・構築を伴うものであり、当然のことながら、マルクス理論およびマルクス主義の解体・構築（déconstruction）につながる理論的・思想的な試みである。なぜならマルクス主義は、「市場や資本の論理の普遍化は最終的には国民・民族のような共同体を解体させる」という自由主義的・普遍主義的な見方を共有しているからである。第8章「マルクスと歴史」（ウォーラーステイン）と第10章「階級闘争から階級なき闘争へ?」（バリバール）を読めば、彼らがマルクス主義の解体・構築についてどのように構想しているかを知ることができる。とくに、バリバール執筆の第10章は、マルクス主義の解体的危機の分析としても、その解体・構築の構想としても、豊穣な示唆に満ちた力作であるので、マルクス主義に関心がある方に是非読んでいただきたいと願っている。なお、バリバール、ウォーラーステインの人種、国民、民族についての複雑な議論を最初に見事に取り上げた文献として、姜尚中「世界システムのなかの民族とエスニシティ」(『グローバル・ネットワーク』岩波講座　社会科学の方法XI、一九九四年)を、また、歴史や社会の複雑性に注目し、すべてを普遍主義(一般法則)に還元する自由主義を批判するマルクスを描いた文献として、松岡利道「ウォーラーステインのマルクス論」(『龍谷大学経済論集』第三二巻第四号)を参照されたい。これらの文献は本書への格好のガイドとして役立つはずである。

＊　＊　＊

ここで、二人の原著者、バリバール、ウォーラーステインについて紹介しておきたい。

バリバールは一九四二年生まれのフランスの哲学者・政治学者である。彼は二〇代のはじめに、構造主義的マルクス主義の中心的文献、『資本論を読む』(原書、一九六五年、権寧・神戸仁彦訳、合同出版、一九七四年)をルイ・アルチュセールとの共著で発表して以来、世界的に著名であり、現在はパリ第一〇大学の教授として政治哲学、道徳哲学を担当している。彼は本書のなかで、一九六〇年代から七〇年代にかけて行われた「構造/歴史」論争の真の争点が、構造主義的歴史観と自由主義的な「目的論的」な歴史観との対立であった、と述べているが、これは注目すべき発言である。彼の近著に、*Les frontières de la démocratie*, La Découverte / essais, 1992 がある。これは、現代の人種主義とＥＣ統合（ヨーロッパ市民権）の問題を論じた、よく引用される文献である。彼の著作のうちで、これ以外に次の文献が邦訳されている。

『プロレタリア独裁とはなにか』（加藤晴久訳、新評論、一九七八年）

『史的唯物論研究』（今村仁司訳、新評論、一九七九年）

『アルチュセール』（福井和美編訳、藤原書店、一九九四年）

『マルクスの哲学』（杉山吉弘訳、法政大学出版局、一九九五年）

『市民権の哲学』（松葉祥一訳、青土社、二〇〇〇年）

『ヨーロッパ、アメリカ、戦争』（大中一彌訳、平凡社、二〇〇六年）

『ヨーロッパ市民とは誰か』（松葉祥一／亀井大輔訳、平凡社、二〇〇八年）

『スピノザと政治』（水嶋一憲訳、水声社、二〇一一年）

ウォーラーステインは一九三〇年生まれのアメリカの社会学者・歴史学者で、世界システム論の提唱者として著名である。ニューヨーク州立大ビンガムトン校の社会学講座の主任教授（一九七六―一九九九）、フェルナン・ブローデル記念研究所の所長（一九九九―二〇〇五）を歴任した。この間、国際社会学会会長（一九九四―一九九八）、フランス国立社会科学高等研究院の理事などに就任した。彼は、二〇世紀末の危機現象を「史的システムとしての資本主義」の危機に通じる「長期波動の下降局面」として理解することによって、他のどの思想家よりも透徹した危機分析を展開している。彼の世界システム論の概略については、『史的システムとしての資本主義』（川北稔訳、岩波書店、一九八五年）を、世界システム論に基づく一九世紀的パラダイムの解体と史的社会科学の提唱については、『脱＝社会科学』（本多健吉／高橋章監訳、藤原書店、一九九三年)を、危機論については『リベラリズムの苦悶』(京都精華大学出版会編、阿吽社、一九九四年)を参照されたい。彼の著作のうちで、これ以外に次の文献が邦訳されている。

『史的システムとしての資本主義』(川北稔訳、岩波書店、一九八五年)

『近代世界システム』Ⅰ〜Ⅳ(川北稔訳、名古屋大学出版会、二〇一三年)

『資本主義世界経済』Ⅰ(藤瀬/麻沼/金井訳、名古屋大学出版会、一九八七年)

『資本主義世界経済』Ⅱ(日南田靜眞監訳、名古屋大学出版会、一九八七年)

『世界経済の政治学』(田中/伊豫谷/内藤訳、同文舘出版、一九九一年)

『ポスト・アメリカ』(丸山勝訳、藤原書店、一九九一年)

『反システム運動』(太田仁樹訳、大村書店、一九九二年)

『脱=社会科学』(本多健吉/高橋章訳、藤原書店、一九九三年)

『ポスト・アメリカ』(藤原書店、一九九一年)

『アフター・リベラリズム』(松岡利道訳、藤原書店、一九九七年)

『社会科学をひらく』(山田鋭夫訳、藤原書店、一九九六年)

『ユートピスティクス』(松岡利道訳、藤原書店、一九九九年)

『新しい学』(山下範久訳、藤原書店、二〇〇一年)

『脱商品化の時代』(山下範久訳、藤原書店、二〇〇四年)

『ヨーロッパ的普遍主義』(山下範久訳、明石書店、二〇〇八年)

また、ウォーラーステイン責任編集で次の文献が日本で刊行されている。

『ワールド・エコノミー』(山田/市岡/原田訳、藤原書店、一九九一年)

『長期波動』（山田／遠山／岡久／宇仁訳、藤原書店、一九九二年）

＊　＊　＊

最後に翻訳上のことについて述べておきたい。訳語でいちばん頭を悩ましたのは、nation（national）、peuple の訳語問題である。本書では、原則としてどの箇所でも、nation には国民、peuple には民族の訳語をあて、すべての箇所にルビをつけた。バリバールがルソーを論じる文脈で登場する peuple も、人民という訳語をあてたい誘惑をこらえて民族で押し通した。というのは、nation や peuple がなぜあるときは国民として、またあるときは民族として理解されるのか、なぜこの二つの用語は絶えず混同されるのか――、このようなアイデンティティと概念の曖昧さ自体の解明が本書の課題になっているからである。彼らはこの本のなかで、国民／民族／人種／エスニシティというアイデンティティおよびそれを表す概念の解体・構築（déconstruction）をやっているのであるから、もし訳者が nation を国民と訳したり民族と訳したりして訳語を使い分けるならば、バリバール、ウォーラーステインの解体・構築の試みを妨害することになろう。以上が本書のなかで、nation には国民、peuple には民族の訳語をかたくなまでにあてた理由である。とはいえ、この用法は本書がはじめてではない。例えば、本書のなかで言及されているフィンケルクロートの『思考の敗北あるいは文化のパラドクス』（河出書房新社、一九八八年）の訳者、西谷修氏は、訳者解説のなかで次のように述べておられる。「nation は『生まれ』を語源としているとおり、起源（土地、血統）を同じくする人間の集団をさし、共同体の住民をさす peuple から区別される。ただ、両者はしばしば混用され、またともに race（人種）とも混同される。だが、とりわけ近代においては、……nation は『国民国家』あるいは『国家を構成する人間集団』という意見合いを強くし、一方 peuple が『民族』といった意味を帯びて、ひとつの nation が複数の peuple からなるといった関係が成立する」（同上書、二〇二ページ）。さらにまた、ウォーラーステインの多くの訳書のなかでは、peuple は文脈に応じて、民族、国民、人民、民衆、人びとなどに訳し分けされているが、最近評判になった『脱＝社会科学』（本多健吉／高橋章監訳、藤原書店、一九九三年）のなかでは、peuple はほとんどすべて民族と訳されている。本書の訳者たちは大いに意を強くした次第である。人種（race）、国民（nation）、エスニシティを近代に固有な「共同体＝ゲマインシャフト」である民族（peuple）創出の三つの大きな歴史的様式として理解するのが、ウォーラーステインの見方である。バリバールによる解題的な序文を読めば明らかだが、彼もウォーラーステインの用法に従っている。訳語の問題はまだいくつかある。assimilation, intégration, insertion は、梶田孝道氏の指摘（『統合と分裂のヨーロッパ』岩波新書、一九九三年、一六四ページ）に従って、それぞれ、同化、統合、編入と訳した。また、transnational, sur-nationalisme, supra-nationalisme にはそれぞれ、「国家枠を超えた」、「超ナショナリズム」、「ナショナリズムを超えるもの」という訳語をあて、ルビまたは原語をつけておいた。

訳稿の作成にあたっては、序文、第3章後半、第5章を若森章孝が、第2、4、6、11章、あとがきを岡田光正が、第1章、第3章前半、第10、12、13章を須田文明が、第7、8、9章、索引を奥西達也が担当した。邦訳に際しては最善を尽くしたつもりであるが、訳者の不案内による思わぬ誤謬があるかもしれない。率直なご批判をいただければ幸いである。なお、訳書中の符号は以下のとおりである。「　」は原文の《　》、（　）は原文のまま、《　》は原文大文字、〔　〕は訳者による補足または訳者注、

＊は比較的長い訳注、強調の傍点は原文のイタリック。

本書の翻訳や刊行にあたっては、たくさんの方々のお世話になった。お名前をあげることは控えさせていただくが、関西大学経済学部の同僚からは訳者の疑問を氷解させるような助言を度々いただいた。とくに、学術的な書物の刊行が困難な折りにも関わらず、この本の主題の深さと問題提起の大きさにいち早く理解を示され出版を勧めてくださった大村書店社長、織田勝也氏に厚くお礼申し上げる次第である。

若森章孝

一九九五年八月七日（邦訳書について二〇一四年一月加筆）

# 大村書店新装版（一九九七年）への訳者あとがき

本書は、英語圏の代表的な歴史社会学者であるウォーラーステインと、フランスの著名な政治哲学者であるバリバールが、近代世界のパラドックス、すなわち、個人の自由と平等を原理とする近代世界がどうして人種主義やナショナリズムといった排他的な共同体的アイデンティティを生み出すのかという問題を、それぞれの立場から徹底的に分析したものである。二人は「社会」を構成する基本単位について理解を異にしている（ウォーラーステインにとって「社会」は世界経済であり、バリバールにとって「社会」は国民形態をとる資本主義的社会構成体である）が、このような「社会」理解の相違から生じる人種主義やナショナリズムについての両者の認識のズレは、植村邦彦氏の書評（「差別と排斥のシステムの解剖学」『月刊フォーラム』一九九六年六月号）が指摘するように、本書の欠点ではなく、国民や人種という近代の歴史的構築物としての「共同体」の複雑性と固有の曖昧性を浮き上がらせるのに貢献している、と思われる。

本書は、一九九五年一二月の刊行以来、人種・国民問題に関心をもつ多数の人びとに読まれ、幸いにも新装版を迎えることができた。この機会に誤植や誤訳を訂正すると同時に、「屋上屋を架す」の愚を恐れつつ、出版社の求めに応じて「近代性の再把握と史的システムとしての資本主義」という解説論文を加えた。

本書の新装版を刊行するにあたり、本書をめぐって徹底的に討論していただいた社会・政治経済学研究会の方々、大阪大学文学部の文化交流史研究会第五回例会に参加された方々にお礼申し上げたい。とりわけ、本書の誤植訂正を助けていただいたばかりか、本書の書評や研究会でのコメントを通じて、人種主義とナショナリズム、人種と国民の関連を分析した本書の研究史における意義を鋭く指摘してくださった、関西大学経済学部の同僚、植村邦彦氏にお礼を申し上げたい。

最後になったが、旧大村書店から出版された本書を引き継ぎ、新装版の刊行を快諾された新大村書店の代表である滝好文氏に、感謝の意を表したい。

一九九七年一月一二日

若森章孝

# 唯学書房版への訳者あとがき

本書は一九九五年に旧大村書店から刊行され、一九九七年に新大村書店から新装版として再刊され、ベネディクト・アンダーソンの『想像の共同体』やエリック・ホブズボーム他編の『創られた伝統〔伝統の発明〕』、アーネスト・ゲルナーの『民族とナショナリズム』とともに長らくナショナリズムや人種主義に関する古典的著作として読まれてきたが、残念ながらしばらくの間絶版状態に置かれていた。このたび、唯学書房の村田浩司氏の発意によって、本書は三度の刊行に恵まれることになった。

本版の刊行にあたり、訳者は旧訳の不備を改め、語句の統一を行い、できるだけ読みやすいように文章の改善を工夫するとともに、グローバル化のもとでの本書の現代的意義を考察した解説論文「資本主義世界経済と国民、人種主義、移民現象」をつけ加えることにした。本書がナショナリズムの古典として読み続けられることを願っている。

最後になったが、本書の刊行を英断された唯学書房代表、村田浩司氏に感謝の意を表したい。

二〇一四年三月二一日

若森章孝

——的構成体…140, 143, 145, 151, 267
——的社会…156, 297
——的集合体…095, 337
——的戦争…080
——的大衆…039
——的ブルジョワジー…140
——的領土…059
——（的）統合…086, 256
——文化…086
——への類別化…129
国民国家（nation state）…007, 012, 013, 019, 059, 069, 075, 080, 083, 096, 137, 138, 141, 143-145, 152, 156-158, 161, 195, 255, 263, 264, 266, 271, 285, 289, 290, 297, 303, 312, 314, 322
国民主義→ナショナリズム
——（的）運動…127, 284
——者…347
——的国際主義…097
——的国家…255, 272
——的人種主義…318
小作農…185
個人主義…206, 220, 256, 309
コスモポリタニズム…008, 035, 141, 310
国家間システム…013, 124, 125, 127-129
国家語…137
国家のイデオロギー装置…158, 159
国家の相対的自立性…217
国家（の）ブルジョワジー…012, 069, 141, 259, 265
国家枠を超えた拡大…014
——空間…021
——コミュニケーション…162
——展開…023
——連帯…096
——を超える政治的・商業的ネットワーク…140
国境…042, 061, 095, 096, 121, 122, 125, 130, 137, 146, 147, 154, 157, 188-190

## サ

際限なき（資本）蓄積…049, 052, 167, 221, 222, 347
最高経営者…214
差異主義的人種主義…035-038, 040
再プロレタリア化…337
サバイバル計算…196
サブ・アイデンティティ…115, 123
自己人種主義化…320
自然化…022, 033, 036, 045, 076, 087, 150, 153, 154, 157, 315
氏族…284
史的システム…020, 046-048, 050, 052, 121, 124, 132, 133, 166, 170, 230, 345, 346, 348, 349
自発的人種主義…061, 062
資本家階級…012, 020, 141, 203, 259, 264, 265
資本主義…007, 008, 010, 012, 018, 020-022, 054, 131, 139, 143, 168, 172, 179-181, 186, 187, 189, 192, 194, 195, 199, 203, 204, 208, 211, 213, 216, 220, 221, 225, 226, 230, 237, 241, 247
——世界経済…048, 049, 051, 056, 124, 125, 129, 132, 133, 166-174, 177-190, 192, 195, 197, 211, 220, 226, 345, 347, 348
——世界システム…011, 012, 189
——の進歩性…195
——の精神…222
——ブルジョワジー…069
史的システムとしての——…009, 018, 132, 139
理念としての——…139
自民族中心主義…072, 076, 077, 088
社会化…054, 123, 131, 146, 151, 229, 270
社会階級…031, 063, 093, 155, 177, 212,

250, 253, 294, 307, 308, 334
社会学的人種主義…062
社会構成体…008-010, 013, 015, 016, 019, 024, 063, 073, 083, 140, 141, 144, 149, 261, 315, 328, 345
社会国家…249, 255, 261, 313
社会主義…009, 033, 090, 097, 103, 203, 204, 209, 237, 252, 338
——革命…072, 234, 237
社会的アイデンティティ…126, 131, 343
社会的共同体…054, 145
社会的抗争→社会的コンフリクト
社会的コンフリクト…014, 022, 154, 265, 269, 281-306
社会的転換…184
社会的ブルジョワジー…264
主意主義…194
周縁化…061, 076, 077
宗教的アイデンティティ…148
自由主義…081, 194, 209, 216, 261, 269
重層的決定…020, 021, 272, 308, 321
集団間のコンフリクト…178
集団的帰属感情…060
自由なフロー…220
周辺（部）…013, 018, 021, 124, 125, 129, 139, 179, 187-190, 227, 263, 266
——共同体…119
——民族…115
主体なき過程…141
生涯計算…196
少数国民…116-118, 122
少数者集団→マイノリティ
商品連鎖…124, 224, 225
小ブルジョワジー…178, 240, 307, 308, 328
植民地主義的人種主義…061, 063, 064, 066, 070, 333
諸国民国家システム…042
諸国家間システム→国家間システム
所有と経営の分離…213, 227
人種…019, 034, 038, 041, 042, 051, 056, 059, 062, 063, 068, 070, 077, 086, 088, 092, 093, 095, 103, 121, 123, 125, 126, 129, 150, 154, 160, 281-306, 311-314, 346-348
——化…033, 077, 160
——共同体…154, 155, 158, 159
——戦争…080
——への類別化…129
新自由主義…041, 235, 240
人種主義…007, 014, 016-018, 022-024, 029-105, 109-134, 164, 242, 267, 301, 307-341, 343, 344, 346, 349
——化…023, 062, 076, 089, 314, 316, 318, 329, 337
新人種主義…018, 029-045, 075, 077, 086, 088, 313, 317
人的資本…229, 240
新保守主義…240, 241
スティグマ…030, 032, 038, 093
——化…317
性…051, 056, 169, 170, 258
生一権力…158
性差別主義…016, 018, 031, 046-058, 077, 090, 103, 157, 344, 346, 349
政治的階級…033
政治的ナショナリズム…092
政治的優越…221
政治（的）闘争…021, 145, 161, 179, 183, 230
生存維持…297
——生産…198
——農民…184
制度的人種主義…023, 062
生物学主義…041, 091
生物学的遺伝…034, 035, 038
世界史的社会…132
世界市民主義→コスモポリタニズム
世界ブルジョワジー…012, 262, 267, 346

世界プロレタリアート…267
世帯…018, 055, 130, 166-174, 198, 199, 201
──構造…054, 124, 130, 166-174
選別…042, 229
専門的経営者…203
想像の一体性…077
想像の共同体…145
想像の自然…087
即自（的階級）…020, 132, 177, 178

タ

第三世界の連帯…179
対自（的階級）…019, 020, 132, 133, 177, 178
大衆…033, 037, 069, 079, 086, 197, 247, 307
多数者集団→マジョリティ
脱スターリン主義化…338
多文化性…083
多文化的国民…334
多民族国家…082, 083
蓄積者…168
地代…021, 223-226, 228, 230
中核…013, 014, 018, 124, 125, 129, 139, 141, 179, 187-190, 211, 240, 263, 266
中間階層…055, 208, 214
中産階級…206, 207, 214-217, 219, 227, 229
中心部→中核
中農…185
長期持続…195, 223
超国民性…093
超性差別主義化…324
超ナショナリズム…092, 094
賃金鉄則…222
賃（金）労働…020, 021, 169, 170, 185, 186
──関係…239, 246, 255, 261, 263, 318
帝国主義…060, 072, 073, 075, 097, 263
──的人種主義…061
デコンストラクション→解体・構築
同化…039, 067, 082, 083, 160, 161, 327, 330-332
統合…039, 084, 128, 160, 334
同国人…092-094, 144, 146, 155
特殊主義…050, 344-347
奴隷…185, 283
──制…061, 161, 313

ナ

内集団…052
内的人種主義…061, 065, 076
ナショナリズム…007, 008, 014, 016-018, 023, 024, 059-105, 109-134, 141, 142, 147, 148, 157-159, 161, 242, 254, 272, 273, 284, 285, 308, 309, 311, 312, 320-322, 326, 327, 337
──を超えるもの…094, 096, 098
ナチズム…063-067, 071, 073, 079-081, 084, 093, 100, 101, 104, 307, 311, 326, 333, 339, 346
成り上がり者…182, 183, 207
ニグロ人種…111
二段階民族革命論…211, 212
人間主義→ヒューマニズム
認識論的断絶…191
農奴…206
能力主義…050, 231
──制度…051

ハ

排外主義…072, 162
パターナリズム→家父長的温情主義
発展段階論…211
ハビトゥス…160
反官僚主義運動…133
反システム運動…024, 348
半周辺…139, 190, 227, 266
反人種主義…023, 035-038, 098, 099, 332,

335
反ヒューマニズム…071, 091
万物の商品化…011, 049, 167, 172
反ユダヤ主義…033, 038, 044, 061, 064-067, 070, 071, 081, 082, 084, 094, 096, 097, 100, 309, 326
非資本主義ブルジョワジー…259
ヒューマニズム…035, 037, 090, 091, 098, 099, 104, 328, 344
ヒューマノイド…112, 114
ファシズム…073, 090
不均等発展…018, 190
部族主義…088, 281, 284, 285, 289, 290, 298
ブッデンブローク現象…211, 227
不等価交換…139, 179, 188, 189, 297
普遍主義…011, 018, 039, 046-058, 192, 344-346, 349
普遍的階級…251, 270
普遍的法則…192
ブルジョワ…022, 177-190, 197, 198, 200-204, 206-233, 244, 312
——化…021, 025, 195, 197, 200, 202, 203, 208, 218, 226, 228, 269
——革命…203, 212, 314
——国家…211, 216, 217, 270, 309
——自由主義…191, 193
ブルジョワジー…012, 021, 140, 177-190, 201, 206-233, 240, 243, 251, 253, 254, 258-260, 263-265, 270, 272, 318, 347
——独裁…215
——内部のコンフリクト…183, 184
プロテスタントの倫理…222
プロレタリア…177-190, 197, 198, 203, 206-233, 267, 321
——化…008, 020, 021, 130, 138, 173, 174, 186, 195, 197-200, 202, 218, 228, 245, 247, 248, 252, 253, 257, 260, 267, 269, 271, 318, 321, 337
——革命…203, 212
——(的)国民…023, 310
——国家…297
——的アイデンティティ…255
プロレタリアート…011, 177-190, 206-233, 239, 244, 245, 247, 251, 252, 267, 270, 309, 313
——独裁…237
文化…034-037, 039-042, 067, 068, 086-089, 092, 099, 103, 131, 149, 285, 330, 334, 337
——主義…041, 090
——主義的人種主義…038
——的アイデンティティ…075, 094
ペオン…185
ベンサム的快楽計算…219
俸給ブルジョワジー…227
封建制…076, 181, 203, 204, 206-208, 211, 219, 323
母語…152, 153
ポピュリズム…072, 094, 240

## マ

マイノリティ…020, 065, 067, 121, 130
マジョリティ…020, 067
マルクス主義…009, 016, 017, 139, 194, 195, 209, 216, 217, 234-240, 242, 245, 252, 253
身分集団…281-306
——間のコンフリクト…178
——への帰属化…293, 298
身分による階層化…291-293
民族(people)…019, 020, 034, 042, 048, 052, 073-075, 077, 086, 094, 096, 109-134, 145, 146, 148, 150, 151, 154, 155, 162, 170, 187, 286, 288, 289
——化…312
——解放闘争(運動)…083, 133
——間のコンフリクト…036

――主義…072
――性…109-134, 169
――の歴史的創出…146
――ブルジョワジー…212, 264
無産のブルジョワジー…230
名誉白人…126

ヤ

抑圧装置…260
予定説…222, 223

ラ

烙印→スティグマ
利潤…223, 225, 226, 228
利潤鉄則…222
理念型…181
理念としての国民…149, 150, 152
領域…255, 269, 284
――的帰属意識…284
両極化…125, 126, 167, 178, 191-205, 213, 239, 309
両極集団…178
両極性…184
領土…041, 066, 075, 135, 137, 260
理論的人種主義…061, 062, 087-090, 092, 095, 098
歴史主義的マルクス主義…268
歴史的国民…019, 094
歴史法則…248
労働階級…314, 315
労働貴族…243
労働者階級…009, 181, 203, 204, 218, 244, 247, 248, 251, 252, 256, 258, 260, 267, 272, 295, 307, 310, 311, 318, 320, 335-339, 341
労働者主義…320

——嫌い…014, 037, 041, 052, 055, 061, 066, 069, 071, 072, 075, 088, 320, 336, 341
——集団…328, 329, 334
——排斥…071, 326
外集団…056
階層制的システム…128
——序列…128, 129
——秩序…129
解体・構築…345
外的人種主義…061, 066, 076
学問的人種主義…031-033
過去性…122, 123, 230
下層プロレタリア化…319
学校教育…022, 143, 151, 152, 158, 160, 261, 267
家父長的温情主義…067, 260, 264
カラード…110-120, 123
感情的愛国主義…072
官僚化…216, 261
官僚階級…297
官僚ブルジョワジー…215, 227
機会均等…169, 183
危険（な）階級…082, 314, 315
貴族化…201, 202, 210-211, 213, 227, 228, 231
貴族政治…218, 219, 223
逆人種主義…069
救済…222
旧体制…193, 210, 217
教育制度…229, 297
教育に関するゲーム…230
共産主義…252, 254, 338
狂信的愛国主義…344
共同体…013, 030, 031, 052, 054, 069, 074, 095, 096, 132, 144, 145, 148, 149, 153, 155, 159, 170, 171, 255, 271, 291, 302, 303, 322, 343, 347
——主義…083
——的アイデンティティ…022, 030
虚構的（な）エスニシティ…019, 076, 078, 149, 158, 161
近代世界システム…057
経済決定論…009, 010（決定論も見よ）
経済主義…250, 255, 345
警察国家…260
啓蒙思想…048
啓蒙主義者…193
血縁関係…170, 173
血族集団…284
決定論…009, 036, 270, 314, 348
言語共同体…019, 150-154, 158-161
原住民…066, 067, 094, 161, 333
構造主義的マルクス主義…268
構造的分業…188
国際的プロレタリアート…082
黒人…039, 054, 061, 077, 109, 113, 114, 117, 118, 161, 283, 299, 300, 331-334, 340
国籍…067, 073, 096, 144, 258, 281, 336
国民（nation）…010, 017, 019, 035, 042, 059, 068, 072-076, 078, 079, 082-084, 092, 093, 095, 098, 100, 115-117, 119, 121, 123, 126-130, 133, 135-165, 282, 310, 314, 315, 321, 329, 345-348
——化…084, 140, 143, 144, 149
——形成…135-139, 158, 262, 310
——形態…019, 038, 086, 135-165
——（的）言語…082, 151-153
——集団…035, 327
——性…078, 082, 096
——的アイデンティティ…085, 086, 092, 136, 150, 301, 328
——的一体性…085, 136
——的帰属…094, 098, 262, 282
——的帰属感情…037
——的共同体…078, 145, 148, 157
——的形態…139, 141, 144, 157

# 索引

＊章のタイトルやテーマとなっている項目については、該当ページにその項目がない場合でも、章全体を該当ページとして表記している。(例：階級闘争→「第10章 階級闘争から階級なき闘争へ？」の全ページ……234-277ページ／両極化→「第8章 マルクスと歴史」の全ページ……191-205ページ)

## ア


愛国心…072, 102, 147-149
アイデンティティ…011, 020, 036, 065, 068, 092, 109, 114, 122, 146, 148, 152, 153, 238, 239, 243, 253, 270, 307, 327, 338
アジア的生産様式…192
新しい労働者階級…179, 187, 214
アノミー…221
アパルトヘイト…056, 064, 110, 266, 267, 315
アンシャン・レジーム→旧体制
一般化された経済…009, 018
移民…034, 059, 065, 068, 071, 082, 104, 143, 153, 159, 161, 315, 318, 327, 329-331, 333, 334, 337, 340
——エスニック集団…061
——現象…329-334, 336
——現象コンプレクス…329, 335, 339
裏切り［ブルジョワ(ジー)の／ブルジョワ(ジー)による歴史的役割の］…201, 211-213, 227
エスニシティ…017, 019, 068, 075, 082, 087, 109-134, 149, 150, 152, 154, 158-162, 169
エスニック…161, 170
——化…020, 053, 056, 131, 149, 154, 163
——集団(グループ)…063, 069, 076, 082, 116, 121-124, 130-133, 281, 283, 286, 289
——的起源…093
——的帰属意識…284
——なコンフリクト…272
——な人種主義…076, 077, 321
——な連帯…257


## カ


階級…011, 012, 017, 019, 021, 023, 063, 094, 095, 100, 124, 132, 133, 141, 143, 144, 166, 170, 177-190, 194, 195, 197, 199, 203, 234-277, 281, 282, 285, 291, 293, 295, 297, 300, 302, 307-325, 329, 334, 335, 346-348
——アイデンティティ…239, 255, 269, 270
——意識…023, 025, 034, 174, 179, 186, 187, 189, 292, 293, 296, 301, 311, 320, 337
——帰属…318
——形成…179, 262
——構成…189
——コンフリクト…143, 177-190, 308
——主体…256
——的共同体…132
——闘争…007, 008, 010, 016, 019, 020, 023, 024, 042, 086, 097, 098, 104, 140, 164, 177, 181, 194, 234-277, 308-310, 312, 315, 320-322, 337
——の人種主義…076, 160, 307-325
外国人…034, 040, 071, 136, 147, 165, 320, 328, 329, 331

訳者紹介

◆若森章孝（わかもり・ふみたか）
名古屋大学大学院経済学研究科修士課程修了。関西大学教授。

主な著訳書に、『新自由主義・国家・フレキシキュリティの最前線』（晃洋書房、二〇一三年）、リピエッツ『レギュラシオンの社会理論』（共訳、青木書店、二〇〇二年）などがある。

◆岡田光正（おかだ・みつまさ）
関西大学大学院経済学研究科博士課程修了。淡路島シャロームの会代表者、芦屋大学兼任講師。主な著訳書に、『コンドラチェフ経済動学の世界』（世界書院、二〇〇六年）、バーネット『コンドラチェフと経済発展の動学』（世界書院、二〇〇二年）がある。

◆須田文明（すだ・ふみあき）
京都大学大学院農学研究科博士課程修了。農林水産省農林水産政策研究所主任研究官。主な訳書に、パティフリエ編『コンヴァンシオン理論の射程』（共訳、昭和堂、二〇〇六年）、ボルタンスキー／シャペロ『資本主義の新たな精神』上下（共訳、ナカニシヤ出版、二〇一三年）などがある。

◆奥西達也（おくにし・たつや）
関西大学大学院経済学研究科博士課程修了。追手門学院・四天王寺大学・神戸松陰女子大学兼任講師。主な訳書に、ベラミー／シェクター『グラムシとイタリア国家』（共訳、ミネルヴァ書房、二〇一二年）がある。

人種・国民・階級
──「民族」という曖昧なアイデンティティ

二〇一四年六月一〇日　第一刷発行

著者──エティエンヌ・バリバール／イマニュエル・ウォーラーステイン
訳者──若森章孝／岡田光正／須田文明／奥西達也

発行──有限会社　唯学書房
東京都千代田区三崎町2-6-9　三栄ビル302　〒101-0061
TEL　03-3237-7073　FAX　03-5215-1953
E-mail　yuigaku@atlas.plala.or.jp
URL　http://www.yuigaku.com
発売──有限会社　アジール・プロダクション
装幀──米谷豪
印刷・製本──中央精版印刷株式会社



ISBN 978-4-902225-87-7 C3030